西方心理学大师经典译丛

主编　郭本禹

# 压力

## 评价与应对

*Stress, Appraisal, and Coping*

[美] 理查德·拉扎勒斯 Richard S. Lazarus　苏珊·福尔克曼 Susan Folkman　著

曲晓艳　译

中国人民大学出版社

·北京·

# 总译序

## 感悟大师无穷魅力　品味经典隽永意蕴

美国心理学家查普林与克拉威克在其名著《心理学的体系和理论》中开宗明义地写道："科学的历史是男女科学家及其思想、贡献的故事和留给后世的记录。"这句话明确地指出了推动科学发展的两大动力源头：大师与经典。

## 一

何谓"大师"？大师乃是"有巨大成就而为人所宗仰的学者"[①]。大师能够担当大师范、大导师的角色，大师总是导时代之潮流、开风气之先河、奠学科之始基、创一派之学说，大师必须具有伟大的创造、伟大的主张、伟大的思想乃至伟大的情怀。同时，作为卓越的大家，他们的成就和命运通常都与其时代相互激荡。

作为心理学大师还须具备两个特质。首先，心理学大师是"心理世界"的立法者。心理学大师之所以成为大师，在于他们对心理现象背后规律的系统思考与科学论证。诚然，人类是理性的存在，是具有思维能力的高等动物，千百年来无论是习以为常的简单生理心理现象，还是诡谲多变的复杂社会心理现象，都会引发一般大众的思考。但心理学大师与一般人不同，他们的思考关涉到心理现象背后深层次的、普遍性的与高度抽象的规律。这些思考成果或试图揭示出寓于自然与社会情境中的心理现象的本质内涵与发生方式；或企图诠释某一心理现象对人类自身发展与未来命运的意义和影响；抑或旨在剥离出心理现象背后的特殊运作机制，并将其有意识地推广应用到日常生活的方方面面。他们把普通人对心理现象的认识与反思进行提炼和升华，形成高度凝练且具有内在逻辑联系的思想体系。因此，他们的真知灼见和理论观点，不仅深深地影响了心理科学发展的命

① 辞海．缩印本．上海：上海辞书出版社，2002：275.

运，而且更是影响到人类对自身的认识。当然，心理学大师的思考又是具有独特性与创造性的。大师在面对各种复杂心理现象时，他们的脑海里肯定存在“某种东西”。他们显然不能在心智“白板”状态下去观察或发现心理现象背后蕴藏的规律。我们不得不承认，所谓的心理学规律其实就是心理学大师作为观察主体而“建构”的结果。比如，对于同一种心理现象，心理学大师们往往会做出不同的甚至截然相反的解释与论证。这绝不是纯粹认识论与方法论的分歧，而是对心灵本体论的承诺与信仰的不同，是他们所理解的心理世界本质的不同。我们在此借用康德的名言“人的理性为自然立法”，同样，心理学大师是用理性为心理世界立法。

其次，心理学大师是“在世之在”的思想家。在许多人看来，心理学大师可能是冷傲、孤僻、神秘、不合流俗、远离尘世的代名词，他们仿佛背负着真理的十字架，与现实格格不入，不食人间烟火。的确，大师们志趣不俗，能够在一定程度上超脱日常柴米油盐的束缚，远离俗世功名利禄的诱惑，在以宏伟博大的人文情怀与永不枯竭的精神力量投身于实现古希腊德尔菲神庙上“认识你自己”之伟大箴言的同时，也凸显出其不拘一格的真性情、真风骨与真人格。大凡心理学大师，其身心往往有过独特的经历和感受，使之处于一种特别的精神状态之中，由此而产生的灵感和顿悟，往往成为其心理学理论与实践的源头活水。然而，心理学大师毕竟不是超人，也不是神人。他们无不成长于特定历史的社会与文化背景之下，生活在人群之中，并感受着平常人的喜怒哀乐，体验着人间的世态炎凉。他们中的大多数人或许就像牛顿描绘的那般：“我不知道世上的人对我怎样评价。我却这样认为：我好像是在海上玩耍，时而发现了一个光滑的石子儿，时而发现一个美丽的贝壳而为之高兴的孩子。尽管如此，那真理的海洋还神秘地展现在我们面前。”因此，心理学大师虽然是一群在日常生活中特立独行的思想家，但套用哲学家海德格尔的话，他们依旧都是“活生生”的“在世之在”。

## 二

那么，又何谓“经典”呢？经典乃指古今中外各个知识领域中“最重要的、有指导作用的权威著作”[①]。经典是具有原创性和典范性的经久不衰的传世之作，是经过历史筛选出来的最有价值性、最具代表性和最富完美性的作品。经典通常经历了时间的考验，超越了时代的界限，具有永恒的

---

① 辞海．缩印本．上海：上海辞书出版社，2002：852.

魅力，其价值历久而弥新。对经典的传承，是一个民族、一种文化、一门学科长盛不衰、继往开来之根本，是其推陈出新、开拓创新之源头。只有在经典的引领下，一个民族、一种文化、一门学科才能焕发出无限活力，不断发展壮大。

心理学经典在学术性与思想性上还应具有如下三个特征。首先，从本体特征上看，心理学经典是原创性文本与独特性阐释的结合。经典通过个人独特的世界观和不可重复的创造，凸显出深厚的文化积淀和理论内涵，提出一些心理与行为的根本性问题。它们与特定历史时期鲜活的时代感以及当下意识交融在一起，富有原创性和持久的震撼力，从而形成重要的思想文化传统。同时，心理学经典是心理学大师与他们所阐释的文本之间互动的产物。其次，从存在形态上看，心理学经典具有开放性、超越性和多元性的特征。经典作为心理学大师的精神个体和学术原创世界的结晶，诉诸心理学大师主体性的发挥，是公众话语与个人言说、理性与感性、意识与无意识相结合的产物。最后，从价值定位上看，心理学经典一定是某个心理学流派、分支学科或研究取向的象征符号。诸如冯特之于实验心理学，布伦塔诺之于意动心理学，弗洛伊德之于精神分析，杜威之于机能主义，华生之于行为主义，苛勒之于格式塔心理学，马斯洛之于人本主义，桑代克之于教育心理学，乔姆斯基之于语言心理学，奥尔波特之于人格心理学，吉布森之于生态心理学，等等，他们的经典作品都远远超越了其个人意义，上升成为一个学派、分支或取向，甚至是整个心理科学的共同经典。

## 三

这套“西方心理学大师经典译丛”遵循如下选书原则：第一，选择每位心理学大师的原创之作；第二，选择每位心理学大师的奠基、成熟或最具代表性之作；第三，选择在心理学史上产生过重要影响的一派、一说、一家之作；第四，兼顾选择心理学大师的理论研究和应用研究之作。我们策划这套“西方心理学大师经典译丛”，旨在推动学科自身发展和促进个人成长。

1879 年，冯特在德国莱比锡大学创立了世界上第一个心理学实验室，标志着心理学成为一门独立的学科。在此后的 130 多年中，心理学得到迅速发展和广泛传播。我国心理学从西方移植而来，这种移植过程延续已达百年之久①，至今仍未结束。尽管我国心理学近年取得了长足发展，但一

① 在 20 世纪五六十年代，我国心理学曾一度移植苏联心理学。

个不争的事实是，我国心理学在总体上还是西方取向的，尚未取得突破性的创新成果，还不能解决社会发展中遇到的重大问题，还未形成系统化的中国本土心理学体系。我国心理学在这个方面远没有赶上苏联心理学，苏联心理学家曾创建了不同于西方国家的心理学体系，至今仍有一定的影响。我国心理学的发展究竟何去何从？如何结合中国文化推进心理学本土化的进程？又该如何进行具体研究？当然，这些问题的解决绝非一朝一夕能够做到。但我们可以重读西方心理学大师们的经典作品，以强化我国心理学研究的理论自觉。“他山之石，可以攻玉。”大师们的经典作品都是对一个时代学科成果的系统总结，是创立思想学派或提出理论学说的扛鼎之作，我们可以从中汲取大师们的学术智慧和创新精神，做到冯友兰先生所说的，在“照着讲”的基础上“接着讲”。

心理学是研究人自身的科学，可以提供帮助人们合理调节身心的科学知识。在日常生活中，即使最坚强的人也会遇到难以解决的心理问题。用存在主义的话来说，我们每个人都存在本体论焦虑。“我是谁，我从哪里来，我将向何处去？”这一哈姆雷特式的命题无时无刻不在困扰着人们。特别是在社会飞速发展的今天，生活节奏日益加快，新的人生观与价值观不断涌现，各种压力和冲突持续而严重地撞击着人们脆弱的心灵，人们比以往任何时候都更迫切地需要心理学知识。可幸的是，心理学大师们在其经典著作中直接或间接地给出了对这些生存困境的回答。古人云：“读万卷书，行万里路。”通过对话大师与解读经典，我们可以参悟大师们的人生智慧，激扬自己的思绪，逐步找寻到自我的人生价值。这套“西方心理学大师经典译丛”可以让我们获得两方面的心理成长：一是调适性成长，即学会如何正确看待周围世界，悦纳自己，化解情绪冲突，减轻沉重的心理负荷，实现内心世界的和谐；二是发展性成长，即能够客观认识自己的能力和特长，确立明确的生活目标，发挥主动性和创造性，快乐而有效地学习、工作和生活。

我们相信，通过阅读大师经典，广大读者能够与心理学大师进行亲密接触和直接对话，体验大师的心路历程，领会大师的创新精神，与大师的成长并肩同行！

**郭本禹**
**2013年7月30日**
**于南京师范大学**

# 序　言

我与理查德·拉扎勒斯的第一次相会要回溯到20世纪70年代早期，我还在读研究生的日子里。那个时候，我想要学习冥想，并把它作为压力唤起生理方面的干预手段，而拉扎勒斯在诸如此类的压力研究中是一个引领者。在他伯克利的办公室里，我与他进行了一次会面。会谈中，当我描述了自己目前所希望完成的事情后，他给了我一些技术性的建议，而且他还十分贴心地帮助我获得了一部视频的复本，这部视频曾经应用于他自己的工作中，成功启动了实验被试的压力唤起。

当时我并没有意识到什么，但是透过历史的镜头，我清楚地看到拉扎勒斯已经开始扮演一个重要的角色——转变人们对心理学领域已有的思考。那个时代，实验心理学深受行为主义的影响，把观察有机体（不管是企鹅还是人类）在给定刺激下所做出的容易被观测到的反应看作实验心理学领域正确恰当的研究模式。对于像B.F.斯金纳这样的行为主义心理学家（在哈佛大学的心理学大楼，即威廉·詹姆斯礼堂，我和他曾经有过共乘一部电梯的偶遇）来说，大脑只是一个介于刺激和反应之间的“黑匣子”，没有什么值得研究的。

但是拉扎勒斯看到了人们思考和感知生活事件的方式会带来直接的生理结果：精神层面的事件会带来生物层面的结果。这样一种见解在今天看来可能非常地显而易见，但是在那个时期的时代思潮的笼罩下，它无疑是一种激进的思想。

他的实验研究和理论著作在心理学史上扮演着多重角色。一方面，在行为主义浪潮席卷一切的年代，它们使对情绪的研究得以保留和延续。另一方面，他的研究结果强调了情绪中认知的作用，帮助开启了实验心理学领域认知革命的大门，而这扇大门的开启带领人们去超越行为主义观点带来的影响。

他关于“阈下知觉”的情绪反应或者说意识层面以外信息的研究继承

了精神分析流派的理论立场，而后来这也被情感神经科学所证实。情感神经科学本身在一定程度上也是拉扎勒斯的工作所开启的实验浪潮遗留给我们的一笔财富。

拉扎勒斯关于压力的研究引领了关于人们如何应对困境的研究，这对行为医学也是一种早期的贡献。另外，他关于评价所具有的力量的深刻见解也营造了一种氛围，有助于接纳从20世纪70年代才刚刚开始发展起来的另一种取向：阿伦·贝克的认知疗法。

拉扎勒斯和他的同事苏珊·福尔克曼合著的《压力：评价与应对》的再发行，使我们更容易获得这样一部具有开创性的经典著作，去了解心理学的发展演变过程。他的研究发现和诸多领域有着密切联系，对于在其中任一领域工作的我们来说，仍然可以从这本历史性著作中发现很多观点来丰富我们的思维。

**丹尼尔·戈尔曼**

# 前　言

本书的写作想法产生于《心理压力与应对过程》（Lazarus，1966）出版之后，孕育了10年之久。在这10年中，可以很明显地看到这个领域不但不断地成长和成熟，而且还在性质上发生了巨大的变化。压力的认知研究取向已经被广泛接受，而且伴随着对情感和心身医学（或行为医学）重新燃起的兴趣，压力和应对问题，包括压力管理，正在受到关注。最重要的是，认知评价和应对的概念在1966年的时候还不是主流的思想，现在已经成为跨学科理论和研究的重要主题。而且我们自己对于这些概念的研究取向也在进一步发展和拓展。是时候再次从我们目前研究和思考的视角，把压力、应对和适应这个领域的一些内容总结一下了。因此，本书可以被看作1966年出版的那本书的一种历史承接，它在写作目标和元理论方面和之前的那本书是共通的，但是在特点和基本内容方面却是新的。

本书有三个主要目标。第一，我们要具体展现我们关于压力的理论，聚焦于认知评价和应对。很显然我们的取向是具有倾向性的，反映了特定理论和元理论视角长期存在的一种利害关系。第二，从我们理论的视角出发，我们检验了该领域内的重要动向，包括行为医学的问题，对生命全程、情绪、压力管理和治疗的关注。第三，既然压力、应对和适应不仅表现了人类个体化的心理和生理问题，而且因为人类的社会性还表现了一种集体性的问题，那么我们所关心的就是多层次和多学科的。

因此，我们预期的读者包括临床医生（精神病专家、社会工作者、护士和临床心理学家）、社会学家、人类学家、医学研究者和生理学家。尽管我们自己的重点很明确是心理学上的，且聚焦于应对和适应，但是我们关心的内容涉及上述每一个学科。

对于这样的一本书，有的时候比较痛苦的就是需要选择，比如涉及哪些内容，要写得多具体，要多学术化，要复杂到什么程度。我们没有想把这本书写成百科全书式的或者去覆盖压力标题下包含的每个可以想象到的话题。现在的研究文献是非常庞杂的；在本书中我们并不想就每个涉及的话题进行回顾评述，而是把重点放在最重要的问题以及和我们的概念相关的研究上。我们必须严格选择，也纠结于是否要引用某些论文或研究。这是一本理念性的书，而非一个研究综述；在必要之处，我们会引用读者可能需要的一些文献综述。我们在这本书中引用的最新文献截至 1983 年夏天。我们努力把本书的长度保持在可控的范围，但可能会让那些研究成果没有被包含在这本书里的研究者们失望。

我们决定在本书中放弃压力的生理研究这部分，因为这部分已经有大量的论述了，而从认知的观点来解读压力的心理和社会方面的学术论著比较少。关于压力的可行的心理生理学研究不仅取决于对心理和社会过程有多深刻的理解，而且取决于对生理学知识的掌握有多全面。我们审视了一下自身的贡献主要是在前一个领域。我们也选择不去验证发展性的问题。关于压力和应对的发展方面的研究正在不断增加，但是好像在本书中来验证这个动向尚为时过早。

这不是一本本科生教材或是自助书；这本书的读者定位是许多学科的专业人士，他们可能会比较欣赏这样一本关于一个主题的综合性理论分析的书籍。然而，如果有人为生物学家、社会学家和执业医生写书的话，这个人必须对自己是否高估了自己的跨学科知识产生警惕。我们已经做了所有的努力来确保没有假定自己具有这样的知识。我们希望社会学家能够理解我们不是社会学家，因此不会专门为他们来写这本书；同样，也不是专门为生理学家或是人类学家来写这本书。我们希望不仅社会学家、生物学家或是执业医生能够理解我们所写的是什么，而且也期待研究生、高年级本科生以及受过教育的非专业人士能欣赏这本书。

我们带着感激之情向为本书做出贡献的人致敬。他们审读了某些章节，然后给出了评论和意见。这些人包括：James Coyne，Anita DeLongis，Christine Dunkel-Schetter，Rand Gruen，Theodore Kemper，D. Paul Lumsden 和 Leonard Pearlin。我们同样受益于那些参与“伯克利压力与应对项目”的研究生、博士后、访问学者的帮助，这些人包括：Carolyn Aldwin，Patricia Benner，Judith Cohen，Gayle Dakof，Gloria Golden，Darlene Goodhart，Kenneth Holroyd，Allen Kanner，Ethel Roskies，Catherine Schaefer 和 Judith Wrubel。Carol Carr，“伯克利压力与应对项目”的参与者之一，主要负责这本书手稿的管理工作以及大部分的编辑工作。斯普林格出版社也提供了大量的编辑帮助和鼓励。最后，许多联邦和私人授权机构为我们的研究提供了帮助，其中一些在书中提及，比如美国国家老龄化研究所（National Institute on Aging）、麦克阿瑟基金会（MacArthur Foundation）和美国国家药物滥用研究所（National Institute on Drug Abuse）。这种持续性的研究鼓励着我们继续以观察为依据进行探索，并防止我们和现实分离得太远。

# 目　录

# 第一章 1
# 生命科学中的压力概念

时至今日，我们在生物或者社会科学的任何领域中都不可能跳过**压力**（stress）这个词。这个概念在卫生保健领域甚至被更为广泛地讨论着，在经济、政治、商业以及教育领域也被时常谈及。在大众层面，我们周围充斥着大量关于如何才能预防、管理甚至消除压力这样的信息。

没有人能够说清为什么对于压力的兴趣会获得如此广泛的公众关注。比较流行的说法是把它归结为快速的社会变化（如 Toffler，1970）。工业化社会里社会规范欠缺的混乱状态与日俱增，在这样的环境中，我们失去了一些认同感，以及传统的精神支柱和意义（Tuchman，1978）。与此同时，伴随着物质的富裕，很多人从生存的挣扎中解脱出来，开始将他们的目光转向寻求更高品质的生活。

这些被压力概念所围绕着的问题当然不是新的问题。科弗和阿普利（Cofer & Appley，1964）许多年以前就睿智地指出，压力这个词"几乎抢占了之前被许多其他概念所分享的领域"（p. 441），这些概念包括焦虑、冲突、沮丧、情绪痛苦、精神创伤、疏远和混乱状态。科弗和阿普利接着谈道："当压力这个词流行起来之后，好像每个正在致力于某个相似概念研究的调查者都用压力这个词替换了原有的那个概念……然后继续以他自己的方式和原有的概念进行研究。"（p. 449）

## 历史回顾 2

和许多词一样，**压力**这个词的出现要早于它的系统性或科学性的使用。它最早出现在 14 世纪，用来指代穷困、困境、逆境或苦痛（参照 Lumsden，1981）。在 17 世纪后期，胡克（引自 Hinkle，1973，1977）把压力这个词应用于自然科学的情境中，尽管这种用法直到 19 世纪早期才真正系统化。"负荷"（load）被定义为一种外力；"应力"（stress）表示内力（产生于负荷）与内力作用区域的比例；“应变”（strain）是客体的扭曲或变形（Hinkle，1977）。

应力和应变这两个概念保留了下来，在19世纪的医学中，它们被构念为不健康的一个基础。例如，欣克尔（Hinkle，1977）引用了威廉·奥斯勒爵士（Sir William Osler）关于犹太商人的如下评论：

> 犹太人过着一种紧张的生活，工作时全身心投入，休闲时专注享受，为家庭热情奉献，他的神经能量被发挥到极限，他的身体系统处于应力和应变中，而这两者似乎是许多心绞痛病例的一个基本因素。(p. 30)

这里所说的，实际上是现在所使用的概念A型人格的旧版本，而A型人格对于任何一个族群来说几乎都会成为心血管疾病的一个特殊易感因素。几年之后，沃尔特·坎农（Walter Cannon，1932），一位对情绪的生理机能研究倾注了极大热情的研究者，认为应激（stress）[①] 是在寒冷、缺氧、低血糖等条件下对内稳态的一种扰乱。尽管他使用应激这个词有些偶然，但是他谈到他的实验对象是“处于应激下”，这暗示着应激的程度是可以测量的。

到了1936年，汉斯·谢耶（Hans Selye）在一个非常特定的、技术性的意义上使用了应激这个词，用来指代针对任何形式的有害刺激（包括心理威胁）所产生的精密的身体防御反应，一种被他称为“一般适应综合征”的反应。应激，实际上已经不是一种环境需求（谢耶称之为“应激源”），而是由这种需求所产生的反应和过程的一种普遍性的生理集合。在20世纪50年代早期，谢耶基于他的研究发表了《压力的年度报告》（1950，1951—1956）。1956年，他的研究成果出版成书，名为《生活的压力》。到那时为止，有关压力的生理学方面的文献一年发表的就接近
3 6 000篇（Appley & Trumbull，1967）。1955年美国心理学会上谢耶的特邀发言也拓展了我们对从生理学到心理学及其他行为科学中相关概念的关注。尽管谢耶的研究所延伸出来的有关应激激素的大量工作已经在社会和心理层面的分析上有着很明确的意义，但是实际上并没有完全说明压力的心理过程。尽管如此，谢耶的工作以及其中的意外收获在近年来压力研究兴趣点的拓展方面依然扮演了重要的角色。

---

① 在历史回顾这个章节，我对于stress的翻译较多地使用了“应激”这个词，因为它更好地表现了一种动态；而在其他章节，则大多使用“压力”这个词。大多数时候，应激或是压力的使用完全取决于当时的语境。——译者注

欣克尔（1977）对于推动哈罗德·沃尔夫（Harold G. Wolff）医学研究中所提出的压力概念的演化也起到了重要的作用，沃尔夫在 20 世纪 40 年代和 50 年代分别出版了关于生活压力和疾病的书（如 Wolff，1953）。就像谢耶和坎农把应激当作有机体被环境需求和有害物质包围时的一种反应一样，沃尔夫更倾向于认为应激是身体的一种状态，尽管他从来没有试图像谢耶那样系统地定义它。沃尔夫写道（引自 Hinkle，1973，p. 31）：

> 我曾经使用过生理学中的［应激］这个词来表明一个生命体的状态。这种状态是由有机体和有害刺激或者环境相互作用引发的，即这是有机体内部的一种动态；它不是一种刺激、攻击、负荷、符号、负担，或者环境中内在、外在、社会或其他什么任何方面的东西。

沃尔夫所强调的“动态”包括对需求的适应以及谢耶所说的生理反应模式，因为有几个原因而显得比较重要。第一，用于生理科学中的术语应激指的是由于环境负荷而变形（劳损）的钝化的或者被动的身体。然而，在生物学的用法里，应激是一种“反击”的活跃过程；活体参与适应性努力，这种努力对于保持或者恢复均衡状态至关重要，这个概念是法国生理学家克劳德·伯尔纳（Claude Bernard，1813—1878）基于肝脏糖储存功能的发现而提出的。第二，应激作为一种防御的生物过程，和我们后来所说的“应对”形成了有趣的类比，在这个心理过程中，个体花费气力去管理心理压力。第三，动态的概念让我们关注到有可能被忽略掉的压力过程中的重要方面，比如应对的可获得资源、成本（包括疾病和苦痛），以及收益（包括能力的成长和战胜逆境所取得的巨大胜利的快乐）。第四，当一个人将应激作为一种动态后，注意就会转到有机体和环境之间持续存在 4
的关系、互动和反馈上。有了动态模型，我们就不大可能只基于有机体内发生的情况而对压力做出不完整、不充分的定义。

有关社会学和心理学中的应激，我们也应该意识到这个阶段中发生了什么。社会学家马克思、韦伯和杜尔凯姆在著作中广泛地谈到了“疏离”（alienation）。杜尔凯姆（Durkheim，1893）把疏离看作社会失范状态（anomie）的一种条件，它产生于人们经历了可接受的社会标准的缺乏或丧失，这些社会标准指导他们去努力实现社会性的既定目标。西曼（Seeman，1959，1971）把疏离概念分为五个维度：无力、无意义、无规范、孤立和自我疏远（另见 Kanungo，1979；McClosky & Schaar，1965），从这个角度来谈及疏离的话，就可以清晰地将疏离放到应激的一般框架下（另见第八章）。

许多当代社会学家倾向于使用应变这个术语而非应激，使用应激就意味着社会扰乱或者无组织的形式，有些类似于沃尔夫对待应激的观点，把它看成个体身体被扰乱的状态。暴动、恐慌和其他的一些社会扰动，诸如不断增长的自杀事件、犯罪和精神疾病，在社会层面上来说就是应激（应变）的结果；它们指的是群体现象而非个体心理水平上的现象。然而，社会学和心理学中所使用的应激经常会有一个重叠，这个重叠可以用斯梅尔塞（Smelser，1963）关于集体行为（恐慌、暴动等）的社会学分析以及自然灾害的研究文献（Baker & Chapman，1962；Grosser，Wechsler，& Greenblatt，1964）进行很好的说明。其他的例子包括卢卡斯（Lucas，1969）对煤矿事故的研究、梅凯尼克（Mechanic，1978）关于学生面对考试压力的研究、拉德洛夫和海姆赖希（Radloff & Helmreich，1968）关于水下工作和生活的群体压力效应的研究，以及组织压力的研究（Kahn，Wolfe，Quinn，Snoek，& Rosenthal，1964）。在这些例子中明确社会学思想与心理学思想的边界变得非常困难。另外，术语的使用也是非常混乱的，应激（或者应变）有的时候是媒介因素，有的时候是反应。无论语言扮演了什么角色，这类研究很明显都是在压力领域里面进行的，而且作为压力研究发展史的一部分而存在。

在严格的个体心理学层面，很长一段时间里，应激被默认为一种用以思考精神病理学的组织结构，特别是在弗洛伊德以及后来的心理动力流派的理论说明中。然而，**焦虑**比应激更常使用。应激这个词直到1944年才出现在《心理学文摘》（*Psychological Abstracts*）的索引上。弗洛伊德在
5 精神病理学中给了焦虑一个核心的角色。阻碍或延迟满足的本能释放就会导致个体出现症状；在后来弗洛伊德的理论构想中，冲突引发的焦虑是作为危险的线索或是信号而存在的，它会触发个体的防御机制，产生令人不满的应对模式，而这又会产生症状模式，症状模式的特点取决于防御的类型。还有一个在美国心理学界统治了几十年的类似的提法是赫尔（Hull，1943）和斯彭斯（Spence，1956）提出的强化学习理论。焦虑被看作一种经典条件反应，它导致个体为减少焦虑而形成运作不良的（病理性的）习惯（参照 Dollard & Miller，1950）。在20世纪前半叶的大多数时候，焦虑这个概念对于心理学的研究和思想具有重要的影响力。克尔凯郭尔和其他学者们所写的关于焦虑的存在主义著作因罗洛·梅（Rollo May，1950，1958）而在美国受到欢迎。如果一个人意识到在焦虑这个概念和应激之间存在着大量的重叠，且认为没必要争论使用哪个术语的话，那么可以说精神病理学提出的主流观点认为它是应激的一个产物。

有关焦虑的实证研究在 20 世纪 50 年代早期得到了快速的增长，这主要有赖于发展出了将焦虑作为一种特质进行测量的工具（Taylor，1953）。这个量表的诞生催化了大量的研究去探讨焦虑在学习、记忆、感知和熟练操作等方面的角色，这些研究的立场大多是把焦虑看作一种驱力（参见 Spence & Spence，1966）或者认知活动的干扰源。这些研究的大部分被总结在施皮尔贝格尔（Spielberger，1966）编辑出版的一本书里。相继出版的书籍更多的是在标题中使用焦虑这个词而非应激，或者是二者兼而有之，这反映出焦虑和作为应激的焦虑的吸引力（如 Sarason & Spielberger; Spielberger & Sarason，1975；Spielberger，1966，1972）。

第二次世界大战对压力理论和研究的发展有一个促进作用。实际上，应激这个词在心理学上最早的应用之一就是在一本关于战争的里程碑式的著作中发现的，这本书是格林克和施皮格尔（Grinker & Spiegel，1945）所著的《应激下的人类》。战斗期间压力往往会影响部队的正常运作；它可能会增加战士们的受伤或死亡概率，并且削弱一个战斗群体有效行动的潜能。例如，处于炮火的环境中或执行爆破任务使战士们在一些极为重要的时刻可能会变得僵硬或是恐慌，在这样的情况下执行任务往往会导致类神经症性或精神病性的崩溃（参见 Grinker & Spiegel，1945）。

在朝鲜战争爆发之后，很多新的研究指向了压力对于肾上腺皮质激素和熟练操作的影响。这些研究中有一部分认为应该发展出一套原则去选择 6
不大易受影响的个体参加战斗；另一部分则认为应发展出干预手段，让个体在压力下发挥更多有效功能。越南战争也提供了这样的一些有关战争压力及心理和生理后果的研究（参照 Bourne，1969），这些研究大多受到谢耶的影响。还有一些关于战争压力的书籍描述的是轰炸对于平民精神面貌和正常工作（如 Freud & Burlingham，1943；Janis，1951）、军事囚犯的控制（如 Biderman & Zimmer，1961）、战时的生存（如 von Greyerz，1962）以及集中营（如 Bettelheim，1960；Cohen，1953；Dimsdale，1980）的影响。

在压力这个术语以及有关压力的理论和研究不断普及的过程中，一个重要的里程碑就是贾尼斯（Janis，1958）关于精神分析治疗中的患者面临手术威胁的一个集中研究。从这个研究之后，致力于将压力理论和方法系统化的书籍数量不断增加，对环境中压力的社会资源的关注也不断增长。代表书籍有麦格拉思（McGrath，1970）以及莱维恩和斯科奇（Levine & Scotch，1970）的著作。

从 20 世纪 60 年代开始，人们逐渐意识到压力是人类生存环境中难以避免的一个方面，应对这些压力会在适应性结果方面造成巨大的差异。在《心理压力和应对过程》（Lazarus，1966）一书中，重点开始有一些从压力本身转向应对。然而，除了常见的描述以外，仍然只有相对较少的学术论文致力于应对的研究，不过越来越多的论文开始涌现。这些论文包括：Coelho，Hamburg & Adams，1974；Haan，1977；Horowitz，1976；Menninger，1963；Vaillant，1977；Levinson，Darrow，Klein，Levinson，& McKee，1978；Lazarus & Launier，1978；Murphy & Moriarty，1976；Pearlin & Schooler，1978；Folkman & Lazarus，1980；Lazarus & Folkman，1984；以及应对不同形式生活压力的文集（参照 Monat & Lazarus，1977；Moos，1977）。

## 现代发展

近期的五个研究进展也激发了大家对压力和应对的兴趣：对个体差异的关注，对心身医学兴趣的复苏，旨在对疾病或增加患病风险的生活方式
7 进行治疗和干预的行为疗法的发展，毕生发展观的兴起，以及对于人类事务中环境所起作用不断增长的关注。让我们简单地回顾一下这五个方面。

对**个体差异**的兴趣产生于第二次世界大战和朝鲜战争所激发出来的关于压力对绩效的作用的研究。这个问题很明显也和非战争环境中的人们相关，因此在 20 世纪 50 年代的时候引发了大量的实验室研究和实地调查（相关综述列表参见 Lazarus，1966）。主流观点是过分简单化的：压力或焦虑导致熟练操作的受损，要么是由于过分强调驱力，要么是因为引发了干扰或是分心。做这些研究的心理学家通常都会引用由耶克斯和多德森（Yerkes & Dodson，1908）提出的一个普遍的定律，它被称作倒 U 形曲线，认为在一定程度上唤起或驱力增加会提高任务绩效，但是超过这个范围就会导致混乱增加、表现变差。

但是，越来越明显的是应激反应上是有很重要的个体差异的：个体的表现并不是一成不变地受到影响或是得到促进。比如，拉扎勒斯和埃里克森（Lazarus & Eriksen，1952）发现在导致失败的压力下，个体的绩效并不是在均值水平上增加或是降低，而是出现了一个显著增长的差异。个体的表现会在压力的作用下变得更加变化不定，一些被试表现得更好，而另外一些则表现得更差。这个研究以及其他的一些研究表明，我们不可能简单地根据压力性刺激来预测个体的表现，要想预测个体的行为结果需要对引发个体反应差异的心理过程进行关注。例如，在唤起的最优水平上、对突发事件的评价方式上或是对需求的应对上，人们都可能存在差异。

对个体因素，如动机和应对（参照 Lazarus，Deese，& Osler，1952）的重要性的认识在不断增加，这带来了对压力问题和熟练技能方面构想上的一些改变。例如，许多研究（如 Sarason，1960，1972，1975）开始关注一些中介变量和调节变量可能存在的作用以及变量间的交互作用。随着问题的定义转向个体因素以及环境的压力性需求和短期的情绪、行为结果之间的干预过程，有关压力下技能表现的研究被压力相关过程的研究（如认知评价和应对）所大量占据，这些研究可以解释个体在反应中的差 8
异性。

然而，压力对个体表现的影响这个最原初的问题，仍然没有被完全放弃。比如，在对人类表现中的压力和疲劳的当前研究的一篇分析性综述中，舍恩普夫卢格（Schönpflug，1983）和他的同事带我们回顾了一些熟悉的概念和变量，比如时间压力、噪声对疲劳的影响、问题解决的效率等，但是同样带来了一种新的视角：认知的、动机的和应对的概念被引入早期绩效研究所关注的范畴内。这使得我们在保持对压力和绩效这个重要议题关注的同时，也鼓励对个体差异性的探索。

**心身医学**大概在 50 年前开始迅速发展（Lipowski，1977），但是随后就经历了戏剧性的衰退，直到近期才有所缓和。衰退的原因很复杂，其中一个原因就是用过于简单化的思想去研究心身问题，结果得到了一个比较糟糕的数据库。在这个数据库里，各种各样的障碍类型，如溃疡和大肠炎，都会根据特定的心理动力过程加以解释。人们做了失败的尝试，用心理动力体系去认定一个人具有“溃疡型人格”（Alexander，1950）、“大肠炎型人格”、“偏头疼型人格”等等。在过去的 20 年里，传统的精神分析概念失宠，更多人开始感兴趣于环境因素对疾病的影响。因此，心身医学，曾经完全侧重于探索心灵内部的科学，正经历着一次信任危机。

有关压力和疾病的观点近期所发生的大量变化引发了当前研究兴趣的复苏。这种变化主要的贡献者之一就是谢耶，他的工作让人们能够确信社会和心理因素实际上在健康和疾病当中扮演着重要的角色。例如，心理生理学和医学从最初认为疾病绝对是环境因素如细菌、病毒和破坏性事件的产物的观点，渐渐地转变为，认为疾病易感性或者“宿主抵抗力”也是非常重要的。有关压力和激素对机体组织的作用的研究不断取得进展（Mason，1971，1974，1975a，b，c；Mason et al.，1976），这使得很多对传统的心理压力体系持怀疑态度的人开始接受脆弱性的概念。因此，当前的心身研究的思想深深根植于压力理论和研究，并广泛受益于这种跨学科的取向，似乎正在散发着新的活力。大量心身或者行为医学的著作，如维纳

9 (Weiner，1977)，韦斯、赫德和福克斯（Weiss，Herd，& Fox，1979），诺顿（Norton，1982）所写的那些书，阿德（Ader，1981）关于心理免疫学这个崭新领域的著作，以及斯通、科恩和阿德勒（Stone，Cohen，& Adler，1979）关于健康心理学的著作，都证实了这样一种研究兴趣的复苏。

我们可能也顺便注意到，对免疫反应在各种疾病中的影响的关注绝不是刚刚出现的，但是近几年，这个关注点的研究势头却非常猛。以多病因系统视角进行解释的话，所有的疾病可能都有心理病因。因此，从一些特殊的慢性病，如溃疡和高血压当中所产生的心身医学的概念，渐渐拓展为所有疾病的一般概念（参照 Weiss，1977），这可能激发了对免疫反应作为一种可能病因的研究。甚至是对于癌症这样一种离心身疾病原始含义较远的疾病，人们也比较关注它的免疫反应。我们应该期待在未来的日子里，关于免疫过程以及心理和社会因素如何影响免疫过程的多学科研究活动能够不断增加。

越来越多的人致力于关注心理因素在健康中的作用，我们可以从美国心理学会决定组建健康心理学分会（第 38 分会），以及大量的期刊的创办中一窥端倪。这些期刊包括《健康心理学》（*Health Psychology*）、《行为医学杂志》（*Journal of Behavioral Medicine*）、《心理生理学》（*Psychophysiology*）、《人类压力杂志》（*Journal of Human Stress*）、《英国医学心理学杂志》（*British Journal of Medical Psychology*）、《心理医学》（*Psychological Medicine*）、《心身研究杂志》（*Journal of Psychosomatic Research*）、《健康与社会行为杂志》（*Journal of Health and Social Behavior*），更不用说存在已久的《心身医学》（*Psychosomatic Medicine*）。还有一些更加专业的杂志（如有关生物反馈技术或治疗的杂志）也包含了相关的研究，一些更基础的杂志（如《人格与社会心理学杂志》《英国临床心理学杂志》）也开始刊载聚焦于心身主题或是健康相关主题的研究。

**行为治疗**作为传统心理动力疗法的一种替代性治疗也是于近年出现的。起初，它的观点过分讲究科学严谨性、实证主义和狭隘，聚焦于经典和操作性条件作用，完全从精神分析思想中分离出来。后来，它开始变得具有更大的灵活性，在它内部又催生了认知行为疗法运动（如 Ellis，1962；Ellis & Grieger，1977），该运动把精神病理学和成功的应对作为核心的因素，考虑一个人如何解释适应性的遭遇，聚焦于干预改变个体的思维、情感和行为。不断增加的认知行为治疗师认为他们的工作是行为和心理动力取向之间重修于好的基础（如 Goldfried，1979；A. Lazarus，1971；

Lazarus，1980；Mahoney，1980；Wachtel，1980）。这就使得他们可以进入压力和应对的领域，比如梅钦鲍姆（Meichenbaum，1977）的认知应对 10
干预，梅钦鲍姆和诺瓦科（Meichenbaum & Novaco，1978）使用“压力免疫”的概念，训练个体去应对即将到来的压力性情境，还有贝克（Beck，1976）对抑郁症的治疗。

对**发展心理学**兴趣的一个主要调整成为促进压力、应对和适应研究的第四个因素。发展心理学传统上是聚焦于婴儿期、童年期和青春期。在20世纪60年代，老年人的数量显著增加，受到它的一部分影响，很多人开始关心成年期以及成年期所面临的问题。埃里克森（Erikson，1963）的著作帮助心理学从弗洛伊德学说主要关注生命早期和青春期恋母情结的解决，转向意识到重要的心理转变也会发生在成年早期和随后的日子里。发展心理学成为一个致力于研究个体毕生变化的学科领域。

在公众层面，对于成年过渡期的关注主要受益于盖尔·希伊（Gail Sheehy，1976）的著作《通道》，这本书借鉴了莱文森和他的同事们（如Levinson et al.，1978）有关中年期的过渡和危机更为学术化和系统性的工作。纽加藤（Neugarten，1968a，b）、洛文塔尔（Lowenthal，1977；Lowenthal，Thurnher，& Chiriboga，1975）和瓦利恩特（Vaillant，1977）的著作也反映并促进了对成人发展不断增长的兴趣。同时，对于人口老龄化的政治和社会反响促使美国国家老龄化研究所得以创立，一部分科研经费转移到了老龄化问题的研究上。

在最新的文献中所表达的中心主题之一即是过渡期和社会变迁所带来的压力以及人们如何应对它们。比如，很多人对空巢、中年危机、寡居和退休的研究产生了浓厚的兴趣。与此同时，人们对于婴幼儿时期的情绪发展以及儿童如何理解社会关系和互动的个人意义的兴趣从未像现在这样深厚。无论大家的关注点是在成人的发展还是儿童的发展上，讨论的议题都常常是围绕着压力、应对和适应进行组织的。

最后一个导致对压力和应对研究兴趣不断增加的因素是行为科学研究开始强烈**聚焦于环境或社会生态**。临床心理学和精神病学已经开始从过分
强调内在精神的重要性，即认为构成精神病理学的基础主要在于人的内 11
部，而转向对环境的聚焦。心理学的思想大体上也发生同样的变化，人们更多关注其生存的环境的作用。环境心理学（或者社会生态学）本身随着作为自然科学之一的动物行为学的出现而得到促进。随着社会科学家见证了生态学研究的冲击力，他们开始意识到对于人类自然的生活环境知之甚少。压力，在某种程度上依赖于环境的社会和物理需求（Altman &

Wohlwill，1977；Proshansky，Ittelson，& Rivlin，1970；Stokols，1977）。应对的可能性依赖于环境限制和环境资源（Klausner，1971），而它们也就成为重要的因素。因此，环境科学的到来，也带给压力理论和研究一个扩展的视野和新的转变。

## 压力的概念

并不是每个对压力相关问题感兴趣的人都对压力这个术语的价值表示乐观。比如，医学研究所的小组成员（Elliott & Eisdorfer，1982）曾表示："……35 年之后，即使是让大多数压力研究者感到满意的压力定义也不可能有人给出。"（p. 11）阿德（Ader，1980）在美国心身医学学会（American Psychosomatic Society）主席就职演说中，进行过更为详细的评论：

> 为了我们的目的……"压力"这个概念几乎没有什么启发价值。"压力"已经被用于（至少是隐含的）解释改变了的心理生理状态。既然不同的经验性事件具有不同的行为和生理效应，它取决于个体随后受到的刺激以及实验者选择测量的反应，那么"压力"这样一个包罗广泛的标签，对于分析可能决定机体反应或者潜藏于其中的机制的贡献就比较小。事实上，这样的标签，是描述性的而非解释性的，实际上它对刺激等价性的隐含假设可能会阻碍概念或是实验的发展，促进了简单的单一原因解释的还原论探索。（p. 312）

1966 年，拉扎勒斯建议压力可以被当作一种组织概念，用以理解人类和动物适应中非常重要的广泛现象。于是，压力不是一个变量，而是一
12 个类别，包括许多变量和过程。我们仍然相信这是可以采取的最有效的一种取向。然而，对于采用这种取向的人来说，必须采用一种系统的理论框架，在多层次水平的分析上去检验这个概念，必须详述和压力现象有关的经历、过程和结果，以及压力这一首要概念。而这实际上是本书的主要目的。

一些研究者和作者困惑于将应激概念拓展到所有活动的这种趋势，而这些活动通常是被看作在适应的范畴下进行的。然而，人们为了适应所做的许多事情，是通过认知过程及特定行为和生活方式惯常地、自动地进行的，而这些并不必然包括应激。如果我们要把应激当作一个通用概念，我们就必须进一步界定意义的范围。否则，应激就被用来表示包含在适应概念中的任何东西。下面，我们应该在考虑另外三种经典的定

义取向——刺激定义、反应定义和关系定义之后，提出这样一种意义的范围。

*刺激和反应定义*

心理学近几年习惯把人类和动物描绘成是对刺激具有反应性的（刺激—反应心理学），为了和这一传统一致，心理学家所采用的关于压力最常用的定义是：它是一种刺激。压力刺激通常被认为是冲击到个体的事件。刺激的定义还包括产生于个体内在的状态，比如饥饿或者性之类的基于机体组织状态的驱力刺激，以及由神经病学特征引起的刺激，如怀特（White，1959）提到的“效应驱力”。

哪些环境事件可以作为典型的压力刺激，或者用谢耶的术语，“应激源”？拉扎勒斯和科恩（Lazarus & Cohen，1977）谈到了三种类型：往往是灾难性的，可以影响很多人的重要变化；影响一个人或者几个人的重要变化；日常麻烦。关于第一种，某些灾难性现象往往被认为是普遍具有压力性的，超出了个人的控制。这里的灾难性现象包括自然灾害，人为造成的灾难，比如战争、监禁、背井离乡。这些可能是持续很久（如监禁），或者很快结束（地震、飓风）的事件。但是，即使是一个短暂的灾难，它带来的生理和心理的后果也可能持续很久。

突然降临的大灾难和其他灾难性事件也可能只发生在一个人身上，或 13
者相对较少的人身上，但是受到影响的人的数量对改变这类事件的破坏力并不是至关重要的。这些事件可能是超过个体控制的，比如爱人的死亡（Bowlby，1961；Lindemann，1944；Parkes，1972）、威胁生命的或者致残的疾病（Hackett & Weisman，1964），或被解雇（Kasl & Cobb，1970）；或者事件本身在很大程度上受到当事人的影响，比如离婚（Gove，1973）、生育（Austin，1975），或参加重要的考试（Mechanic，1962）。上面列出来的包括了大多数会带来伤害或者威胁的负性经历。一些作者（参照 Holmes & Masuda，1974）坚持认为任何一种变化，不论是正性的还是负性的，都能带来压力性影响。我们将会在第十章更具体地讨论这个问题。

为了保证环境中的压力刺激和重大灾难或是改变是等同的，在我们看来，就要接纳一个压力的限定性定义。我们的日常生活中，充斥着我们生活角色中所产生的不大具有戏剧性的压力性遭遇。在我们的研究中，我们把那些会让人恼怒或是痛苦的小事情称作“日常麻烦”，比如，某人的狗睡在客厅的地毯上生病了，面对一个不考虑别人感受的吸烟者，担负着太多的责任，感到孤单，和伴侣发生争吵，等等。尽管日常麻烦比起那些生活中的重大改变，比如离婚或是丧亲，戏剧性更弱，但是它们对于个体的适应和健康却可能是更重要的（参照 DeLongis，Coyne，Dakof，Folkman，& Lazarus，1982；Kanner，Coyne，Schaefer，& Lazarus，1981）。

也可以识别出会定性或定量地影响到压力性情境的许许多多**正式**的特性。例如，我们可以强调慢性和急性需求的差异，就如马尔（Mahl，1949，1952，1953）观察到的胃酸分泌物只在慢性压力下才会产生。其他潜在的丰富的差异性还包括调节需求的大小、需要的调节种类、个体对事件的控制度或是预测度、事件的积极性或是消极性等等。比如，我们可以去想一想，一场车祸中意外失去自己的爱人和在晚期疾病的弥留期里慢慢地、有预期地失去爱人，这二者之间的差异性。两种情境下应激反应的程度和特质可能会截然不同，尽管失去爱人的结局是相同的。

14 医学研究所心理社会资产和压力调节小组在《压力和人类健康》的报告中提出了对应激源另外一种比较正式的分类（Elliott & Eisdorfer，1982）。报告中提出了四种比较宽泛的应激源类型，它们主要在持续时间上有所不同，并且覆盖了上面提到的一些差别。这四类应激源是（Elliott & Eisdorfer，1982）：

> （1）**有时限的急性应激源**，例如去跳伞、等待手术或者碰到了响尾蛇；（2）**应激源序列**，或者作为一个起始事件如失业、离婚或丧亲的结果，发生在随后较长时间内的一系列事件；（3）**慢性间歇性应激源**，如充满冲突的姻亲拜访或者性交困难，它们发生的频率可能是一天一次、一周一次、一个月一次；（4）**慢性应激源**，如永久性残疾、父母不和，或者是慢性工作压力，它们可能是被一个没有关联的事件引发，也可能不是如此，之后会持续相当长的一段时间。（pp. 150 - 151）

上面谈到的内容说明了压力的刺激性定义本质上是什么，定义当中特定的情境被认为是普遍具有压力的。尽管寻找环境性应激源的合理分类是明智的，可是是根据内容还是根据正式特性，例如持续时间或是慢性化，我们必须对之保持警惕，因为这些应激源在易感性上存在个体差异。基于最常见的反应，外部事件通常被认为是压力性的，但那些反应并非一般反应。换句话说，压力情境分类的产生依赖于对应激反应模式的检验。一旦考虑到反应模式，就必须考虑赋予刺激情境效力和意义的个体的特性，压力的定义不再是刺激限定的，而变成关系式的，我们将会简要地来论证这个观点。

我们前面曾提及在生物学和医学中，压力通常用**反应**的术语来定义，比如在谢耶和哈罗德·沃尔夫的研究中。当我们强调人或者动物的反应时，我们说的是压力的状态、一种有机体对于压力的反应、处于压力下、被扰乱的状态、不适等等。如果试图用反应来定义压力的话，我们就无法系统性地对什么是应激源、什么不是进行前瞻性的识别。我们必须等待反应。而且如果不是这样的话，我们还可以用许多反应来表示心理压力。例如，慢跑后心率会大幅升高，然而个体却好像感受到心理上的放松和平 15
静。不考虑刺激的因素，反应并不能作为一个心理压力的可靠的判断。

总之，所有的刺激—反应取向都是循环论证的，它们回避了关键性的问题，即什么样的刺激会引发一个特定的应激反应，而什么样的反应可以表示一个特定的应激源。这是观察到的刺激—反应关系，而非可以用来定义压力的刺激或者反应本身。比如，我们想想谢耶关于压力所做的定义——“身体对任何要求所做出的非特定的反应”。抛开它是有限的生理水平分析这样一个事实不谈（如 Selye，1980），这个定义本质上像是早期的一些定义，把压力当作环境改变所引起的内稳态紊乱。这些早期的定义有很多心理上的相似之处。例如，米勒（Miller，1953）把压力定义为“任何强烈的、极端的或是不寻常的刺激，它是一种威胁，会引发行为上的一些显著改变”，巴索维茨等（Basowitz，Persky，Korchin，& Grinker，1955）则把压力定义为“**更可能**产生扰乱的刺激”。当一个刺激导致一个压力性的行为或是生理反应时，它就会成为一个应激源；当一个反应由一个需求、伤害、威胁或是负担所引发时，它就是一个应激反应。

在刺激—反应这种概念化里，一个更深层的隐患在于应激反应的定义。把应激反应当作内稳态的干扰固然很好，但是，由于生活的各方面看起来不是产生就是减少这种干扰，压力就变得很难区别于生活中的其他事物，除非干扰程度是不寻常的。而且，很难定义一个稳态或基线，据此来判断干扰。鉴于这种困难，我们需要一些规则，来决定什么情形将会扰乱平衡，产生应激反应，或是恢复平衡。

当我们来考虑谢耶的用语“需求”（demand）或是“应激源”（stressor）时，对这些规则的需要就变得更加显而易见了。在谢耶看来，会让一个刺激变成一个应激源的特性是它对机体组织是有害的。米尔斯基（Mirsky，1964）对此有同样的观察：

> 如果我们查阅关于“压力”的文献，就会显而易见地发现几乎每

> 种能量转换都可以被认为是一种应激现象。我曾经认为最令人愉快的现象……现在很显然就是充满压力的。我提议我们在广义上停止使用
> 16 “压力”（stress）这个术语，相反，把它用来指代一些更特定的术语。通常，我们说的都是真的有害性刺激。让我们来描述任何事件对于客体的意义，有害的或是其他什么，这个客体可以是一只老鼠（只有其他的老鼠可以告诉我一只老鼠感受到什么），也可以是一个人。（p. 534）

米尔斯基的评论可能已经被轻易地用于说明我们前面所讨论的关于压力和适应之间的意义重叠以及阿德和其他一些人对于压力术语较为松散的意义的不满。然而，米尔斯基的解决方法同样是无用的，和其他所有的刺激定义一样，他把重担交给了刺激参数，而没有明确规则来区分应激源和非应激源。当一个人说任何对机体组织有害的物质都是一个应激源时，困惑就产生了，因为我们要努力检验什么是“有害的”。例如，尽管这很明显，一颗子弹除非从一个高性能步枪射向一个脆弱的目标，否则它就不是有害的或者有伤害性的。甚至是一颗最低限度能伤害或是杀死一个人的子弹，也并不会杀死大多数的狩猎动物，当然也不会杀死大象或者犀牛，除非射击在它们易受伤害的软肋上。同样，细菌不会在具有高抗感染能力的物种或个人身上引发疾病，甚至生活压力过大通常也不会导致心血管功能正常的人心脏病发作。相比之下，酒精对于一个有肝脏损伤的人的影响要比一个肝脏健康的人严重得多；对糖尿病患者来说，饮食中的糖可能意味着灾难，而对健康的人来说，通过胰岛素的释放很容易处理掉它们；那些对结核杆菌或天花杆菌抵抗力较弱的人，接触这些细菌有机物是非常危险的，而对于抵抗力很强的人来说则没有太大关系。

如果这个问题在机体组织层面都是困难的，那么考虑一下心理层面，在这个层面，与脆弱性相关的个体特性更加难以评估。上面谈到的米勒（1953）的定义，就是一个恰当的例子。在谈到压力“作为一种具有威胁性的异常刺激会引发行为上的一些重大变化”时，米勒强调了心理学原则的必要性，即，什么使刺激异常且具有威胁性，进而产生应激反应。如果，如谢耶（1980）所断言的，“情绪的唤起是压力最常见的起因”，那么这可能是对情绪的心理动力学更为本质的理解。这是后面的任务，我们将会在本书后面的章节中尝试着讨论。

17 **关系定义**

我们已经注意到跨学科的科学思想的发展，以及发展过程中，重心渐

渐转移到系统中的关系和现象发生的情境的重要性上。最引人注目的是医学中疾病概念的转变。医学上一个重要的突破是 19 世纪发现了微生物和其他外部环境介质是疾病产生的原因。巴斯德、李斯特、科赫和其他一些人认为疾病是可以被治疗，甚至被预防的，只要我们对这些环境因素发起进攻，或是用疫苗、检疫隔离（这种方式很早以前就开始实施，那时还不了解它是如何发生作用的）、减少蚊子数量、无菌手术等措施把这些环境因素隔离开。

流行病学学生经常听到一个经典的真实故事。这个经典的流行病学研究范式来自 19 世纪，那个时候依然强调单一的环境因素是疾病形成的原因。而这个经典范式直至今天依然很流行。这个故事是关于一个泵手柄，以及约翰·斯诺对 1855 年伦敦霍乱流行原因的研究的。当时，大家都认为霍乱是由糟糕的空气导致的。然而，斯诺认为它和泰晤士河里排泄物的存在有关系。有两家公司，一家位于泰晤士河的上游，一家位于下游，为伦敦居民提供水源。斯诺对住户进行了人口普查，同时调查了霍乱感染的情况以及水源的情况，完成了第一个霍乱暴发的流行病学地图。他发现仅有一个水源被牵涉其中。因此，我们控制，甚至是消除霍乱的方法，仅仅是关掉一个泵手柄，从而控制住污染水源。那么，对于每个流行病学的学生来说，寻找这个正确的泵手柄就表示希望他可以发现疾病的源头，从而“关掉”它。

正如我们前面提到的，对于疾病外部起因的观念近些年已经逐渐让位于关于疾病的较新的观念，即：一个病原体必须和一个易感的有机体**相结合**。遭到攻击时一个系统（如有机体、一个人）的特点或者状态与外部的有害因子是同等重要的。一个人不是仅仅因为环境中存在有害因子而生病——比如病毒和细菌总是存在的——而是因为易受这些因子的侵害。顺便说一句，人和环境的**关系**总是在不断变化的，而这决定了病情。

杜博斯（Dubos，1959）完美地描述了为什么 19 世纪大家所寻找到的 18
一种具体的致病因子用来解释当今的主要健康问题是不合适的，如心血管疾病、癌症和精神疾病这些由多种原因造成的疾病。他写道：

> 科赫和巴斯德想要证明微生物能引起疾病的某些表现形式。他们的天才之处在于他们设计出了实验情境，可以对他们的假设情境给出明确的说明。他们的假设情境是**足以**导致宿主和寄生虫一起复制这种疾病。经过反复试验，他们选择了动物的种类、感染剂的剂量和接种途径，使感染得以顺利地演变成疾病。在适当的条件下注射结核杆

> 菌，豚鼠就会患上肺结核；在狗的硬脑膜下注入足够的狂犬病病毒，狗就会出现麻痹症状。因此，通过实验系统的熟练选择，巴斯德、科赫和他们的追随者在实验中成功地把可能会掩盖他们想要研究的传染病因子活性的那些因素的影响降到最低。这种实验取向对于发现疾病的病原体以及研究它们的一些特性是非常有效的。但是，这必然导致人们忽视，而且事实上经常延误人们对其他因素的认识，在自然世界的条件下许多其他因素也在疾病的起因中扮演了角色，例如，受感染个体所处的生理状态和他所生活的环境的影响。(pp. 106 – 107)

“泵手柄”的故事对于我们目前的讨论有两个重要的启示。第一，压力和疾病是杜博斯讨论的多致病因素系统最好的例子。和微生物一样，压力本身并不是造成疾病的一个充分原因。想要产生压力相关的疾病，其他条件也必须存在，如脆弱的组织或是不能充分管理压力的应对过程。研究的主要任务是分析这些其他变量和过程作为压力-疾病关系中的中介所起到的作用。第二，同样的推理适用于我们关于压力是作为人和环境之间的一种特殊的关系的定义；在这里，研究人员也必须确定这种关系背后的变量和过程。流行病学家和其他涉足行为或是心身医学以及健康心理学的研究者们要在某种程度上同意这一原则，并不需要多费脑筋去理解有关压力本身的定义，并意识
19 到环境中的许多因素和人必须结合在一起才会产生压力及其结果。

的确，**极端的**环境条件几乎可以让每个人产生压力，就好像某些条件对大多数的身体组织或者心灵是有害的，很有可能会导致机体受损或精神痛苦。然而，如战争、自然灾害、监禁、酷刑、死亡临近、严重疾病以及爱人丧失等极端条件所产生的对所有人或者几乎所有人的扰乱并不必然会诱导我们接受把压力当作环境产物这样一个过分简单化的概念。这些极端条件并不是罕见的，但是作为模型使用它们会产生不恰当的理论和应用。主要的问题在于我们会忽略面对所谓的一般应激源时人类反应的巨大差异性。

当一个人从最极端的生活条件进入更温和、更模糊的环境时，也就是说，面对更普通、更平凡的生活应激源时，反应的变异性会更大。此时对某些人来说具有压力性的事件，对别人来说并不是。我们不可能假装存在不考虑个体的性格特征仅就环境条件的水平对压力进行客观定义的方式。这里，对关系性视角的需要是显而易见的，而且为了理解复杂的反应模式和它的适应性结果，以及在临床上得以借鉴，识别出这种关系的特性就显得非常紧迫。

现在我们已经准备好说明压力属于哪些意义范畴。**心理压力是人和环境之间的一种特定关系，个体评价其为超负荷的或是超出他的资源，危及他的幸福。**

我们必须关注的是导致不同人群心理压力的原因（社会和生理分析层面对压力的讨论参见第七章和第八章）。我们通过检验对人-环境的关系进行中介的两个关键过程，来处理这个问题：认知评价与应对。认知评价是一个评价过程，它决定个体与环境之间某种特定互动或是一系列互动为什么以及在何种程度上是具有压力性的。应对是一个过程，在这个过程中，个体管理着被评价为压力性的人-环境关系的需求以及它们所产生的情绪。在随后的章节中，我们将会阐述这些概念，检验我们已知的和相信的，提出那些在该领域中造成混乱的重要议题，提供一个理论和方法论上的框架，在这个框架内，我们可以思考中介了心理压力和健康、适应之间关系 20
的过程。

第二、三、四章是关于认知评价的核心概念的。在第二章，我们讨论为什么这个概念如此重要，并对相关研究进行简要的回顾。在第三章，我们侧重于介绍影响评价的个人因素；而在第四章，我们关注的是评价过程中情境因素所扮演的角色。第五章和第六章是关于应对的。在第五章，我们考察应对的传统理论及其局限。在第六章，我们提出自己关于应对的过程取向。第七章主要介绍评价和应对过程对短期和长期适应性结果的影响，包括精神状态、社会功能和身体健康。应对有效性和习得性无助的内容也包含在这个章节中。第八章从心理层面的分析转移到社会层面的分析。在这一章，我们将社会看作适应的一个因素，探讨它在个体压力和应对中扮演的角色。第九章介绍情绪的认知理论以及情绪和认知之间的关系。在第十章，我们将传统的理论和研究取向与我们自己的过程导向的交互模型进行比较，并设法解决研究设计和测量中的问题。在第十一章，我们转向更具应用性的问题，考虑我们关于压力和应对的理论对管理和干预的意义。

今天很少有人可以在不提及个体控制的情况下讨论压力、应对和适应。没有单一的控制概念；相反，它有许多含义，不同的作者甚至相同的作者在不同的时间里都会使用不同的概念。本书中没有一个章节是关于控制的。相反，控制的主题交织在每章的内容里，例如，第三章在关于控制预期影响评价的方式的讨论中，第六章在压力的介绍中，第七章在不可控或是作为应对的结果，抑或是习得性无助的情境中有效应对的部分里都涉及了控制的主题。总之，控制至少以三种面貌出现：作为前提情境或个体变量；作为中介变量，例如一个应对过程；作为一个结果，失去控制或习得性无助的结果。我们希望对这一重要话题特别感兴趣的研究者们可以发现本书中所呈现的系统的研究思路和取向是明晰的，这个系统鼓励对控制以及控制在压力和应对过程中运作的多种方式进行系统的、多方面的处理。

21

## 总结

压力的概念已经存在了几个世纪，但直到最近才被系统地概念化，并成为一个研究的主题。第二次世界大战和朝鲜战争推动了压力研究，因为其对军事战斗非常重要。后来，人们认识到压力是生活中不可避免的一个方面，人们如何应对压力造成了人类功能上的差异。心身医学、行为医学、健康心理学和临床干预，日益增加的对老龄化的压力性转变的兴趣，对物理环境及其对人们的影响的关注，所有这些对压力研究以及应激反应中的个体差异研究都起到了促进作用。

通常，压力被定义为刺激或反应。刺激定义侧重于环境中的事件，如自然灾害、有害条件、疾病或是下岗等。这种取向假定某些情境是具有常规压力性的，但它不允许事件评价中个体差异的存在。反应定义，在生物学和医学中很普遍，指的是一种压力状态；我们往往说一个人对压力有反应，或是处于压力中等。刺激和反应定义只有有限的作用，因为一个刺激只在有应激反应时才被定义为压力性的。还需要足够的规则来说明哪些条件下刺激可以成为应激源。

本书中压力的定义强调人和环境的**关系**，它既考虑了人的特点，又考虑了环境事件的特性。这与现代医学关于疾病的概念是一致的，不再将疾病看作单纯由外部的有机体造成，疾病的发生还依赖于有机体的脆弱性。同样，不考虑个体的因素很难用客观的方法预测作为一种反应的心理压力。因此，心理压力是一种人和环境之间的关系，这个环境被个体评价为超负荷的或是超过个体资源的，威胁到个体的健康。判断特定的人与环境的关系是否具有压力性取决于认知评价，这将是随后三章的主题。

# 第二章 22
# 认知评价过程

在拉扎勒斯（1966）最早对他的心理压力理论进行全面阐述的时候，主流心理学与“认知革命”尚有一段距离（Dember，1974）。对中介过程依然有点怀疑的实证主义，占据着主流观点。因此，那个时候必须详细充分地讨论为何评价的概念对心理压力和应对的理论是必要的。尽管现在这种需求已经不那么迫切了，但依然值得花点时间来讨论这个问题。我们将通过讨论这个问题开始我们对评价的处理，然后再来检验它的一些证据。接着我们考虑与现象学取向有关的问题，之后再讨论脆弱性的概念，它与认知评价有着重要的联系。

## 为何评价的概念是必要的?

尽管某些环境要求和压力会使很多人产生应激，但反应程度和类型上的**个体和群体差异**总是显而易见的。人类个体和群体对某类事件的敏感性和易感性以及对它们的解释和反应存在差异。

例如，在相似的状况下，一个人可能是愤怒地回应，另一个人是沮丧，还有人则焦虑或内疚，还有一些人觉得受到挑战而不是威胁。同样，一个人用否定的策略来应对绝症，而另一个人可能是焦虑地反复思考或是沮丧。一个人通过忽视来处理一个侮辱，另一个人则变得愤怒并计划报 23
复。即使在最具毁灭性的情况下，比如纳粹集中营，人们对威胁、失常和痛苦的感知程度也是不同的。他们应对的方式也会有所不同（Benner，Roskies，& Lazarus，1980）。为了理解在相似的状况下的个体差异，我们必须考虑介入遭遇和反应之间的认知过程以及影响这种中介特性的因素。如果不考虑这些过程的话，我们就不能理解在相似的外部条件下人类的差异性。

正如人们预期的那样，会有实证主义者持相反的观点，认为个体差异之所以存在是因为人类所处的环境总是不同的，因此个体差异的存在并不必然是因为个体特征的不同。例如，斯特拉克和科因（Strack & Coyne，1983）、科因和戈特利布（Coyne & Gotlib，1983）指出，情感性抑郁不能完全被人们对他们自己做出不恰当的认知假设以及歪曲现实的程度所解释；在一定程度上，他们是在对所处的社会环境做出精确反应。比如，抑郁的个体会引发他人的痛苦，因此会让他们自己令人厌恶。然后这些抑郁个体就会知觉为别人正在拒绝他们。而且，在相当大的程度上，抑郁症患者可能是在对他们生命中的真正损失做出反应。我们同意部分观察到的个体差异是实际环境差异的结果，但这并不是全部。与勒温（Lewin，1936）等人提出的论点一致，我们认为重要的是“心理状况”，这是环境因素和人的因素相互作用的结果。

需要理解评价过程的第二个原因是，为了生存和兴旺，人们必须区分有益的和危险的情况。这些区别往往是微妙的、复杂的、抽象的，并依赖于一个高度灵活和有效的认知系统。这个系统可能由一个能够进行象征性活动的大脑进化而来，并被通过经验所习得的关于世界和我们自己的那些东西所驱动。

对于植物发展出复杂而必要的蛋白质辨别机制，或者动物所具有的识
24 别危险性捕食动物的固定机制，没有人会感到惊讶（如 Tinbergen，1951）。那么，为什么在神经方面高度进化的智人发展出一套高度象征性的认知过程去区分伤害、威胁、挑战或教养就会让人感到惊讶呢？事实上，成功的适应和人类的幸福感取决于做出这种评价感知的能力。

因此，人类的某种认知评价过程会调节反应，对于充分的心理理解是必要的，其他灵长类动物和哺乳动物在某种程度上亦是如此。认知评价反映了一个人所具有的某种独特性（表现为价值观、承诺、感知和思维风格）与可以预测和解释其特征的环境之间独特、变化的关系。

一个人如何解释一个事件**塑造了**其情绪和行为的反应，这样的观念在西方思想中具有很悠久的传统。大约两千年前，古罗马哲学家爱比克泰德（见 *Enchiridion*，1979）曾说过：“困扰人类的不是事物，而是他们对于事物的看法。”（p. 19）莎士比亚在《哈姆雷特》的著名台词中也更富表现力地表达了同样的观点：“没有什么好或坏，思想使然。”（第二幕，第二场，第 259 行）也许唯一新的东西就是，过去 75 年左右，行为主义心理学固执地努力着，要证明研究内部心理活动是不必要的或者甚至是没有科学可信度的（例如，参见 Bolles，1974）。

心理学还有一个悠久的传统，就是强调任何情况下主观意义的重要

性。例如，默里（Murray，1938）区分了通过客观调查所揭示的环境客体的特性以及这些客体被个体所知觉或是解释的意义。勒温（1936）也写道：

> 即使从一个物理学家的角度来看，某个环境对于一个孩子和一个成人来说是相同的或几乎相同的，其心理状况也可能根本不同……这种情况必须以对当事人来说是“真实”的方式表现出来，也就是说，它影响到了他。(pp. 24 - 25)

许多其他当代心理学理论家和研究者也是采取这种立场（如 Bowers，1973；Endler & Magnusson，1976；Magnusson & Endler，1977；Mischel，1973；Murphy，1966；Pervin & Lewis，1978；Rotter，1954，1975； 25
Sarason，1977；其中的许多研究另见 Krohne & Laux，1982）。所有这些作者都敦促人们考虑这些情况对于个体的意义。这个主题也同样存在于社会学，尤其是符号互动理论中（参照 Jessor，1979）。埃克哈马尔（Ekehammar，1974）总结了这种状况的含义：

> ……人是情境的因变量，而且更为重要的是，通过个体（a）对情境的认知构建和（b）对情境的主动选择和修正，情境也能成为人的因变量。(p. 1035)

## 压力理论中认知评价的地位

心理压力领域许多早期的作者（如 Barber & Coules，1959；Fritz & Mathewson，1957；Janis，1951；Shannon & Isbell，1963；Wallace，1956；Withey，1962）都曾使用过评价的概念，虽然大部分是非系统的、非正式的方式或暗示。这在格林克和施皮格尔（Grinker & Spiegel，1945）的作品中曾被直接地陈述过，里面写道：“对情境的**评价**需要心理活动，涉及判断、识别和活动的选择，这些主要是基于过去的经验。”(p. 122，强调为我们所加)

阿诺德（Arnold，1960，1970）是第一个尝试对这个概念进行系统处理的人。她把评价当作情绪的认知决定因素，把它描述为一种快速、直观的过程，它是自动发生的，区别于更缓慢的、更抽象的反思性思维。她写道：

> 它［评价］是直接的、未经考虑的。如果我们看到有人用手指戳我们的眼睛，我们会立即躲开这个威胁，即使我们知道他并不想伤害

> 我们，甚至不想碰我们。在我们做出如此迅速的反应之前，我们一定估计到了戳过来的手指会以某种方式造成伤害。由于这个动作是迅速的、无意的，甚至与我们更好的认识相反，所以对可能造成的伤害的评价也必须同样迅速。(1960，p. 172)

尽管我们认为评价决定情绪，而且情绪反应是即时的，尤其是对于强烈的听觉或视觉刺激的反应，甚至是对于如面部表情等更微妙或抽象线索的反应，我们却依然更强调复杂的、意义相关的认知活动。评价远远超出了直接的、无意的认知-情感反应。

26

例如，火警是一种巨大的听觉刺激，它能引起自动和即时的唤起（恐惧)。然而，当我们听到一幢大楼里大声响起的火警时，除非我们感到恐慌，否则我们可能会进一步考虑感知到的危险有多现实；如果有时间，我们还会定位危险，评估它的威力，最重要的是还会考虑如何处理它。新的输入和想法反馈给对威胁的最初评价，确认它、加强它或者减弱它，这取决于对正在发生什么和我们能做什么的进一步评估。总之，听到了报警声之后瞬间产生的恐惧会引发一连串的认知活动，有些认知活动会延续很长一段时间，涉及复杂的思维、行动和反应，所有这一切使得精细的调整，甚至是连续的适应性反应成为可能。

正如阿诺德所说，一个即刻的、直觉性的评价并不会在开始的时候就排除高水平的认知活动。例如，在梅凯尼克（Mechanic，1978b）对于准备博士考试的学生的研究中，一个学生描述了他听到一位教授对他所说的话后的反应。这次谈话发生在考试分级的时候：

> “我想我对我的统计成绩很不满意，当时我正在为 F 博士做一些统计分析，我们遇到了一个问题。他说：‘你来试一下这个问题，看看你能做些什么，如果你能想出解决办法，我会给你的统计成绩加 2 分。’**我立即开始反复思考：关于我的统计成绩他知道些什么？我真的需要 2 分吗？**所以后来我真的和他谈起这些感受时，他说那只是打个比方，他对我的成绩还毫不知情。”(p. 168，强调为我们所加)

这个学生感到了直接的威胁，他的沉思发生得如此迅速，几乎可以看作是瞬间发生的。然而，它们是高级大脑皮层功能的产物，不能等同于种系发生意义上较原始的战斗-逃跑型反应，或是阿诺德曾经指出的那种基于感官的直觉过程。

虽然贾尼斯和曼（Janis & Mann，1977）没有根据评价来描述他们的冲突和决策模型，但它实际上是和评价过程密切相关的。他们关于结果、

资源和紧迫性提出了四个问题，对这些问题的回答决定了信息搜索和决策 27
的质量："如果我不改变，风险是严重的吗？如果我改变了，风险是严重的吗？希望找到更好的解决办法是切实可行的吗？有足够的时间进行寻找和深思熟虑吗？"（p. 70）这些问题都与我们称为评价的问题有关，因为它们决定了人们对事件的评价以及随之而来的决策（应对）过程。

贾尼斯和曼（1977）的模型是基于评价的理论的一个很好的例子，但它和我们的理论有几方面的不同。例如，我们的焦点更为广泛。贾尼斯和曼关注的是行动方案之间的选择，而我们关注的是任何事件，在这个事件当中个体感到他的适应性资源不够用了。另外，贾尼斯和曼总体上认为情绪主要是对信息搜索和决策过程的一种干扰；我们则不仅仅看到情绪对信息加工的影响，还看到情绪反过来会被这些信息所影响（参见第九章）。我们引用这项重要的研究，主要是想要指出与压力相并行的构想，这些构想取决于认知的中介过程，例如评价。

尽管有证据表明一些研究对于认知评价感兴趣，但是直到最近，压力研究依然主要是基于一些非认知的理论模型进行的，例如驱力强化、唤起或是激活。由于这些模型在压力研究中占了主导地位，我们认为有必要先简要地回顾一下这些模型，以突出这些模型和我们所倡导的认知模型之间的区别。

在驱力-强化模型中，压力通常被视为一种失衡的状态，一种"对有机体的扰动"。从这一思维方式演变而来的观点认为，动物为了生存必须学会适应性地行动以减少组织缺陷（如 Dollard & Miller，1950；Miller，1948，1959，1980）或释放本能驱力（Freud，1953，1955）。缺陷或是没有释放的冲动会造成紧张或**驱力状态**。即使是次级的或是习得的驱力，包括如归属和成就这样的社会行为，通过紧张感的降低（强化）也会被移转成初级或是组织依赖的驱力。

具有未消解的驱力的动物也是生理上**被唤起的**动物。40 到 50 年前，唤起的概念被当作情绪的同义词使用，即：情绪被融入唤起或激活的概念中，并被简化为一个简单的、单维度的结构，它具有行为和生理表现（参照 Brown & Farber，1951；Duffy，1962；Malmo，1959）。我们在经验中 28
所了解到的情绪被作为一种心理概念而描绘出来，抛开用来定义它的那些先决条件和结果性的条件，它没有事实基础。这一观点也类似于生理学家关于平衡的概念以及平衡的破坏，很符合谢耶的一般适应综合征（参见第七章），它忽视了情绪的质性构成以及产生它们的社会和心理因素。

驱力的概念和紧张降低的并发模型已经不被认同，证据来自大量的研究动向，它们表明一般唤起理论是错误的或者至少是被夸大了的。一些研究同时测量了多个自主神经系统终端的反应，报告了很低的相关性（如 Lazarus，Speisman，Mordoff，& Davison，1962）；这就反驳了既有的观念，即一种广义的唤起状态，它意味着当一个生理指标上升时，其他指标也会随之上升。事实上，正如莱西（Lacey，1967）所指出的，当皮肤电导上升时，心率或血压常常下降。莱西令人印象深刻的研究中对不同压力条件下自动反应的特异性进行了考察，它削弱了关于一般激活的简单概念的可信性。恩格尔（Engel，1960）、恩格尔和比克福德（Engel & Bickford，1961）以及其他人的研究也证明了刺激的特异性，夏皮罗、图斯基和施瓦茨（Shapiro，Tursky，& Schwartz，1970）也提供了一种特异性的有效范例——心率可以随着血压下降而升高，反之亦然，这是生物反馈信息的结果。最近，艾克曼、利文森和弗里森（Ekman，Levenson，& Friesen，1983）以两种方式展示了情绪特异性自主神经系统的活动：第一，让被试通过控制特定的肌肉模式来构建面部表情原型；第二，让被试重温过去的情绪体验。这些方式不仅可以区分积极情绪和消极情绪，还可以区分消极情绪的类别。这项研究对于认为情绪反应中自主神经系统的活动是未分化的这种想法提出了强有力的实证挑战。

梅森（Mason，1974；Mason et al.，1976）的研究也提供了证据：激素反应会随特定的生理刺激，如热、冷、禁食和运动而变化，每一种刺激都会产生一种独特的激素反应模式。梅森认为大多数的激素和内分泌系统，包括垂体-性腺、生长激素和胰岛素系统，以及更为常见的垂体-肾上
29 腺皮质和交感-肾上腺髓质系统，对不同的心理过程会选择性地进行反应。梅森（1975a）写道：

> 看来激素的变化是一种对立和合作力量平衡的结果，它可以随着精度的提高而被预测。因为所涉及的众多因素，包括情感状态、防御组织、社会背景、以往的经验和发展性因素，以及当前的活动，都可以从心理动力学的角度来针对每个个体进行评估。(p. 149)

最近更多的心理生理学研究继续支持这一观点：在压力性和唤起性条件下激素反应具有特异性。例如，对猴子使用回避性条件作用程序，纳泰尔森、克拉斯奈格和霍拉迪（Natelson，Krasnegor，& Holaday，1976）证明对唤起的行为和皮质醇测量结果，既一致又相异，取决于是否在有压力的时候进行测量。在第一次回避阶段的早期，当猴子受到许多电击，表现不佳时，唤起的行为分数很高，皮质醇分泌升高；而在同一阶段的后

期，唤起的行为评分仍然很高，但皮质醇分泌量很低，不管猴子是否能回避电击。研究者们认为，皮质醇反应的改变是猴子能够控制电击影响的结果，而“类固醇作为唤起的神经内分泌指标几乎没有什么用途”(p. 968)。

同样，弗兰肯豪斯等（Frankenhaeuser et al.，1978）观察到学生在对重要学校考试的反应中尽管表现相似，但肾上腺皮质和肾上腺髓质激素存在着重要的性别差异。弗兰肯豪斯等提供了解释：“女性应对这种情况的生理成本似乎比男性低。”（p. 341）弗兰肯豪斯（1980）进一步观察到：“有挑战但可控的任务可能会让人努力而不觉得痛苦。在生理水平，这意味着儿茶酚胺分泌会上升，而皮质醇分泌可以被有效抑制。”（pp. 207－208）如果应对是生理反应模式中的一个主要因素的话，那么正如弗兰肯豪斯和同事们的其他研究（参见 Frankenhaeuser，1979，1982，1983）所表明的，唤起的单维概念必须让路，不同的心理状态或过程会以不同的方式影响生理反应模式。

上述结果不能支持一般的驱力强化或激活理论。它们表明一些压力或 30
情绪的心理生理理论站不住脚或者至少是非常不完整的，这些理论把反应当作单维的失衡或者唤起。这个问题变得复杂，是由于唤起的最佳状态是可变的这样一个事实（另见耶克斯-多德森定律，1908；Janis，1974）。例如，朱克曼（Zuckerman，1979）认为，有些人试图通过感觉寻求来增加他们的唤起，而不是降低它。理论家和研究者们现在不得不寻找特定的生理反应**模式**，而且如果要对这些有更深入的了解的话，他们必须努力习得与这些不同模式相关的特定**认知-情绪**状态。一旦一个人要区分恐惧、焦虑、愤怒、内疚、羞愧、羡慕、嫉妒、厌恶、喜悦、幸福、兴奋，即任何不同的情绪都被认为是人类行为的一部分，那么“什么是能被测量的”这个问题就会变得更加复杂。在第九章，我们谈到情绪认知理论时，将会回到这一点上。

尽管认知并不意味着一种认知现象学的取向将被用来解释结果，但越来越多的心理生理学研究者认识到认知评价因其在意义的个体差异性中的重要性而在压力中也作为一个因素发挥作用。一个很好的例子是莱文、温伯格和乌尔辛（Levine，Weinberg，& Ursin，1978）曾经提到的：

> 在对应对进行任何深入讨论之前，似乎有必要修正一下目前医学和心理学文献中普遍流行的压力理论，这个理论依然是根据谢耶（1956）的早期理论对压力进行定义的。我们相信，通过阐明“传入支”可以消除大多数压力理论中的争论。也就是说，聚焦于引起生理

> 反应刺激的性质，而不是生理反应本身。这就需要把传统上彼此分离的两个学科——生理学和心理学进行非同寻常的整合，并将重点放在心理学变量上。然而，即使我们接受心理因素是应激反应中最为有力的刺激这一假设，我们也认为，在决定一个人是否会对特定的情境做出反应的过程中，实际上依然存在着复杂的心理机制。看来，不仅仅是刺激或物理环境本身决定了生理反应，而是个体对这些刺激的评估。这可以被视为一种过滤器或是门控的功能。因此，如果有机体将情境评估为具有威胁性和不确定性的话，就会持续高水平的激活状
> 31 态。然而，如果有机体将情境看作是安全的，并且能掌控可能发生的事件，那么所产生的生理反应也会减少，即使情境本身具有极大的威胁性。(p. 6)

莱文等（1978）的这一陈述有助于从认知中介视角来治疗心理压力，并允许心理生理学研究者对唤起或激活等单维度的应激概念提出质疑。与此同时，如果有人考察莱文关于压力、应对和控制的研究，就会发现，很明显，这里所说的都只是表面文章，而不是基于真正的坚定信念，它只是对于新行为主义的一种不情愿和谨慎的运动。这些研究模型都是以动物被试和实验室研究为基础的，因此没有人直接研究认知过程或考虑复杂的应对方式以及社会和象征变量，这些是人类适应中的核心。然而，上述引用反映了人们越来越意识到我们在理论中所强调的内容的重要性，即使它在实际的研究实践中并不总是被重视。

## 认知评价的基本形式

认知评价最容易被理解为对一个遭遇及其对于幸福感的意义的各个方面的分类过程。就曼德勒（Mandler，1975）、埃尔代伊（Erdelyi，1974）和其他一些研究者的应用而言，尽管认知评价参与了这样的加工过程，但是它不是信息加工过程本身。相反，它主要是评价性的，关注意义或重要性，在个体清醒的生活中持续发生。

在以往对于评价理论的所有描述中，我们对**初级评价**和**次级评价**做了基本区分，确定了评价的两个主要评估问题，即："我遇到麻烦了还是受益了？现在还是将来？以什么方式？""如果有什么是可以做的，它是什么？"因为两个原因，术语"初级"和"次级"的选择是不利的。第一，这些术语错误地指出，一个（即初级）比另一个更重要，或在时间上一个先于另一个；而这些含义都不是我们想要的。第二，这些术语对于每种评

价形式的内容都没有给出提示；然而，当它们在文献中出现以后，想要改变这些术语就不大方便了，因此我们认为不用内涵上更为精确的术语去更换掉“初级”和“次级”是比较明智的。

*初级评价* 32

三种初级评价可分为：(1) 无关的（irrelevant)；(2) 良性-积极的（benign-positive)；(3) 压力性的（stressful)。当一种环境遭遇对一个人的幸福没有影响时，它就属于**无关的**这一类。这个人对可能的结果没有投资，换一种说法是，它让个体感到没有价值、需要或承诺；在交易中既不会失去也不会得到。

关注定向反射的心理学家认识到，动物对任何刺激都会有一个反应：“它是什么?”但是通过反复接触它们会习惯化，不再对刺激做出反应。这与我们所说的无关性是类似的概念。对着闭着眼睛的狗发出声音，它会自动做出反应，竖起耳朵；然而，最后当狗发现没有什么相关的事情发生时，这种反应就会消失。对人类来说，区分相关和不相关的线索是非常有适应性的，这样他们才会只在需要或必要时开始行动。虽然无关性的评价本身在适应性上并不是很让人感兴趣，但是令人感兴趣的是某些事件被如此评价的认知过程。

如果一个遭遇的结果被解释为积极的，也就是说，如果它保持了或增强了幸福感，或承诺这样去做的话，就会产生**良性-积极**评价。这些评价以愉快的情绪为特征，如喜悦、爱、幸福、兴奋或平静。然而，完全没有任何忧虑的良性-积极评价可能是很少的。对某些人来说，总会有一种前景，那就是理想的状态会变糟，对于那些认为最终必须为美好的感觉付出代价的人来说，良性评价会产生内疚或焦虑。这些例子预示着这样一种观点：评价是复杂的、混合的，取决于个体因素和情境背景。

**压力评价**包括伤害/丧失、威胁和挑战。在**伤害/丧失**中，一些对个体的损害已经在持续发生着，比如令人丧失能力的伤残或疾病、对自尊或是社会尊严损害的认可，或是失去了爱人或有价值的人。最有破坏性的生活事件是那些失去了核心而广泛的承诺的事件。

**威胁**涉及的是尚未发生但是可以预期的伤害或丧失。即使当一个伤害或是丧失发生了，它也总是和威胁融合在一起，因为每一次丧失都会孕育着对未来的消极影响。汉贝格夫妇和德戈萨（Hamburg，Hamburg，& 33
deGoza，1953）研究的严重烧伤患者，以及维索茨基等（Visotsky，Hamburg，Goss，& Lebovits，1961）研究的小儿麻痹症患者，他们不仅仅是在当下严重丧失能力，而且还不得不面对一系列未来功能上的相关威胁。不同于伤害或丧失，威胁主要的适应性意义在于它允许预期性应对。在某种程度上，人类能够预见未来，因而他们可以预先计划，提前克服一些困难，就像在预期的悲痛中工作一样。

第三种压力评价——**挑战**与威胁有许多共同之处，因为它也要求调动应对措施。主要的区别是：挑战的评价关注收益或内在成长的可能性，它们以愉快的情绪为特征，如热切、兴奋和激动；而威胁则更加关注潜在的伤害，它以消极情绪为特征，如恐惧、焦虑和愤怒。

威胁和挑战不一定是相互排斥的。例如，晋升职位很可能被评价为在知识和技能、责任、认可和经济回报这些方面会获得收益。同时，它也会给个体带来风险，陷入新要求的泥沼中而无法达到预期效果。因此，晋升可能被看作既是挑战又是威胁。虽然威胁和挑战评价因为它们的认知成分（伤害或丧失还是掌握或收益的判断）和情感成分（消极还是积极情绪）而彼此区分，但是它们可以同时发生。例如，作为考试压力研究（Folkman & Lazarus，in press）的一部分，要求学生在期中考试的前两天，指出他们所经历的每一种威胁情绪如恐惧、担心和焦虑，以及每一种挑战情绪如希望、热切和信心的程度。94%的学生报告他们经历的情感中既有威胁情绪，也有挑战情绪。

需要强调的是，我们不认为威胁和挑战评价是单一连续体的两极。正如上文所述，威胁和挑战能够同时发生，必须独立看待，尽管它们经常彼此关联、构建。此外，威胁和挑战评价之间的关系会随着冲突的展开而发生改变。被评价为威胁性大于挑战性的情境有可能会变成被评价为挑战性
34 大于威胁性，因为认知性的应对措施可以让一个人从更为积极的视角去看待事物（参见第六章），或通过环境的改变使人与环境的麻烦的关系变得更好。

与威胁相对，挑战对适应具有重要意义。例如，那些被环境所支配或鼓励而可能感受到挑战的人，在精神、工作质量和躯体健康方面比那些容易受到威胁的人有优势。受到挑战的人可能拥有更好的精神面貌，因为受到挑战意味着对遇到的要求高的事件感受较为积极，这可以从伴随着挑战的愉快情绪中看出。工作的质量在挑战中会更好，因为相比那些被压抑或受到阻碍的个体，感受到挑战的个体更有信心，情绪更少崩溃，更有能力利用可用的资源。最后，挑战的生理应激反应有可能不同于威胁中的反应，所以适应性疾病不太可能发生（另见第七章）。

尽管这些猜测貌似合理，并且和逸事观察相一致，但关于挑战（相对

于威胁）以及功能和身体表现的实证证据却很稀少，这也许是因为直到最近，行为医学研究人员才开始对挑战感兴趣。施莱格尔等（Schlegal，Wellwood，Copps，Gruchow，& Sharratt，1980）的一项研究为这些基本的论点提供了一些支持。研究者对A型和B型心肌梗死幸存者进行研究，比较了他们在为期两周的日常生活中所报告的症状以及在踏车运动任务中的主观疲劳感。根据日常生活中感知到挑战的分数的高低，被试被分为两组。A型和B型个体在踏车任务中的表现没有差异，但是A型个体中感受到挑战的分数较高的个体比分数较低的个体报告的症状少（如呼吸急促、疼痛、恶心），而在B型个体中则发现了正相关。我们不能说这些研究结果所反映的A型个体所报告的症状较少，到底是由于对症状更为漠不关心，还是由于最不可能的实际的功能差异（对A型个体现象更完整的讨论参见第五章）。

弗兰肯豪斯（Frankenhaeuser，1982，1983）和她的同事们一直在为威胁和挑战中所呈现的短期心理生理模式提供看起来比较有前景的研究成果。费什（Fish，1983）开发出一种测量挑战评价和威胁评价的方法，并且证实了在公开演讲这样的压力性事件中，个体的表现和预期的方向一样 35
有所不同。有关威胁和挑战的假设以及短期和长期的适应性结果看起来值得在对照研究中进行更严密的考察。

次级评价

当我们处于危险之中，无论是威胁还是挑战，必须采取措施来控制局面。在这种情况下，进一步的评价形式变得突出，即评价什么是可以并且能够做的，我们称之为次级评价。次级评价活动是每个压力性事件的重要特征，因为结果取决于什么能做，以及什么是利害攸关的。

次级评价不仅仅是一种智力活动，它可以发现所有能做的事情。它是一个复杂的评价过程，需要考虑哪些应对方案是可用的、一个给定的应对方案能达到预期结果的可能性，以及一个人能有效运用某一特定策略或一组策略的可能性。班杜拉（Bandura，1977a，1982）强调了这两种预期之间的区别。他使用**结果预期**一词来指代个体对于某一特定行为将导致某些结果的预期，使用**效能预期**来指代个体认为他能够成功地执行产生某些结果所需行为的坚定信念。此外，对应对方案的评价包括对使用某一特定策略或一组策略的结果的评价，以及其他可能同时发生的内部和/或外部需求的评价。

对应对方案的次级评价和对利害关系的初级评价在决定压力程度和情

绪反应的强度和性质（或内容）方面相互作用。这种相互作用可能相当复杂，尽管我们在这方面的理解还很初级。例如，在其他条件相同的情况下，如果一个人无力应对一个需求，压力就会比较大，因为无法避免或防止伤害或丧失。如果这个人与结果有很大的利害关系，那就意味着它触及了一个强有力的承诺，其无助感可能是毁灭性的。即使人们相信他们有相当大的力量可以控制一个事件的结果，但如果事关重大，那么任何疑虑都会产生相当大的压力。

36 挑战的评价更可能发生在人们对于存在问题的人与环境的关系有控制感时。然而，如果必须做的事情无须做出实质性的努力，挑战就不会出现。挑战的乐趣在于使自己摆脱困境。

我们需要仔细看看谈到对于挑战性的压力事件的控制感意味着什么。许多情况下，似乎没有什么机会去提升价值或承诺，人们会感到无助。然而，人们可以将这些情况视为挑战，因为挑战也可以被定义为在逆境中控制自己，甚至超越逆境。比如说，正在经历一个致命的、致残的疾病或者一次严重的丧失，个体报告他所面临的挑战是保持积极的心态，或者忍受痛苦而不崩溃。因此，我们必须使用我们在第三章中扩展的对控制的定义，在这一章，我们谈到了对自己和自己情绪的控制，以及对环境条件的控制，以便了解人们是如何能感受到挑战的，甚至在最凄惨的条件下。

拉扎勒斯和洛尼耶（Lazarus & Launier，1978）的一篇文章讨论了对应对方案的次级评价。下面的引文描述了一系列相互关联的假想场景，其中威胁是在即将到来的求职面试中被拒绝。每一个场景都根据利害关系和应对方式描绘了一个稍微不同的评价模式，它对应对和情绪有着强烈的影响。

1. “照目前情况来看，我可能会被拒绝。这是一个非常糟糕的结果，因为我没有其他的工作机会。如果我能有效地应付面试，我就能够被录用，但我没有这种能力。此外，没有人帮助我。现在的情形没有什么希望。”

2. “照目前情况来看，我可能会被拒绝。这是一个非常糟糕的结果，因为我没有其他的工作机会。如果我能有效地应付面试，我就能够被录用。我相信我有这样的能力，我一定要想清楚什么会让我成为一个有吸引力的候选人，然后演练，并在面试前两个小时服用镇静剂控制我的紧张情绪。”

3. “照目前情况来看，我可能会被拒绝。这是一个非常糟糕的结果，因为我没有其他的工作机会。如果我能有效地应付面试，我就能够被录用，但我没有这种能力。但是，我有一个认识人事经理的好朋友，我想他会帮助我。”

4.“照目前情况来看，我可能会被拒绝。这将是非常糟糕的，因为我需要一份工作，而这个工作看起来很有吸引力。然而，还有其他的一些机会，如果我不能被录用的话，我可以去试试那些。” 37

5.“照目前情况来看，我可能会被拒绝。这是一个非常糟糕的结果，因为我没有其他的工作机会。我在生活中从来没有受到过公平的待遇，因为我是（黑人、犹太人、外国人、丑八怪、女人等等；或者因为平权政策使我处于不利地位）。这是一个腐败的世界。”(pp. 306 - 307)

作者们简要分析了每个场景中的认知评价过程。例如，在场景 1 中，以应对为中心的评价强化并增强了威胁（利害关系很高），并将情况视为无望。沮丧是一种可能的心理状态，而且这个人可能不会参加面试。在场景 2 中，此人从威胁和焦虑（利害关系很高）出发，根据应对方案寻找理由让自己心存希望，此时出现的评价更多的是挑战而非威胁。在场景 3 中，顺序和情绪的影响看似相似，只不过此人依赖的是一个在适当职位上的朋友，而不是个人资源。我们可以想象这里的复杂情况，比如得到这样的帮助，会产生冲突的个人价值观。在场景 4 中，利害关系比较低，因为个体有其他选择；压力也会比较低。在场景 5 中，指责是外化的，评价是预期到的伤害或丧失，情绪反应是愤怒而不是场景 1 中的沮丧。

在上述情景下，不同组合的评价过程说明了认知中介在应激反应和应对过程中的作用。每种情绪反应都依赖于特定的认知评价过程。例如，场景 5 中的愤怒源于对问题指责的外化，而场景 1 中的沮丧源于对绝望的评价。也就是说，我们可以让认知评价的推理变得完全不同，从一种特定的情绪，比如愤怒、沮丧、焦虑、内疚、羡慕、嫉妒等等倒推出产生这种情绪的特定评价模式。例如，一个迫在眉睫但又模糊不清的感觉和象征性的伤害会导致焦虑，而个体被任意贬低的判断则会产生愤怒。我们将在第九章更充分地讨论这一点，会用更大的篇幅讨论研究情绪的认知现象学取向。

### 再评价 38

再评价是指个体由于从环境中获取了可以减少或增加个体压力的新信息，以及/或者从个体自身反应中获取了信息而导致原有的评价发生了改变。例如，虽然公开的愤怒影响到另一个人，但发起者也会注意它并对其产生反应。因此，它可能会导致内疚或羞耻，或可能产生一种正义感，甚至恐惧。调节人与环境之间复杂的双向交互作用的是认知评价过程。在这种类型反馈的情况下，威胁可以被重新评价为不必要的，或者相反，一个良性评价可能会变成一种威胁，产生一系列变化了的情绪和评价。再评价简单来说也是一种评价，遵循相同情境中早先的评价，并修正它。本质上，评价和再评价没有差异。

还有另一种形式的再评价，我们称之为**防御性再评价**。这种再评价我们只在这里捎带着提一下，因为确切地说它属于认知应对的范畴。防御性再评价是一种努力，尝试着对过去发生的事情用更为积极的方式进行重新诠释，或是通过以较少伤害或威胁的方式来看待当前的伤害和威胁。

从理论上讲，防御性再评价区别于其他再评价的地方在于：前者是自我生成的，产生于个体内在的需要而不是来自环境的压力。根据经验，防御性再评价以同样的方式区别于普通的、以信息为基础的评价，这种方式即自我防御，通过它们的强迫性，通过它们在言语、行为和身体指标上的矛盾或时间点上的矛盾，以及通过这样的评价和环境证据之间明显的差异来进行临床评估。

## 认知评价研究

大多数早期的现场观察和有关压力认知过程的逸事来自对战争、自然灾害以及危及生命或致残的疾病的研究。在这些讨论中，初级和次级评价的思想往往隐含其中。例如，格林克和施皮格尔（Grinker & Spiegel，1945）在他们对于第二次世界大战的战争威胁的研究中写道：“对战争刺
39 激的反应取决于为这些刺激所赋予的意义以及据此意识到它们是一种威胁并确信有能力摧毁这个威胁。”（p. 122）（早期的现场和实验室研究的完整回顾表明，认识对压力具有中介作用，参见 Lazarus，1966。）

在 20 世纪 60 年代，拉扎勒斯和他的同事们（相关综述参见 Lazarus，1966，1968；Lazarus，Averill，& Opton，1970）开始系统地研究认知中介的作用，他们利用电影创造一个产生压力的准自然的方式。这种取向依赖于人们对于看到他人困境所带来的压力的间接反应倾向。在这个广泛的研究计划中，当被试观看那些原始仪式中人被肢解、木工店里发生的事故等等影片的时候，监测他们的主观痛苦和自主神经功能紊乱（皮肤电导和心率）。有四种方法可用于认知评价过程的研究：

1. 通过鼓励被试解读影片中的事件是破坏性的和痛苦的或良性的（通过类似否定的过程），或以超然的方式看待它们（通过疏远或理智化），来对评价进行操纵。结果发现，通过播放电影之前所提供的配乐和陈述来影响评价，有可能影响生理和主观应激反应水平（如 Folkins，Lawson，Opton，& Lazarus，1968；Lazarus & Alfert，1964；Lazarus，Opton，Nomikos，& Rankin，1965；Speisman，Lazarus，Mordkoff，& Davison，1964）。
2. 评价过程所依赖的条件也可以被操纵，包括被试等待一个预期的疼痛或伤害的时长，以及伤害是否发生和何时发生的不确定性。这些实验发现，即使实际伤害没有发生改变，被试等待预期伤害的时长也会影响它的压力作用。略长的短暂预期阶段比时间短的会导致更高的应激反应水平；但如果有足够的时间可以思考和重新评价情境的话，比如3～5分钟，被试就可以大大减轻应激的影响（Folkins，1970；Nomikos，Opton，Averill，& Lazarus，1968）。造成这种差异的是在等待伤害的时候，被试思考了什么，或者有时间思考什么。实验操纵条件影响了评价和应对过程，从 40
而也影响了应激反应的水平。
3. 通过寻找了解被试在压力性经历中的想法和感受的回顾性报告来研究认知评价。通过这些报告可以识别各种认知应对策略如疏离或否定，以及痛苦经历的强度和性质。一项研究（Koriat，Melkman，Averill，& Lazarus，1972）结合了认知活动的操纵和评估，询问被试是从紧张的影片所带来的情绪体验中努力摆脱出来还是更加卷入其中；然后，要求被试回答他们所使用的策略，如对受害者的认同，或者相反，把他们非人性化。
4. 根据被试的人格或认知风格选择被试，认知评价可以作为个体思维方式和应对方式差异的函数而得到进一步的研究。这类研究（如 Speisman et al.，1964）尝试着通过拒绝或理智化来影响评价。这些努力在减轻应激反应水平方面能否成功取决于它们是否与被试的思维方式相匹配。有证据表明，否定倾向的影响对于那些习惯于使用否定式评价模式的人最有效，而理智化模式对于理智者最有效。

这一系列的研究表明，认知评价过程影响（中介）应激反应水平，并确定了一些中介作用所依赖的人格特征和情境因素。总的来说，这些研究对于认知评价过程在对不同应激源的反应中所发挥的强大作用是毫无疑问的。

自从这项研究开始，其他关于应激反应中的认知评价过程的研究也开始被报告。尽管有少数人关注了评价本身的决定因素，但大多数的研究集中在情绪反应或其他结果的决定因素上。在我们关于评价过程的最新研究的讨论中，我们只考虑了那些在某些方面操纵或改变评价，并与应对和情绪结果有关的研究；我们在第三章和第四章介绍了有关评价的决定因素的
41 研究。在此，我们的目的是总结进一步的证据证明不同的评价确实作为一个压力事件的直接结果影响着应对和情绪。

吉恩、斯通纳和凯利（Geen，Stonner，& Kelley，1974）扩展了早期的研究，这些研究是有关攻击性焦虑的认知评价的。研究要求被试给实验者的同伙施加痛苦的电击，这些同伙要么保持沉默（实验控制），要么表达他们的痛苦。然后，所有被试观看一场电影，电影中一名拳击手残忍地殴打另一名拳击手。认知评价的操纵要么提醒被试打斗是虚构的——从观察到的痛苦中产生否定式疏离感，要么没有提供改善的选项。在否定式操纵里，被试评价这部电影不是非常暴力。对这些被试来说，拳击手似乎并不那么痛苦。更为相关的是，否定式策略有助于减少被试自己的攻击性焦虑。

霍姆斯和他的同事们所做的一系列研究（Bennett & Holmes，1975；Bloom，Houston，Holmes，& Burish，1977；Holmes & Houston，1974）延续了操纵评价的传统，尽管这些研究人员将这一过程称为对压力情境的再定义，即一种再评价的形式。霍姆斯和休斯敦用一系列令人痛苦的电击威胁他们的被试，同时使用了一个没有操纵性威胁的控制组。研究者还给受到威胁的实验组两个额外的指导：威胁的再定义，被试把电击当作一种新的有趣的生理体验，从而减少压力；威胁隔离，被试保持超然和事不关己的心态从而减少压力。心率、皮肤电导和焦虑自我报告，提供应激反应水平的证据。霍姆斯和休斯敦报告说，使用了威胁的再定义和隔离的被试，相比于没有使用这些认知应对策略的控制组被试来说，他们的应激反应水平在基线和控制条件的基础上有一点增加。在这里，虽然可以认为实验处理方式提供了应对压力的方式，但所研究的过程同样可以很容易地被视为一种认知评价或再评价。

在随后的一项研究中，贝内特和霍姆斯（Bennett & Holmes，1975）发现在一个失败威胁的情境中再定义对于降低心率是有效的，前提是再定义要发生在威胁来临之前，而不是作为威胁后的焦点。这一发现不应使我

们感到惊讶，因为贝内特和霍姆斯正在处理两种不同的评价情境：威胁和伤害。我们期望认知应对或再评价的工作可以成功地调节对一个事件的预期中所产生的痛苦，它们不同于对事件发生之后所产生的痛苦的有效 42
调节。

这一系列研究中的第三个实验是涉及注意转移而非再定义。在这项研究中，布卢姆等（Bloom et al.，1977）报告，鼓励受到电击威胁的被试去想想其他事情对于降低自动测量的压力水平是有效的。而且，如果不给被试预电击让他们了解伤害的性质，对情境的再定义将会是更有效的。有趣的是，他们的研究结果表明，当没有遭受到预电击，也就是说威胁是不明确的时候，对于被试来说再定义要比确定了威胁的性质时容易得多。这符合无数文献中报告的实例：让被试体验电击会让它不再神秘，比起从来没有经历过电击会感受到更少的威胁。在后面的章节中，我们会对模糊性给予更多的关注，因为我们认为它是评价的关键决定因素之一，它可以放大交互在解释方式上的个体差异。

诺伊费尔德所做的实验进一步补充了我们对于评价过程和结果的理解。在一项研究中，诺伊费尔德（Neufeld，1975）在一个复杂的、精心设计的研究中采用信号检测分析模式来确定是否仅仅改变报告压力的倾向性或是实际影响感受到的压力，认知评价就可以发挥作用。对于那些质疑防御过程是改变了个体经验还是这种经验的反应指标即报告倾向的人来说，这个问题历来是他们非常感兴趣的。该研究中呈现的压力刺激是在太平间里拍摄的罪案受害者和严重皮肤病晚期患者未经修饰的彩色照片。研究的核心程序是让被试在两种条件下对照片的厌恶程度排序：一种条件是让被试先听用于减少威胁的理智化否认的磁带，另一种条件是先听中性的、有关学习习惯的磁带。这种修正认知评价的尝试在减少威胁方面是比较有效的，它降低了自动测量到的应激反应（皮肤电导），而且没有影响到后面对于新的实验材料厌恶程度的评级，新的实验材料是把新照片和原来的一些旧照片混合在一起。事实上，威胁程度有所改变，但报告压力的趋势并没有发生变化。因此，诺伊费尔德认为，对于威胁的实际评价发生改变了，而不仅仅是报告厌恶的倾向发生变化。这与拉扎勒斯和阿尔弗特（Lazarus & Alfert，1964）早期的理论观点是一致的。良性的认知评价实际上会让威胁发生短路。现在做出这种评价的被试看待同样的威胁刺激， 43
并不会有同样的应激反应（另见 Neufeld，1976）。

分别操纵初级和次级评价过程的有意识尝试并不常见，尽管系统性的努力已经开始出现（参照 Folkman & Lazarus，in press）。对人们如何理解一次遭遇的威胁性质进行测量，在此过程中对初级和次级评价进行分离，其有效性受到多布森和诺伊费尔德（Dobson & Neufeld，1979）的质疑。我们认为，初级和次级评价不能被看作彼此分离的过程。即使它们来自同一事件中的不同来源，它们也是相互依存的，而且可能相互影响。

上面提到的近期的实验研究，在实验室情境下对评价进行操纵，也遭遇到了众所周知的心理动力过程的实验室研究的局限（可参见 Wachtel，1980；Willems，1969；另见我们在第十章的讨论）。如果没有直接测量实验操纵所产生的评价的变化，人们就无法知道在多大程度上实验室的处理真实地改变了评价过程。被试在这种影响的范围内可能差异很大，并且在某些情况下，比如吉恩等的研究（Geen et al.，1974）中，实验室处理可能没有推翻现有的评价倾向，有时实验者意识到的难题是如何解释模棱两可的结果。使用单一的方法论取向，而不是在同一研究中用两个或多个程序进行相互补充，会让人们有些疑问，到底什么是不同的，如果存在这种不同的话（参见 Lazarus et al.，1970；另见我们在第十章讨论的在研究中处理评价的各种方法）。

布雷兹尼茨（Breznitz，1976）在假警报的效应中深刻地运用了对于现场和实验室结果的评价相关的解释。他指出，假警报的作用代表着一个罕见的例子，在这个例子中经验是有害的，因为当危险是真实的时候人们不能采取保护行动。关于它的发生机制，布雷兹尼茨提出了一系列的假设。他认为，如果威胁是近在眼前的，当这个警报被取消时，主动应对危险的行为会减少得更多。因此，对飓风的警告，在产生影响之前的最后一刻被证明是虚假的，将会比在这个过程早期取消警报产生更大的假警报的效果。第二，加剧对初始威胁的恐惧反应，随后又伴随着这个危险的消除，这样的操纵会放大假警报的效果。更普遍的是，更大的恐惧可以被看
44 作更大的投资或承诺的一个指标，伴随着个体脆弱性的增加。第三，任何努力辨别将要发生的威胁和被取消的威胁的做法，都会减小假警报的效果。换句话说，如果让人看到威胁的取消与下一次威胁之间毫无关联，那么下一次警报就不太可能被忽略。第四，必要的预防措施的个人成本也有关系，当逃避伤害的成本更大时，假警报的效果也更大。

这些假设，其中一些能在布雷兹尼茨的研究中确认，直接表明认知评价过程不仅影响是否采取必要的预防措施，还影响情绪痛苦体验的水平。此外，假警报效应本身，即个体没有做出任何预防措施这一结果就是假警报关于威胁的可信性教给了人们什么的产物，简而言之，它是如何影响对于威胁的认知评价的。

我们自己的两项现场研究也值得关注。第一项研究（Folkman & Lazarus，1980）直接关注评价和应对方式的关系。该项研究收集了超过 1 000 个针对压力性事件的特定应对反应的描述，这些描述来自 100 名中年男女为期一年每月一次的测定。被试被要求在清单上注明他们想到的和实际应对的事情。此外，还要求他们指出几项评价中哪一项描绘了他们的情况。评价关注的是这种情况是不是他们实际上可以做的事情，或者是他们不得不接受或习惯的情况。无论是面向情绪调节的应对（以情绪为中心的应对）还是做一些事情来消除问题（以问题为中心的应对），评价都被证明是一个强有力的指标。一个事件被判断为需要接受，就更强调以情绪为中心的应对方式；而如果个体感到这个事件可以解决，就更强调以问题为中心的应对方式。

第二项研究（Folkman & Lazarus，in press）关注的是评价和情绪之间的关系。这项研究的背景是早些时候提到的期中考试。考试前两天，要求学生们回答他们预期考试有多难，考试的结果对他们有什么影响，他们感到他们可以控制多少以及他们的平均绩点（GPA）。如上所述，学生们还被问到他们在多大程度上体验到与威胁相关的情绪，包括焦虑、担忧和
恐惧。两个评价变量，即预期的考试难度和考试结果对他们的影响，被证 45
明是威胁情绪的重要预测因子。与此同时，GPA 本身不是一个认知评价变量，没有预测到威胁。

克兰茨（Krantz，1983）在大学生考试之前也评估了他们对认知应对策略的次级评价，以及假使他们收到的成绩被证明是令人失望的，他们实施这些策略的难易程度。此外，克兰茨直接观察到了第一次考试成绩不怎么让人满意的学生在第二次考试中所表现出的六种应对行为：学习时间、课堂出勤、复习课出勤、与导师的联系、就课程材料与同伴的讨论，以及是否从其他来源获得信息和帮助。她发现次级评价预测的是应对行为，而不是实际考试成绩。实际上，被试的确做了表现不佳时说过要做的事情；他们在第二次考试中的实际应对行为与他们对应对方式的次级评价一致。克兰茨解释了次级评价无法像其他变量，比如学业能力，可以预测实际考试成绩，这比准备的应对行为更重要。我们关于考试压力的一项没有发表的研究（Folkman & Lazarus，in press）也支持了这种解释。学生在考试前所报告的应对策略并不能预测他们的成绩，但 GPA 却可以。

总的来说，我们在上面的叙述中所看到的说明了一种研究和观察的模式，该模式清楚地表明，一个人评价一个事件的方式极大地影响着应对过程以及此人如何在情绪上做出反应。认知评价在中介个体接下来的思维、

感觉和行动中起到核心作用这一理论视角，不仅对理解个体的差异甚至是标准的反应模式在逻辑上是必需的，而且它和适应性相关事件中对人们的观察也是一致的。作为一个整体，研究明确地支持了这一观点。

事实上，无论是哪种形式，认知评价的概念已经牢固地扎根于压力、应对和情绪的研究和理论中。大量的文献已经出现，研究人员利用这个概念来解释前因变量对压力和情绪反应的影响（参见 Baum，Singer，& Baum，1981）。在上面的讨论中，我们煞费苦心地只检验了那些直接探讨评价概念的研究；我们忽略了在许多考察中评价仅仅被用作一个解释性结构。

46

## 认知评价和现象学

因为认知评价取决于个体对互动的主观解释，所以这属于现象学的范畴。现象学的基本思想既不是新的，也不是非同寻常的。它起源于古代哲学论述，近代主要体现在荣格、阿德勒和兰克，以及心理学理论家如勒温、罗杰斯、默里、托尔曼、海德和凯利的工作中（参见 Weiner，1974）。现象学有负面含义，它会抛出我们的认知取向的某些方面的问题：第一，评价是一个私人的、主观的过程，和客观环境存在着不确定的关系。第二，评价的概念必然是循环式的，因为要预测情绪或适应性结果我们必须询问人们如何解释事件；反过来，主观评价本身只能通过参考我们要预测的合适结果进行验证。

第一个问题涉及心理学关于知觉的长期冲突。经典知觉理论（例如，参见 Allport，1955；Vernon，1962）有三个特点：真实、规范、“冷”。真实这个特点体现在基本问题上：“我们如何能够感知这个世界本来的样子，从而适应性地行动?”就其常规性而言，重点是人们一般如何感知（即个体差异被忽略或被视为误差）。最后，经典理论和研究很少关注充满情绪以及对个体而言有显著特点的感知任务（“热”环境）。大多数的观察是实验中所展示的感知（用威廉·詹姆斯的话来说，就是“冷”环境）。

20 世纪 40 年代和 50 年代出现了一场异见运动，被称为“新面貌”（New Look）。这场运动的倡导者中很多是人格和临床心理学家，他们主要关心在人类适应中到底出了什么岔子。经典感知学家关心的是规范的问题，与他们相比，这场运动中的心理学家们关注的是个体差异和人格因素的作用，比如在塑造知觉和认知过程中的需要和防御。他们提出了一个不同的问题：“不同的人，或者同一个人在不同的时间，如何以不同的方式感知一系列给定的刺激?”这种对个体差异的强调要求拒绝研究“一般人”

的规范传统。因为新运动的心理学家对适应以及适应的失败尤其关注，感知觉被放在情境中进行研究，这些情境里，人们所感知到的事物对个体有着重要的利害关系，即热环境。 47

新面貌运动与现象学有着密切的联系，运动的倡导者强调，在某种程度上，人们感知到的是他们想要或需要感受到的，而不是环境真正展示出来的。尽管曾有过研究的文献记录，但这种观点从未被整合到经典知觉理论中。经典感知理论家的传统在如今的信息加工领域是很明显的，尽管以加工过程为中心，但它大体上是规范的，关注的是真实性，主要处理的是冷环境。最终，任何全面的感知和认知理论都必须找到一种方法来整合这些看似矛盾的观点。

由于现象学指的是与客观现实没有必然关系的私人思维方式，人们可以很容易地把这个概念看作新面貌运动的极端形式。毫无疑问，人格因素可以塑造和扭曲知觉，特别是在模棱两可或严重精神障碍的情况下。然而，当环境信息明确的时候，对于大多数人来说，感知和评价会很好地遵循客观环境。可以说，我们看到了环境里存在的东西，而且，除了关注的东西和反应的风格以外，个体差异几乎没有表现的机会。此外，没有人会质疑自然和社会环境对我们反应的强大影响（对诸如身体残疾、自然灾害、老龄化和搬迁以及离婚之类的生活危机中的自然环境的生动描述，参见 Proshansky，Ittelson，& Rivlin，1970）。然而，我们大多数的社会存在是模棱两可的，因此人格因素在感知和评价中起着很大的作用。

当谈到认知评价时，我们并不是严格地指以需要为中心或基于防御的判断，尽管承诺（动机）和防御过程总是包含其中。我们的前提是人们通常想知道发生了什么，以及对他们的幸福意味着什么，同时，他们通常更喜欢对事物抱有积极的态度。这一立场整合了经典知觉理论和新面貌运动的取向，因为我们认为，实际的环境和个人的意图交互作用会产生任何给定的评价。因此，我们说对要求或是有敌意的环境的反应是由认知过程中介的，并不是说内在刺激**只**影响评价，而是这种刺激会和客观环境相互作用产生认知评价。

我们的现象学并没有说，思考某事就必然使它如此，或者每一个评价都是主观的和私人的。相反，人们通常受制于他们对事实的感知和评价，尽管他们的认知并不是和客观现实完全相关。 48

另一个问题是，由于它的现象学特征，评价的概念本质上是循环的。评价是从一个人所说的推断出来的：个体受到威胁是因为他报告受到威胁或看起来威胁到了我们。为了走出这个循环，我们需要证明我们称为评价的东西是有前因和后果的。在之前描述的研究中，作为从自我报告、实验操纵和人格测量中推断出来的评价，对应对和情绪产生影响，这对于消除这种批评大有帮助，因为这项研究表明，评价确实有可预见的情绪和应对的后果。

在前提的结尾，打破这种同义重复所需要的，就是要表明，从理论推导出来的个体内部的以及情境背景下的一定条件，交互确定了中介的评价过程，反过来，这种评价过程以可预见的方式影响应对和情绪反应。

关于早期的同义重复，我们所熟悉的一个例子是本能的概念，这个概念已经“失宠”多年，因为它现在只是一个标签，而不是对于物种行为内置模式的真正解释。当被问到为什么动物做了它们所做的事情时，答案是它们有这样做的本能；当被问及本能过程的证据时，答案是指本能被假设可以解释的那些行为。直到如莱尔曼（Lehrman，1964）的研究，通过建立复杂交互作用的特定环境和内部条件，然后产生了本能模式，我们的知识才跳出了循环的圈子。例如，莱尔曼表明，雌鸽生殖行为的每一步都是被激素和外界刺激之间的相互作用所控制，包括那些观察配偶行为而产生的刺激，反过来，这些刺激又影响着内分泌模式，来调节诸如交配、筑巢、产卵、孵卵、喂养幼鸽等行为，所有这些都是同步的。同样，只有当我们能够确定决定认知评价过程性质的个体和环境影响因素以及这些评价如何影响应对和情绪的后果时，认知评价理论才能超越纯粹的描述，这本
49 身就是有价值的第一步，并有助于预测。只有这样，这一理论才能为旨在影响健康、精神面貌和有效运作等适应性结果的实际干预措施提供动力。

然而，评价概念在前因变量和后果变量的测量中是相互独立的，这仍然存在问题。卡斯尔（Kasl，1978）曾在讨论有关流行病学对于工作压力研究的贡献时令人印象深刻地描述过这个问题。他陈述道：

> 不幸的是，这种理论体系（关于评价中个体差异的作用）的趋同导致出现了**一个自我服务的方法论陷阱，往往使大量关于工作压力或角色压力的研究变得微不足道**：自变量测量（例如角色模糊性、角色冲突、工作量超负荷等）和因变量测量（工作紧张、苦恼、不满）的操纵有时是如此紧密，以至于它们看起来仅仅是对单一概念的两次相似的测量。（p. 13）

卡斯尔提供的一个例子是由利昂斯（Lyons，1971）所报告的：在“角色清晰”和注册护士的工作紧张指数之间具有－0.59的相关性。工作紧张指数由问卷调查项目所定义，如责任不清、上司评价不清晰、他人期

望不明确等。卡斯尔明确且有点讽刺地总结道，这两种测量之间的相关

> ……就好比阐明“你多久头痛一次?”之类的项目和“你经常受到头痛的侵扰吗?”这种形式的项目之间的相关一样。同样，研究大学教授较高的定性超负荷和低自尊之间的关联（Mueller，1965），当前者（感到个体的技能和能力不足以满足工作要求）和后者（不满意自己以及自己的技能和能力）都来自对自我的同一个相同的感知，这种关联到底意味着什么？（p. 14）

实际上，我们已经注意到客观条件（应激源）在操作上往往会覆盖主观因素，即评价。卡斯尔还表示：一个解决办法是，只要可能就在同一个研究中分别测量客观和主观条件；另一个方法是，探索个体的不同特点对于自变量和因变量之间关联的修正效应，这是我们早期所描述的一种策略。卡斯尔当然是非常正确的，他指出如果对环境事件以及它们的影响的主观（以评价为中心）和客观测量没有操作性差异的话，至少在某些情况 50
下或某些条件下，评价概念就会变成钝化的刀刃，毫无作用。先前讨论的一些有关评价的研究在这方面是合理的，而另一些研究则落入了卡斯尔所描述的陷阱中。

在第三章和第四章，我们将考察前因变量，即评价的人和情境的决定因素。在某种程度上，我们可以确定评价的前因变量和后果变量，或发展出一套规则做到这点，这样，我们就可以打破同义重复的怪圈。

## 脆弱性的概念

**脆弱性**这个词在心理压力和人类适应的概念化和研究中得到了广泛的应用。通常情况下，它的概念是根据个体资源的充足性而来的。例如，墨菲和莫里亚蒂（Murphy & Moriaty，1976）将儿童的脆弱性定义为儿童的“装备”，即儿童处理适应性需求的生理、心理和社会资源。韦斯曼（Weisman，1976）在他的癌症患者的研究中，把脆弱性看作应对资源的摇摇欲坠以及情绪痛苦，这种情绪困扰和对康复和社会支持不足持悲观态度有关。同样，祖宾和斯普林（Zubin & Spring，1977）针对精神分裂症患者先天和后天资源的匮乏描述了他们的脆弱性。加梅齐（Garmezy，1976）也利用脆弱性的概念，讨论了遗传因素在儿童精神分裂症中的主要作用。从他的角度来看，适应良好的儿童在生物学方面对精神障碍具有较高的抵抗力。

在某些情况下，仅从资源的角度来说明脆弱性是有道理的。一个例子

是脆弱性是身体上的，比如：刚刚脚踝扭伤的人更容易受到进一步的伤害；身在国外的旅行者，更容易水土不服。就如同精神分裂症患者一样，当巨大的资源匮乏导致患者在大多数情况下无法充分发挥机能时，我们从资源的角度来看待脆弱性也是合理的。

然而，在能充分发挥机能的正常人群中，资源匮乏是心理脆弱的必要
51 条件，但不是充分条件。只有当资源的匮乏涉及重要的事情时，这种匮乏才会使人的心理变得脆弱。例如，上文提到的身体脆弱性对**心理**脆弱性的影响程度取决于身体伤残威胁的重要性。对于一个舞者来说，脚踝出现问题意味着在舞台上跌倒的可能性；对于一个伏案工作的人来说，脚踝的问题只是一个小麻烦。人际关系中预期的问题只有在这个关系对其成员具有意义时才会造成心理脆弱性。总之，心理脆弱性并不只由资源匮乏所决定，还**由个体的任务模式和个体所具有的有助于避开任务威胁的资源之间的关系决定**。

脆弱性的关系定义与威胁的关系定义相似。事实上，脆弱性可以被认为是一种潜在的威胁，当有价值的事物在某一特定互动中被实际置于危险之中时，脆弱性就会转化为活跃的威胁。从这个意义上说，脆弱性也指人们对于各种各样的心理压力事件进行反应的易感性，这些压力受到一系列个体因素的影响，包括承诺、信念和资源。

卡普兰（Kaplan，1976）提供了一个研究的例子，其中使用了脆弱性的关系概念。他开发的“无防御/脆弱性”量表，反映了两种特点的结合：对受到的赞同（一种价值或承诺）赋予高价值，和无法调节不被认可所产生的痛苦（资源匮乏）。另一个例子来自施伦克尔和利里（Schlenker & Leary，1982）。作者们认为，希望给别人留下好印象，同时又认为别人对自己会有不满意的评价，这些人容易受到社交焦虑的影响。在这里，脆弱性产生于一个承诺和一个期望之间的一种关系。

我们在第三章将会谈论更多关于影响心理脆弱性的个体因素，在第四章，会谈及触发脆弱性转化为威胁的情境。

## 深度的问题

在结束对认知评价的理论描述之前，我们想要简要陈述在压力、情绪和应对的认知取向中固有的一个问题：表面和深度的问题，或意识和无意识的问题。

52 评价常常被认为是有意识的、理性的、深思熟虑的过程。然而，我们认为，一个人可能不知道评价的任何或所有基本要素（如 Lazarus，1966，

1982，1984）。一个威胁评价可以产生于个体还没有清楚地了解被评估为危险的价值或目标、导致危险感的内部或环境因素，甚至威胁已经被评价的时候。这种意识的缺乏可能是由防御机制的运作造成的，也可能是基于非防御性的注意过程。

我们的立场允许将评价的概念与深度或精神分析类的理论相结合。例如，荣格关于优势和劣势功能的观点，即一个功能占主导地位，另一个就会被抑制，意味着抑制的倾向性可能会不时出现，影响思维（如评价）、情绪和行为。当然，弗洛伊德思想让在意识层面难以窥见的精神活动在思维、情感和行为中发挥了作用。在压力研究自身的背景中，韦斯曼（Weisman，1972）用**中间知识**这个词来描述一种真相的模糊感，这种模糊感可以出人意料地表露出来，甚至在个体处于一种似乎是坚决否认的状态，比如患者否认晚期病症的真相时，情绪也会变得色彩鲜明。

因此，评价理论不需要限制于那些方便和容易操作的个人议题；精神分析理论家们发声最多的那些不大容易入手的议题和过程，也是合理的研究对象。评价理论在某种意义上是中立的，它是针对特定的个人议题而构想出来的。在随后的章节中，读者应该牢记认知评价概念的这一特点。在这些章节中，我们将讨论影响评价的个体因素（第三章）、应对过程（第五章和第六章），以及情绪的认知理论（第九章）。

## 总结

心理学中存在着一个古老的现象学传统，即事件对个体的意义决定了情绪和行为反应。我们的认知评价概念是指在事件和反应之间介入的评估性认知过程。通过认知评价过程，个体评价正在发生的事件对于他的幸福的意义。传统上，压力研究主要是基于非认知的模型，如驱力强化和唤起 53
或激活。然而，这些模型的实用性却受到质疑。一方面，压倒性的证据表明，评价相关的过程影响着人们对于任何事件的反应。另一方面，情绪反应实际上会随着评价意义的不同而不同，且在性质和强度上有所区别。因此，越来越多的心理生理学研究者开始将认知中介纳入他们的模型中。

我们的压力认知理论是属于现象学的。现象学有两个负面的含义，第一个涉及评价的真实性。这是我们的前提，虽然人格因素，如需要、承诺和偏好的注意风格会影响知觉，但评价总体上是和事实联系在一起的。现象学取向的第二个问题是，它们本质上是循环性的；对威胁的评价是从个体的表述中推断出来的。我们可以在某种程度上明确评价的前因和后果以打破这种循环性。

我们已经确定了三种认知评价：初级、次级、再评价。初级评价包括判断所遭遇的事件是无关的、良性-积极的还是压力性的。压力评价可以采取三种形式：伤害/丧失、威胁和挑战。伤害/丧失是指个体已经遭受的损害，威胁指的是预期的伤害或丧失，而挑战指的是有可能掌控或受益的事件。威胁和挑战不是单一连续体的两极；它们可以同时发生但必须被视为分离的，尽管它们通常是相关的结构。

次级评价是关于什么可以做且能做的一种判断。它包括评估一种特定的应对选择是否会达到预期效果，即是否能有效地应用某一特定策略或一组策略，以及评估在其他内部和/或外部需求和限制的情况下使用特定策略的后果。

再评价是指基于环境和/或人的新信息而变化了的评价。再评价和评价的区别仅在于它是在先前评价的基础上做出的。有时，再评价是认知应对努力的结果。它们被称作防御性再评价，通常很难将它们和基于新信息做出的再评价区分开来。

脆弱性的概念与认知评价密切相关。脆弱性经常根据应对资源进行概
54 念化；一个脆弱的人是应对资源匮乏的人。然而，心理脆弱性也取决于承
诺的重要性，即在任何遭遇中个体的参与度或被危及的程度。正如我们对
压力的定义，这种对压力易感性的看法也是关系性的。

认知评价过程不一定是有意识的，影响评价的议题也并不总是容易入手的。认知评价也可以被个人意识层面下的议题所影响。

# 第三章 55
# 影响评价的个人因素

在这一章，我们将讨论两个十分重要的影响评价的个人因素：承诺和信念。这两个因素会通过以下方式影响评价：(1) 决定了在某一特定遭遇下，哪些方面与幸福感密切相关；(2) 塑造了个体对事件的理解，进而影响他的情绪反应和应对方式；(3) 为评价结果提供依据（参照 Wrubel，Benner，& Lazarus，1981）。在下一章，我们将讨论影响评价的情境因素。

虽然我们在对个人因素和情境因素进行讨论时是以独立的章节进行的，但我们认为这些因素是相互依赖的。因此，我们对个人因素的讨论将会涉及情境因素，而对情境因素的讨论也会涉及个人因素。例如，当我们说到承诺是影响评价的个人因素时，总是有一个隐含的“指向”——对一个关系、一个目标或一个理想的承诺——这与人和环境之间的特定互动有关。对于影响评价的承诺来说，它必须被某个特定的遭遇所吸引。

不过，如果不单独测量个人因素和情境因素，我们便没有办法去评价它们。我们之所以将评价的影响性因素分为两个章节，是因为需要将它们区分开来进行讨论。然而，尽管这些因素是可以被独立测量的，但是在进
行分析和解释时，必须将其相互联系起来。这个观点是基于交互的概念， 56
我们会在第九章进行讨论。

## 承诺

承诺表达的是，什么事情对个体是重要的，什么对他是有意义的。承诺决定着在一个特定的压力遭遇中，什么事情是与他利害攸关的。任何涉及坚定承诺的遭遇都将被评价为有意义，在某种程度上，它也会对承诺构成损害和威胁，或者会促进承诺的进一步表达。承诺也包含了人们为维持有价值的理想和/或实现渴望的目标，所做出或准备做出的选择。

虽然我们对承诺的定义包含了认知的成分，因为它涉及了选择、价值和/或目标，但是我们不希望放弃它在推动性、强度、持久性、情感显著性和方向性上所具有的激励意义（参照 Lazarus，Coyne，& Folkman，1982）。心理学家使用其他术语和相关概念来表达人类功能中的动机内涵，包括驱力、全神贯注、动机、投资、需求、计划、意图和价值期望理论（如 Atkinson & Birch，1978；Heckausen，1977；Schönpflug，in press）。这些术语都是相关的，但是它们却承载着我们希望回避的其他概念上的包袱。我们更喜欢承诺这个词，因为它指的是认知评价理论中所强调的高阶认知和社会过程，它暗示着一种持久性的激励品质。

在我们对承诺的运用中，会发现个体尤其钟情于某些事情或某些东西。因此，我们可能要谈到承诺的模式，也就是说，个体对某些事情的承诺很强而对其他事情可能很少或没有。评价一个人的承诺模式并不简单，因为即使了解了一个人的客观情况，也不一定能揭示出此人的承诺模式。科尼格（Koenig，1973）和其他研究者（如 Conte，Weiner，& Plutchik，1982；Diggory & Rothman，1961）指出，即使是对生命本身的承诺，也并不总是濒死之人或怕死之人的主要关注点。依赖、分离、隔离、痛苦、身体缺陷、害怕被抛弃以及没有完成的重要人生目标，这些都是与临终者有关的一些不同的承诺，而这些承诺对每个人的重要性有着很大的不同。
57 我们将在这里回避复杂的评价性问题，并假设研究人员可以找到合适的方法来评价不同人的承诺模式。

### 承诺影响评价的机制

承诺通过许多机制来影响评价（参照 Wrubel et al.，1981）。首先，承诺会引导人们进入那些有益于他们的情境，而远离那些挑战、威胁或伤害他们的情境。决心要赢的运动员将会进行严格的训练，而放弃那些会减少他比赛中获胜机会的娱乐。想要获得同伴认可的孩子将参加那些有同伴认可的活动，而避免那些不会得到同伴认可的活动。

斯利夫和里赫拉克（Slife & Rychlak，1982）在一项有趣的研究中阐述了这一推理的意义，该研究将儿童攻击性行为模型作为他们攻击相关的价值观的函数。该研究在儿童观看模拟攻击的电视短片之前，评估了他们对暴力和非暴力玩具的喜好。结果表明，孩子们不只是模仿一些他们在电视上看到的东西，他们对玩具的偏好，可以被看作他们价值观的反映，也影响了他们随后的行为。

承诺也会通过影响线索敏感性的方式来影响评价。例如，金和索伦蒂诺（King & Sorrentino，1983）指出，人们评价情境的方式会因给予情境的不同方面（比如愉快与不愉快、自然与社会或亲密/卷入与非亲密/非卷入）以不同权重的个体差异而有所不同。金和索伦蒂诺所描述的权重反映了价值观和承诺，而价值观和承诺塑造了人们在互动过程中，对某些特定方面的敏感度。这项研究是为数不多的认真去考虑情境维度的研究之一，在不同的情境中，评价模式因人而异，或者说在不同个体间表现出稳定性。

梅凯尼克（Mechanic，1962）指出了学生们等待他们是否通过了博士考试的结果时增强的线索敏感性。当考试结束，教员开始评分时，学生们会对教员的表情和行为极为敏感。如果学生们没有承诺会通过这次博士考试或者没有承诺在这次博士考试中会做得很好，那么他们对线索就不会如
此敏感。但是我们尚不清楚承诺影响线索敏感性的深层机制，我们知道的 58
是，这一过程可能是个体在某个隐性或非意识层面对碎片化线索的反应（参见 Polanyi，1966）。有一个日常经验的例子可以说明，即熟睡的母亲对她的婴儿哭声的敏感性。

克林格（Klinger，1975）在他关于抑郁的探讨中也阐述了承诺的线索敏感性。在他看来，当承诺已经变得压倒一切或难以承受的时候，个体便会脱离承诺，而其产生的一种自然结果即是抑郁。当个体成功脱离承诺时，相关的环境方面就失去了与承诺相关的意义，而这些意义是他们之前就被灌输的。通过脱离承诺，个体就失去了与那个特定承诺相关的线索敏感性。在脱离承诺和参与新承诺之间的过渡时期，个体可能会经历“冷漠、工具性努力的减少、注意力的丧失，以及对瞬间线索专注性的增强”（p. 8），或者，简言之，就是抑郁。

承诺影响评价的第三点，也许是最重要的一种方式，承诺会通过它与心理脆弱性的关系来影响评价。这种关系是一把奇特的双刃剑。一方面，它可能会带来心理上的伤害或威胁，或者说是挑战，这些与承诺的深度直接相关。一个人的承诺越深，他所遭受威胁或危害的可能性就越大。但在另一方面，与脆弱性相关的承诺所具有的力量也会促使一个人采取行动，以减少威胁，并在面临障碍时，帮助其维持应对努力。

#### *承诺作为脆弱性的相关因素之一*

在第二章，我们介绍了心理压力中脆弱性的概念。我们认为它代表了潜在的威胁，由众多个人因素和情境因素所决定。承诺对脆弱性的影响特别有趣，但是常常被忽视。

承诺的力量越大，一个人在此承诺的范围内就越容易受到心理压力的伤害。沃格尔、雷蒙德和拉扎勒斯（Vogel，Raymond，& Lazarus，1959）的实验说明了承诺与脆弱性的关系。这项研究的被试群体是高中男
59 生。测量则是由两种动机（我们称之为承诺）的相对强度所构成：归属和成就。在一些行为反应和自我报告的基础上，我们挑选了在这两种动机上表现极端的被试，并将他们划分为两个更小的组：一组被试具有非常高的成就动机，但具有较低的归属动机；而另外一组则具有非常高的归属动机，但却具有较低的成就动机。

这两组被分配于旨在威胁其成就目标或归属目标的条件之下。表面上，他们均被要求执行与这些目标相关的任务，实则是接受皮肤电导、血压和脉搏的测量，以此来决定其生理应激反应的程度，并通过推断，来决定其受威胁的程度。结果发现，当威胁性刺激涉及较高动机时，威胁程度是最大的，而当威胁性刺激涉及较低动机时，威胁程度则是最小的。以成就为导向的被试组最容易受到与成就相关的威胁性刺激因素的干扰，而以归属为导向的被试组则最容易受到与归属相关的威胁性刺激的干扰。

在心理生理层面，伯格曼和马格努森（Bergman & Magnusson，1979）的研究表明，瑞典高中成绩超出预期的男学生（成绩超过智商分数的学生），以及那些被老师评价为极具野心的学生，在成就要求高的情境中分泌的肾上腺素要比班上其他男孩高。

这些发现并不令人惊讶。事实上，它们是我们的日常经验便会带给我们的预期。如果一个学生对成为一名医生有着长期而深刻的承诺，那么与其他学生相比，他将会把受到医学院的拒绝看作更具伤害的事情，因为对其他学生而言，医生只是几个有趣的职业中的一个。而不能生育孩子的威胁对于一对非常想要孩子的夫妇来说，要远大于一对持矛盾心态的夫妇。每个案例呈现出的不同之处均在于承诺的程度不同。

这一原则最显著的特点之一是，即使是最严重的危机，由于个体承诺模式的特殊性，也可能会受到不同的评价。虽然这方面的大多数证据是逸事，但也是有说服力的。例如，对某些人来说，重大疾病不仅仅是对生命的威胁，也是一种可以逃避厌恶情境（比如充满压力的工作）的可接受理由，或者对其他人来说这种情形提供了一种可以寻求或接受帮助和关注的合理途径（参照 Fiore，1979）。这种情况通常被认为是症状的“二次获益”。它们也可以被理解为一种源于特定承诺模式的复杂的成本与收益的
60 例子，这种特定承诺模式由于社会限制而通常难以贯彻，但疾病却可使之合理化。人们越来越有兴趣分析诸如疾病和衰老等经历作为压力评价中的

因素所具有的基于承诺的意义（Williams，1981a，b）。

卡斯尔、埃文斯和尼德曼（Kasl，Evans，& Niederman，1979）的研究也证明了承诺（他们使用了动机这个词）作为学生群体中传染性单核细胞增多症的一种风险因素的重要性。他们比较了 1 400 名西点军校学员的学业动机水平、动机家族史和学业成绩，并将其作为这种疾病的潜在性风险因素。结果发现，将高学业动机和糟糕的学业表现相结合，可以预测临床上的传染性单核细胞增多症。因此，当学生表现不佳时，对成就的承诺就会显著增加个体患有这种疾病的可能性。换句话说，承诺可能会使学生在表现不佳的情况下更容易感受到一种可使人衰弱的强压。

贾尼斯和曼（Janis & Mann，1977）则补充了一个观点，即一个承诺的**公开化**程度越高，它所带来的挑战便越具威胁性。他们在冲突和决策模型中讨论了这一点。贾尼斯和曼讨论了社会压力对推翻决策的影响，他们说，决策后的稳定性“取决于承诺，只要这个人在其社会网络里他人的心目中签订了‘合同’或承担了义务，就要贯彻执行选定的行动方针”(p. 279)。

> 在公开承诺之后，决策者意识到其他人会受到他的决策的影响，并期望他能坚持下去。被称作反复无常和不稳定的污名本身就是一种强大的负性刺激，它甚至抑制了与他人讨论推翻决策的可能性。总的来说，在决策者的社会网络中，知道其决策的人数越多，就越刺激决策者避免可能由推翻决策而引起的社会不满。(p. 280)

贾尼斯和曼专注于压力情况下的决策，然而，在任何情况下，对承诺的威胁都能够削弱自尊或引起社会批评，这一原则是十分重要的。了解这个承诺的人数越多，个体遭受威胁的可能性就越大。这个原则的一个有趣的侧重点是，那些担心自己会放弃掉一个费力的承诺（比如写一篇文章、 61
戒烟或换工作）的人，往往会对他人宣布此承诺。通过这样的宣称，人们给自己增加了压力，通过建立由决策动摇所引起的尴尬性威胁，去执行承诺。这就好像这类人要把自己困在他们害怕不会去做的事情里。

*承诺在抵御威胁上的作用*

正如我们前面所提到的，承诺会导致脆弱感，但其力量也可以促使一个人采取行动，以减少威胁，并帮助其在面临障碍的情况下，可以维持应对努力。承诺的深度决定了一个人愿意付出多少努力来抵御对此承诺的威胁。例如，克林格（Klinger，1975）指出，承诺使有机体“在驱力状态和环境线索发生诸多变化的情况下，甚至在面对重复发生的障碍的情况下，仍然去追求目标”（p. 2）。

关于承诺的激励特性最生动的例子，也许可以在应对危及生命的疾病中发现。比如，“求生意志”常常被视为生存下去的关键。构成“求生意志”的特别承诺会因人而异：对某一个人而言，可能是对家庭的承诺；对另一个人而言，则是对未完成的工作的承诺；而对第三个人而言，则是对“战胜困难”的渴望。在患者自愿接受令人厌恶的治疗方案的时候，对生命的承诺有时是显而易见的。不管构成求生意志的承诺模式是怎样的，它产生作用的机制是怎样的，很明显，如果没有求生意志，患者就都会死亡。

纳粹集中营里的生活记录进一步说明了在最具破坏性的环境下，承诺在维持生命上所发挥的作用。在这方面，本纳等（Benner et al.，1980）写道：

> 然而，集中营里最严重的创伤在于，无论是从个人的罪过来看，还是从整个宇宙的宏伟设计来看，经受过的苦难并不能轻易地被赋予支持生命的意义。从约伯开始（Bakan，1968），经历了伤害和痛苦的人们，试图通过对那些发生在他们身上的事件的解释，来让自己重新
> 62 确信生命本质上的善良和意义。然而，当涉及种族灭绝和奴役这样一个荒谬的、不人道的（或独特的人类）计划时，不仅具体情况变得毫无意义，还迫使人们去怀疑生命的一般目的和意义。最核心的应对策略之一就是在苦难之中寻找意义……有原因的痛苦比没有原因、利益或意义的痛苦更容易忍受。毫无疑问，大屠杀所造成的苦难并没有根本上的好处、回报或内在性的意义。与过去几次集体受苦时虔诚的犹太教徒的行为不同，集中营的囚犯通常不向上帝请求宽恕，甚至不大声抗议上帝惩罚的严厉性。相反，在以色列定居的幸存者中，有45%的人说他们因为集中营的经历而失去了信仰（Eitinger，1964）。集中营里降临的不是上帝的愤怒，而是他已经死了的事实（参照Rubenstein，1966）。这里的过程与通过转换所经历的重生类似，但却是朝着相反的方向。
>
> 尽管囚犯们无法在集中营的苦难中寻找到意义，但他们确实在为生存的意义而挣扎。即使集中营的目的是消除掉任何残留的意义、价值、自主性和控制性，但几乎所有的幸存者都报告说，找到一个人存在的目的似乎有助于生存（Dimsdale，1974；Frankl，1959；Heimler，1963）。在这里，我们对苦难的意义和存在的意义或者说幸存进

> 行了区分。虽然受害者们在他们的痛苦里没有发现任何原因、利益，或最终目的，但是他们因为生存或存在的个人原因而得到了巩固和维持。幸存者报告说，他们忍受了痛苦而没有放弃，因为各种各样的原因：为了他们的亲人，为了作证，为了报仇，等等。(pp. 223 - 224)

虽然远没有上面所说的那么戏剧化，但实验研究也表明，承诺决定了努力，甚至超过了外在激励的存在。例如，在考察金钱刺激对行为影响的五个系列研究中，洛克、布莱恩和肯德尔（Locke, Bryan, & Kendall, 1968）发现，目标和意图是金钱刺激对行为产生影响的内在机制。每一个实验都表明，如果控制或排除目标水平和意图水平的影响，金钱激励的数量便不会对行为产生影响。作者提出了几个观点来说明我们一直在讨论的承诺的作用：

> 金钱激励可能会影响到个体对其目标或行为意图的**承诺程度**。承诺可能会影响个体在面对困难和挫折时的坚持程度、与其他目标（例 63
> 如被同事所喜欢）相冲突时继续坚持这个目标的程度，以及在面临其他可替代性的选择时个体完全放弃目标和“撤出战斗”的可能性。
>
> 必须要强调的一点是，无论金钱激励对行为表现的影响是什么，与其他激励相比，它们的**最终**效果都应该是个体对金钱的重视程度，以及个体感知到在多大程度上将某一特定行为视为获得这种价值的**手段**（即行为的感知**工具**）的函数（Vroom, 1964）。(p. 120)

在心理健康方面，承诺的中心性已被广泛探讨，涉及丧亲（如 Bowlby, 1973）和抑郁（如 Klinger, 1975, 1977），是传统精神分析疗法的一个主要焦点。这种治疗的目的是解决内在冲突，这种冲突会对家庭承诺和工作承诺的形成产生阻碍。人们的假设是，能够做出承诺的个体将会拥有一个有意义的且富有成效的生活（另见 Singer, 1974）。

在心理压力和应对的背景中，承诺常常不太受到重视。这主要是由于我们在第二章所讨论的远离动机性概念的发展趋势。然而，承诺作为心理压力的决定性因素，显然是非常重要的。它所具有的激励特性，十分有助于个体维持应对努力，除此以外，它可以引导人们远离那些可能会伤害、威胁或挑战他们的情境，并影响线索敏感性，最重要的是，它可以定义有意义的领域，从而决定哪些际遇与幸福密切相关。此外，只有了解了一个人的承诺模式，才能辨识出使他脆弱的领域。这最后一点，对于预测一个人会在哪些情况下受到伤害、威胁或挑战，承诺具有特殊的意义。

## 信念

信念是个人所形成的或文化共享的认知结构（Wrubel et al.，1981）。它们是关于现实的预先存在的概念，用知觉心理学家所偏爱的术语来说，它们是感知透镜，或是一个“集合”。在评价中，信念决定了什么是事实，即环境中的“事物是怎样的”，并塑造了个体对事物意义的理解。

64 贝姆（Bem，1970）对信念认知基础的讨论，有助于我们正式地去理解信念是如何影响评价的。简单地说，贝姆将信念区分为原始信念和高阶信念。原始信念是建立在信仰者对其没有怀疑的前提之上的（另见 Rokeach，1968）。最基本的原始信念被认为是

> 理所当然的，以至于我们往往没有注意到我们完全持有它们；直到它们引起我们的注意或者通过一些好像它们受到侵犯的古怪情境而引发一些问题时，我们才会意识到它们的存在。例如：我们相信，即使我们不去寻找客体，客体仍然存在；我们相信，即使客体的视觉图像发生了变化，客体本来的大小和形状仍然保持不变。我们对感官体验有效性的信念是最重要的原始信念。(p. 5)

原始信念也可以建立在外部权威的基础上。“妈妈说每顿饭后不刷牙便会导致蛀牙，这也就意味着每顿饭后不刷牙会导致蛀牙成为我们眼中的事实。”(p. 7)

当我们意识到感官体验也有可能出错的时候，我们就习得了高阶信念，同样，我们也习得了在相信外部权威时更加谨慎。“我们开始……在权威者的话语和我们的信念之间插入一个关于权威可信度的明确而有意识的前提。”(p. 10) 高阶信念也来自经验性的推理。随着时间的推移，由信念和经验构成的高阶信念可以在没有任何依据的情况下就被持有。在这一点上，信念不能被理性的诉求所挑战，更高阶的信念就变成了原始信念。

因为信念通常是以隐性层面上的运作去塑造一个人对他与环境的关系的看法，所以我们通常没有意识到它们对评价的影响。然而，当我们突然失去信念时或转换到一种截然不同的信念体系时（参照 Paloutzian，1981），它们对评价的影响就变得很明显了。当失去了信念时，希望就会被无望所取代。而在转换的情形下，以前具有潜在威胁性的可能会变成良性的，而以前被认为是良性的可能会变得具有威胁性。在这两种情况下，个体都有可能对他的信念有更深的认识。如果旧信念的丧失和新信念的采
65 用会导致一个人与他人或与环境相关的特有方式发生转变，那么旁观者也

可能会意识到这个人发生改变的信念及其带来的影响。因此，在发生剧烈性的变化时，对于行动者和旁观者来说，信念对评价所产生的影响都显得很清晰。一个新的信念体系越不同于旧的信念体系，它对个体的影响就越全面广泛，它影响评价的内在机制就变得愈发明确。

例如，自 20 世纪 70 年代初以来，成千上万的年轻人加入了邪教组织，他们被说服去接受一个新的信念体系。从这样一个特殊邪教的核心信念里流出的价值观、承诺和目标纷纷浸入了邪教成员生活的方方面面，包括否认对家庭的亲情和忠诚，用谎言与欺骗聚钱谋财，招募新成员，以及每天工作 18 到 20 个小时却只有少量食物而没有一点酬劳（Clark，1979；Conway & Siegelman，1978；Delgado，1977；Edwards，1979；Gosney，1977；Post，1976；Rice，1976）。

许多邪教所完成的信念体系的转变都是极端化的；大多数人并不会经受如此剧烈的转变。然而，这些转变却说明了一点：那些接受了异常和全面的信念体系的人，改变了他们评价每一个层面上与世界的关系的方式。以前良性的一些事物，现在成了充满敌意的（例如，父母）；以前恶毒的一些事物，现在成了良性的（例如，屈服于更高权威的绝对性控制）。在这种极端的情况下，信念系统作为一种感知透镜的运作方式开始变得清晰起来。

现在让我们谈谈与评价相关的一些特殊的信念。我们选择了两个主要的类别：一是个人控制信念，即一个人关于他对事件具有控制能力的信念；另一个是存在信念，如相信上帝、命运和正义。这两个主要分类是无法穷尽信念的所有可能性的。我们的选择反映了时代精神或当前的兴趣和思想，而且在实际研究中，这些概念是一种不可或缺的存在。

### 个人控制信念

一个很有前景的假设是，人们对自己掌控环境的能力感到自信的程度，或者在一个充满危险和敌意的环境中感觉自己容易受到伤害的程度，会影响到一个遭遇是否会产生威胁或挑战评价（如 Averill，1973；Lefcourt，1976）。大卫·利维（David Levy，1943，1966）关于母亲对孩子保护过度或保护不足的经典研究（以及以下相关研究：Ainsworth，Salt- 66
er，& Wittig，1967；Baumrind，1975；Main & Weston，1982）表明，当父母把世界描绘成是危险的，并做出过度保护孩子的努力时，孩子的脆弱和恐惧就会早早出现。问题的另一方面是墨菲和莫里亚蒂（Murphy & Moriaty，1976）在他们关于童年期的应对和恢复的纵向研究中提出的。

他们说："帮助孩子在未来能够应对新的挑战是学前教育的主要贡献，这有助于消除无法掌控的自我怀疑和焦虑。"（p. 288）

个人控制信念和掌控感、自信都具有一定的关系（在生物反馈的背景下对四种可感知的控制模式的综述，参见 Carlson，1982）。这些信念已经作为思维的一般方式和对特殊情境的预期而被讨论。把控制说成一种一般信念，就是把它当作一种稳定的人格特质，这与语境化的判断或某一特定遭遇下的评价有所不同。这种区分在理论意义上和实际意义上都非常重要，因为其中一个表示稳定的前因变量，而另一个则表示过程变量。

**一般控制信念**　对控制的一般信念是，人们认为他们能够在多大程度上控制事件和重要结果。最著名的表达是罗特（Rotter，1966）的内部控制源和外部控制源的概念。内部控制源指的是，事件取决于个体自己的行为；外部控制源指的是，事件并不取决于个人行为，而是取决于运气、机会、命运或强大的他人。

罗特（1966，1975）认为当情境模糊和新奇时，一般控制预期具有最大的影响。在模糊的情况下，这里指的是环境中缺乏明确性，有关结果性质和/或可控程度的情境线索都是最小的。（参见第四章对模糊性的讨论。）因此，个人因素（如信念和性向）在决定环境构成的意义上具有更大的影响。

如果我们将这一原则应用于一般控制信念，我们就会认为在模糊的情境下，一般信念将被转换成对这个特定情境的控制性评价。因此，当情境非常模糊时，具有内部控制源的个体更可能将这个情境评价为具有可控
67 性，而具有外部控制源的个体更可能会认为这个情境是无法控制的。然而，当情境不是太模糊的时候，正如罗特（1966，1975）所预期的那样，人们对控制性的判断将更多地受到情境因素的影响，而非一般信念。

一般控制信念对行为医学领域的社会流行病学家和精神病学家的思想产生了强烈影响，安东诺夫斯基（Antonovsky，1979）提出的"心理一致感"就是其中的一个版本。他将这种"一致感"视为

> ……整体定位，表达的是个体拥有的一种普遍、持久、动态的自信感，即一个人的内部环境和外部环境是可以预测的，并且事情有很大可能性会以合理预期的方式得以解决。（p. 123）

安东诺夫斯基强调的是自我与世界的整合，这也让人联想到兰克（Rank，1952）、荣格（Jung，1953）和弗洛姆（Fromm，1955）的新弗洛伊德著作。心理一致感的概念类似于科巴萨（Kobasa，1979）关于坚韧性人格类

型的概念、卡农戈（Kanungo，1979）的卷入概念，以及其他相关概念，如积极的自尊、真实性、自信和掌控感等，其中卷入是疏离或失范的对立面。

正如安东诺夫斯基和其他人所认为的，一致感或与世界的一体感确实应该具有情绪支持的功能，而且它可能是社会、工作机能以及健康方面的积极因素（参见第七章）。这个概念令人困扰的一个特点是，它容易被仅仅看作一种个人因素，而不考虑个体生活的社会环境。心理一致感涉及两个相互依赖的因素，即个体与社会，每一个都有自己独特的价值所在，都必须加以描述和有所考虑。例如，对许多生活于纳粹德国的人来说，心理一致感依赖于压抑相互冲突的基本价值观，以保留社会秩序的那部分。这种心理一致感是以个体性和自主性为代价获得的，但它仍然是健康的一个积极因素。

关于人类信念这样一种高度整体化和重要的概念（如心理一致感）所造成的困难之一是，当人们事实上经常同时怀有许多相互矛盾的信念时，它意味着一种庞大单一的信念模式。像心理一致感这种整体化的概念，表明了具有统一的或一致的信念体系的个体形象，这可能更多的是一种虚构，并非事实。无论对自我一致性的渴望如何，信念系统都太复杂、丰 68
富，且充满着矛盾，无法集中到一个简单的单维概念中。使用整体性概念去预测行为的困难一直是人格研究中的一个问题。就像特质一样，整体性概念过于简单化，且忽略了人和环境之间复杂多变的关系。（想了解个体在信念失败的情况下是如何改变的，读者可以参考布洛克的著作［Block，1982］，它对皮亚杰的同化和顺应的概念进行了仔细的辩证分析。）

例如，人们普遍很害怕飞行，但同时可以确定这种旅行方式从风险统计的角度来说是安全的。这些人通常会在汽车上感到安全，但他们也承认，与商业飞行相比，在车祸中被撞死或致残的危险性是惊人的。这些人似乎具有两个相互矛盾的信念：他们在飞行中是安全的，与此同时，他们又处于巨大的危险之中。这让人想起一名乘客将自己的炸弹携带到飞机上的故事，因为有两枚炸弹的概率几乎为零。产生这种幽默的原因在于人类需要去寻求安慰，即使这意味着要整合两种相互矛盾的信念，而且无论这种整合是多么荒谬。

人们常常相信他们在他们所做的事情上是具有影响性的，或者会被他人所喜欢，但是他们好像也认为自己是不够好的或不被喜欢的。目前还不清楚，为什么人们的评价和产生的情绪都由这些信念中的某一个所决定，而且这一个往往是他们的脆弱点。可能存在着这样一种自然性的等级结构，即当某种情境得以激活时，那些暗示危险或危险控制的信念通常会比那些暗示安全或安全保障的信念更具有凸显性。这种等级结构的组织方式也可能存在着个体差异。

这并不是说有关控制的一般信念或期望，作为评价的预测因子以及压力和应对研究的结果没有价值，而是说对某些情况（如高模糊）下可能发生的有关控制的一般倾向或信念与特定背景下对控制的评价进行区分是非常重要的。当研究者使用诸如“自我效能感”“控制错觉”或“控制感”这类表达作为在某个**特定语境**中的测量术语时（如 Bandura，1977a；Langer，1975；Lefcourt，1973），他们会经常提到与应对有关的评价；当研究者使用**信念**这个词，或者是同源性的表达，如对生活的控制感时，他们
69 通常指的是一般倾向，也就是说，不是在一个语境而是在很多语境中倾向于对控制做出某些归因。因此，从术语本身来讲，它往往并不容易理解；与控制有关的信念可以是某个特定语境下的信念，也可以是一种一般信念。前者是一种认知上的评价，后者则是人处于情境下的一种倾向。这种区分是对更大范畴的状态-特质进行区分的一个变体，长期以来人格心理学家和社会心理学家对此一直持有兴趣（如 Allen & Potkay，1981；Averill & Opton，1968）。

近年来，研究者提出了许多让对控制的一般信念的测量更为具体的建议，以提高其预测能力。文献中已经讨论了许多可能性，包括设计出针对某一活动或某一情境的概念，如拥挤（Schmidt & Keating，1979）、智力和学业成就（Crandall，Katkovsky，& Crandall，1965）、经济成果（Gurin & Gurin，1970），以及健康行为（Hartke & Kunce，1982；Wallston，Wallston，Kaplan，& Maides，1976）。保卢斯和克里斯蒂（Paulhus & Christie，1981）已经开发了一系列侧重于个人效能、人际控制和社会政治控制的“特定领域”量表，它们看起来是各自独立的（Paulhus，1983）。（其他例子参见 Lefcourt，1981。）对一般控制预期定义的限制越多，它们就越接近于情境控制预期或评价。

**情境控制评价** 这种评价指的是一个人认为他在多大程度上能够塑造或影响一种特定的充满压力的人与环境之间的关系。它们是个体对情境需求、他的应对资源和选项，以及执行所需要应对策略的能力进行评价的产物。在后一种情况下，情境控制评价等同于班杜拉的自我效能概念。我们已经指出（参见第二章），班杜拉（Bandura，1977a）对效能预期和结果预期进行了区分，效能预期是个体对他可以成功实施产生一个结果所需之行为的坚信程度，结果预期则被定义为一个特定行为将会导致某些结果的

个人估计。班杜拉之所以这样区分是因为

> ……人们会相信特定的活动过程将产生某些结果，但是如果他们对自己是否可以进行某些必要活动产生严重怀疑，那么这些信息就不会影响他们的行为。(p. 193)

效能预期在大小、普遍性和强度上可能有所不同。大小是指特定任务的难 *70*
度水平，普遍性是指一种经历所产生的受限或一般预期的程度，而强度指的是一种预期在多大程度上会通过不确定的经验而被消除。

在决定个体的活动选择时，班杜拉认为效能预期具有中心作用。"人们害怕并倾向于避免他们认为超出其应对能力的威胁性情境，然而当他们判断自己有能力处理在其他方面具有威胁性的情境时，他们便会参与到活动中并表现得很自信。"（1977a，p. 194）此外，效能预期也会影响个体面对障碍和厌恶体验时的坚持意愿。班杜拉还指出，除非存在一些激励，否则效能预期本身是无法产生应对的。

班杜拉在上述陈述中说，效能预期会影响到一个人感觉自己遭受威胁的程度，并且在存在激励的情况下，会影响个体的应对行为。为了在我们的参照体系中表达班杜拉的观点，我们会说，效能预期是次级评价的一部分，次级评价还包含对替代性应对方案的评价。这些评价会影响到个体的情绪和应对。个体对情境进行总体性评价时会涉及效能预期和激励（利害关系）这两种因素；也正是这两种因素的评价性**关系**，而非独立的效能预期和激励因素，决定了情绪和应对。

这种解释隐含在班杜拉的研究中。例如，在班杜拉和他的同事对恐惧症进行的研究中，最一致的发现之一是，恐惧唤起的程度随着应对效能感知而变化（如 Bandura & Adams，1977；Bandura，Adams，& Byer，1977；Bandura，Adams，Hardy，& Howells，1980）。感知到无效伴随着较高的预期性和表现性的恐惧唤起，但是随着效能感知的增强，恐惧唤起得以减弱。

恐惧是特定压力性评价的表现。恐惧水平的变化表明，个体对他与环境之间关系的评价方式发生了变化。随着效能预期的提高以及个体判断他的资源更加充分从而能够满足任务需求，这种关系也被评价为具有更多的控制潜力，进而也就不那么具有威胁性。因此，恐惧水平降低，应对行为也会随之产生。换句话说，应对行为不会由于效能预期的提高而产生，但 *71*
是会因为效能预期对人与环境的评价性**关系**的影响而产生。

情境控制评价是很难去评估的（Folkman，1984）。这个问题的一部分在于要处理“控制什么?”的疑问。在实验研究中，控制对象通常是一种简单而明确的厌恶性刺激，如电击、噪声或恐惧对象。相比之下，现实生活中的控制对象则通常是复杂的，且往往是模糊的，而且不仅仅与外部刺激有关，还与人的内在状态有关。例如，在处理与健康有关的应激源时，穆斯和津（Moos & Tsu，1977）列举了以下适应性任务，每一项都可以被视为涉及一个控制的结果或对象或目标：

> 与疾病相关的：
> 1. 处理疼痛和无能
> 2. 处理医院环境和特殊的治疗程序
> 3. 与专业人员建立适当的关系
>
> 一般意义上的：
> 4. 维持适度的情绪平衡
> 5. 维持一个令人满意的自我形象
> 6. 维持与家人和朋友的关系
> 7. 为不确定的未来做准备（p. 9）

因此，与健康相关的应激源的良好总体结果需要许多子结果，这些子结果在清晰度和重要性上各不相同（对老年人心脏康复的分析性综述，另见 Krantz & Schulz，1980）。有些与不断变化的环境条件有关，如安装轮椅坡道；而另外一些则与内在问题有关，如忍受不适或者维持胜任或可爱的感觉。这些内在问题还包括能够控制自己反应的信念。即使一个人知道或担忧无法做什么或做任何事情都无法改变有害的环境因素（如在晚期疾病中），他依然可以相信自己有能力对他的公共和私人情感进行控制，有能力接受任何事物，保持精神面貌和给自己活下去的理由。据我们所知，这种信念不曾作为压力和应对、情绪，或适应性结果的前因变量来加以考
72 察。现实生活中充满了伤害、威胁和挑战，那么，“控制什么?”这个问题的答案很可能是多方面的。

结果也在可控性上有所不同。一个人可能想要去控制情境中的某一方面，而不是另一方面。例如，西尔弗和沃特曼（Silver & Wortman，1980b）指出，对脊椎受伤患者而言，“他可能会认为，学习上下床和坐轮椅是在他的控制之下。但是，他可能会觉得能否再次行走却是在上帝的掌控之下”（p. 4）。压力遭遇中控制的目标或结果会随着个体对评价的可控性程度的不同而有所不同，这就增加了对应对方案进行次级评价的复杂性，并更多将事件总体评价为具有威胁性和/或挑战性。

此外，正如我们前面所提到的那样，随着一个遭遇的展开，个体对控制的评价也会发生变化。这种变化是由环境中的新信息和/或应对努力的结果导致的。例如，班杜拉（1982）在他关于恐惧症患者的效能预期的研究中，解释道：

> 当人们的经历证明他们所恐惧的错误信念不成立，当他们获得新的技能来管理威胁性活动时，他们的自我效能感就会显著提高……如果在完成一项任务的过程中，他们发现一些对任务有威胁的事情，或者是对他们的应对方式提出限制，那么即使他们的表现很好，他们的自我效能感也会下降。(pp. 125 - 126)

情境控制评价与对威胁或挑战的评价之间的关系是复杂的。大多数关于控制与压力关系的理论和研究基于这样一种假设，即拥有控制是减压的。不过，确实有一些研究表明，它的反面有时候也是正确的（相关综述可参见 Averill，1973；Thompson，1981）。那么是什么时候呢？

情境控制评价及其对压力的作用，通常是在实验室环境中进行考察的，但在实验室环境中，焦点问题会在排除其他个人和环境因素的情况下得到处理。然而，在现实生活中，一个事件通常是与其他事件相联系的，它们可能是内在的和/或外在的、心理的、身体的，和/或社会的。事件之间互相关联的特性有助于解释，为什么控制既可能会诱发威胁，同时也可能会减少威胁。请考虑一下被告知可能通过化疗来控制恶性肿瘤的患者。通过采取这种控制措施，也就是说，通过化疗，恶性肿瘤可能会得到控 73
制，但通常要付出身体和心理健康的额外代价（比如恶心、脱发和抑郁）。具有冠心病倾向的 A 型行为模式的个体可能会被建议通过变得不那么奋发图强和争强好胜来“控制”他的行为，从而减少患病的风险。但是这样做却可能会使个体违背他所坚定持有的价值观，从而丧失自尊和生产力。在上述每一种情况下，控制的可能性都是一个困难的选择。患者可能重视控制恶性肿瘤或心肌梗死的风险，然而，控制的可能性却可能会因其代价而带来痛苦。

同样的原则也适用于控制与个体所偏好的风格相反的情况，比如回避（与对抗相反）或依赖（与独立相反）。埃夫里尔、奥布赖恩和迪威特（Averill，O'Brien，& DeWitt，1977）的研究说明了这一点。在其进行的电击回避实验中，每个被试都可以选择是否听警告，这个警告预示着即将遭受电击。警告给予了被试对厌恶性刺激的潜在控制权，因为它允许被试尝试着去关闭电击。在 12 次试验的每一回，被试都被告知该开关在防止电击时会多有效；反应有效性范围从 0 到 100%。那些警惕的被试（倾向于听警告的人）在反应效果增加时会表现出较少的痛苦，而那些不警惕的被试（那些倾向于不听警告的人）则随着反应效果的增加而表现出**更多**的痛苦。

米尔斯和克兰茨（Mills & Krantz，1979）的一项研究也阐明了这一观点。研究者们发现，那些提供信息以让他们为抽血做些准备（因此给他们提供了自我控制的选择），并让他们可以选择使用哪一只手臂（行为控制）的被试，比那些只给予一种选择的被试，表现得更加痛苦。米尔斯和克兰茨推测，信息提供和行为控制的结合给献血者在抽血程序中提供了比他们所希望的还要多的控制权。米尔斯和克兰茨援引休斯敦（Houston，1972）的话说，当个人不偏好控制时，增加选择或参与反而可能会增加其压力。在希普利、巴特和霍维茨（Shipley，Butt，& Horwitz，1979）以及希普利等（Shipley，Butt，Horwitz，& Farbry，1978）探索压抑-敏感化与压力之间关系的研究中，给被试提供一定信息，允许他们在对侵入性手术（内窥镜检查）的反应中进行自我控制。结果表明，当提供这些信息时，压抑者比敏感者更加焦虑。也许，如果没有要求他们去思考这个侵入
74 性手术，那些压抑性风格的被试就不会那么焦虑了。同样，米勒（S. Miller，1980）的研究也发现，当“迟钝者们”（那些喜欢将与威胁有关的信息转移出去的人）接收到的许多准备性信息与他们所偏好的风格相一致时，他们在医疗工作中会表现得更好。这些研究和早期的研究（如 Andrew，1970；Delong，1970）都呈现出一个清晰的模式，表明当控制与其偏好的风格相反时，实施控制可能会诱发压力。

控制也会产生消极的社会结果。也许个体能够去控制一种厌恶性的条件，但是这些技能的运用却可能会对其重要的人际关系造成破坏，或者是导致一种令其尴尬的社会交际。例如，迪尔等（Dill，Feld，Martin，Beukema，& Belle，1980）在一项有关低收入母亲的应对行为的研究中，描述了一个女人是如何被禁止处理她孩子的行为问题的，因为这样做可能会涉及来自学校系统、健康和精神健康服务机构，或者社会工作者的“羞辱性侵犯”。

最后，在一个更实际的层面，当实施控制需要一些其他地方也需要的物质资源时，则有威胁加剧的可能性。因此，为了减少工作环境中令人厌恶的噪声，可能需要资金购买新设备。不论是在实验室环境中，还是在现实环境中，控制所带来的潜在实际的、世俗性的后果常常被人们忽视（另见 Antonovsky，1979；Dill et al.，1980）。

**控制的情境评价和真实性** 就像对威胁和挑战的初级评价一样，控制的次级评价通常只基于一次遭遇的选定方面，对它的关注则是由个人因素，如承诺和信念所引导的。此外，对那些选定方面控制性的评价本身也受个人因素的影响。由于这些原因，控制的情境评价不一定是真实的，事实上，可能很少是真实的。

兰格（Langer，1975）为了了解诱发**控制错觉**的条件，进行了一系列的研究。每一项研究中，在与技能条件相关的刺激面前，她都选用了完全机会决定的活动。例如，在一项研究中，她将重点放在**选择**上，这被认为是一个技能情境中的重要因素。兰格用彩票作为工具，预测那些被允许让他们自己选择彩票的被试将需要付出更高的价格。结果验证了这种假设。在另一个实验中，她用**熟悉性**来诱发控制错觉。彩票被分为熟悉的（用索 75 引卡写的字母）和不熟悉的（充满新符号的线条图）。给被试机会去保留他们原来的彩票，或者把它调换成中奖机会更大的彩票。研究结果再次提供了控制错觉得到诱发的证据。其他的实验则通过竞争性行为以及主动和被动参与来诱发控制错觉。总的来说，兰格发现，机会情境和技能情境越是相似，人们就越有可能以一种技能性的倾向来接近机会情境。

兰格（1975）提出了三个原因，来说明为什么人们会在机会情境下怀有一种技能性的倾向（或控制错觉）。第一个原因在于控制自己环境的动机。她引用了怀特（White，1959）关于竞争需要的讨论、亨德里克（Hendrick，1943）的掌控本能、阿德勒（Adler，1930）的追求卓越，以及德沙姆斯（DeCharms，1968）把追求个人因果关系作为对个体掌控环境动机的广泛性认识的范例。完全性的掌控将包括控制机会性事件的能力。第二个原因在于避免伴随着失控感的消极后果的动机。例如，莱弗考特（Lefcourt，1973）的一篇综述表明，对即将发生的事件的非真实的控制感可以减少其厌恶性。最后，兰格依据区分可控事件和不可控事件的困难性，解释了人们为什么会在机会情境下产生控制错觉。所有的技能情境都包含有机会性因素，而几乎每一个机会情境也都包含有技能性因素。因此，不仅人们被激发着不要去区分技能情境和机会情境，而且对于二者进行区分确实存在着真正的困难。

控制错觉是指在机会情境下，个体所产生的一种非真实的控制预期。它的对立面是在技能情境下，个体所产生的一种非真实的无助感。加伯和霍伦（Garber & Hollon，1980）的一项研究表明，这种特殊的无助感是抑郁的特征。加伯和霍伦指出，虽然无助感因为其与抑郁的密切相关受到了研究者大量的关注（如 Beck，1967；Bibring，1953；Klein & Seligman，

1976；Melges & Bowlby，1969；Miller & Seligman，1975；Seligman，1975），但目前仍不清楚抑郁者是否认为世界是一个非偶然的地方，这种情况下，他们会认为技能情境本质上与机会情境相似，或者说抑郁者是否真的认为技能性任务取决于技能，但却相信结果独立于自我技能中的反
76 应。后一种观点认为，抑郁者认为自己在技能情境下是无助和无能的，而不会认为这是人们普遍无法控制的情境。

为了验证这些观点，加伯和霍伦（1980）研究了抑郁和非抑郁被试在技能任务和机会任务中成功和失败后的预期变化。被试被分配为演员组（表演者）和观察者组（观察同伴的表演）。技能任务表面上是去测试被试拉一根绳子来提升一个平台，进而不让球滚出平台的能力，实则是在反复的测试中，让其去预期自己成功的概率，结果表明，抑郁被试明显比非抑郁被试的预期变化小得多。相比之下，当去预期他人在相同的技能任务上成功的概率时，抑郁被试和非抑郁被试的预期变化则没有差异。

研究结果表明，在对技能任务的认知上，抑郁被试和非抑郁被试并没有差异，但在对他们自己在任务中的反应的信念上有所差异。抑郁被试认为自己在技能情境下是无助的，但并不认为情境本身是无法控制的。当我们采用班杜拉（1977a）对效能预期和结果预期的区分时，这些发现表明，抑郁被试和非抑郁被试在结果预期上并没有差别，也就是说，在一种特定的行动过程会产生一定的结果的信念上并没有区别，但是在**效能**预期上并非如此。

卡尼曼和特沃斯基的工作（Kahneman & Tversky，1971，1973；Tversky & Kahneman，1971，1973，1974）与以上探讨也有关系，他们旨在确定人们在不确定条件下进行预测和判断所采用的启发法。这些启发法有时会产生合理的判断，有时则会导致严重的系统性错误。我们在这里不讨论启发法和主观概率估计中的偏差性，但重要的是要记住，主观概率估计并不一定与客观概率估计相一致。（对主观概率估计中的偏差来源的广泛综述和讨论以及此类偏差最可能导致错误的条件，请参见 Nisbett & Ross，1980。）

很明显，不管是受个人因素，还是受情境的偶然事件的影响，控制信念在决定个体在压力性遭遇中所感受到的威胁或挑战的程度上发挥着重要的作用。如果一个人对控制的信念是具有一般性的，那么不管什么情境，
77 这些信念都会把所有的评价都涂上颜色。如上所述，较少或无法控制的一般预期与抑郁有着密切的联系。对于那些一般信念是认为自己能够控制大部分或所有情境的群体，研究者很少关注。在极端的情况下，这样的信念

无疑也会给个体在所有情境下的评价都赋予一种特有的色调。持有这种信念的个体可能显得傲慢、自以为是，或者狂躁。重要的一点是，无论是一般的还是具体的，虚幻的还是现实的，**一个人对控制一个事件的能力的信念**会影响事件如何被评价，并通过这种评价，影响其随后的应对活动。

### 存在信念

存在信念，如相信上帝、命运或宇宙中的一些自然秩序，是使人们能够从生活中甚至是从受伤害的经历中，创造出意义并保持希望的一般信念。

之前我们讨论了承诺是如何帮助个体维持应对努力的。在这方面，承诺和存在信念看起来似乎是相似的。然而，尽管具有这种明显的相似性，承诺和存在信念却是截然不同的。信念涉及一个人认为什么是真实的，而不管是否喜欢或赞同它，而承诺反映的是价值观，涉及什么是所喜欢或合意的（Wrubel et al.，1981）。承诺具有情绪激励的性质，但信念是情感中立的（Feather，1975）。它们不一定包含情绪成分。

这并不是说信念与情绪或承诺没有关系。信念会引起压力性的情绪，就像它们是威胁评价的基础（例如，世界是充满敌意的或危险的），它们还可以被用来抑制或调节情绪反应（例如，支持他人生存的信念）。在这些情况下，信念会引发情绪或调节情绪，但它们本身并不是情绪化的。只有当一次遭遇涉及对一个价值或理想、另一个人，或一个目标的承诺时，或者当躯体健康受到威胁时，它们才会变得情绪化。

纳粹集中营里一个囚犯的话表明了信念和承诺的融合可以产生一种维持希望的信念，进而可以减少威胁。演讲者是一名 20 岁的女性，当时她刚入狱。

> 我有一种信念，一种宗教信念。我坚信所有错误的事情都一定会发生改变，我们将获得自由。我母亲给予了我这样一种信念：如果有人正在做正确的事情，他就不会总是经受痛苦……我知道要想活下去 78
> 我必须相信，相信正义终将战胜邪恶。（Dimsdale，1974，p. 793）

这段话中的关键性表达是“我知道要想活下去……”；这表明了她的求生意志，她对于生存下去的**承诺**。没有这个承诺，信念就不会被注入情感。一个人可以坚信做正确的事情会得到相应的回报，但除非这个人想要活下去，否则这个信念便会相对地不受影响。

同样，某些具有更高目的的信念可以使那些脊髓损伤的患者在他们所遭受的经历中寻求并看到一些有益之处。对于“为什么会是我?”这个问题，这些患者最常见的解释是：上帝有让他们受伤害的理由（Bulman & Wortman，1977）。举个例子，一位受访者说："可能是上帝有理由这么做。也许其他人比我更需要我的腿。"另一个回答说："这是一次学习经历。我看到上帝试着让我遭受这样的经历，来帮助我了解他和了解我自己，以及教会我如何帮助他人。"（Bulman & Wortman，1977，p. 358）

在这些例子中，个体受到了伤害，涉及的是非常真实的心理和身体上的伤害。这些伤害的存在，使得这些信念变得充满了情感，因此在可能完全难以承受的情况下，他们却创造了积极的价值或意义。

特定信念（例如，相信医生、特定药物、教育项目）也可以变得充满情感并产生希望。在评价过程中，特定信念的作用与存在信念的作用不同，因为前者不那么普遍，只在与心理或身体相关的利益处于危险的特定情境下才运作。否则，这些特定信念仍然是情感中立的，不太可能会影响评价。例如，一个人可能会相信某个特别的医生是一名有天赋的外科医生。这种信念会一直保持着中立，直到这个人或与其亲近的他人被安排让这个医生进行手术。在这一点上，人们对医生的信任将会产生积极的影响，并产生信心、希望，或许还能缓解忧虑。

我们在这一章提到的两个主要的个人因素，即承诺和信念，可以用一个更普遍的、总体性的人格概念来加以整合，许多作者都称之为"自我"。例如，希尔加德（Hilgard，1949）指出，自我的概念就是人类事务中统
79 一的动机原则的一个实例。希尔加德说，自我在某种程度上是一个主要人际动机和态度的组织，这些动机和态度对个体是至关重要的，随着年龄的增长，它们可以持续存在并保持可识别性。因此，刻画个体特征的承诺，就是指人格心理学家在将其视为自我的情况下的一种反应和整合。在爱波斯坦（Epstein，1976）的自我理论中也有类似的观点。正如我们所做的，爱波斯坦把情绪看作个体重要事物的指标，就像一个人的自我理论所组织的那样。言下之意是，为了使情感生活有意义，我们必须知道什么对个体来说是重要的，实际上，就是组织了个体如何思考及其想要什么的自我概念。

本章所强调的是个体因素对评价中个体性差异所做出的贡献，我们已经指出由于这些个人因素，初级评价和次级评价并不一定是基于对压力性遭遇中所进行的事情的真实的、同构的呈现。然而，如果个体对一个遭遇的评价可以产生适应性的应对和相应结果，那么这个评价必须是现实的；这个人需要专注于一个遭遇的适应性的重要方面，并根据环境的实际需求和他的实际应对资源来对应对方案进行评估。然而，我们却想要去回避在

任何给定的压力性遭遇中具有某个单一现实性的初级评价或次级评价这样的想法。个体可能会对一个事件产生多个解释，这取决于遭遇的哪些方面受到关注，以及与需求和应对资源相关的可用信息的清晰性或模糊性。任何一种评价都有可能产生适应性的结果，尽管有些结果可能比其他结果更好。在第七章，我们将会有更多关于评价与事件发展以及适应性结果之间的匹配性的讨论。

在本章的开始，我们说个人因素与情境因素**相互依赖**，共同影响评价。重要的是不要忽视这一原则，因为只有当个体在环境中感知到与他的承诺和信念相关的事情时，这些个人特征才会有选择性地影响评价。在某种意义上，个人因素与情境因素必须在特定遭遇中互相联系才会产生评价。在下一章，我们将讨论特定的情境特征，可能会涉及我们在这里所概述的个人因素。

## 总结 80

影响认知评价的最重要的个人因素是承诺和信念。承诺是关于什么事情对人们具有重要性的一种表达，是人们做出选择的基础。它们也具有重要的激励性质。承诺会通过引导人们进入或远离威胁、伤害或使他们受益的情境，以及通过塑造线索敏感性来影响评价。承诺也会通过对脆弱性的作用来影响评价。一个人的承诺越深，威胁和挑战的可能性就越大，但同时，承诺的深度也可以推动一个人采取改善行动，并帮助其维持希望。

信念也决定了一个人如何评价正在发生或即将发生的事情。它们通常在隐性层面运作，因此很难观察到对评价所产生的影响。当个体突然丧失信念或转换到一个截然不同的信念体系时，我们就可以观察到信念的影响。

尽管许多信念都与评价有关，但在压力理论的研究中，研究者对控制信念和存在信念特别感兴趣。个人控制信念可以是一般性的，也可以是情境性的。一般控制信念，涉及个人认为重要的结果能够被控制的程度，最有可能在模糊的情境下影响评价。某个特定遭遇的模糊性越低，控制的情境评价就越有可能影响到个体的情绪和应对。控制的情境评价不仅局限于对环境的预期，它们还涉及控制自己对交互反应的预期。

在任何给定的遭遇中，可能会有多种结果，其重要性随着对可控性的评价而有所不同。多数研究表明，将结果评价为可控的能减少压力。但是，当个体所拥有的控制与其所偏好的风格相反时或与其他承诺或目标相冲突时，对可控性的评价也可能会加剧威胁。如果对控制的情境评价是基于不完全的信息，并且/或者受个人因素的影响，那么它们就不太可能是准确的。然而，无论它们的准确性如何，对环境或者对自我的情境控制评价都会影响到情绪和应对。

存在信念使人们在困难的情境下创造意义并维持希望。它们可能在情
81 感上是中立的，但是当它们在一个特定的遭遇中与一个强有力的承诺汇聚在一起时，它们便会具有情感性。

通过承诺和信念自身去解释评价是不充分的。它们需要与情境因素相互结合（我们将在第四章讨论），从而决定个体将要经受的伤害/丧失、威胁或挑战的程度。

# 第四章 82
# 影响评价的情境因素

近年来，人们对那些让他们产生压力的事件的性质产生了广泛的兴趣。在生活事件的研究中这样的努力最为明显，研究的目标是在所需的再适应（Holmes & Rahe，1967）、希求、期望或控制的程度这个维度上测量各种重大事件（例如，配偶死亡、离婚、被解雇、人身伤害或疾病，或退休）（相关综述可参见 Fontana，Hughes，Marcus，& Dowds，1979；Rabkin & Struening，1976；Thoits，1983）。这些努力所构建的指标把事件**标准化**为或多或少富有压力性；分配给事件的权重被假定不仅反映人口参数，而且反映个体偏好。

然而，正如我们在前面的章节中所强调的，即使一个刺激表现为一个明确的威胁，以至于几乎每个人都认为它是危险的或有害的，对这些事件的压力程度评定，以及在它们的定性和定量反应的效应上，仍然存在着很大的个体差异。毫无疑问，这些差异是由人施加于塑造其个人意义的事件的一些因素造成的（参见第十章对压力测量的讨论）。然而，人与情境关系中情境成分的问题仍然必须被提出。我们需要一些方法来识别那些使事件潜在地变得有害、危险、具有威胁性，或者具有挑战性的情境的特性（参见 Hansell，1982）。本章的目的是确定这些特性中的一部分。

我们对待这一任务的取向与压力刺激定义中所使用的基本方法不同， 83
后者把事件标准地处理为压力性的。首先，我们将关注造成潜在威胁、伤害或挑战的情境在**形式上的**特性。我们不处理情境实际上是什么这样的实质性问题（例如，被评估或反对、离婚、死亡、失业，或搬家）。其次，我们不应根据压力性对情境特性进行标准排序。任何事件的压力性程度取决于人和情境因素在特定的交互作用中的融合；如果不考虑人的因素而对情境特性进行排序，就会忽略个人因素在确定评价中的作用。然而，通过确定情境在形式上的特性，我们希望提供与我们所讨论的个人因素尤其相关的一种对那些情境特性的分类，从而通过评价过程来确定威胁、伤害和挑战。

我们将首先考虑新奇性、可预测性、事件的不确定性，然后转到对三个时间因素的讨论：紧迫性、持续时间和时间的不确定性。最后，我们将讨论模糊性和生命周期中的压力事件的时间选择。

## 新奇性

如果个体所在的情境是之前没有经历过的，那么不可避免地就会感到自己处于一种新奇的情境中。如果一个情境是**完全**新奇的，以前没有哪个方面在心理上和伤害联系在一起，它就不会导致一个威胁的评价。同样，如果这个情境以前也没有任何方面和控制或收益有关，那么它也不会产生一个挑战的评价。先前与伤害或收益的联结不一定必须是直接的；个体可能已经看到、读到、听到或以其他方式推断出来，从而给这个情境的有关方面赋予了会带来威胁或挑战评价的能力。换句话说，一个人不必对毒橡树做出反应才知道它是危险的。与朋友交谈或阅读所获得的知识都足以让我们把这种植物与危险相连。然而，如果此人没有有关毒橡树的经验，那么不管是直接的还是间接的，他都可能会把这些色彩鲜艳的叶子评价为宜
84 人的，甚至可能会想着把它们摘回家。或者，只听说过有毒的树叶会发亮，那么可能会盲目地对所有有发光叶子的植物加以警惕。这里，新奇性和信息不充分的结合共同作用会产生一个一般情况下并不恰当的评价。

大多数情境并**不完全**是新奇的，而是某些方面是熟悉的，或者这个情境和其他一些类别的事件之间有个大致的相似。即使在最新奇的情境下，通过努力对原有图式化和抽象化的知识系统进行理解和意义化，刺激也能得到加工（Nisbett & Ross，1980）。这种"常识"（Schank & Abelson，1977）能让一个人理解和解释他人的行为仅仅是因为别人有一定标准的需求，并且生活在为了满足这些需求具有一定标准方法的世界里。除非在极端的情况下，人们原有的知识无论如何都没有关联（例如，羁押在一个很不友好的国度里，没有共同语言，无法获取有关这个国家的信念、价值观、习俗和法律制度方面的知识），绝对的新奇性是相当罕见的。通常情况下，个体有一些基础从而可以从他以前没有遇到的情境中推断意义。因此，把新奇性当作情境的一个相对而不是绝对的特性可能更有用一些（参照 Berlyne，1960）。

正如我们前面提到的，只有以前与伤害、危险或控制有过关联，一个新奇的情境才是具有压力性的。在这种情况下，新奇性本身就会成为威胁

的来源。此外，一个新奇的情境在某种程度上是模棱两可的，因为人们并不清楚事件的重要性或是意义。理解情境需要推理。需要的推理越多，解释中错误的可能性就越大。如果个体意识到对一种新奇的、模棱两可的情境的解释伴随着错误增加的风险，他可能会经历高度的不确定性和威胁。我们将在本章后面详细讨论模糊性、不确定性和威胁。

另外，虽然一般知识可能足以解释一个新奇的事件，但它可能是不够应对事件的。对于遇到的需求没有直接或间接的经验，个体可能没有机会发展出所需的特定应对技能来应对需求（参见第六章）。意识到缺乏这种应对技能也会增加威胁。

## 可预测性 85

可预测性一直是压力研究的一个重要主题，尤其是在动物的实验研究中。可预测性意味着有可预见的环境特征，这些特征可以被识别、发现或学习。研究者有时用**信号提示**（signaled）来替代可预测的有害刺激，但其含义是相同的，指的是某种警告，即某些痛苦或伤害性的事情即将发生。

温伯格和莱文（Weinberg & Levine，1980）回顾了大量有关可预测性在促进或减轻动物压力方面的作用的文献，他们发现研究的结果是复杂而令人困惑的。大量的证据表明，可预测的电击比起不可预测或没有信号提示的电击较少令人厌恶。例如，巴迪亚和卡伯特森的研究（Badia & Culbertson，1970）聚焦在一个实验室回避情境中大鼠的行为反应上，在这个情境里，大鼠可以通过按压一个木杆来躲避电击。相较于没有信号提示条件下的大鼠，有信号提示的条件下，大鼠压杆的频率明显减少，且更自由地离开木杆的范围。要是能选择，即使电击是无法回避的，比起没有信号提示的条件，大鼠也更喜欢有信号提示的条件。事实上，在其他的动物研究中（Badia，Culbertson，& Harsh，1973），比起没有信号提示的电击，实验动物宁愿选择强度高 2～3 倍、持续时间长 4～9 倍的有信号提示的电击。总的来说，这些对比人类低等的生物包括老鼠、鸽子和鱼的研究表明对可预测刺激（通常是电击）的偏好是很坚定的：比起更短、更弱、不密集的没有信号提示的电击，被试偏好更长、更强、更密集的有信号提示的电击（相关综述参见 Badia，Harsh，& Abbott，1979）。

对有信号提示的偏好，一种解释是，信号提示允许预先应对的可能性，这是**预备反应假说**的本质。这一假说认为，警告提供的信息允许被试在某些方面进行准备，从而减少对应激源的厌恶感（如 Perkins，1968）。

另一种解释是由**安全信号假说**提供的，该假说提出警告通知了被试何时安全。这种知识可能是有用的，因为它提供了时间段，在这个时间段里被试可以放松。这两种假说似乎都牵扯到用以解释可预测性影响的另外两个因素，即对环境的**控制**以及从与环境的交互作用中获取的**反馈**，这个反
86 馈是关于什么是可以做或不能做的，以及任何环境突发事件存在的可靠性。

温伯格和莱文（1980）指出控制和可预测性彼此紧密联系，在研究中经常会被混淆。也就是说，被试不仅能够预测到令人厌恶的刺激，而且可以控制它，尽管后者并没有被调查者当作研究的参数识别出来。就和个体不能影响是否受到电击或电击的程度一样，**个体无法控制一个不可预测的情境；然而，在非控制的情况下，可能存在可预测性。**当动物被试更喜欢可预测条件时，我们不可能知道这是因为提供了控制感还是信号提示条件提供了中止的其他形式，就如安全信号假说所暗示的那样。

韦斯（Weiss，1971）和其他人（如 Coover，Ursin，& Levine，1973）的研究表明反应效应的**反馈**对动物的应激反应具有改善效果，包括诸如胃溃疡的发展和垂体-肾上腺皮质的活动。事实上，温伯格和莱文（1980）认为，只有当动物的反应提供了对环境的反馈时，厌恶刺激的可预测性才可以减少压力。因此，例如，当一些电击的可靠信号预测了没有电击的时期，动物能够"感到安全"（安全信号假说；参照 Seligman，1968）。温伯格和莱文（1980）说：

> ……在减少动物应激反应方面，对安全性的预测比对电击的预测更为重要。只有在警告和电击之间发生的偶然事件是让被试有一个可识别的安全期，并由此在电击间隔期间可以放松时，有信号的电击才会受到偏爱，引起的压力更小。如果任务的参数是这样一个信号，它能准确地预测电击，但给有机体提供很少的反馈或有关安全的信息，那么可预测的电击可能更令人厌恶。（p. 56）

莱文和他的同事们（如 Levine，Goldman，& Coover，1972）也发现，实验动物学会期待食物或水以后，如果奖励物质被拿走或者不让动物们享用，那么其血浆中的皮质类固醇会有一个显著的增加，达到其他有害
87 事件引起反应时同样的水平。然而，当动物能够观察食物或水，或者被允许享用时，垂体-肾上腺素的活性会被快速地抑制。因此，莱文建议，当确定的预期不再满足时——当可预测性丧失的时候——皮质类固醇的应激反应就会发生，直到一套新的预期产生。简而言之，从可预测到不可预测

是高度压力性的，会导致垂体-肾上腺皮质活动，而没有违背预期的模棱两可的条件则不会导致激素分泌。

虽然关于动物的可预测性和压力的理论和研究已经产生了有趣的假说和相对有力的发现，但是动物模型不足以理解人类的心理压力。动物研究不关心被试对情境的理解或反应的个体差异。这些差异可能在动物中并不重要，它们的认知和行为范围有限，但在人类压力研究中这些差异却是至关重要的。

第七章所描述的习得性无助研究的历史，很好地说明了动物模型在理解人类压力时的局限。习得性无助的概念是在对狗和其他动物的实验室工作中发展起来的，用于解释为什么先前暴露于不可控电击的动物不能回避随后的电击，即使回避反应是可获得的（Overmeier & Seligman，1967；Seligman & Maier，1967）。当模型被应用于人类时，重要的和不可预测的个体反应差异变得明显；在遭受不可控的情况后，不是所有的人都会变得消极和抑郁。因此，这个模型已被重新修订，包括了认知中介以解释这些反应中的个体差异（如 Abramson，Seligman，& Teasdale，1978；Garber，Miller，& Abramson，1980；Hollon & Garber，1980）。更新的版本与原来以实验动物研究为基础的模型的相似性越来越少。

## 事件的不确定性

为了帮助区分动物模型和我们研究的认知模型，我们使用**事件的不确定性**这个词而不是**可预测性**来讨论事件发生的可能性如何影响评价。事件的不确定性引入了概率的概念。例如，一个人可能获得的信息是，有 88
15%的机会肿瘤复发，85%的机会下雨，或 20%的机会被录取到一所指定的大学。这种信息通常被看作刺激的特性。然而，正如在第三章所指出的，主观的概率估计往往不同于事件发生的客观概率，因为人们使用启发法（Kahneman & Tversky，1971，1973；Parker，Brewer，& Spencer，1980；Tversky & Kahneman，1971，1973，1974）。这些启发法使得对事件的概率判断几乎等同于对情境和对人的特性的判断。

人类的事件不确定性的实验室调查通常研究各种水平的确定性对唤起的心理生理指标的影响，用一种有害条件的实际概率水平作为确定性指标，例如电击。有两种可供选择的直觉假设。第一个是，随着确定性的增加，唤起会相应增加。第二个假设是，确定性和唤起之间存在一个曲线关系，最大（0.50）不确定性出现时达到峰值。在这些实验设计中，唤起通常被视为恐惧和/或威胁的信号。

爱泼斯坦和鲁彭尼亚（Epstein & Roupenian，1970）、迪恩（Deane，1969）以及埃利奥特（Elliot，1966）的研究表明，第一个假设的反面恰恰是常见的情况。他们发现，在电击的最低确定性条件下，唤起最高。爱泼斯坦和鲁彭尼亚认为，这是因为主观概率估计不符合客观概率。50%预期组中的被试自发地评论说，电击的可能性足够高以至于他们会假设自己肯定会遭到电击，这种策略减少了焦虑，只允许惊喜。实际上，这些被试把电击的估计从客观的50%增加到主观的95%。爱泼斯坦和鲁彭尼亚进一步推测，在5%电击预期组中的被试也会通过诸如“受电击的机会是二十分之一的时候，可以肯定自己不会受到电击，但是如果我受到电击了呢?”这样的想法，增加他们的主观概率水平到50%，或最大的不确定性（p. 26）。因此，他们既不会甘心于受到一次电击，也不会清除掉他们会受到电击的想法。然而，莫纳特、埃夫里尔和拉扎勒斯（Monat，Averill，& Lazarus，1972）在一个相关的实验中发现，5%、50%和100%概率的客
89 观条件并不会对心率、皮肤电导或紧张自我报告的变化产生差异性的影响。然而，大多数被试最偏爱5%的确定性条件，最不喜欢100%的确定性条件。

与此同时，盖恩斯、史密斯和斯科尔尼克（Gaines，Smith，& Skolnick，1977）的发现则支持第一个假设：唤起（心率）会随着确定性的增加而增加，但仅存在于场独立者中（即，对于环境的影响，他们的感知有较少的主观性；参见第五章）。与此相反，场依存的被试在5%条件下与95%条件下的唤起是相同的。与场依存的人相比，场独立的人更善于分析和重构所在的地方，这可以解释这些差异。

如果**仅仅是**刺激因素引起唤起，那么唤起（即威胁）是确定性或不确定性程度的函数这一直觉假设无疑会得到支持：事件发生的可能性越大，威胁就越大。然而，我们上面提到的研究清楚地表明刺激因素本身并不能预测唤起，且证明了考虑与一个刺激相关的个体因素和应对策略的重要性。

第二个直觉假设，即确定性与唤起之间存在曲线关系，在爱泼斯坦和鲁彭尼亚的研究得以采用和检验。他们引用大量的理论和研究支持了这一观点，事件的不确定性本身可能是焦虑和紧张的根源：

> 弗洛伊德（Freud，1920）和其他人通过将焦虑归因于一种未知的来源，把焦虑那种更加令人不安的状态和恐惧加以区分。贝利尼（Berlyne，1960）直接把不确定性和冲突关联起来，因此，也就和高

> 度唤起的状态相关联。费斯克和马迪（Fiske & Maddi，1961）陈述道，作为一个基本的命题，期待和刺激影响之间有直接的关系。以上状况表明，受到有害刺激的不确定性会在直接关注有害刺激所产生的焦虑上又增加一些。这种观点受到许多其他研究的支持，这些研究以这样或那样方式改变不确定性（参照 Berlyne，1960；Deane，1969；Elliot，1966；Haggard，1943；Zeaman & Smith，1965）。（Epstein & Roupenian，1970，p. 21）

这个假设和另一个类似，产生了矛盾的结果。在一项研究中（Gaines et al.，1977），最大的不确定性（50%确定-不确定的条件）甚至和最低水平的唤起相关（只针对场依存者）。这是可能的，正如爱泼斯坦和鲁彭 90
尼亚所表明的，存在夸大主观概率的一般偏向。例如，5%的概率可以在主观上变成 50%的概率，50%的客观概率可以变成 95%的主观概率。的确有研究证据支持这种心理转变。

然而，我们倾向于相信，在自然环境中，产生最大不确定性的条件高度依赖于是否产生最大的压力性。大多数关于事件不确定性的研究都是在实验室进行的，通常被试是心理学学生。即使被试被警告会有很大的噪声或电击，他们也知道伦理上的考虑会限制在实验室环境中产生的实际伤害程度。另外，一些疑心较重和/或善于做实验的学生会怀疑实验的解释和指示，除此之外，大多数被试没有理由不相信他们被告知的事件发生的可能性。这些条件限制了实验室实验中概率陈述的不确定性，因此减少了事件不确定性的威胁效应。而且，人们对影响唤起或压力的最重要的中介过程可能是什么，即人们如何应付不确定性带来的困扰，并不是特别感兴趣。

现实生活中的事件不确定性比在实验室中产生的，更可能造成心理压力。大多数真实生活事件比实验室事件复杂得多；环境配置中有更多方面有待评估。此外，关于事件发生概率的可靠性或适用性常常是有疑问的。先前预测不准确，对测量工具可靠性或做出预测的个体缺乏信心，仅仅是提出的概率不足以令人信服的一部分原因（参照 Breznitz，1967；Janis & Mann，1977；Nisbett & Rose，1980）。而且，最重要的是，现实生活事件比实验室的应激源有意义得多。在现实生活中，即使是最简单的麻烦，通常也会由于其短期和长期的后果让实验室中的黯然失色。当考虑重大事件时，就其对幸福感的影响而言更是无法比较。

也许，事件的不确定性所造成的威胁远比身体疾病和残疾更为广泛。

例如，穆斯和津（Moos & Tsu，1977）以及科恩和拉扎勒斯（Cohen & Lazarus，1979），对一些探索人们如何应对身体疾病所带来的压力的研究进行了全面的文献回顾，他们把对不确定性的处理作为一个主要的适应性
91 任务。马赫斯和门德尔松（Mages & Mendelsohn，1979）中肯地陈述了他们在讨论癌症对患者生活产生的影响中所存在的问题：

> ……癌症造成的主要问题之一是，患者多年来无法确定是否治愈了。这个问题……涉及的不是在时间轴上明确标记的一个单一事件或一系列事件，而是不确定性的一种持续状况，这种不确定性是针对潜在的灾难性的且不可预知的未来事件。(p. 259)

另一个例子发生在被告知丈夫在战斗中失踪了的妇女中。这些妇女由于不知道她们的丈夫是生是死而遭受了深深的挫折和不确定性。亨特（Hunter，1979）指出，未解决的悲痛实际上会阻止个体继续生活。婚姻状况的模糊性让这些女性很难适应社会团体或进行她们自己的社会生活，而且只要她们期盼或希望丈夫回家，她们就很难做出关于住房、就业和孩子教育的决策。

亨特和她的同事们也关注了那些在战斗中被杀死或被俘的男人们的妻子。他们比较了四个海军妻子的样本：越战中服役后返回的军人的妻子（对照组）、战斗中阵亡的军人的妻子（KIA 妻子）、战俘的妻子（POW 妻子），以及战斗中失踪的军人的妻子（MIA 妻子）。研究预测，从对照组、KIA 组、POW 组到 MIA 组，随着不确定性的增加，适应性将会减少。在战俘被释放四年后对各组身体和情绪健康指标的比较，支持了这一假设。不确定性越大，适应就越差。在 MIA 妻子组中，那些通过"关掉"和丈夫有关的一切并接管和丈夫角色有关的行为来获得更多确定感的女性适应得更好。

现实生活中事件的不确定性会导致压力的一个最重要的原因是，它让预先应对过程陷入瘫痪。预测到一个事件会发生所采取的应对策略和认为事件不会发生所采取的策略常常是相互矛盾的。例如，在应对疾病或残疾包括视力、言语或身体的一部分的明显丧失时，一个适应性的任务是承认
92 和哀悼那些丧失（Mages & Mendelsohn，1979；Moos & Tsu，1977）。与此同时，新的医疗方法给患者带来希望，因此，他们必须做好永久性丧失功能的准备，同时保持恢复功能的希望。在这样的情况下，很难同时维持这两个行动方针。

另外一个因素是心理困惑，它常常导致为其他结果做准备变得困难，

甚至不可能，这种困惑来自必须考虑第一个可能的结果，然后才是另一个。在一个人不能决定行动路径，而且也不可能解脱的情况下，恐惧、过分担忧和沉思，以及最终的焦虑就会产生（参照 Breznitz，1971）。增强的焦虑（威胁）本身可能会干扰认知功能，使其更难应对。总之，不知道事件是否会发生能够导致一个长时间的评价与再评价的过程，这个过程里会产生矛盾的想法、情感和行为，而这些又反过来导致无助感和最终的困惑。我们认为，事件越有意义，这些影响就越有可能加剧，至少在某种程度上，它们不受诸如防御等认知应对过程的控制。

## 时间因素

麦格拉思（McGrath，1970）以及阿普利和特朗布尔（Appley & Trumbull，1967）指出，时间可能是压力情境下最重要的参数之一，但它在压力研究中一直是最被忽视的因素之一。在这一部分，我们聚焦于时间因素，包括紧迫性、持续时间和不确定性，如何影响威胁和挑战的评价。

### 紧迫性

紧迫性涉及事件发生前还有多少时间。这是预期事件发生的一个时间间隔。一般来说，一个事件越迫在眉睫，对它的评价就越强烈，特别是如果有线索表明会有伤害、危险，或是有控制或收益的机会。如果没有这些线索，紧迫性不大可能影响评价。这些线索表明事件越不紧迫，评价过程就会变得不那么急切但更加复杂。

贾尼斯和曼（Janis & Mann，1977）研究了紧迫性在利害关系会产生 93
后果的决策过程情境中的作用。他们认为，决策质量取决于对下面这个问题的回答："有足够的时间来仔细搜索有关信息和建议的评价吗？"（p. 59）如果这个问题的答案是肯定的，那么"个体就可能会做一个彻底的信息搜索，仔细权衡他发现的每一个方案的利弊，然后再做出选择"（p. 75）。这是高级决策的一个特点。

与此同时，如果个体认为没有足够的时间进行仔细的信息搜索

> ……决策者就会表现出很高的心理压力。如果他相信迅速临近的最后期限让他没有办法进行充分的搜索以获得更好的解决办法，他就会疯狂地关注那些即将到来的有威胁的丧失，因为他知道一个或一组令人不快的后果将很快出现。（p. 74）

因此，个体会使用一种草率的决策风格。在这种模式下，个体就会变得

……困扰于噩梦般的幻想，各种可怕的事情将会发生在他身上，而且没有证据表明其实际发生的可能性不大。这个人就会不断地意识到必须及时采取行动以避免灾难性的丧失。他表面上浏览可以获得的那些最显而易见的选择，然后可能诉诸一种粗糙的满足形式，草率地选择第一个看起来似乎有希望逃避最糟糕的危险的选项。这样做时，他可能忽视了其他严重的后果，例如对未能履行先前承诺的严厉惩罚。(p. 74)

贾尼斯和曼不讨论最后期限离得比较远，还没有迫在眉睫情况下所发生的事情。例如：是否有一个最佳的时间量，如果超过这个量，就会导致警惕性降低，并做出更糟糕的决策？贾尼斯和曼表示最佳决策需要一定的唤起。如果最后期限距离较远，警惕的信息搜索和评估所需的唤起水平，起初可能并不足以唤起警觉或者在最初的唤起期之后就会消退，从而降低决策过程的质量，这看起来是比较合理的。贾尼斯和曼最初把这种模型
94 用于紧急情境里，后来扩展到所有决策的后果。鉴于他们模型的起源，我们可以理解贾尼斯和曼如何将重点放在是否有**足够的**时间去做出好的决策这个问题上。不过，看看“能有那么多时间吗？”这个问题将会很有意思。

降低紧迫性，即增加事件发生前的时间量，会让评价过程变得更加复杂，因为正如我们将会看到的，事件发生之前的时间间隔越长，有时会导致更多的威胁，但也可以导致威胁的减少。

布雷兹尼茨（Breznitz，1967，1971）和诺米科斯等（Nomikos et al.，1968）的研究让我们了解到时间间隔增加多少会导致更多的威胁。布雷兹尼茨（1967）使用“威胁潜伏期”这个概念来解释这一现象。他观察到，当被试在 3 分钟、6 分钟和 12 分钟末被威胁会受到严重电击时，时间间隔越长，电击前心率就越快。布雷兹尼茨（1971）指出，威胁程度并不**直接**由期待时间的长短决定，而是由个体的参与过程决定，它潜伏于时间之中。

布雷兹尼茨（1971）报告了一项研究，确定了威胁潜伏期的概念，研究使用了投射法，要求被试把自己放在另一个人的位置上然后猜测那个人的想法。研究中给被试提出一个问题：一个人在等待另一个人到来。另一个人迟到了，不过距离等着的那个人已经很近了。此时给被试列出 14 种可能的想法，包括四种反应：另一个人很快会来；另一个人不能来；另一个人不想来；对另一个人的攻击。任务是猜测哪一个想法更合适，并按照

它们进入被试脑海的顺序写下来。要想证明潜伏的威胁已经产生，就需要在较少的消极选项之后出现更多的消极选项，换句话说，“随着参与过程的进行，被试应该沿着不同的维度行进，产生更悲观的想法”（p. 276）。所有四个维度的发现支持了威胁潜伏期的概念。“随着担忧过程的时间推移，被试对任务的参与程度越来越高，也会集中性地选择具有更多负面意义的选项。”（p. 276）

作为预期时间的一种功能，在诺米科斯等（1968）的实验室研究中也发现了威胁的增加，该研究考察了影片引起的威胁所带来的心理生理反应。影片描述了三个木材厂事故：第一个是从业者的手指被割破；第二个是手指被切断；第三个是一块飞板穿过了一个无辜旁观者的腹部，导致他 95
死亡。研究通过倒叙和悬念的手法引导观看影片的被试预测后面的两个事故。

通过编辑产生三个事故的拍摄场景，制作出这部影片的两个版本。较长的那个预期版本被称为“悬念”，给予被试约 20 秒和 26 秒的时间等待事故的发生；较短的预期版本被称为“惊喜”，等待的时间被压缩到约 4 秒和 7 秒。通过比较两个版本的压力效应，研究得到了两个重要发现。首先，应激反应的程度（心率和皮肤电导增加）在悬念版本中要比惊喜版本中大得多。其次，影片所导致的所有心理生理影响几乎仅限于预期的这个时期；当观看者在看实际的损伤以及受害者和旁观者脸上的恐惧时，应激反应已经减弱了。

虽然上述实验表明时间会加剧威胁，但是随着时间的增加，人们会有更多的机会去“思考”或重新评估情境并带来各种应对机制，从而减少或控制威胁。在这种情况下，更多的预期时间与**较小**而不是更大的应激反应相关。例如，诺米科斯等的研究（1968）使用很短的预期间隔，不到半分钟，给被试调整其应对资源的机会很小。如果时间间隔变长的话，预期时间和应激反应之间的正相关关系也许可能会被逆转。

福尔金斯（Folkins，1970）检验了这种可能性，他让不同组的被试等待电击的时间长短不一：5 秒、30 秒、1 分钟、3 分钟、5 分钟，或 20 分钟。结果发现，虽然客观伤害（电击）是不变的，但与预期间隔有关的干扰的自主和主观水平存在显著差异。可以预料，正如前面提到的诺米科斯等（1968）的研究所预期的，应激反应的水平从简短等待 5 秒到等待 30 秒的情况下是在升高的，在等待 1 分钟的组别中达到最大值。然而，在等待 3 分钟和 5 分钟的组别中，应激反应急剧减弱，在 20 分钟的组别里又略有回升。

福尔金斯对这些研究结果加以解释，它们意味着，仅5秒的等待时
96 间，被试很难充分理解即将产生的伤害，因此压力水平最低。当预期时间略微加长后（30秒至1分钟），被试有足够的时间理解威胁的含义，但没有足够的时间产生有效的应对策略。结果就是自我失败和类似恐慌这样的反应。经过3到5分钟对情境的评价后，被试能够更好地发展出自我保证的应对反应，从而显示出较少的压力。被试对他们想法的报告倾向于证实这一点。但是20分钟的间隔又是怎么回事呢？应激反应再一次增强意味着什么呢？也许长期坐着不做任何事会让人越来越不舒服；或者，长时间的等待可能是一个不祥的暗示，意味着一些重要的，也许是痛苦的事情会发生，在这种情况下，让人安心的认知最终可能会被驳回。

拉科韦尔和莱维塔（Rakover & Levita，1973）检验了奖励任务而非令人厌恶的刺激所引起的唤起和预期时间之间的关系。他们发现，预期时间与心率之间呈线性关系。拉科韦尔和莱维塔的研究结果提出了一个关于挑战和威胁评价的有趣的问题。设定一个任务，让被试得到奖励而不是惩罚，也许他们就创造了一个**挑战性的**情境。早些时候（第二章）我们将挑战定义为一种压力评价，该评价指个体有机会控制或获得主导权，但也有某种风险感。然而，根据拉科韦尔和莱维塔所提供的观点，如果与风险相关的威胁是最小的，人们就不大会采取防御策略来调节情绪和认知活动。我们认为，时间和唤起之间的线性关系代表了**挑战**评价中出现的一种谨慎的应对模式的生理表现。与此同时，威胁评价引发更多的应对复杂性，例如，回避性和警惕性的策略，就好像布雷兹尼茨和福尔金斯所发现的时间和唤起之间的曲线关系。换句话说，**挑战和威胁评价具有它们自己独特的应对模式**，但只有在一个事件有足够多的时间允许评价—应对—再评价过程发生，并且我们努力观察到随着时间的推移而发生变化时，这些模式才能被观察到。

梅凯尼克（Mechanic，1962）对准备博士考试的学生们的研究提供了一个真实的例子，这个例子反映了预期事件发生的时间间隔较长时，认知过程中出现的认知复杂性。正如上面所提到的实验室研究，随着事件变得
97 越来越紧迫，会有一种曲线状的威胁唤起模式。学生们第一年看到二年级学生准备资格考试的时候，感到了第一波焦虑。焦虑在很大程度上是由于“考试社会化”，它是参加考试的群体所经历的压力对于低年级的学生来说显而易见的程度，以及教师们有关考试和考试重要性所传递出来的信息的函数。然而，在初次接触考试的情况下，其他工作的要求使得考试对学生来说没那么突出，他们的焦虑就减轻了。梅凯尼克在考试前三个月，考试

情境再次变得突出时开始与学生面谈。他报告说，学生们的焦虑水平很高，警惕的和权宜的应对策略都很明显。考试前三个月里

> ……大家不断开着玩笑，学生们仍在寻求社会支持并不断地谈论考试，他们开始明确回避某些会引起他们焦虑的人。胃疼、哮喘以及普遍的疲倦感成为常见的症状，其他心身症状也会出现。镇静剂和安眠药的使用变得更加频繁。(p. 142)

大约在考试前一个月，将事件重要性最小化的应对模式变得突出，身体应激反应症状减少，这表明唤起的减弱。

最后，考试前的周末，唤起增强

> ……似乎出现严重的心身症状。一些学生真的生病了，这可能部分归因于学习和熬夜导致身心疲惫，这增大了个体的脆弱性。许多学生报告胃痛、焦虑发作、哮喘的问题增多，以及皮疹和过敏。食欲和饮食习惯似乎也受到影响，一些学生报告说睡眠困难。(p. 162)

在考试当天的早晨

> ……大多数学生报告胃痛，有人报告腹泻，一些报告说他们不能吃下早餐。一个学生说："我真的很害怕，在我的生活中我从来没有如此害怕过。……我觉得我快要崩溃了。"大多数学生报告说一旦他们开始了第一次考试，焦虑就会很大程度上得以缓解……一个学生解释说：**"参加考试并不像想象它那么糟糕。这还不算太糟……当你正在考试的时候，你没有时间去担心它。"**(pp. 73－74，强调为我们所加) 98

考试前，学生们使用了大量应对策略来调节他们的情绪，包括寻求社会支持、回避引起他们焦虑的人、服用药物、使用安慰的自我陈述，以及降低愿望水平等。然而，随着考试临近，这些策略的缓和效果逐渐消失，心理和身体上的唤起迹象增强了。这种威胁水平的上升在学生中普遍存在。

简而言之，预期时间越长，由于认知对应对过程的中介作用，认知的复杂性就可能越大。给定时间，人们可以反省、忍受或悲伤；他们也可以回避问题、思考问题、采取行动或努力获得自制力。每一个介入的应对过程都会影响随后的评价及其伴随着的情绪。

含蓄地说，我们所预期的任何有压力的事件中所包含的应对过程都可以随着事件的进展被分阶段描述，涉及应对的不同类型。霍洛维茨

（Horowitz，1982）、克林格（Klinger，1977）、屈布勒-罗斯（Kübler-Ross，1969）、梅因（Main，1977）、肖恩茨（Shontz，1975），以及沃特曼和布雷姆（Wortman & Brehm，1975）使用了应对的阶段概念。我们将在第六章讨论应对时更仔细地研究这一概念。

持续时间

持续时间是指压力事件持续的时间。它与紧迫性密切相关，不同的是紧迫性涉及事件发生**之前**持续的时间，而持续时间指的是事件发生**期间**持续的时间。

持续时间被广泛认为是疾病和精神病理学的一个主要因素，其假设是持久的或慢性的应激源会使人的身心受到损害。谢耶（如 1950，1956）对一般适应综合征这一概念的发展为这一思路提供了强大的动力。

99 简言之，一般适应综合征（GAS）指的是应激反应的三个阶段：最初的警觉反应、抵抗阶段和耗竭。警觉反应包括两个部分。第一部分是“电击期”，代表了有害物质对组织的最初和即时的作用。例如，体温降低和血压降低是其特征。警觉反应的第二部分是“电击衡量期”，似乎代表了对生理系统部分的主动防御的努力。它表现为肾上腺皮质的增大和肾上腺皮质分泌物的增加，并导致血压升高和体温升高。抵抗阶段的主要特征是对应激源的抵抗力增强，对其他刺激的抵抗力降低。更具体地说，这一阶段是由三重反应所确认的：肾上腺肿大、胸腺萎缩以及与此相关联的淋巴细胞减少、胃肠道溃疡。因此，对一种事物的适应看来是以对其他事物的抵抗为代价来实现的。最后，长时间暴露在严重的压力下，就会出现耗竭，警觉反应的许多症状又会重新出现。最后阶段产生了谢耶所谓的“适应病”，如过敏性休克和关节炎，而且可能伴随着最终的死亡。

慢性压力并不必然导致谢耶所说的耗竭阶段。我们习惯于慢性、重复性的压力这一观念早已在**习惯化**这一概念中表达出来，即减少重复出现的行为或生理应激反应（或唤起）。这个概念在动物身上比在人类身上得到了更为彻底的调查，但在动物研究中提出的两个问题是相关的。

一个问题是，唤起的降低是由于习惯于持久的应激源，还是由于逐渐被它拖垮。亨尼西和莱文（Hennessy & Levine，1979）进行了一项研究，在超过 72 小时的一系列必须躲避的电击中，猕猴在经历第一次或第二次系列电击的时候比后面的系列电击中表现出更显著的皮质醇反应，皮质醇是肾上腺皮质分泌的一种物质；当猴子经历第三或第四次 72 小时系列电击的时候，相较于基线，皮质醇不再有任何的升高。它们显然已经习惯了慢性压力。同样，波拉德、巴塞特和凯恩克罗斯（Pollard，Basset，& Cairnscross，1976）发现，暴露于长期压力下 20 天之后，大鼠的皮质类固醇、皮质酮以及垂体变化都趋于习惯化。然而，当用激素测量的方法对这项工作进行验证的时候，罗斯（Rose，1980）并没有把这一发现解释为习惯化的证据，而是解释为长期暴露于压力下并进行长期抵抗后出现的一 *100*
般适应综合征的“耗竭阶段”。

另一个问题与习惯化所涉及的过程有关。例如，索科洛夫（Sokolov，1963）在论述新奇刺激最初引发的唤起的特征时，谈到“定向反应”，它是一个复杂的自主反应（相关综述参见 Zimney & Keinstra，1967）。当动物习惯于刺激后，它会表现出逐渐减少或停止这种定向反应。用这种方式来谈论习惯化，只需要对所涉及过程的本质进行最低限度的理论化。

我们将习惯化的过程概念化为一个认知过程，甚至是在动物身上，在这个过程中环境信息得以评估，这并不会让人感到惊奇。例如，在定向反应中，狗竖起它的耳朵，把头转向刺激，用鼻子嗅，并等待刺激意味着什么的信息。这被描述为“它是什么?”的反应。接下来，对于刺激的习惯化就意味着动物会得出结论，没有什么需要关注的，因为没有任何与适应相关的迹象。仅仅重复刺激而没有任何警告发生会加强习惯化。总之，基于信息或是解释，动物们发现这个刺激没有什么适应性意义（Harris，1943；Galbrecht，Dykman，Reese，& Suzuki，1965）。

人类的**情绪**习惯化中也包含着和在动物的定向反应习惯化中发现的一样的基本评价过程。然而，对人类来说，习惯化也可能来自应对，尤其是认知应对。慢性应激源的持续存在可以给人们机会，学会处理自己的需求，或者以逃避或疏远的方式来面对压力。新的技能可以被开发出来，重新对承诺进行排序，放弃旧目标，产生新目标（另见 Schönpflug，1983）。因此，慢性压力的破坏性影响可以被应对和再评价中介，但这些过程需要花时间（参见 Stokols，1977；Altman & Wohlwill，1977）。威胁的初始程度及其随着时间的推移在慢性持续性事件中所表现出来的形式，在很大程度上取决于应激源的性质。重要的是要记住，对慢性持续性事件的评价不是静态的；威胁会随着事件的进程而波动，它是应对和再评价过程的一个函数，也是环境变化的一个函数。

除了慢性持续性事件，还有：**慢性间歇性**事件，如与公婆或岳父母之 *101*
间的冲突、财务问题，或者天气；**急性有时限**的事件，如跳伞、考试，或是小手术。持续时间的每一种模式对评价都有不同的影响（参照 Cohen et al.，1982）。

据推测，慢性间歇性的模式可以给予个人休整的时间，让他们能够在中间间歇的时候将事件抛诸脑后。与此同时，慢性持续性模式不会轻易给人休整的时间，在应对和再评价过程进行干预之前，我们会认为威胁比较持久。

另一种模式是由离婚、丧亲、为人父母，或是严格的学业课程所引起的一系列压力。在这些情况下，个体可以预见到会持续一段时间的一系列有压力的情境。有些人可能不会看得太远，只会在一组问题出现时才去处理它们。在这种情况下，一系列压力就像是一系列事件，每个事件威胁的程度取决于所涉及的利害关系以及管理其需求所能获得的资源。还有些人可能把这一系列压力看作一个较长事件的不同方面。这种模式所产生的影响可能更像是一种慢性持续的状态。

除了对慢性持续性应激源负面影响的研究之外，在压力研究中几乎没把持续时间作为前因变量的研究。考虑到持续时间在疾病和精神病理学中的重要性，有关它的效用的研究却如此之少实在是令人惊讶。我们希望看到对这个变量更多系统的关注，特别是评估持续时间的各种模式对评价和应对过程的影响。

### 时间的不确定性

时间的不确定性指的是不知道事件何时发生。飓风可能会袭击墨西哥湾海岸线的某个地方；唯一的问题是在未来 24 小时内何时它会袭来。一个工人可能被告知解雇是不可避免的，但不会被告知何时发生。

对时间的不确定性的研究很少。处理这个问题的极少数研究中有一个是由莫纳特等（Monat et al.，1972）进行的。这项研究特别有趣，因为它比较了时间的不确定性和事件的不确定性各自带来的压力性大小。

102 莫纳特和他的同事们进行了两个实验，用电击作为应激源。第一个实验采用组间设计，每个被试只接受四种可能的实验条件中的一种：时间未知加上 100%事件的不确定性，时间已知加上 100%事件的不确定性，时间已知加上 50%事件的不确定性，时间已知加上 50%事件的不确定性但没有电击。第二个实验采用组内设计，每个被试都经历了四种实验条件：时间未知加上 100%事件的确定性，时间已知加上 100%事件的确定性，时间已知加上 50%事件的不确定性，以及时间已知加上 5%事件的确定性。通过心率、皮肤电阻水平、皮肤电反应和呼吸来评估生理性唤起。自我报告的影响也被记录下来，这样就有了两种对回避性和警惕性应对的测量。第二个实验还要求被试对实验条件的偏好进行排序。

两个实验的结果是相似的。总的来说，时间的不确定性与实验开始时的增强的唤起有关，然后，随着实验的进行，唤起度降低。相反，时间已知并且事件确定的条件与实验开始时唤起的降低以及结尾时唤起的增强有关。不同条件下的应对也有所不同。在两个实验中，时间的不确定性都和实验开始时更高的警觉性以及实验结束时更多回避性的应对有关，而在时间是已知的情况下，不管事件的不确定性如何，相反的模式都会出现。研究者将唤起和应对联系起来：

> 这些实验的主要结果表明，尽管时间不确定的条件最初可能被认为比时间已知的条件更具威胁性，但它们允许一种应对方式（注意的有效利用）的发生，这种应对方式反过来可能导致唤起的降低（也可能是应激反应，以不同的方式表达）。更具体地说，在个体确切地知道令人厌恶的事件何时会发生的情况下，不论他对它是否发生是多么确定或不确定，随着它变得越来越迫在眉睫，他都会越来越倾向于警惕地检查预期的事件；这种警惕性的增强伴随着唤起的增强。相反，当个体不知道事件何时会发生，也就是说具有时间不确定性时，个体会倾向于选择回避性的应对模式，这些应对策略反过来会导致情绪唤起的水平逐步降低。（Monat et al.，1972，p. 250）

我们当然可以提出疑问：唤起水平的降低到底是由于对这种威胁的回 103
避性应对策略，还是仅仅由于缺乏对威胁的关注？事实上，被试对实验条件进行排序时，对时间未知条件的偏好明显少于时间已知的条件。在各种情况下，与时间不确定性相关的应对就成为与不知道电击何时会发生相关的威胁得以增强的一种标志。有关令人厌恶的事件何时会发生的不确定性并不意味着个体会处于威胁的持续状态中。时间不确定性仅在一个威胁性的线索表明事件即将发生，换言之，仅在事件存在紧迫性的时候才会具有压力性。那么重要的问题是，**如何**紧迫？

## 模糊性

我们已经讨论了许多情境的性质，这些性质会影响评价，包括新奇性、事件的不确定性以及时间因素，如紧迫性、持续时间和时间的不确定性。这些信息有助于人们评估利害关系、幸福的意义，以及还有什么可以做的。不幸的是，在大多数人类遭遇的事件中，帮助做出这些评价的信息是不清晰且/或不足的，即使不是与所有因素相关的信息都是如此，也至少有一个因素的信息是这样的。很少有人确切地知道会发生什么、发生的可能性（事件不确定性）、什么时候会发生（时间不确定性）和持续多长时间（持续时间）。个体也不能预测会遇到其他什么要求。当评估所需的信息不清楚或不足时，我们说环境配置是模糊的。我们对模糊性（缺乏情境清晰度）和不确定性（人对环境配置含义的混淆）做一个区分。来自环境的信息可以是明确的，但一个人可以体验到不确定性。例如，这种不确定性可能来自相互矛盾的价值观、承诺、目标，和/或仅仅是不知道该做什么。与此同时，即使环境中存在模糊性，一个人也可以对该做什么感到自信。当个体选择一种解释并采取行动，拒绝承认或注意到所提供的信息不够清晰时，这种情况就可能发生。

104 模糊性和人格之间的相互作用

模糊性创造了投射测验的条件，借此个体基于个人的性向、信仰或经验推断意义。模糊性越大，个体因素对确定环境配置的含义的影响越大。模糊性无处不在的性质，特别是压力性事件中，是很难确定独立情境特征的原因之一；无论何时只要存在模糊性，个人因素就都会影响对情境的理解，从而将情境更多解释为是人的功能而不是客观的刺激约束。

一个公认的原则是，人格特质在模糊条件下比清晰条件下会发挥更大的作用。阿彻（Archer，1979）再一次证明了这一点，他研究了电击回避实验中特质焦虑和控制期望之间的相互作用。他使用了三个条件，其中两个明确定义（非模糊的）了控制对象可以操控电击的方法和程度，第三个是一种模糊性回避的条件，该条件下，给被试提供的有关电击回避任务性质的线索很少。因变量是被试对于控制的期望值。

在明确定义的条件下，无论是运气还是复杂的控制，高、低特质焦虑的被试的预期之间都无显著差异。两组被试在运气控制条件下的期望值都相对较低，而在复杂控制条件下的期望值都较高。然而，在模糊的条件下这两组之间存在显著的差异。低特质焦虑者比高特质焦虑者更期望避免电击（控制）。换句话说，人格特质变量（特质焦虑）在模糊的结构化情境中存在影响，但在含有明确详细的情境线索用以强化应急措施的条件下不存在影响。

拉扎勒斯、埃里克森和方达（Lazarus，Eriksen，& Fonda，1951）所做的一项研究也证明了模糊性条件下个人因素的影响在不断增加。一系列录制好的句子，有些带有情绪上的威胁，有些是中性的，在噪声背景下播放，这使被试们很难不费力就听清这些句子；通常他们只能掌握大约50%的材料。研究选择了两组神经症患者，他们在症状以及应对情绪痛苦经历的个性特征上存在差异。一组由癔症患者组成，他们据说是通过抑制或回避威胁性材料来进行应对。另一组由强迫症患者组成，他们处理这些材料的典型方式是保持警惕，即对任何具有威胁性的事物极端警惕，然后通过分离抑制它的影响。两组被试写下他们所听到的。结果癔症患者在抄写中性句子的时候比那些带有情绪威胁的句子更为精确，这比较符合假定的倾向，即通过回避来处理威胁。强迫症患者抄写带有情绪威胁的句子要比中性句子更准确，这与假定的他们草率而理智化的应对威胁的方式比较相符。 105

关于环境信息含义的推论在很大程度上也源于从经验中获得的知识。前面我们提到尚克和埃布尔森（Schank & Abelson，1977）所指的是一般知识，它允许一个人解释事件，即使事件之前从来没有经历过。相比之下，特定知识被用来解释个体经常经历的事件。显然，在没有什么特定知识的情况下，所需的推理量更大。

然而，了解一个人的经历并不意味着我们可以预测一个人会做出什么样的推断。即使人们有过相似的经历，内部过程也可以有很多方式来影响记忆中这些经验的意义，以及如何利用这些信息进行推理或预测。例如，一个有威胁或有伤害的经历可以通过减少或压制其令人不安的方面这种防御过程在记忆中被弱化。这是一种防御性的再评价。与此同时，随着时间的推移，记忆会变得更强，因为当对所发生的事情有更充分的理解并被意识到时，那么它会带来更大的威胁和/或伤害感（参见 Horowitz，1976）。在这两种情况下，中介内部过程可以调节来自经验的信息，这些信息可用于推断。

### 模糊性的两面性

正如事件和时间的不确定性一样，模糊性本身也可能成为威胁的来源。通过呈现令人难以捉摸的差别对待和强烈否认已产生的预期，在经典条件作用的情境下动物能够产生高水平的激活和混乱（如 Badia，McBane，Suter，& 106
Lewis，1966；Badia，Suter，& Lewis，1967；Epstein & Clarke，1970；Knapp，Kause，& Perkins，1959）。事实上，“实验神经症”是实验室动物的普遍现象（如 Lidell，1964；Masserman，1943）。

对于人类，模糊性可以通过限制个人的控制感和/或增加对于危险的无助感来强化威胁。例如，焦虑，诸多威胁情绪中的一种，经常与威胁性质的不确定性相关联，威胁的性质包括是否、何时会发生，人们可以做些什么（Lazarus & Averill，1972；May，1950；Seligman，1975）。

然而，人类的模糊性并不总是会造成威胁（例如，焦虑），事实上它只在个体的性格会受到威胁的时候才会如此（例如，一个人对模糊性的容忍度较低［参照 Frenkel-Brunswik，1949］或其他一些线索的呈现导致个体预期到会有伤害）。这点已经被拉扎勒斯（1966）意识到，更近一些克雷特勒夫妇（Kreitler & Kreitler，1976）也意识到了这点，他们写道：

> 通常，恐惧和焦虑并不只是源于替代选择的存在……就好像人家所了解到的，不确定晚餐会有什么甜点的客人会期待他心爱的草莓酥饼或他所喜爱的蜜桃梅尔巴冰激凌……。这些恐惧和焦虑是来自一些选择所暗示的，例如，当人们考虑下面这一对替代选择时就会显而易见："要么会有甜点，要么窃贼会打断宴会。"相反，即使是非常精确的信息也并不一定可以通过其精确性和妥当性使系统稳定，并减少恐惧和焦虑，就好比"你明天将被处决"这样的信息所带来的明显的心理感受。这表明信息理论的核心概念，即替代品的数量、各自的概率、信息的最终减量，其心理意义远不如实际意义。(pp. 16 - 17)

即使在有线索表明伤害或危险的情境下，也可以用模糊性来减少威胁，因为它允许对情境的含义做出另一种可能令人安心的解释。模糊性的双重性质在政治场合下有时有助于延续模糊性，以便拖延时间使情绪缓和。《纽约时报》的韦斯曼（Weisman）通过分析 1979 年秋天伊朗学生劫持美国人质所引发的危机反映了这一点：

> 107 一些官员指出，伊朗危机的报道反映了政府和新闻界之间看待事物方式的典型差异。国务院的助手们希望保持模棱两可或不固定的立场，以便他们或其他外交官能够谈判，而记者们则倾向于提出问题，以消除模糊性。
>
> 例如，最近几次，记者在电视上问伊朗人是否可能处决人质。这个问题让国务院官员畏缩怯懦。(*San Francsico Chronicle*，December 12，1979，p. 16，"Iran Siege Puts TV in the News")

14 个月的严峻考验结束后，《纽约时报》的一篇社论指出里根政府可以随意"将这个事件淹没在暧昧中"：

> 伊朗可能遭受的后果模糊不清。里根可以接受吉米·卡特与伊朗的协议，但也为法律行动留出了空间。他可以誓言让未来的恐怖分子受到"迅速和有效的惩罚"，但却让他的国务卿指出："报复行动有时不仅受限而且不确定。"(February 1，1981，p. 22EY，"Through the

Night，with the night”)

有时人们甚至会寻求模糊性而非明确性，这是吉本斯和赖特（Gibbons & Wright，1981）研究的一个主题。他们给性犯罪程度高低不同的男女看色情材料，让被试产生性唤起，或者让他们以为自己产生了性唤起。除了观看色情刺激外，还会给被试提供另一种虚假消息用以对他们的性唤起进行归因。相较于低犯罪被试，高犯罪的被试把他们的性唤起更多归因于虚假信息，从而造成他们性唤起的实际性质和原因的模糊性。吉本斯和赖特将这种归因于虚假信息的行为解释为防御过程；对于高犯罪的被试来说，当唤起的原因不那么清楚的时候，威胁较少。这些发现符合我们的观点，即模糊性并不总是比明确性更具威胁，而且明确性有时在心理上更令人厌恶。

总之，模糊性以一种或另一种形式实际存在于几乎所有类型的人类遭遇中，并确保在评价发生了什么事的过程中，人的因素会在产生的个体差异中扮演重要角色。在许多情况下，模糊性可能是具有威胁性的，个体会通过寻求更多信息，或者通过推论过程或武断的判断来寻求减少模糊性。与此同时，模糊性有时又会表现出它有利的一面，比如它让我们可以抱有 108
希望或防止过早关闭信息的大门。

## 与生命周期有关的压力事件的时间特性

压力事件并不是在真空中发生的，但是将其放在个体生命周期的背景中以及和其他事件的关联中时，它们可以是遥远的、最近的，或同时的（参见 Hultsch & Plemons，1979）。这些特定的背景特性可以被定义为事件的**时间特性**。事件的时间特性揭示了令人困惑的问题，即为什么可能受到大多数人欢迎的事件，如晋升、结婚、含饴弄孙，或通常只是令人讨厌的事件，如收到停车的罚单、在牙医诊所等候一小时、轮胎漏气，会具有重要的意义；或者，反过来说，为什么通常令人痛苦的事件不具有重大意义。

纽加藤关于时间特性的这一方面写得深入而广泛（如 Neugarten，1968a，1970，1977，1979；Neugarten，Moore，& Lowe，1968）。她指出，人们具有正常生命周期的概念，包括对特定事件会发生在特定时间的预期。他们很容易地报告出他们完成学业、结婚、生孩子、开始工作、升职、成为祖父母以及退休的时间表。她说人们有一个心理时钟来告诉他们在生命周期中自己是“正点”还是“时机不对”。从这一点来看，她认为，许多正常的和预期中的生活事件本身并不是生活中的危机。这些事件是否会产生危机取决于它们的时间特性。“例如，对于大多数中年妇女来说，孩子的离开不是危机。相反，当孩子们该离开家的时候**没有**离开，父母和孩子都会面临危机。”（1979，p. 889）

比如，布劳（Blau，1973）发现年轻的寡妇比年纪大的寡妇感受到更多压力，布尔克和巴克（Bourque & Back，1977）报告说孩子们的离开和退休发生的时机不对要比准时发生更具有破坏性。洛文塔尔、瑟恩赫尔和奇里沃加（Lowenthal，Thurnher，& Chiriboga，1975）也发现预期的事件没有发生的话，会成为职业、家庭和父母关系中的应激源（另见 Stewart，Sokol，Healy，Chester，& Weinstock-Savoy，1982）。这些发现指
109 出，在评价应激源的时候，给出那些没有发生的预期事件的信息与给出发生的事件的信息一样，都是非常重要的。

是什么让一个没有按时发生的事件更具威胁性？**事件发生得太早或太迟，可能意味着一个人被剥夺了和谐共处的同伴的支持**。假设一个女人的第一个孩子在她 38 岁时出生。她可能希望与新手妈妈们分享育儿信息，寻求有关新生儿需求的情感支持，或者在公园里陪孩子学走路的时候与她们共度时光，但她们可能会比她年轻 15 岁。那么和她们待在一起，她会感觉舒服吗？她们会感觉舒服吗？

**时机不对意味着一个人失去了充分的自豪感和满足感，而这些恰恰是伴随着一个按时发生的事件的。**期待了 10 年的晋升在退休前的一年实现了，它意味着什么？它是否标志着重要的成就，或者说，它好像是管理部门承认多年服务的一种空洞的姿态？在事件尚未发生的期间里，这个人可能会感到被剥夺了他的同辈群体的“联盟卡”。对于那些正在等待晋升的人来说，始终没有获得晋升把他们和那些获得晋升的人分开。

**事件发生过早可能会剥夺一个人准备新角色的机会。**想想那些突然不得不接管家族事业的年轻人，面临着支撑一个家庭并在一个大多数朋友都是夫妻的社交圈中找到出路的年轻寡妇，或者因为伤痛过早地结束了职业生涯的舞蹈演员。如果这些事件发生在适当的年纪，那么人们可能会相对平静地面对或至少是只有一定的痛苦。但是在上面的这些例子中，人们会发现自己准备不足，因此事件具有更大的威胁性。

预期事件的时间表会有代际差异，在一代人的不同群体中也会有所不同（参照 Elder，1980）。寿命的延长、教育年限的增加、每个家庭孩子数量的减少以及住房成本的增加是过去 50 年改变时间表的一些明显因素。例如，由于增加了受教育的年限，今天的年轻人期望开始全职工作的时间

要比 50 年前的人晚些。代际差异是多方面因素综合作用的结果，尽管最突出的一个因素似乎是社会地位（参照 Elder，1974；Neugarten，1977；Neugarten et al.，1968）。例如，纽加藤发现，中上层的商业主管很可能会认为 40 岁是一个人一生中最好的时候，50 岁才是中年，直到 70 岁才算 110
老年；而非技术工人则认为 40 岁就是中年，60 岁就是老年。同时，中上阶级的人会把 30 岁之前当作青年时期，把这个时期看作一个探索的时期，用以发现自己在婚姻和工作或事业上的路径；而工薪阶层的人认为在这个时期要安顿下来，并承担工作、婚姻、养育孩子的责任。

我们所讨论的事件仅限于生活经历，这些经历大多是与年龄相关的、社会认可的、明确标记的、常规的。这些事件包括了许多可能在生活过程中发生的事件。正如布里姆和里夫（Brim & Ryff，1980）、皮尔林和利伯曼（Pearlin & Lieberman，1979），拉扎勒斯和科恩（Lazarus & Cohen，1977）以及其他研究者所指出的，还有许多与常规的生活转变无关的事件也必须加以考虑。这些事件包括失去工作能力、名誉丧失、财富骤然增减、职场中慢性的持续性应激源和自然灾害。重要的是检查这些事件与相关生命周期维度的关系。寒冷的冬天对老年夫妇的影响会大于中年夫妇。一次考试失败对一个大学毕业生来说会比一年级新生更为严重。父亲的去世对一个 5 岁的孩子和 13 岁的孩子会有不同的影响。

在一项关于大萧条影响的研究中，埃尔德（Elder，1974）发现年轻的中产阶级男性比老年人更易受到生活改变和发展的威胁；年轻的男性刚刚开始他们的事业，而年长的男性则更为稳定。相比之下，下层社会的男性在大萧条时期长远来看比老年人表现得更好。

布里姆和里夫（1980）促使我们考虑另一类事件——**隐藏事件**。有一些难以名状的经历和事件，我们好像还没有什么概念来指代它们。作为一个例子，布里姆和里夫注意到职业生涯中所取得的进步不如家庭生涯的转变。他们指出，仅在过去的十年中，达到一个人成就最高峰的事件，或职业生涯中的“停滞”受到了广泛的重视，但还没有公认的称呼与其对应，就像婚姻或丧偶那样。另一个隐藏事件与成年期男性激素变化有关，它目前被比喻成“男性更年期”。

布里姆和里夫提出了几个对隐藏事件进行分类的标准，例如，是否与年龄相关，多数人还是少数人会经历的，社会偏离的还是社会接纳的。另 111
外，除了最后一个标准，这些属性都被布里姆和里夫用于对事件的分类了，而且不是仅针对隐藏事件，而是对所有事件的分类。他们的方案很有趣，值得对生活事件和生命周期研究感兴趣的人关注。

时间特性的另一个方面是重大压力事件与发生的其他事件之间的关系。“霍姆斯-拉赫近期经验表”，也许是最有名的压力测量工具，它是根据一个人在特定时间内发生的累积生活事件来评估压力的。事件是根据他们需要的社会再适应来加权衡量的。回答者检查出指定时间内发生的事件，并通过对事件的权重求和来计算压力得分（参照 Holmes & Masuda，1974；Holmes & Rahe，1967）。

简单的加法模型，例如近期经验表，可以处理与忽略事件对个体的效价或意义有关的主要问题（参见第十章），却并不能公正地对待时间特性的影响。例如，布朗和哈里斯（Brown & Harris，1978）对女性抑郁症进行了研究，他们发现一个事件的压力性会随着其与其他临近事件的关系而发生变化。如果一个女人与其丈夫分开，那么几个月后孩子的出生就会被认为是严重威胁。如果没有分开，孩子出生就不会被认为是严重的威胁。他们的研究结果表明，对于“相关”事件，如在分开和出生的情况下，只有一个事件对产生抑郁很重要。换句话说，相关事件不会叠加，这是可以理解的，因为布朗和哈里斯的测量取向从一个事件对其他事件的影响中建立了该事件的意义。不相关的事件似乎只能叠加到有限的程度。然而，布朗和哈里斯认为，“机械地”添加事件对于他们所关注的结果——抑郁，是不可能有多大关联的。他们假设了其他三种方式，这些方式可以对事件进行叠加，每一种都考虑了事件的意义。

第一种方法是通过**一般评价**的方式来叠加痛苦：

> “哦，上帝，还有另一件事”是导致崩溃的最后原因。在这里，
> 我们的脑子里会跳出一系列截然不同的事件——得知儿子被诊断患有
> 112 诵读困难症，一个朋友搬走，丈夫失业——虽然这样的反应也可能是
> 对丈夫的第二次心脏病发作等事件所做出的回应。这就好像众所周知
> 的，骆驼的背不会被压垮，除非它意识到负载太重。（Brown & Harris，1978，p. 110）

同样，我们认为，一个重大的、普遍的、侵入性的压力体验可能会增加其他压力性经历产生痛苦的可能。因此，当恋人分手时，许多其他问题（如工作责任、糟糕的经济或政治新闻）都可能引起心理痛苦。

第二种事件叠加的方式，涉及对增加权重的事件的具体含义的评价。上面给出的孩子出生的例子说明了这种评价形式。这个事件变得严重是因为它对一个独自生活女人所暗含的意义。

第三种可能性类似于第二种，因为它考虑事件之间的联系，但这种联

系不再是直接和明显的。布朗和哈里斯提供了下面的事例：

> 其中一个患者在她第一个孩子出生几周后就得了严重的抑郁症。几个星期前，这个患者的父亲去世了。父亲的死亡绝不是孩子出生的背景的一部分，在这个意义上，我们使用了这个概念，例如，他并没有在经济上支持她。但是，对于这个女人来说，父亲的死亡似乎是她生第一个孩子的意义中一个永恒的部分；她无法停止思考她是多么期待让他见到他的第一个外孙，现在他看不见了。如果没有孩子的出生，她很可能不会崩溃，经受住父亲的死亡，这两者结合所带来的痛苦是至关重要的。(p. 110)

我们想在这最后一个类别中添加另一个例证，在这个例子中，事件之间的联系并不明显。当人们面对一系列的事件，即使是次要的事件时，他们也可能开始质疑他们的一般能力或运气。“是不是因为我无能才有这些不幸？我不能很好地管理我的生活，在管理问题上无效吗？我的社会技能给自己制造了麻烦吗？”其他人可能会问：“我不走运吗？我注定会以自己不喜欢的方式被命运照拂吗？”如果这些问题的答案是肯定的，那么每一个额外的事件都有附加的意义，因为它被用来证实命题。因此，轮胎漏气就不是一个简单的麻烦事，而是一个笨拙或坏运气的指标。

布朗和哈里斯已经把情境和人格特征融合在他们的三个加法模型中。
他们叠加事件的提议需要把事件的**意义**放在个体整体功能的背景下进行考 113
虑，同时还要考虑到个体生活中还发生了什么。这种取向和机械地叠加常规加权事件是非常不同的。

毫无疑问，诸如布朗和哈里斯提出的方法会造成方法论上的困扰。例如，如果事件是相关的，我们实际上只在谈论一个事件吗？事件背景的边界是什么？它们是由时间、其他事件，或是由当事人或由研究人员来定义的吗？尽管存在这些问题，但是我们相信布朗和哈里斯提出的方法有很大的潜力，可以揭示一些**时间特性**增加痛苦的机制。

我们想关注这个问题的另一个方面，即最近的或同时发生的事件可能不会增加痛苦。如果两个重要目标紧挨着发生、相互干扰，我们通常假定个体会感到自己的资源被极大消耗了。我们可以想想一个男人在他妻子因为危及生命的疾病而住院的时候，他的生意也出现了危机。在这种情况下，与其应对两种要求和关心的事情，不如将某一事件搁置一旁，至少暂时搁置。丈夫可能认为他妻子的康复具有压倒一切的重要性，他生意上的危机所代表的意义就会减弱。因此，第二个事件并没有以预期的方式增加他的痛苦。

此外，许多应对危机的人似乎是在挖掘以前未实现的资源，并坚决地应对巨大的生理和心理需求。人们应对自然灾害、残疾、丧亲和疾病的各种方式的传闻证实了这一现象。在资源增加的情况下，个体会感到受到威胁或是受到伤害吗？事实上，他有可能还没有体验到与有效管理自我、环境或两者皆有关联的积极情绪吗？因此，在两件或两件以上难事同时发生这一比较伤脑筋的情况下，这些事件可能没有叠加效应，事实上它们可能以一些微妙的方式结合起来减轻痛苦。这些可能性需要实证检验。

几乎可以肯定的是，事件的时间特性，无论是和生命周期相关，还是和其他事件相关，都会影响对它们的评估。尽管如此，这个话题还是很少受到系统关注，这也许是因为围绕事件的定义问题。可预期的生活变迁是
114 比较容易识别的。意外的小事件和重大事件也可以被识别出来，尽管小事件一开始看起来微不足道的时候（例如，在牙医诊所等待）并不总是很容易被意识到。它们只有在对人产生特殊意义的时候才会被重视。正如布里姆和里夫（1980）提到的“隐藏”事件必须被考虑一样，没有发生的预期事件也要加以考虑。显然，如何定义事件对压力研究有着深远的影响，远远超出了时间特性问题。然而，定义的问题与时间特性特别相关，因为没有定义，对时间特性的考察就无法进行。

## 论变量的选择与处理

在上两章，我们选择了一些我们认为与评价特别相关的人和情境因素。我们强调了赋予事件意义的个人因素以及有可能产生威胁的情境因素。之所以选择这些变量，是因为它们在决定所遭遇事件对个体幸福的意义上具有重要性。

个人因素和情境因素都被视为动态的个体-情境关系中相互依赖的组成部分。它们可以被看作评价的前因，但仅限于其在个体内部、环境内部以及个体与环境之间的需求和资源之间的平衡上具有意义的时候。如果对个人和情境因素单独进行考虑的话，它们就会失去作为评价的预测指标的作用。

进一步说，这些因素必须结合起来加以考虑。只有在实验室里，甚至即使是实验室的情境下也会比较少，只操控一个单一变量，而所有其他变量保持不变。在现实生活中，承诺和信念交织在一起，塑造了交互作用中个人的要素；事件的性质、确定性、时间特性、模糊性以及发生的时期都会影响到环境如何进入交互作用中。因此，**个人内部的过程以及环境内部**

**的过程结合在一起，确定了个体和因素之间的关系。**

最后，即使不是所有的人和环境因素，也是大多数因素有促成和减少威胁的可能性。这些双重能力是在讨论承诺、信念、事件不确定性、时间 115
因素、模糊性和时间特性等问题时提出的。在对评价的个人和情境前因进行任何检测的时候，心中一直记住这一特点是非常重要的。

## 总结

在这一章，我们讨论了可能会造成威胁、伤害或挑战的遭遇的形式性质。首先，我们讨论了新奇性、可预测性和事件的不确定性。一个完全新奇的情境只有它的某些方面之前与伤害有关才会引发一个威胁的评价。新奇性会基于先前的相关经验或一般知识鼓励评价性的推断。可预测性在动物身上已经得到了广泛的研究，研究结果显示了对可预测刺激的偏爱。然而，最常用于这个情境变量研究的动物模型不足以理解人类的心理压力，有一部分原因是它没有考虑评价或应对中的个体差异。人类行为中的类似结构是事件不确定性，它引入了概率的概念。实验室研究表明，不确定性和唤起之间的关系是复杂的，可能是由于概率估计中的主观偏差。在真实生活事件中，逸事观察表明最大的不确定性通常非常有压力性；它对预期的应对过程有固着作用，并导致精神错乱。

三个时间情境因素得到考量：紧迫性、持续时间和时间的不确定性。一般来说，事件越迫在眉睫，评价就越迫切和紧张。当事件不大紧迫的时候，评价过程就变得更加复杂。虽然时间推移会增强威胁，但它也可以让人通过认知应对来管理威胁，在这种情况下，增加预期时间可以导致应激反应的减弱。有一些证据表明，紧迫性与唤起之间的关系在威胁和挑战的情况下是不同的；威胁比挑战会引发更大的应对复杂性。

持续时间是指事件发生的时间长度。有关持续时间的大部分研究受到谢耶的一般适应综合征这一概念的影响，包括警戒反应、抵抗阶段和耗竭。不是所有的持续性应激源都会导致耗竭；例如，动物经常出现的习惯化，就会导致应激反应的降低。情绪习惯化发生在人类身上，它可能是通 116
过在动物身上发现的相同的评价机制，和/或通过应对而产生的。

时间不确定性指的是不知道事件何时发生。关于这一重要的时间因素的研究还很少，但现有证据表明，时间不确定性引发了应对活动，应对活动减轻了应激反应。

模糊性是许多现实生活中遇到的事件的特征。模糊性越大，个人的因素就越能塑造情境的意义。如果存在被威胁的倾向，或者存在其他线索提示有潜在的伤害，模糊性就会加剧威胁。模糊性也可以允许对遭遇事件的意义做出不同解释来减少威胁。

在整个生命周期中，压力事件的时间特性也会影响评价。纽加藤指出，许多正常的生活事件也会成为危机，如果它们发生在不该发生的时间里。没有按时发生的事件更具威胁性是因为它们不是预期中的，因此会剥夺个体来自和睦相处的同伴们的支持、准时发生的事件所伴随的充分的满足感，以及准备或进行预期应对的机会。隐藏的压力性事件，主要包括缺乏概念定义的经验（例如男性更年期）或被压抑在思想中的事件，它们也与压力和应对的生命周期观有关。一个事件和其他事件发生的时间关联性也在本章得到考察；如果某一事件与其他事件同时发生，那么这一事件的影响就可能被增强或被抑制，从而导致其具有不同的个人意义。

最后，人们必须记住，情境和个人的因素总是相互依赖的，它们对于压力和应对的意义来自认知过程的运作，这个过程使得一个因素在另一因素存在的情况下被赋予权重。

# 第五章 应对的概念 117

40 多年来，应对的概念在心理学中一直非常重要。20 世纪 40 年代和 50 年代的时候，它为临床描述和评价提供了一个有机的主题，现在，它是一系列心理治疗和教育项目的焦点，这些项目的目标是要发展出应对技能。应对的主题在几乎所有杂志架、畅销书单或广播节目表中都可以看到，说明已得到广泛的关注。事实上，应对作为一个科学术语，很多时候也是一个口语化的词语。然而，尽管应对有丰富的历史，现在也很流行，但在理论、研究和理解上几乎没有连贯性。即使是最粗略地阅读从学术刊物和普通出版物中挑选出的读物，也会发现关于应对意味着什么以及它在适应过程中如何发挥作用的困惑。

## 传统取向

应对的概念存在于两种截然不同的理论/研究文献中，一种源于动物实验的传统，另一种来自精神分析的自我心理学。我们已经讨论了一些基于压力和控制的动物模型的研究。这种取向深受达尔文思想的影响，认为
生存取决于动物在环境中发现什么是可预测的和可控的，从而避免、逃脱 118
或克服有害因素。动物依靠它的神经系统进行必要的生存相关的鉴别。

在动物模型里，应对常常被定义为控制厌恶的环境条件的行为，从而降低了心理生理学的干扰。举例来说，米勒（N. E. Miller，1980）说，这种应对包括习得的行为反应，它可以通过抵消一种危险或有害的条件而成功地降低唤起。同样，乌尔辛（Ursin，1980）指出：“和人体实验一样，动物实验中反应消退的逐步发展就是应对。动物通过正性强化降低驱力的方式就是在学习应对。”（p. 264）

在应对和心血管反应的心理生理学中，奥布里斯特（Obrist，1981）和他的同事们完成了最有趣的研究，特别是他们相对于消极应对，对积极

应对概念的研究。他们的研究表明，积极应对是交感神经控制心血管改变的重要中介。

毫不奇怪，总的来说，我们认为应对的动物模型过于简单，缺乏认知-情绪的丰富性和复杂性，这是人类功能必不可少的一部分。例如，动物模型的中心主题，是驱力或唤起的单一维度概念，研究在很大程度上以回避和逃避行为为中心。有了这个侧重点，人类生活中如此重要的策略，如认知应对和防御，人们却对其知之甚少。

模型之间的另一个不同之处在于，精神分析的自我心理学取向区别于人们处理人与环境关系的许多过程。例如，门宁格（Menninger，1963）、哈恩（Haan，1969，1977）和瓦利恩特（Vaillant，1977）都提供了一个分层系统。在这个系统里应对是指最高和最先进或最成熟的自我意识过
119 程；接着是防御，它也是分层排列的，指的是适应的神经症模式；最后，在底层，是哈恩所称的分裂或自我意识的失败、门宁格所指的自我功能的退行或精神错乱。

门宁格在最早的一种构想中，识别出五种调节策略，并根据所显示的内部紊乱程度对它们进行分级。在这个层级的顶层是用于减少普通生活过程中由压力性事件所造成的紧张的策略。这些策略被称为应对策略，包括自我控制、幽默、流泪、咒骂、大哭、吹嘘、谈论、思考，以及消耗精力。它们被认为是正常的，或者最坏的情况下也会被认为是特质性的。然而，如果这些策略使用不当或被极端使用，就好像当一个人说话太多，笑得太容易，经常发脾气，或者看起来焦躁不安行为古怪，这些策略就失去了作为应对策略的状态而成为表明个体控制不良以及威胁失衡程度的症状。内部越混乱，调节策略就越原始。例如，第二层策略包括解离型退缩（嗜睡发作、健忘、人格解体）、攻击行为替代型退缩（例如，厌恶、偏见、恐惧、抵制恐惧的态度）、用符号和形式来替代更坦诚的敌意释放（例如，强迫、仪式化），以及将自我或自我的一部分替代为一种攻击对象（自我约束和贬低、醉酒或麻醉）。第三层策略以攻击能量不定期的大爆发为代表，表现出或多或少的混乱，包括暴力攻击、抽搐和惊恐发作。第四层代表着增加的混乱，第五层是自我的完全解体。在这个系统中，应对策略是那些展现出最少扰乱和混乱的策略。任何一种表现出失控或失衡的策略都不能被定义为应对策略。

瓦利恩特（1977）从精神病机制（如对外部现实的否定、扭曲和妄想投射）、不成熟机制（如幻想、投射、疑病症、被动攻击行为）、神经质机制（如理智化、压抑和反向形成），到最高层次的成熟机制（如升华、利

他、压抑、预期和幽默）这样四个层面对防御机制进行了分类。

和门宁格（1963）、瓦利恩特（1977）一样，哈恩（1969，1977）也使用分级系统来对自我过程进行分类。她提出了一个三层级的排列，即应 120
对、防御和碎片化，并通过表达潜在的一般自我过程的方式来识别模式。例如，一般过程，意味着结束符号化，表现为应对中的逻辑分析、防御中的合理化，以及碎片化中的虚构。敏感性表现为应对中的共情、防御中的投射，以及碎片化中的妄想。哈恩在应对模式中用于定义过程的主要标准是忠于现实。如果一个人扭曲了“主体间”的现实，他就无法应对，“人的精确性是应对的标志，无论他在那个情境里实际上是否成功”（1977，p. 164）。潜在的推断的价值是：

> 精确地认识一个人的主体内以及主体间的情境，并在这个框架内行动，要比扭曲或否定一个人的评价和行为好得多。这个价值就在于人际交流中的精确性，了解这个价值就是要去匹配社会和个体现实，因为它被定义为有关我们相互经验性质的共同的、实际的协定。
>
> 行动的选择、灵活性和忠于现实，应对的所有这些属性取决于准确性的价值，并且可以从中推断出来。（p. 80）

## 应对特质与风格

统治应对理论的精神分析自我心理学模型也主导了对应对的测量。然而，使用了这些模型的测量的目的，一般仅限于对人进行分类，以预测他们将如何应对一些或所有类型的压力性遭遇。这种精神分析自我心理学模型的应用导致将应对结构化地看作一种风格或特质，而不是一种动态的自我过程。例如，一个人可以被归类为一个因循守旧或认真勤勉的强迫症患者，或者被归类为一个抑制者、阻遏者或升华者（参照 Loevinger，1976；Shapiro，1965；Vaillant，1977）。

一种应对风格在程度上不同于一个特质，它通常指的是广泛的、普遍的、无所不包的方式，与特定类型的人有关，如强大的或虚弱的、友好的或敌对的、控制的或放任的，或者与特定类型的情境有关，如模糊的或清晰的、即将发生的或遥远的、暂时的或慢性的、评价性的或非评价性的。 121
特质通常在范围上要窄一些，它被看作在给定的情境中个体倾向于以某种方式进行反应的特性。与应对有关的特质包括压抑-敏感化（如 Krohne & Rogner，1982；Shipley et al.，1978，1979）、“愤怒内化”和“愤怒外显”（如 Funkenstein，King，& Drolette，1957；Harburg，Blakelock，&

Roeper，1979）、应对回避（如 Goldstein，1959，1973），或监测钝化（如 S. Miller，1980）。（对特质测量的综述，参见 Moos，1974。）

对基于自我心理学模型的应对风格的一些最丰富的描述可以在案例报告中找到，如瓦利恩特（1977）的工作。瓦利恩特调查了 30 年来收集到的男性大学毕业生的数据，然后对每个被试进行了访谈。他把自己的印象与之前的调查员的印象结合起来，对每个被试进行了全面的描述。此外，危机和冲突出现时产生的行为被评价者解释为他们提出的防御机制。瓦利恩特在案例研究中呈现了大约一半的被试，这些研究生动而有效地传达了这些人处理人际关系和麻烦事、追求承诺和目标的方式。从这些分析中，他还提炼出了他所说的“适应风格”，这些风格最能概括出这些人大体上管理他们生活的方式。

不幸的是，对基于案例分析的应对风格的描述往往是特定的，而不是常见的应对风格的例子。因此，这种风格的效用是有限的，因为它不利于人际比较和群体分析。此外，在研究中所使用的案例有实际的缺点，需要大量的时间和金钱进行数据的收集和分析。

### A 型作为一种应对风格

上文所述的应对风格的概念化源于自我心理学的传统。A 型模式的概念更多关注于行为而不是自我过程，具有完全不同的特色。

122 我们在第一章提到了 A 型现象，引用了威廉・奥斯勒先生的一句话，表明相信某些生活方式会增加冠心病风险在医学史上由来已久。这种观念得到了弗里德曼和罗森曼（Friedman & Rosenman，1974）的突破性研究的支持，他们把 A 型模式定义为“在更少的时间内获得更多的一种长期的、持续的斗争，如果需要的话，也可以对抗其他事物或人的反对的努力”（p. 67）。我们不会穷尽浩如烟海的 A 型相关文献。然而，鉴于 A 型与健康结果之间的关系，我们至少应该简单地思考一下 A 型现象是否可以被认为是一种应对风格。

A 型模式是由三个相互关联的概念组成的集合：关于自己和世界的信念；与动机或承诺模式（如奋斗或工作投入）有关的价值观；行为生活方式（如时间紧迫性和竞争性），它在各种各样的社会背景下运作。虽然很多作者和研究者已经强调了这些概念中的一个或另一个，但它们应该被看作同一现象的相互依存的心理层面。

格拉斯（Glass，1977a，b）为我们提供了最有影响力的一个理论，解释了 A 型的性质以及它是如何增加心血管风险的。他把 A 型人描绘为非常执着于控制情境，这导致他们特别容易受到丧失或缺乏控制性的影响。当控制受到威胁或挫败时，A 型人被认为是高度情绪化的，也许是在过度努力加强控制和缺乏控制的绝望之间交替。根据格拉斯的说法，这会导致儿茶酚胺分泌的激增，并可能导致其他与心血管功能相关的心理生理变化，如血脂升高或凝血时间的改变。人们正在努力通过操纵任务或压力条件，研究可能与突发的心血管疾病风险（如心源性猝死）和长期风险（如动脉粥样硬化）有关的心理生理反应，来验证这个想法。其他研究提供了一些对这一概念有效的支持（如 Pittner，Houston，& Spiridigliozzi，1983；Rhodewalt & Davison，1983）。

至于动机性或以承诺为中心的解释，A 型人与 B 型人相比，被认为从成就和抱负中获得更多的回报而不是从社交中（Ditto，1982；Jenkins，Zyzanski，Ryan，Flessas，& Tannenbaum，1977）。加斯托夫和蒂文（Gastorf & Teevan，1980）以及加斯托夫、苏尔斯和桑德斯（Gastorf，Suls，& Sanders，1980）的研究在刻画 A 型个体具有失败恐惧倾向上的重点略有不同。与此同时，人们可以把这种对失败的担忧看作一个人对自 123
己的局限或不足的一种信念，即一种脆弱的自尊，而不会极大地改变所推断的人格差异的意义。

对于行为医学的研究者来说，一个重要的问题是，A 型人的心理是否、在何种程度上，以及通过什么样的心理生理学机制影响躯体健康，更广泛地说，还包括道德、社会和工作功能。例如，验证 A 型理论和研究的小组的主要关注点（参见 Review Panel on Coronary-prone Behavior and Coronary Heart Disease，1981）是 A 型模式影响健康的心理生理学机制。这些机制也是其他一些研究者研究的重点（包括 Sherwitz et al.，1983，Kahn，Kornfeld，Frank，Heller，& Hoar，1980；Kahn et al.，1982；Van Egeren，Frabrega，& Thornton，1983；Krantz，Arabian，Davia，& Parker，1982；Jennings & Choi，1981；McCranie，Simpson，& Stevens，1981）。另外还有威廉姆斯和他的同事所做的研究，他们强调敌意是一个关键因素（如 Williams et al.，1982；Williams et al.，1980）。

毕竟，正是这种对健康的影响，调动了大家对 A 型的兴趣，以至于许多作者用“冠心病倾向行为”取代了 A 型这一术语。我们认为这是一种循环取向，帮助掩盖了心理生理问题的一个核心特征，即心理模式的特性增加了心血管风险以及导致这种风险的生理变化。应该注意的是，由于有关 A 型的实证研究主要集中在心血管疾病上，我们对同一行为模式是否以及在多大程度上影响全因死亡率，即心血管以外的疾病，知之甚少。事实上，冠心病倾向行为对心脏病的影响可能并不唯一，但可能是一种更普遍的应对疾病的生活方式。

心理测量问题也是A型研究者关注的问题。目前尚不清楚是否A型最好被看作是一个分类还是极端A型到极端B型的一个维度。这种是分类还是维度的一般问题已经被人格测量研究者所探讨（参见质疑分类学价值的门德尔松［Mendelsohn，1979］和捍卫它们的布洛克［Block，1982］之间的争论）。另一个心理测量问题涉及测量A型的最佳方式。在一篇全面的文献回顾中，马修斯（Matthews，1982）确定了三种类型的测量：詹金斯活动问卷（Jenkins Activity Survey）、弗雷明汉A型量表（Framingham Type A Scale）和结构化面谈。前两个是自陈问卷，第三个是弗里
124 德曼和他的同事所使用的一种程序，强调的是对言语和社会行为以及个体对问题的回答内容的评价。马修斯指出，这三种测量方法产生的结果“只有一点点重叠”（p. 296）。

在我们看来，最基本和最有趣的研究问题涉及对增加了冠心病风险的A型心理特性的识别、A型在心理生理学层面是如何运作的，以及它应该被视为一个稳定的特质还是一种情境引发的反应。

研究者们寻求对A型行为心理特性的理解，将A－B型特征不同的个体置于不同的压力性任务中，然后研究他们的反应（如Diamond，1982；Lovallo & Pishkin，1980；Pittner & Houston，1980；Yarnold & Grimm，1982）。一些研究人员，如维克斯等（Vickers，Hevig，Rahe，& Rosenman，1981），已经在A型和自我防御活动之间寻找联系。他们发现结构化面谈方法与防御无关，但“工作卷入”问卷测量与应对的高分和防御的低分相关，这让他们得到一个有趣的假设：心血管风险的增加只在A型和低应对技能相结合的时候才会发生。

这一建议与弗兰肯豪斯（Frankenhaeuser，1980）的研究结果非常吻合，即A型人选择更快的工作节奏，因此工作负荷更重，但他们也比拥有较轻工作负担的B型人应对得更好。此外，尽管他们可能需要更长的时间来放松和回归基线水平（Rissler，1977），但他们更好的业绩并没有耗费更大的生理成本（如儿茶酚胺的增多）。弗兰肯豪斯说：“我们把我们的结果解释为A型人在对情境有控制的情况下，把他的标准设定得很高，然后有效地应对自我选择的较重的负担，这样做并不会调动过多的生理资源。”（p. 210）通过引用伦德伯格（Lundberg，1982）的数据，即具有高工作卷入的个体患冠心病的概率相对较低，弗兰肯豪斯认为：“唤起努力的情境主要是在它们诱发了痛苦的感觉时才有可能是有害的，而以努力为

特征的情境作为一种主要的因素用于应对而无痛苦时，则指向可控性。”(p. 211）因此，这并不是不合理的想法，问题的关键可能不是A型本身的问题，而是A型人的问题，那些应对较差、把他们正在做的事情在某种程度上看作威胁的人的问题。

A型模式可以被视为一种包含了许多相互依存的行为、认知-情感和 125
动机因素的应对风格吗？更确切地说，A型研究中所展现出来的行为包括我们考虑的应对，例如，加倍努力以获得更多的控制，还包括策略，它们让我们可以没有痛苦地接受控制的缺乏。然而，除了维克斯等（1981），研究者通常没有尝试明确地测量应对的想法和行为，因为他们的重点是任务绩效。因此，将A型作为应对风格只是一种解释，当然是我们的解释，但我们认为这种解释是合理的。

此外，像格拉斯（Glass，1977a，b）的理论似乎暗示了一种人格特质或一系列特质，它会让人容易在危及他对控制的需要，或者是努力寻求控制的过程中产生力不从心的感受的情况下，受到心理压力的影响。这个观点需要两个要素才能产生痛苦：在某些条件下受到威胁或动员的倾向，或者如第二章中我们称为脆弱性的东西；激活它的环境条件。这种分析也和我们关于心理压力和情绪的互动体系相一致（参见第九章）。

具有讽刺意味的是，现有的研究似乎告诉我们，A型行为被限定在了某些情境中，然而人们对A型的假定却似乎与此矛盾，即A型是一种广泛的、稳定的特质或风格。比较相同的个体随着时间的推移或跨越两个以上的实验条件的自模或纵向研究相对缺乏。这样的研究是必要的，可用以测试A型行为的稳定性，并确定它在什么社会背景下可能依赖于给定的人或人的类型。如果要满足产生疾病的必要条件，即一个人长时间做出致病的反应，在这种情况下足够长到形成动脉粥样硬化，A型就必须是一种稳定的特质或风格。

因此，我们假设A型可以被视为一种应对风格，以及一种稳定的承诺和信念模式，就是合理的，也许对于了解它在心血管疾病中的作用也是必要的。然而，这一假设尚未得到充分的检验，A型的心理动力学也没有得到充分揭示。在我们看来，A型可能是通过某些社会期望的、被奖励的或被要求的价值观的内化而发展产生的，这些价值观或多或少是工业化科
技社会的产物。例如，劳勒等（Lawler，Allen，Critcher，& Standard， 126
1981）以及马修斯和西格尔（Matthews & Siegel，1983）已经证明A型和B型的区别在11岁孩子的行为和生理上表现得非常清楚。孩子开始产生有关对世界产生的影响或者关于成就和控制的信念，并开始相应的努

力，也可能选择奖励这种模式的环境。后来，在与这种强调认知-情感-动机体系的社会情境的互动中，易感者可能会做出快速、紧急和竞争性的A型应对行为。鉴于这种模式对健康的影响，也许我们可以预言，被看作信念、承诺和应对风格系统的A型在压力、应对和适应的研究中可能是重要而富有成果的。

更广泛地说，应对风格总体上具有很大的理论潜力。应对风格的分类总的来说抓住了应对过程的丰富性和复杂性，可以使应对和适应性结果之间关系的研究系统化，不仅在疾病的背景下，在家庭和工作的背景下也可以。精心地发展这样的分类将是对压力研究的一个重要贡献。

### 认知风格

自我心理学模型也催生了认知风格的理论和研究。认知风格指的是自动的而不是努力性的反应，因此我们不把它们当作应对或应对风格。（后面我们将讨论自动的与努力性的应对反应的问题。）然而，认知风格作为控制机制，其效果与应对风格有时是相似的。

**认知控制**　加德纳等（Gardner，Holzman，Klein，Linton，& Spence，1959）发展了认知控制的概念来描述知觉和记忆装置在自我功能的相对无冲突的领域中的属性。认知控制是认知风格的一种形式，被假定为用于计算个体在态度和倾向的一致性上的中介变量。它们被视为自我结构的定向的、适应性的操作，其作用是在内在努力和现实需求之间带来平衡。

一种已经被识别出来的认知控制是**钝化-锐化**（leveling-sharpening），
127 它与新刺激和先前经历的记忆之间的个体一致性有关。**钝化**是以事物的相同性或相似性来看待它们的倾向。**锐化**是以事物的差异性来看待它们的方法。其他认知控制包括：**聚焦或扫描**，与各种情境下自发的注意分配的程度相关；**等价范围**，与相似和差异的判断偏好相关；**灵活的和受限的控制**，与不协调的反应感知相关；对**非现实体验的容忍**，与一个人在违背或废除关于外部现实的通常假设的情境里的反应相关（Gardner et al.，1959）。

**场依存性-独立性**　威特金和他的同事开发出来的全面分析维度是另一种认知风格的范例，其根源在于感知和自我心理学（相关综述参见Witkin，Goodenough，& Oltman，1979）。这项工作始于对场依存和场独立倾向的检验（参照Witkin，Dyk，Faterson，Goodenough，& Karp，1962）。杆和边框装置被广泛用于识别场依存和场独立的类型。在这个测试中，被试坐在黑暗的房间里，看到一个可移动的发光边框和杆。实验者会倾斜边框，然后要求被试将杆放到与地面垂直的位置。杆大角度的倾斜表明个体遵循了视觉线索，而垂直杆则表明个体独立的视野和对身体姿势的依赖。这个测试的目的是检查被试在多大程度上使用外部视野或身体本身作为直立定位的主要参照物。

直立定位的方式与从场中去嵌入一个图形的相对自如性有关，而后者又与智力活动中的去嵌入能力有关。在后来的研究和文章中，这个维度被称为“心理分化”（参照 Witkin et al.，1979）。场依存/场独立维度被扩展于描述两个领域里的结构能力，称为构析-整体场法（articulated versus global field approach），并被认定是一种认知风格。自 1962 年以来，一个活跃的研究项目已经证实了在早期场依存/独立的研究中所认定的认知功能中自我一致性的情况。一般来说，场独立的人比场依存的人更能重组一个刺激排列的成分。在第四章，盖恩斯、史密斯和斯科尔尼克（Gaines，Smith，& Skolnick，1977）的研究显示了这个维度与压力和应对的相关 *128*
性。与未分化的被试相比，分化的或场独立的被试随着听到不舒服的强噪声的概率的增加，其心率也会增加。心率的改变被看作对于应激源的一种主动准备的功能，心理分化是影响评价和应对的人格倾向。

## 传统取向的局限和缺陷

许多问题限制了传统应对取向及其所产生的特质或风格维度的有用性。一些问题不是现有理论的必然结果，而是产生于理论在对应对的测量操作中如何进行表达。我们看到了四个主要问题：应对作为一种结构性的特质或取向；未能将应对与自动化适应行为区分开来；应对和结果相混淆；把应对等同于掌控。

### 将应对作为特质或风格来对待

传统的应对模式倾向于强调特质或取向，也就是说，成熟的自我结构，一旦被创造出来，基本会作为一种稳定的性向（disposition）在一生中以这样或那样的方式进行应对。即使这种静态的、结构性的视角不是由理论公式规定好的，但在实践和研究中，正如我们在本章前面讨论的特质-风格的概念，结构化概念还是会站在舞台的中央。我们最终会谈到那些压抑或警惕的人、那些场依存或独立的人、那些否认者等等。

如果对应对特质的评估确实能让我们预测一个人实际上会做什么以应对一次特定的压力性遭遇，那么研究将是一件简单的事情，因为对于所有的意图和目的，特质都可以代表过程。如果一个人用回避来应对威胁，那么每当他感到威胁时，我们就会期望回避发生。然而，应对特质的评估对实际应对过程具有非常有限的预测价值。

科恩和拉扎勒斯（Cohen & Lazarus，1973）关于应对外科手术威胁
129 的研究很好地说明了特质作为预测因子的问题。患者在手术前的晚上接受了面谈，他们对疾病和治疗的了解程度以及他们有多大兴趣去了解更多也得到了评估。这种程序评估人在特定的威胁情境中所想的和所做的事情，就像它正在发生的那样，这些是特质测量所不能提供的。患者所表现出来的回避性应对是非常不同的，从知之甚少和不想知道，到另一个极端，就是非常警觉地应对，他们了解到非常多的信息，并且仍然希望获得更多。除了这种对外科手术威胁的直接评估以外，还有一种具有相似理论依据的标准特质测量方法，即伯恩（Byrne，1964）的压抑-敏感化量表（repression-sensitization scale）。没有发现过程测量法和特质测量法之间存在相关，单独的过程测量预测了手术后的恢复速度和难易程度：回避者在这方面比警惕者做得更好。这里最重要的问题是特质测量并不能预测当威胁发生时，人们实际上是如何应对它的。

应对的特质概念化和测量方法低估了实际应对努力的复杂性和可变性。大多数特质测量是用单一维度来评估应对，如压抑-敏感化（Byrne，1964；Welsh，1956）或应对-回避（Goldstein，1959，1973）。大多数特质测量的单维性质不能充分反映处理现实生活情境的应对过程的多维性质。自然观察（如 Mechanic，1962；Murphy，1974；Visotsky et al.，1961）表明应对是思想和行为的复杂混合物。例如，穆斯和津（Moos & Tsu，1977）指出，在应对身体疾病时，患者必须处理许多应激源，包括疼痛和能力丧失、医院环境，以及专业人员和特殊治疗程序所强制执行的要求。同时，患者必须保持情感平衡、一个满意的自我形象，以及与家人和朋友的良好关系。这些多重任务需要一组应对策略，无法在单维测量中表现其复杂性。

当然，我们并不是说在应对中没有稳定性，也不是说随着时间的推移，人们在应对相同或相似的心理应激源时没有偏好的模式。例如，戈兹因斯基等（Gorzynski et al.，1980）聚焦于 30 例患者，卡茨等（Katz，Weiner，Gallagher，& Hellman，1970）曾经对这 30 例患者就乳腺活组
130 织检查的威胁应对进行了早期研究。他们使用和之前研究相同的评估技术重新评估这些患者，包括应对的访谈评分和皮质醇的分泌率。戈兹因斯基等发现“心理防御模式”随着时间的推移是稳定的，在 10 个被试中有 9 个保持不变，并且激素分泌也或多或少是稳定的，相关系数为 0.64。

其他研究也表明应对的一致性（如 Kobasa，1979），虽然在大多数情况下，应对本身尚未被直接评估，而是从其他变量中推断出来的。正如莫斯科维茨（Moskowitz，1982）所认为的，使用多种参照物、情境和观察来改进跨情境特质研究的设计和方法，可以很好地增加跨情境共性的证据。在这个问题上的发现显然是形形色色的，尤其是在儿童身上，并且我们应该认识到，在应对中既有稳定性又有变化性，而不是仅仅用过程取向来反对结构或特质取向。但是，相较于把应对作为一个过程，研究的重点却压倒性地放在了稳定的特质上。这里我们要传达的信息是，在对应对或其前因和后果变量的理解的寻求上，没有什么可以替代对应对行为以及它们如何随着情境的需求变化而变化的直接评估，因为这些是由人来评价的。我们将在下一章里探讨以过程为中心的取向。

### 应对还是自动化适应行为?

在许多传统取向中，自动化反应和努力性反应之间没有一个重要的区分。人类所需要的技能必须通过经验来学习。关于人类适应的一个有用的想法是，人们能够更快地自动应用这些技能，就能更有效和高效地管理他们与环境的关系。我们看到了技能获取的早期阶段和后期阶段之间的重要差异，早期阶段需要巨大的努力和专注，而后期阶段则变得自动化。

例如，经验丰富的驾驶员通常并没有意识到在使用离合器和刹车、行驶、遇到信号灯停车等，做这些事情也没有花费特别的努力。我们做这些事情是如此自动化，以至于我们在进行所有这些复杂行为从而安全到达目的地的同时，还能够思考工作中遇到的问题。这些行为是适应性的，但它们不应该被称为应对。如果它们是应对，那么应对就几乎包括我们所做的 131
一切。然而，当有非常规的事情发生时，比如道路修缮而被封闭需要我们决定更换别的路线，或者车胎瘪了需要更换，努力就是必需的。在这些情况下，应对**努力**与在日常驾驶情况下发生的自动适应行为是有明显区别的。

应对和自动化反应之间的区分并不总是清楚的。当一个情境是新奇的，反应不可能是自动的，但如果这种情况反复遇到，很可能这些反应将会通过学习变得越来越自动化。考虑一下新手司机一开始开车的情况。他非常专注于汽车的操作及其在车流中的位置，并且可能想知道其他人为何驾驶得那么轻松（即自动化）。渐渐地，他不再需要那么专注，不用怎么思考和努力就可以做出反应。随着驾驶员变得有经验，行为也变得自动化。在这个过程的开始是需要应对的；最后，行为不再是我们定义的应对。这种转变是渐进的，很难说什么时候行为变得自动化，不能再被看作应对。大多数人以不超出他们资源的方式来处理日常生活的许多需求，这表明许多应对反应随着学习的发生而变得自动化。然而，在这一点上，大多数这样的需求会超出可用资源，因此需要应对。

墨菲（Murphy，1974）也认为应对是一个涉及努力的过程，她在应对和现成的适应手段（如反射）之间进行了特别的区分。她认为把应对努力看作一个连续体的话，它的一端是现成的、系统发生的更原始的手段，另一端则是完全自动化的控制。她对原始反应的关注源于她对婴儿和儿童的观察，婴儿和儿童对压力情境的早期反应主要取决于本能的、固定的保护机制。随着婴儿进化成一个更成熟的有机体，他的认知操作和象征性推理的能力对其功能变得越来越重要，原始机制所起的作用在和应对的作用之间的关系中变得不太重要。

同样，我们区分不同的认知风格，包括自动化反应和应对，尽管这种区
132 分在现实生活中往往难以精确。例如，在诸如集中营这样的极端情况下，往往会有一个视觉投射或视角的限制（参见 Frankl，1963）。相较于监禁的意义和无处不在的生存威胁，注意可能集中在现实的一小部分上。

弗里德曼等（Friedman，Chodoff，Mason，& Hamburg，1963）报告说，对于白血病儿童的父母来说，因为孩子正逼近死亡，孩子安宁和幸福的长久希望逐渐变成对无痛日的直接而有限的关注。对严重的反应停畸形儿的母亲们进行观察，得到了类似的反应。她们坚持认为，只有通过忘记痛苦的过去，忽略不确定的未来，不关注“日复一日”的生活（Roskies，1972），她们才能继续生活。马赫斯和门德尔松（Mages & Mendelsohn，1979）观察到癌症患者“被身体、情感和实际的多重负担所压垮，他们往往缩小他们的兴趣范围，创造一个更小、更易管理的世界”（p. 260）。

当上述视觉的投射或视角的限制是一种自动反应时，我们会把它归于人的认知控制机制；当它是有目的的并且需要努力时，我们就会把它归类为应对。上面谈到的这些个体在多大程度上是自动地或是有目的地减少他们的关注点，只能对每个人就情境进行访谈来了解。

换句话说，不是所有的适应性过程都是应对。应对是适应活动的一个子集，是和努力有关的，并不是我们所做的一切与环境有关的事情都被包含在内。从这个角度来看，我们上面讨论的认知风格可能是适应过程，但不是应对。克莱因和他的同事（Gardner et al.，1959）已经提出，事实上，认知风格是从儿童在面对环境障碍和危险时安全有效地释放驱力或本

能冲动的斗争中发展出来的。它们最初是防御机制，后来可以说已经自动化了。皮亚杰（Piaget，1952）对智力的发展持有相似的看法，认为它是与环境的互动中同化和调节过程的产物。这是适应的斗争，最终形成感知、思维和行动的无意识的风格。此外，克莱因还指出防御可以是思维方式的产物，它具有生命中给定时期的特征。这里，作用的方向仍然是认知和防御发展的悬而未决的理论问题之一。

应对结果的困惑 133

在动物和精神分析的自我心理学模型中，应对等同于适应的成功，这也是该术语的普遍意义。通俗地讲，说一个人应对某一特定情境的需求，表明那些需求被成功地解决了；说一个人没有应对好，意味着无效或不足。

在我们之前描述的三个精神分析自我心理学模型中，有一个层级的应对和防御，一些过程被自动地认为优于其他过程。对于门宁格来说，层级代表了混乱或原始化的程度，反过来又告诉我们关于压力的严重程度，这是完全的循环分析。对哈恩来说，应对反映了一个强大的和运作良好的自我，而防御是神经质的，自我失败或分裂代表了最混乱的功能。

当应对暗示有效，而防御代表无效时，应对过程与应对结果之间就会存在必然的混淆。这些概念系统不适合于研究应对和结果之间的关系，我们必须放弃分层假设，并设法保持过程和结果研究的独立性。为了确定应对和防御过程的有效性，对于应对和防御在特定的人、情境或场合下都可能运作的好或坏这样的可能性，个体必须保持开放的态度。

瓦利恩特（Vaillant，1977）报告的主要研究能说明应对和防御的层级系统所构成的分析和解释的问题，他把应对定义为防御机制的适应性应用。早些时候，我们描述了对 94 名男性的应对和防御的研究，并追踪了很多年，研究根据其相对成熟和特征性防御的病理意义对每个人进行排序。从这项研究中，发现防御水平与终生适应之间的关联并不奇怪。评分者被给予每个被试生活方式的总结，以帮助他们为冲突和危机时期观察到的每个行为分配一个防御等级得分。使用被试的整体功能信息来帮助评价一个行为作为一种或另一种防御水平会产生同义重复；事实上，防御和结果完全混淆。

卡恩等（Kahn et al.，1964）还指出了结果的独立应对的重要性，并补充了应对行为的研究应该包括成功和失败：

> 134 应对的概念是由它所包含的行为来定义的，而不是由这些行为的成功所决定的。甚至可以证明集中精力于那些旨在应对压力但却失败的行为是有益的。防御机制的精神分析研究将受到严重阻碍，因为它局限于观察特别成功的防御。在失败的情况下，通常可以最生动地看到一个特定的应对机制或防御的后果。(p. 385)

应对的定义必须包括管理压力需求的**努力**，不管结果如何。这意味着没有一种策略被认为天生就比别的任何一种更好。一种策略的长处（有效性、妥当性）只取决于它在给定的遭遇中的作用及其长期的影响。这与应对的概念化形成了鲜明的对比，应对的概念化是根据来源于弗洛伊德和自我心理学传统的病理学和健康的观点，预先设定用于处理混乱程度或成熟水平的标准，然后用这个标准从评价的维度对策略进行分类。较大的权重赋予了一个策略结合现实并代表情绪平衡的程度。我们早些时候注意到，哈恩的取向依赖于评价个体的主体间真实性的准确度。这很难弄清楚。心理学的许多研究（如 20 世纪 50 年代的新面貌运动）一直关注着主体间（客观）现实中的个体差异（相关综述参见 Erdelyi，1974），但是关于如何定义这样一个现实性的答案却很少（另见 Watzlawick，1976）。没有这样的技术，自我层级的研究会受到严重阻碍。

关于自我过程内在性质的预设想法让我们存有偏见，不相信层级中高排名的策略也有可能是适应不良的，而低排名的策略是适应良好的。否认是一个恰当的例子；它通常在自我层级的底部，代表混乱、原始化或对现实的歪曲，被认为是内在的适应不良。这一思路可以从贾尼斯（Janis，1958）对“担忧运作”（work of worrying）的观察中看出（另见林德曼［Lindemann，1944］的“举哀”［grief work］概念）。这个研究的中心主题是，人们使用否认，甚至是回避来作为一种应对压力遭遇的方式，将会在第一时间感到更多的情绪放松，但在随后的时间里，个体会因持续的脆弱性而为这种轻松付出代价。与此同时，警惕地面对威胁的人们在开始时
135 会更痛苦，但在随后的时间里，他们将经历更少的痛苦，因为他们可以做好更充分的准备来应对需求。

在贾尼斯最初的研究中，与手术前表现出正常警觉和不安的患者相比，在手术前显示很少或没有恐惧的患者在手术后会出现过度的痛苦。这一发现表明，由于这些患者推迟去思考恢复期的预期痛苦和羞辱，他们没有准备好面对令人痛苦的现实。后来戈尔茨坦和他的同事们（Goldstein，1973）的实验研究支持了这一论点。然而，随后的研究得到了复杂的发

现。现在人们可以谈论具有矛盾结果的研究的统计表，其中一些表明，那些否认或回避威胁的人比那些处理威胁的人更糟糕，而其他研究则发现否认与积极结果相关。①

在疾病的背景下否认或回避被认为是无效的，因为个体未能进行可以降低疾病的实际危险或损害的适当的问题聚焦应对（例如，寻求医疗关注或坚持医疗方案）。这个缺陷不同于精神分析导向的概念化所暗示的。根据后者，个体使用否认来应对威胁，很容易受到相反证据的影响而感受到不一致，因此被迫将他的注意只放在确凿的经验上。否认使我们对任何**可能**的威胁都视而不见。人们以这种方式保护自己必须永远保持警惕，参与 136
“无声的内部任务”（Fenichel，1945），并可能经历能量耗竭，甚至抑郁。这种对否认成本的精神分析的解释在研究中难以操作，并且关于否认是否以这种方式运作的问题仍然悬而未决。

一个主要的方法论问题与否认的含义有关，否认通常被定义为对现实的否定。这个定义的第一个严重困难与它的广度有关。一些被认为是否认行为范例的行动，例如不与他人谈论疾病或生活状况（例如，在哈克特和卡塞姆［Hackett & Cassem，1974］的研究中，针对冠心病患者的否认等级评定量表），比否定现实更类似于回避（Dansak & Cordes，1978－1979）。不愿意谈论绝症如晚期癌症，并试图尽可能不去想它的患者，当被直接询问时，可以很容易地认识到疾病的真实性及其伴随的痛苦。其他被归类为否认的认知应对过程，最好被当作使用利波夫斯基（Lipowski，1970—1971）的术语来表示积极思考或最小化中的努力。这些过程能够维持精神面貌和建设性的努力来进行应对，而且并不否认现实。

布雷兹尼茨（Breznitz，1983a）在分析中辨认了七种不同类型的否

① 大量的研究讨论类似否认的过程及其后果。下面是一些引人注目的最近的例子，其中有消极的也有积极的结果。消极的结果包括 Andrew，1970；Auerbach，1973；Delong，1970；Hitchcock，1982；Katz，Weiner，Gallagher，& Hellman，1970；Lindemann，1944；Staudenmayer，Kinsman，Kirks，Spector，& Wangaard，1979。积极的结果包括 Cohen & Lazarus，1973；George，Scott，Turner，& Gregg，1980；Hackett，Cassem，& Wishnie，1968；Hamburg & Adams，1967；Levine & Zigler，1975；Stern，Pascale，& McLoone，1976；Rosenstiel & Roth，1981；Bean，Cooper，Alpert，& Kipnis，1980。还有一些文章认为，否认与混合或不确定的结果有关，或仅仅讨论了否认，这些文章包括 Sackheim，in press；Yanagida，Streltzer，& Seimsen，1981；Spinetta & Maloney，1978；Billing，Lindell，Sederholm，& Theorell，1980；Beisser，1979；Knight et al.，1979。还有在比较早期的伍尔夫等（Wolff，Friedman，Hofer，& Mason，1964）的研究中，白血病患儿去世之前，类似否认的过程与肾上腺皮质激素输出下降（应激反应）有关。然而，霍弗等（Hofer，Wolff，Friedman，& Mason，1972）后来又做了一个跟踪研究发现，孩子死亡前使用了类似否认的过程用以应对的父母，与面对悲剧没有类似否认的应对这种相反模式的父母相比，在孩子去世两年后表现出更高的生理应激反应。

认，这个分析和我们关注的否认的定义以及它的范围内通常所包含的不同的应对过程是一致的。他区分了否认信息、威胁信息、个人相关性、紧迫性、脆弱性-责任心、情感，以及情感关联性。这些类型的否认是按层级排列的，其假设是只有当一种更高形式的否认失败时，个体才会继续采取下一个低层级的。因此，布雷兹尼茨提供了一种阶段模型，每个水平意味着对应对越来越严重的挑战。此外，任何形式的否认都意味着改变客观情况的无能为力。对否认这个主题感兴趣的读者，我们推荐一本由布雷兹尼茨（1983b）编辑的书，其中包含了上述材料，同时还讨论了问题的其他方面，如否认与希望以及否认与宗教的关系。

除了定义问题之外，在否认和类似否认过程的成本和收益中可以发现支持。因此，所需要的是原则，这些原则明确了否认和类似否认的应对方式可能具有有利或不利结果的条件。我们提供以下可能性：

137 1. 当人们没有任何建设性的东西来克服伤害或威胁时，也就是说，当没有相关的直接行动时，否认和类似否认的过程包含着减轻痛苦而不改变功能或产生额外伤害的可能性。

2. 否认和类似否认的过程可能对于情境中的某些方面是适应的，但不是全部。糖尿病患者可以否认情况的严重性，只要他们还继续警惕饮食、活动水平和胰岛素。

   韦斯曼（Weisman，1972）在否认事实和否认可能的后果之间所做的区分在此处也是相关的。例如，否认某人**患有**癌症可能比否认一个诊断意味着死刑更危险。否定可能的结果更类似于幻想、积极的思维或希望而不是扭曲现实，它是我们所有人都经历过的，它所具有的能力可能是一种有价值的心理资源。

3. 米勒（S. Miller，1980）指出，在发生变化的情境下，也就是说，从不可控到可控，最优策略可以是一种在不完全阻碍处理外部威胁相关信息的情况下降低唤起。然而，在长期不可控制的（和不可改变的）情况下，选择的策略可能是同时有效地降低唤起及其所伴随的对环境信息的处理。

4. 否认和类似否认的应对方式的时间特性可能是非常重要的。在危机的早期阶段，例如突发疾病、丧失能力或失去心爱的人，当个体还不能完全面对情境的时候，相比以后的阶段，否认可能危害较少且更为有效。例如，哈克特和卡塞姆（Hackett & Cassem，1975）以及哈克特、卡塞姆和威斯尼（Hackett，Cassem，&

> Wishnie，1968）既观察到了否认和回避的积极影响，也观察到了消极的影响，这取决于他们是何时观察的。在心脏病发作期间，这些认知应对过程是有害的，因为它们阻碍了获得医疗帮助的努力。然而，心脏病发作后，相同的应对过程却有助于恢复，并在后面的发作中减少死亡概率。科恩和拉扎勒斯（Cohen & Lazarus，1983）回顾了其他的研究，这些研究似乎运用了同样的原则，
> 也就是说，患者住院时被证明有用的类似否认的应对过程，似乎 *138*
> 在患者出院以后就产生了消极的结果。

我们已经用否认和类似否认的过程来说明：（1）没有一种策略应该被标记为天生就是好的或坏的；（2）在判断应对时必须考虑情境背景；（3）必须制定原则来判断一个特定的应对过程是否同时适用于互动中的个体和情境两个方面。这种取向不仅可以用于否认，而且几乎可以用于每种形式的应对。

门宁格（Menninger，1963）、哈恩（Haan，1977）和瓦利恩特（Vaillant，1977）都承认在情境背景中评估自我过程的重要性。瓦利恩特说："我们不能评估一种防御选择，而不去考虑引发它的情境以及它如何影响与他人的关系。"（pp. 85－86）科波夫斯基（1970—1971）也指出，否认的评价必须始终包括对以下因素的考量：否认了什么、在什么情况下以及被谁否认的。然而，这些自我过程系统的等级性质阻碍了这种情境评价。排在层级结构更下端的应对过程，即使策略是有效的、适当的和成功的，也会根据情境标准而难以移动位置。除非证明否认还有其他的作用，否则它就是不好的，而且即使有其他作用，那种作用也是令人怀疑的。

在第七章，我们讨论应对有效性的问题和应对最后的结果。在这里，我们的目的是解释为什么我们把应对定义为管理费力的需求的**所有努力**，而不考虑它们的有效性或内在价值。

### 将应对等同于环境掌控

应对的这些定义中有一个隐含的推论，认为某些策略本身就比其他一些策略更好或更有用，即最好的应对是把人与环境的关系变得更好。与有关个人主义和掌控的根深蒂固的西方价值观以及达尔文主义对心理学思想的影响相一致，这些定义往往推崇把对环境的掌控当作应对的典范。应对被等同于通过有效的行动消除问题来解决问题。

这里的问题不是说解决问题是不受欢迎的，而是并非生活中的所有应激源都适合于掌控，或者适合于问题解决的框架。这些例子包括自然灾

139 害、不可避免的丧失、老化和疾病，以及异常心理学和精神病学长期处理的无处不在的冲突，还有人的一切正常特征。强调问题解决和掌控会降低应对的其他功能的价值，应对的其他功能与管理情绪和保持自尊和积极的心态有关，尤其是面对无法补救的情境。应对过程用于容忍这些困难，或者最小化、接受或忽略它们，作为人的适应性储备库，和试图掌控环境的问题解决策略是同样重要的。

回顾了应对的主要传统取向，并考虑了它们的局限和缺陷后，我们现在准备阐明我们自己对应对的过程定义和概念化，我们试图避免过去的陷阱。

## 总结

应对的传统取向出现于两个独立的、不同的文献系统之中：动物实验和精神分析自我心理学。动物模型专注于驱力（也叫唤起或激活）的概念，应对通常被定义为控制厌恶条件从而降低驱力或激活的行为，强调的主要是回避和逃避行为。在我们看来，从这个模型中可以学到的关于人类应对的知识，包括认知应对和防御，是非常有限的。

当应对的概念构想于精神分析自我心理学的传统中时，它主要是和认知有关，可区分人们用来处理麻烦关系的诸多过程。基于自我心理学模型的应对系统通常构想出一个策略的层级，这个层级从扭曲了现实的未成熟或原始机制逐渐发展到成熟的机制。

基于自我心理学模型的测量取向倾向于测量应对特质和风格，而不是应对过程。“应对特质”指的是人们倾向于以某种方式做出反应的特性。应对风格是相似的，主要是在程度上有所不同；它们指的是与特定类型的人或情境有关的广泛方式。

A 型行为模式，是在临床观察而非自我心理学中产生的，可以被认为是一种包括行为、动机和认知特性的应对取向。需要研究来确定 A 型行
140 为的稳定性，并了解其作为一种应对风格在疾病表现中的作用。

自我心理学模型产生了很多被我们称为认知风格或认知控制的研究和思考。虽然它们不能明确地被认为是应对取向，但是它们与应对活动有关，并且可以影响应对活动。

应对的特质和风格取向必然是不完整的。对应对特质和风格的测量不是实际应对过程较好的预测因素，其低估了人们实际应对风格的复杂性和可变性。

应对活动也必须和自动化适应行为区分开。应对意味着努力，而自动

化适应行为却没有，正如**自动化**这个词所暗示的那样。许多行为原本是需要努力的，因此反映了应对，但是它们却可以通过学习过程变得自动化。

应对作为一个概念通常等被同于适应成功，特别是在自我心理学模型中，其中用来处理压力的不成功或不怎么成功的努力被称为防御。这就导致了应对和应对结果的混淆。如果在理解应对和结果之间的关系上取得了进展，也就是说，什么帮助或伤害了个体，以及以什么方式，应对就必须被看作努力管理压力性需求而不管结果如何。因此，任何策略都不应被视为本质上比其他策略更好或更坏；关于策略的适应性的判断必须结合背景加以考虑。例如，否认或类似否认的行为，在某些情境，和/或在遭遇的某些阶段，从某种意义上来说可能是适应的。另外，我们需要原则来指导应对策略的适应性评价。

最后，应对不应等同于对环境的掌控；许多应激源是无法掌控的，而在这些条件下有效的应对是允许人们容忍、最小化、接受或忽略无法掌控的东西。

141 # 第六章 应对过程：传统模型的替代

在这一阐述应对的第二个章节中，我们提出了自己的定义并进行了概念化，以便细致地解决第五章中讨论的传统取向的局限和缺陷。本章的核心包括对应对作为过程的讨论、应对的多重功能，以及压力性遭遇情境对应对过程的影响。在本章后面，我们将讨论作为评价和作为应对的控制之间的区别，以及生命进程中的应对。我们会通过考虑我们取向中的一些困难和不足来结束本章。

## 应对的定义

我们把应对定义为**通过不断变化的认知和行为努力来管理特定的外部和/或内部需求，这些需求被评估为重负或超过个体的资源**。这个定义从以下方面克服了传统取向的局限：

第一，它是过程导向的，而不是特质导向的，正如定义中**不断变化的**和**特定的**需求和冲突所反映的。我们将在下面详细阐述。

第二，这种定义意味着通过限定应对的需求是被评估为重负或超过个人资源的需求来**区别应对和自动化适应行为**。事实上，这限制了应对
142 心理压力的条件，即需要调动起来并排除不需要努力的自动化的行为和想法。

第三，**应对结果混淆**的问题是通过把应对作为管理的努力进行定义来解决的，它允许应对人们所做或所想的任何事情，而不管其效果好坏与否。

第四，通过使用**管理**这个词，我们也避免把应对和控制等同起来。管理可以包括最小化、回避、容忍和接受有压力的条件以及掌控环境的尝试。

## 应对作为一个过程

应对的过程取向有三个主要特征。第一，观察和评估与个体**实际**想的或做的事情有关，而个体通常所做的、会做的或者应该做的，这是特质取向的关注点。第二，我们是在一个特定的背景下去检验个体实际想的或做的是什么。应对的想法和行动总是指向特定的条件。为了理解应对并评估它，我们需要知道这个人在应对什么。定义的情境越狭义，就越容易将一个特定的应对想法或行为与一个情境需求联系起来。第三，谈到一个应对过程意味着把应对的想法和行为中的**变化**作为一个压力性遭遇的展开。因此，应对是一个转变的过程，在这个过程中，随着人与环境关系状态的变化，一个人必须在某些时候更加依赖一种应对方式，比方说防御策略，而在另一些时候依赖于问题解决的策略。很难看出，大多数压力性遭遇所显露的特性和应对过程所伴随的变化，如何可以通过对一般特质或人格倾向的**静态**测量得到充分的描述。

作为过程的应对，其动态和变化不是随机的；它们是对不断变化的人-环境关系的连续评价和再评价的函数。转变可能是针对环境改变的应对努力的结果，或是向内针对事件意义的改变或是增加理解的应对的结果。它们也可能是环境变化的结果，这些环境是独立于个体和他的应对活动的。不管这种变化来源于哪里，人与环境关系的任何转变都会导致对正 143
在发生的事情、它的意义以及所能做的事情的再评价。再评价过程，或重新评估，进而会影响后续的应对努力。因此，应对过程是持续受到认知再评价的调节的，正如我们在第二章所指出的，它与评价不同主要是因为它们遵循并修正先前的评价。

应对过程的意义，从丧失的时刻开始，在长期的举哀和随着时间推移所发生的变化中可以得见。例如在最初失去亲人的时候，可能会有震惊和难以置信，或是否认死亡的努力。也可能有疯狂的行为、哭泣或勇敢的努力从而继续社会活动或工作。随后的阶段通常包括暂时的分离和抑郁，最后是接受这种丧失、重新开始，甚至是对其他人产生依恋。整个过程可能持续数年，其特点是应对的多种方式和情绪困难，或者可能只持续几个月。对于一个观察者来说，这个过程在不同的阶段看起来是完全不同的。对哀痛的充分讨论，还可以参见林德曼（Lindemann，1944）、鲍尔比（Bowlby，1961，1969，1973，1980）、罗克林（Rochlin，1965）和舍恩堡等（Schoenberg，Carr，Peretz，& Kutschen，1970；Schoenberg，Carr，Kutschen，Peretz，& Goldberg，1974；Schoenberg et al.，1975）

的经典著作，其中包括许多精神分析论述。

上面提到的应对是一个过程，适用于所有压力性的遭遇。随着遭遇的展开，应对和心理状态其他方面的改变，可能在几分钟内发生，比如争论很快就得以解决，或者可能持续数小时、数日、数周甚至数年，比如哀痛。不论是短期的情况还是长期的情况，都会有一个认知评价和再评价、应对和情绪过程的演变和转变的模式。

## 应对过程的阶段

那些根据阶段来讨论应对的研究者或明确或含蓄地在使用一种应对的过程观。例如，梅因（Main，1977）对孩子和母亲的分离进行了研究，发现随着时间的进程存在着应对的不同阶段。梅因使用的是安斯沃斯和威蒂格（Ainsworth & Wittig，1970）的陌生情境实验设计，该实验要求母子
144 反复分离，每次持续几分钟或更长时间再将孩子还给母亲。研究者仔细观察孩子在和母亲重聚时行为和情感上是如何做出反应的。如果分离时间足够长，重聚的时候，孩子可能会持续回避母亲，并把母亲当作陌生人对待。据梅因（另见 Robertson & Bowlby，1952）所说，孩子经历了三个分离的阶段，即抗议、绝望和冷漠，所有这些都被视为对压力体验的应对方式。

研究者为这种模式提供了许多解释（例如，参见 Main & Weston，1982）。梅因把这种回避行为看作儿童保护自己的一种方式，可以让他免受对母亲的愤怒和重新确认依恋之间的冲突所带来的混乱结果。海尼克和韦斯特海默（Heinicke & Westheimer，1965）认为孩子最初对重聚的回避反应最好被理解为一种防御，它允许孩子保持对愤怒的控制，不至于让其变得严重和具有破坏性。对这种行为的大多数解释是基于性格上的习性学和系统发育学，似乎避免了推断孩子的想法和情感，除了对分离情境固有的愤怒这种情感的识别。

儿童对陌生情境的反应中所隐含的压力和应对的概念是标准化的，但我们必须认识到，儿童之间在是否，或者在多大程度上会以所描述的模式对重聚做出反应是具有很大差异性的。因此，我们也必须了解儿童的个体脆弱性以及母子关系中存在的某些因素对差异的贡献。例如，梅因推断母亲们被自己的母亲以一种冷漠或敌对的方式对待，因此她们重复着这样一种模式对待自己的孩子，从而产生了抗议、绝望和冷漠的阶段。

其他一些作者对应对的时间方面敏感。例如，克林格（Klinger，1977）认为，我们回应丧失或一个承诺的丧失威胁，首先表现为**努力和专**

**注**水平增加。随着阻挠的持续，**沮丧和愤怒**也会随之增加，直接的后果就是产生原始性、抗议性和刻板化的行为方式，巴克、德莫博和勒温（Barker，Demobo，& Lewin，1941）对儿童进行的一项经典研究对此做了举例说明。最终，未能达成目标或取得进展导致**抑郁**，其特点是悲观和冷漠。克林格认为，这个顺序是应对的正常阶段；在他看来，分离和抑郁最初是一种适应性的应对方式（参照 Lazarus & DeLongis，1983）。最终，从丧失中得到心理上的复原，侵入性的想法也会消散，这与霍洛维茨 145 （Horowitz，1974，1976，1982）把人想象成在两个阶段之间循环往复或是应激反应**否认**和**警惕**的综合征这样的观点一致。

肖恩茨（Shontz，1975）提出，当人们处理严重的身体疾病或残疾时，他们将从最初的发现开始，经历一系列的应对阶段。对肖恩茨来说，第一阶段是**震惊**，尤其是没有预警危机就发生了的情况下更为突出。这一阶段表现出一种冷漠的感觉，有时表现出思想和行动上明显的清晰和高效。接下来是一个**遭遇**阶段，一个极度紧张的时期，在这个时期，个人容易经历无助、恐慌和混乱。接下来是第三个阶段**退缩**，这似乎与霍洛维茨（1976）所讨论的否认、麻木阶段相对应。然而，在肖恩茨的治疗中，退缩会被逐渐放弃，取而代之的是不断增加**现实检验**。应对过程包括在对抗或斗争与退缩或否认/回避之间不断地来回转换，正如克林格的分析，退缩应被视为一种防止崩溃的重要的、自然而然的手段，表现为暂时性的安全撤退。当应对过程成功完成时，这种循环更替就会出现得越来越少，几乎消失。肖恩茨认为上面提到的应对过程是心理成长的必要基础，在其中有一种更新了的个人价值感、更大的满足感和减轻的焦虑。

最后，沃特曼和布雷姆（Wortman & Brehm，1975）也提出了一个阶段模型，该模型部分地基于布雷姆（1966）的**阻抗**概念，这个概念试图解释为什么人们发现他们无助时不必放弃，正如最初所争论的习得性无助模型（Seligman，Maier，& Solomon，1971；另见本书第七章）。阻抗意味着当行为受到限制时，人们会用愤怒和增强的动机来克服他们行动自由的阻力。沃特曼和布雷姆提出，这种增加的动机和恢复控制的努力，往往是对不可控制的结果的最初反应，但是持续的不成功的努力最终会导致动机降低、被动状态和抑郁增加。这一系列的反应被描述为补偿性抑郁，一个和克林格、霍洛维茨及肖恩茨所提出的模型不同的类阶段模型。

上面所看到的是，应对的过程或多或少变成了一个阶段概念，就像屈布勒-罗斯（Kübler-Ross，1969）谈到的死亡阶段一样。然而，我们必须 146 关注的是，是否可以假定这些阶段如同皮亚杰的认知发展阶段一样在顺序上是不变的，或者仅仅是一种暂时占优的用来描述某些认知-情感-行为模式的方便途径，它取决于在全过程中何时进行观察。例如，沃特曼和布雷姆（1975）指出，在他们的模型中，阶段的顺序不一定是从补偿到抑郁。

之所以要对这一各阶段顺序不变的表达保持警惕，是因为临床上可以看到顺序是可变的。威胁生命的疾病，如癌症，让患者在病中从一点到另一点展现出明显不同的需求。门德尔松（Mendelsohn，1979；另见 Magcs & Mendelsohn，1979）观察到，从最初发现和确诊癌症，一直到病情恶化或似乎暂缓恶化的后期阶段，都有这样的变化。所观察到的并不是源自一些不可改变的成熟过程的必要的进展，而是反映了个体身上实际发生的事情的模式。所谓的应对阶段可能不仅指身体或外部需求和威胁的发展，也指内在刺激或所需顺序的进程。无论是如何评价疾病的重要性还是如何应对疾病，门德尔松都观察到了巨大的个体差异。门德尔松说："每个患者，在独特的个人历史背景下面临着一系列特定的情况。"（p. 67）要理解疾病的个人意义，就要把疾病危机放在生活史的背景中。

西尔弗和沃特曼（Silver & Wortman，1980a）回顾了和应对阶段相关的研究和理论，并指出缺乏足够的观察性研究，以解决这个问题。他们得出的结论是，有限的数据没有明确地匹配情绪反应和应对生活危机的阶段模型；事实上，他们的证据更多地指出了人和人之间巨大的差异，而不是一个标准的模式。

此外，阶段模型在人以及涉及人的适当情感和行动上创造了期望。例如，那些采用屈布勒-罗斯的死亡阶段概念的人可能会不经意地对患者施加压力以顺应预期的阶段（Lazarus，in press）。当他们的反应偏离常态时，患者可能会质疑他们反应的正常性、健康性或适宜性。人们可能会把
147 迪伦·托马斯激动人心的劝告贴上"怒斥光的消逝"（rage against the dying of the light）的标签作为病理诱导。

虽然因为反应的共享文化方式，一些模式可能比其他的更常见，但是我们怀疑有一个应对阶段的首要模式。但比是否具有普遍或共通的应对顺序更为重要的是，人们非常需要知道在给定的已知条件下，在某些时刻，对于特定类型的心理压力，对于特定类型的人来说，是否一些应对模式比其他的更为有用。大体来说就应对而言，研究人员几乎仅仅触及了这一问题的表面。

与灾难有关的文献（如 Baker & Chapman，1962）强调事件的阶段，而不是应对阶段。通常有三个阶段：期望或警告、冲击或对抗，以及事后冲击或事后对抗。我们对待这一问题的认知现象学取向是，在不同的阶段

对所遭遇事件对于幸福的意义进行不同的评价，然后要求不同的应对方式（另见 Lazarus，1966）。例如，我们假定，期望期、冲击或对抗期以及事后冲击期都有其自身的特征意义。

例如，在**期望**期，事件尚未发生，需要进行评价的首要问题包括是否会发生、何时发生，以及将发生什么。认知评价过程也评估个体是否、在多大程度、如何能够对付威胁，以及与控制感相关的次级评价过程。可以阻止吗？以什么方式？可以准备些什么来降低或防止伤害？一些伤害可以被防止而其他伤害则必须忍受？如果伤害不能被阻止，它能被忍受吗？如果可以，如何忍受？它可以被延迟吗？预期应对的代价是什么？正如福尔金斯（Folkins，1970），莫纳特、埃夫里尔和拉扎勒斯（Monat，Averill，& Lazarus，1972），以及莫纳特（1976）的研究中所展现的，当人们等待一个预料中的威胁时，他们对这些事件的想法会影响应激反应和应对。他们使用一些应对策略，例如在心理上使自己疏远，回避有关威胁的想法，否认其含义，寻找可能揭示与其他应对策略有关的信息，以及寻求来自个体已经怀有或起作用的行为和想法的反馈并对其进行回应。

在**冲击**期，与控制感有关的许多思想和行为不再有意义，因为有害事件已经开始或结束。当它的完整特征显露出来时，个体开始认识到它是和 148
预期的一样糟糕还是比预期的更糟糕，以及是以什么方式。在一些充满压力的遭遇中，心理能量集中在行动和反应上，它可能需要相当长的时间来梳理所发生的事情并评估其重要性。在事件展开的控制上意想不到的差异可能意味着人必须重新评估它的意义。我们把这些认知叫作**再评价**，而其他人则使用**情境再定义**这个术语。

这些在冲击期开始的认知过程，往往会持续到**事后冲击**期。此外，出现了许多新的考虑和任务。受到伤害以后，人们如何在心理上和物质上收拾残局？个人意义或所发生事件的意义是什么？它强加了什么新的要求、威胁和挑战？一个人能回到以前的状态，还是事情发生了明显的变化？

尽管压力性的遭遇已经结束，但它带来了一系列新的预期过程。即使是冲击或对抗期，也包括了一套针对过去、现在和未来的评价和应对过程。已经发生的损害或伤害也包含了预期意义上的威胁因素，而且除了分析和交流的便利性之外，绝不可能完全把与压力性遭遇的每个阶段相关的认知和应对过程分离开。

在遭遇的事件中，人们想要知道究竟在发生什么，可以做些什么，而这会影响应对。例如，一个人了解到自己缺乏对情境最重要方面的控制，将会鼓励他使用策略来调节情绪；对环境的直接行动可能必须等待合适的机会。相反，在压力性的遭遇中所采取的行动带给个体与环境关系的改变可以消除情绪调节的需要，或者表明这种调节是更必要的。

## 应对的多重功能

我们的概念化的一个重要特征是，应对远不止解决问题，有效的应对
149 还有其他功能。我们不想把应对的功能和应对的结果混淆起来。应对功能指的是策略使用的目的；结果指的是策略所具有的效果。一个策略可以具有确定的功能，例如回避，但它不一定会导致回避。换句话说，功能不是根据结果来定义的，尽管我们可以预期给定的功能会得到确定的结果。这种区别与我们对应对的定义是一致的，因为它与结果无关。

应对功能的定义取决于理论框架（如果有一个的话），其中我们对应对进行概念化，然后/或者在情境中对应对加以验证。例如，当在诸如第五章所讨论的自我过程系统内定义应对时，它的中心功能是降低紧张感和恢复平衡状态。相反，平衡状态的维持就不是贾尼斯和曼（Janis & Mann，1977）所关注的背景，他们在决策的框架内来定义应对的功能。在他们的模型中，应对的主要功能与决策有关，特别是对信息的搜索和评价。

几个作者识别出了多种应对功能。在自我心理学框架下的工作中，怀特（White，1974）列举了三种：

> （1）保持获得足够的环境信息；（2）保持良好的内部条件，既可用于行动，也可用于处理信息；（3）维持……自主或行动自由，以一种灵活的方式自由地使用［个人的］才能和本领。（p. 55）

梅凯尼克（Mechanic，1974）从社会心理学的观点也列举了三种应对功能：处理社会和环境需求，创造满足这些需求的动机，保持心理平衡状态以将能量和技能引导到外部需求上。皮尔林和斯库勒（Pearlin & Schooler，1978）则认为应对功能包括改变产生压力体验的情境，在经历变得具有压力性之前控制这些经历的意义，在压力出现以后控制压力本身。

最后，有一些应对功能与特定情境有关，如健康/疾病（相关综述参见 Cohen & Lazarus，1979；Moos，1977）、应试（Mechanic，1962）、政治危机（George，1974）、跳伞（Epstein，1962）、福利系统（Dill et al.，1980），以及福利机构住房的变化（Aldrich & Mendkoff，1963）。与从更大理论视角得出的应对功能相比，在特定情境下定义的应对功能不那么普遍，但更具有情境特定性。

上述应对功能的共同点在于我们所认为的非常重要的一个区别，即，用于管理或改变引起痛苦的问题的应对和用于调节针对问题的情绪反应的应对之间的差异。我们把前者叫作**以问题为中心的应对方式**，而把后者叫作**以情绪为中心的应对方式**（Folkman & Lazarus，1980）。乔治（George，1974）、卡恩等（Kahn et al.，1964）、梅凯尼克（1962）、墨菲（Murphy，1974）以及墨菲和莫里亚蒂（Murphy & Moriaty，1976）指出了应对的这两个主要功能，在梅凯尼克（1974）、皮尔林和斯库勒（1978）、皮尔林等（Pearlin，Menaghan，Lieberman，& Mullan，1981）以及怀特（1974）提出的模型中也隐约提到。 150

一般情况下，当人们评价没有什么可以改变具有有害性、威胁性或挑战性的环境条件时，以情绪为中心的应对方式更可能发生。与此同时，当这些条件被评价为可以改变时，以问题为中心的应对方式更可能发生（Folkman & Lazarus，1980，in press）。

*以情绪为中心的应对方式*

文献中可以找到各种以情绪为中心的应对方式。一个大的组别由旨在减少情绪痛苦的认知过程所组成，包括诸如回避、最小化、疏远、选择性注意、积极比较以及从消极事件中寻求积极价值等策略。这些策略中的大部分来源于防御过程的理论和研究，并用于几乎每种类型的压力性事件中。少部分认知策略旨在**增加**情绪痛苦。有些人在感觉更好之前需要感觉更糟；为了得到解脱，他们首先需要深切地体验他们的痛苦，为此，他们会不断进行自责或其他形式的自我惩罚。在其他情况下，个体故意增加情绪痛苦，以便让自己行动起来，就像运动员在比赛中要“振作精神”一样。

以情绪为中心的应对的某些认知形式可以在不改变客观情境的情况下改变对所遭遇事件的解读。这些策略等同于**再评价**。想一下以下几种常用的减少威胁的认知策略：“我决定去担心更重要的事情。”“我想事情会变得更糟。”“我觉得我并不像我想的那样需要他。”在每一种情况下，通过改变情境的意义——作为再评价的应对努力，来降低威胁。

在其他地方，我们将这些认知应对努力称为“防御性再评价”（Lazarus，1966）。然而，**防御**一词意味着对现实和现实歪曲的关注，因此我们选择不把它纳入我们的应对定义中。并非所有的再评价都是防御性的。例如，积极比较或从消极的情境中寻求价值，并不一定要歪曲现实。此外，并不是所有再评价的目标都是调节情绪；正如我们在下面将看到的，一些 151

再评价聚焦于问题本身。由于所有这些原因，我们选择把那些没有在客观上改变情境但是却改变了情境意义的认知策略称为**认知再评价**，无论改变的解释是基于对线索的现实解释还是对现实的歪曲。

其他以情绪为中心的应对策略不会像认知再评价那样直接改变事件的意义。例如，选择性注意或回避是否改变意义取决于所注意的内容或避免的内容。即使一个遭遇的某些方面被筛除或者关于它的想法暂时被搁置，其意义也可以保持不变。同样，诸如参与体育锻炼让自己忘掉麻烦事的行为策略、冥想、喝酒、发泄愤怒、寻求情感支持，都可以导致再评价，但它们本身不是再评价。我们之所以强调这一点，是因为我们不希望把以情绪为中心的应对当作再评价的代名词。以情绪为中心的应对的某些形式是再评价，但其他形式不是，还有一些有时是再评价，有时不是。

尽管以情绪为中心的过程可能在不歪曲现实的情况下改变一个压力性互动的意义，但我们仍然必须考虑自欺欺人的问题，这始终是这类应对过程的一个潜在特点。我们使用以情绪为中心的应对方式来维持希望和乐观，否认事实和言外之意，拒绝承认最坏的情况，表现得好像发生的事情无关紧要，等等。这些过程有助于解释自我欺骗或现实歪曲。

然而，一个人不能成功地欺骗自己，同时意识到他正在这样做，因为意识使自我欺骗无效。因此，成功的自我欺骗必须发生在无意识的情况下（另见 Suls，1983）。意识缺乏或无意识的问题符合我们的主张，即认知评价过程不一定是有意识的（参见第二章）。长期以来（如 Eriksen，1962a），即使不是不可能，想要在没有同义重复的情况下经验性地定义意
152 识缺乏也是很困难的。临床医生通常寻找三种矛盾中的一种来推断无意识的过程：所言与所为，此时和彼时所言，所言与所感。这些标准有助于在观察中锚定无意识的推断；然而，它们不能作为自我欺骗的**证明**（对自我欺骗的深入讨论，参见 Sarbin，1981）。

我们倾向于认为自我欺骗是一个连续体，从个人或社会错觉到重大歪曲上延伸，在所谓的健康和病理形式之间没有明显的分界线。我们必须意识到自欺欺人发生的背景，以及由此产生的短期和长期的成本和收益（参见第五章）。如果把自我欺骗简单分成健康的或致病的，且不考虑以情绪为中心的应对的认知形式在人的整体心理经济中的位置，困惑和误解就会发生。

*以问题为中心的应对方式*

以问题为中心的应对策略与解决问题的策略相似。因此，以问题为中

心的努力往往指向定义问题，产生替代性的解决方案，根据成本和收益来权衡替代方案，在其中做出选择，并采取行动。然而，以问题为中心的应对方式比单独的问题解决包含更广泛的问题导向策略。问题解决意味着一个主要聚焦于环境的客观的、分析的过程；**以问题为中心的应对**还包括指向内部的策略。

卡恩等（1964）提出两大组问题导向策略：指向环境和指向自我的策略。前者包括改变环境压力、障碍、资源、程序等的策略；后者包括针对动机或认知改变的策略，如改变愿望水平、减少自我卷入、寻找满足的替代途径、发展出新的行为标准或学习新的技能和程序。卡恩等确定的针对自我的策略不能被称为典型的问题解决技术，但它们实际上是在帮助人们管理或解决问题。除了发展出新的行为或学习新的技能和程序，我们将把卡恩等确定的指向内部的策略命名为以问题为中心的**认知再评价**。 153

与在文献中讨论的大量的以情绪为中心的策略相比，适用于各种情境的以问题为中心的应对方式的数量似乎相对有限。然而，研究领域里特定情境越多，以问题为中心的策略的增长就越大。例如，如果被问及用于解决工作中出现的问题的策略，秘书无疑会列出大量要完成的具体任务、阻碍进展的障碍、办公室中克服这些障碍的资源等。该清单将和销售人员的不一样，他们有不同的任务、障碍和资源，因此会有不同的特定的应对策略。以问题为中心的应对策略的定义在一定程度上取决于所处理的问题的类型，这意味着以问题为中心的应对策略的跨情境比较，比以情绪为中心的策略的跨情境比较更困难。然而，我们依然应该努力评估以问题为中心的应对方式，原因将在本章的后面进行说明。

### *以问题与以情绪为中心的应对功能的关系*

从理论上讲，以问题和以情绪为中心的应对既可以彼此促进也可以相互阻碍。请考虑下面的例子，其中两种应对方式相互促进：

A. 一位女士走上讲台提交论文时，她焦虑不安。她做了一些深呼吸，给自己安慰的信息来调节焦虑。这些手段让她可以采用以问题为中心的应对方式，例如，浏览她的笔记或练习一个开场白，这将有助于她的演讲（参照 S. Miller，1980）。

B. 要开始一次重要考试的学生非常焦虑。当注意转向考试时，焦虑就会减轻。在这种情况下，转向任务（以问题为中心的应对）导致情绪痛苦的减少。我们在第四章描述的梅凯尼克（1962）关于博士研究生考试的研究中已经说明过这一动态。

在下面的例子中，两种应对方式相互妨碍：

154 A. 一个人如果不得不做出艰难的决定，就会发现情感上的痛苦是无法忍受的，为了减轻痛苦，就会做出一个仓促的决定。如贾尼斯和曼（Jannis & Mann，1977）所说，这些决定的特点可能是“缺乏警惕的搜索，选择性疏忽，选择性遗忘，扭曲警告信息的意义，以及一厢情愿地合理化建构以最小化负面后果”（p. 50）。在这种情况下，用于减少情绪痛苦的策略妨碍了以问题为中心的努力。

B. 最近被诊断患病的个体坚持收集和评估信息，这些信息的获取增加了不确定性和焦虑。他陷入了一个以问题为中心的应对（信息收集和评估）循环中，这加剧了他的情绪痛苦，并干扰了可能被用来减轻痛苦的机制，诸如回避（参照 Breznitz，1971）。

逸事例证

以问题和以情绪为中心的应对方式在大多数写实的描述中没有得以明确地确定。然而，这两种方式通常是显而易见的，并且在许多情况下，我们可以看到它们促进和/或妨碍彼此的程度。考虑下面由戈尔茨坦（Goldstein，1980）所讨论的：

> ……［病重］患者采取“不合作”的行为，是试图通过向自己和他人“证明”不需要危及生命的治疗，以减少或回避认识到自己对生命的掌控如此脆弱，因此，他们并没有患上别人所害怕的那么严重的疾病。然而，通过否认病情的严重程度和治疗的需求，这些患者可能会因为不遵从治疗方案而危及生命……（p. 90）

上面提到的以情绪为中心的应对策略包括那些“旨在通过回避那些如果直接面对可能会把人压垮的现实，而使生活变得更容易忍受”的策略（p. 90），戈尔茨坦将其标记为最小化和回避。这些策略干扰了治疗方案，在此情境中这些治疗发挥的是以问题为中心的功能。

哈伊和奥肯（Hay & Oken，1972）注意到，诸如疏远和回避这样的策略似乎降低了加护病房的护士的痛苦，而这反过来又帮助他们更有效地
155 从事患者护理任务。以情绪为中心和以问题为中心的应对的结合产生了一个有趣的意外结果，那就是护士使用相同的技术来调节情绪以促进他们给予患者健康护理，可能也会使他们在对待他们的患者时显得冷漠和机械，也许阻挠患者满足温暖和情感支持的需要。

卡恩等（1964）提供的另一个例子是对于组织压力的研究。他们描述

了一个事件，在这个事件中一个雇员被他的同伴指控没有执行一个特定的程序。访谈者问："那件事情发生的时候你做了什么？"回答是：

> "嗯，它让我焦头烂额……我的第一个反应是去确认……他所说的不是真的，所有的东西［信件］都发出去了。可是总有可能你会犯错，所以我先检查了一下。然后我告诉他。不，所有的东西都发出去了。我随即的反应是训斥他一顿。他没有权利这样说我。然后我重新考虑了一下，认为这对眼下的状况毫无帮助。"(pp. 301－302)

这个人使用的第一个策略是针对问题本身。他确认所有的东西都发出去了。他还抑制了表达愤怒和"训斥他一顿"的冲动。他认为愤怒的表达会干扰问题的解决。换句话说，他调节自己的痛苦情绪，以促进以问题为中心的应对。

在这些描述中说明的另一点是以情绪和以问题为中心的应对常常同时发生。例如，这名雇员很可能体验到愤怒并抑制了它的表达，同时他采取行动来确认是否信件已经发出去了。然而，如果我们观察一个较长的时期，如创伤的恢复期，我们可能会看到更清晰的策略序列模式。例如，对从创伤事件如脊椎损伤或亲人的死亡中恢复的描述表现出一种常见的模式，在这种模式中事件发生后，立即出现一段时间的否认或最小化（以情绪为中心的应对），接着会被以问题为中心的关注所取代，与治疗计划相关，从而适应创伤所带来的限制，恢复、维持或发展人际关系，总而言之继续生活（例如，参见 Andreason，Noyes，& Hartford，1972；Hamburg et al.，1953；Kübler-Ross，1969；Moos，1977；Visotsky et al.，1961）。

实验性证据 156

以问题和以情绪为中心的应对之间的差异也获得了大量的实证支持。梅凯尼克（1962）在对准备博士考试的研究生进行的丰富而系统的研究中使用了类似的区分。他的**应对行为**术语是指与"明确、着力解决和完成任务"有关的思想和行为（p. 51）。**防御**是指维持人格的整合和情绪状态的控制。换言之，梅凯尼克使用**应对**来表示被我们称为以问题为中心的应对方式，用防御来表示以情绪为中心的应对方式。

以问题为中心的策略与完成任务有关，包括选择要学习的内容范围、准备、分配时间用于学习以及发展出解决问题的方法。用以调节情绪的策略包括：从学生所持有的与考试相关态度和希望相一致的环境中寻求安慰信息，开玩笑和幽默，成为所选小组的成员，魔术练习，产生敌意，寻求支持，回避其他学生，找到他们应该失败的可接受的可能原因，使用镇静剂，以及责任外化。这个清单不受传统防御观念的限制，也不关注现实和自我功能。相反，梅凯尼克检验了所有可以用于调节情绪状态的行为和认知方式。他还提到了任务相关和情绪相关策略之间的相互作用。他指出，举例来说，那些把旧试题看作一种准备技巧的学生会发现，旧试题使他们焦虑，导致一些学生减少或停止练习。“这表明学生在他们的应对和防御需求之间做出妥协。”（p. 93）

我们关于应对的实证研究已经清楚地证明了以问题和以情绪为中心的功能的普遍性（Folkman & Lazarus，1980）。我们收集了 100 名居住在社区的中年人在一年中如何应对日常生活压力事件的数据。每位被试报告了大约 14 次压力事件，从房屋修缮或家庭庆祝这样的小事到对年老父母、危及生命的疾病以及死亡的关注。被试在 68 个条目的应对方式量表上报告了他们用来处理这些事件需求的想法和行为。量表中的条目是从防御性
157 应对、信息搜寻、问题解决、缓解、行动抑制、直接行动和魔幻思维等领域抽取的。每个条目被归类（使用理性和实证的方法）在以情绪为中心或以问题为中心的总体类目中。以情绪为中心的策略包括诸如“寻找一线希望，试着看到事物的光明面”“接受某人的同情和理解”“试着忘记整个事情”等条目。以问题为中心的策略包括“让一个人对改变他的想法负责”“制订行动计划并遵循”“站在你的立场，为你想要的而奋斗”这样的条目。

结果发现，每个人几乎在每个压力性事件中都使用了这两种功能：分析中包括的 1 332 个事件中，仅有 18 个只用了一种功能。这个发现指出，人们**同时**使用以问题为中心和以情绪为中心的应对策略来处理现实生活压力情境带来的内部和/或外部需求。

此外，对来自该领域研究的应对数据进行因子分析，发现前面提到的几种以情绪为中心的应对类型。其中包括一厢情愿的想法，将事件解释为个人成长的机会，最小化威胁，寻求社会支持，以及责备自己这些类别。还有一个因子是以问题为中心的应对类别，另一个因子是信息寻求、以问题为中心的应对和以回避情绪为中心的应对的混合体（Aldwin，Folkman，Schaefer，Coyne，& Lazarus，1980）。这些更严格定义的应对功能被证明和结果的相关是有差别的。我们将在第七章讨论这些发现。在随后的两项研究中，我们发现了类似的应对因素（Folkman & Lazarus，in press）。重要的是，这对从更广泛的功能中寻找各种类型的以问题和以情绪为中心的应对方式是有用的。然而，记住这两个主要功能，以确保两者

都得到评价也是重要的。

## 应对资源

我们已经说过，应对是由认知评价决定的。在前面的章节中，我们把重点放在初步评价以及个人和环境的特性上，这些特性会影响对某件重要的事情是否正处于危急关头的判断。在这一章，我们会考虑次级评价，它聚焦于“我能做什么?”这个问题。对这个问题的回答是一个关键的决定因素：这个人实际上将会做什么。虽然第三章和第四章所描述的人和环境 158
的许多特征影响次级评价，但是人们实际应对的方式也严重依赖于他们可用的资源以及在特定事件背景下抑制这些资源使用的限制。

说一个人足智多谋意味着他有许多资源，和/或可以聪明地找到利用这些资源来应对需求的方法。这些意义共享着这样的概念，即资源是可以利用的东西，不管它们是否容易为人所用（例如，金钱、工具、要帮助的人、相关技能），或者它们是否作为寻找所需但不可用的资源的能力而存在。这两个含义都与我们的讨论有关。

安东诺夫斯基（Antonovsky，1979）使用**广义抗性资源**来描述促进压力管理的特性。这些特征可以是物理的、生化的、人工材料的、认知的、情感的、态度的、人际的和宏观社会文化的。安东诺夫斯基的取向不同于我们的取向，他关注有助于**抵抗**压力的因素，而我们关注的是个体**为应对压力而利用的资源**。这种取向上的差异反映在安东诺夫斯基把应对包含在抗性资源中，而我们则把应对看作从资源中逐步演化出来的一个过程。换句话说，安东诺夫斯基把资源看作压力的缓冲区，我们把它们看作先于应对和影响应对的因素，而这反过来又调节压力。

皮尔林和斯库勒（Pearlin & Schooler，1978）通过实证检验了与实际应对过程相比，资源自身对压力影响的缓冲程度。皮尔林和斯库勒研究了在家庭经济、工作、育儿和婚姻这四个角色情境中，掌控和自尊，以及这些特征与应对反应和情绪痛苦减少之间的关系。他们发现，在婚姻以及育儿这种亲密的人际关系情境中，人们所做的具体事情更密切地决定了他们是否会体验到情绪痛苦，而拥有“恰当”的资源对于处理与相对客观的问题更为有效。皮尔林和斯库勒认为：

> [资源] 更有助于维持人们面对环境产生的压力，在这些环境里，人们很难直接控制，比如财务和工作。但是，当一个人处理存在于亲密人际关系中的问题时，他所做的事情就会产生巨大的差异。(p. 13)

159 不可能把人们为了应对生活中各种需求所利用的资源都一一编入目录。相反，我们将确定资源的主要类别。我们的目的不是穷尽无遗，而是要说明应对资源的多维性以及可以考察这几个维度的不同水平的抽象概念。我们将从人的特性资源开始，包括健康和精力（身体资源）、积极信念（心理资源）、问题解决和社会技能（胜任力）。其余类别更多与环境相关，包括社会和物质资源。

健康和精力

这些都是最普遍的资源，因为它们与应对许多（如果不是所有的）压力性的遭遇有关。一个人如果躯体虚弱、生病、疲倦或有其他令人衰弱的遭遇，那么相比健康、强壮的人，他可以用于应对的精力更少。躯体健康所发挥的重要作用在持久性的问题和要求极大资源调动的压力性互动中尤其明显。

当然，人们可以夸大健康和精力对应对的重要性。许多研究（如 Bulman & Wortman，1977；Dimsdale，1974；Hamburg & Adams，1967；Hamburg et al.，1953；Visotsky et al.，1961）表明，即使健康状况不佳、精力耗竭，人们还是能够很好地应对。因此，健康和精力无疑有助于应对的努力，个体感觉良好时比不舒服时更容易应对，但是当利益足够大的时候，即使生病和体力不振的人通常也能够充分调动起资源。

积极信念

积极看待自己也可以被看作是应对的一种非常重要的心理资源。在这一类中包括那些作为希望的基础以及在最不利的条件下保持应对努力的一般和具体信念。正如我们在第三章指出的，诸如结果可控、个体有能力影响这样的结果、某个特定的人（如医生）或计划（如治疗）是有用或有效的这类一般信念，通过关于正义、自由意志或上帝的积极信念，可以激发希望。只有当这样的信念使积极的结果可能实现的时候，希望才会存在。

160 将积极信念当作一种应对资源的观点存在于如诺曼·文森特·皮尔这类“励志”作家的传统中。皮尔主张积极思维具有功能性的力量，并有助于充分地理解经验。目前尚不清楚的是，积极思维是否需要耗费成本，那些没有积极思维的人是否会受到影响而变得有积极思维。也许最需要培养这种能力的人是最没有能力培养这种能力的人。我们认为研究积极思维是重要的，包括激发它的条件、它的成本和收益，以及它通过干预得以发展的程度。

不是所有的信念都可以作为应对资源。事实上，一些信念会抑制应对努力。例如，对惩罚性上帝的信仰可以导致一个人接受一种令人痛苦的处境作为惩罚，而不去控制或管理情境的需求。相信命运（外部控制源）可以产生无助感的评价，而这又会阻碍以问题为中心的相关应对。类似地，对于自己在一个情境中是否具有控制能力的负面信念，或者对于自己所承诺的特定策略的有效性的负面信念，会阻碍基本的以问题为中心的应对努力。

一个给定信念系统的扩展程度也会影响它作为一个资源的作用。正如我们在第三章指出的，信念系统从那些适用于几乎所有环境情境的，到适用范围很窄的，各不相同。对父神（paternal God）的信念可能渗透进几乎所有对压力性遭遇的评价中，并在方向和力度上影响应对活动，而关于个人控制的信念则可能局限于选定的情境。人们认为自己在工作中比在家中对结果控制得更差，这种信念会在工作情境中阻碍以问题为中心的应对。因此，信念系统的性质及其扩展的程度决定了它作为资源的价值或在评价和应对过程中的责任。

尽管信念作为一种资源具有理论上的重要性，但很少有人研究信念是如何在应对过程中确切地表现出来的。在我们以上认为是应对资源的信念中，那些与控制有关的信念得到了最广泛的关注。例如，在成就情境中（相关综述参见 Lefcourt，1976），关于内部控制源的一般信念（通常用罗特量表测量）比关于外部控制源的信念会产生更多的持久性努力。同样，正如我们在第三章指出的，在特定的遭遇中，对于控制的积极评价，班杜拉（Bandura，1977a）称之为效能预期，也会决定应对的努力和持久性 161
（另见 Bandura，1982）。

一些研究还表明，一般控制预期与应对活动的类型有关。斯特里克兰（Strickland，1978）在回顾控制期望的内外源以及健康的态度和行为的研究时，引用了一些研究，这些研究表明，那些认为结果取决于自己行为的人与那些认为结果取决于运气、机会、命运或权力这些超出个人控制之因素的人在处理健康问题时是不同的。那些具有内部控制源的人更有可能在被告知可能存在的隐患如高血压时，收集关于疾病和健康维护的信息（如 Wallston，Maides，& Wallston，1976；Wallston，Wallston et al.，1976），更有可能采取行动改善他们的健康习惯（如 James，Woodruff，& Werner，1965；Mlott & Mlott，1975；Steffy，Meichenbaum，& Best，1970；Straits & Sechrest，1963；Williams，1973），热衷于预防性的牙齿护理（Williams，1972），有效地实践生育控制（MacDonald，1970）。（健康相关控制源量表，另见 Lau，1982；Lau & Ware，1982。）

安德森（Anderson，1977）在洪灾过后的三年半时间里研究了 102 名小企业所有者或管理者的控制源和应对行为之间的关系。他发现具有内部控制源的人比具有外部控制源的人使用更多的任务相关的应对行为，并且具有外部控制源的人比具有内部控制源的人报告了更多的防御性反应。以任务为导向的应对行为的例子包括解决问题的努力，例如获得帮助来应对最初的丧失。管理情绪或焦虑反应的行为包括退缩、群体归属、敌对和攻击。

罗特鲍姆、沃尔费和维森塔纳（Rothbaum，Wolfer，& Visintainer，1979）报告了儿童的应对行为与心理控制源之间的关系。他们的发现表明内隐行为（如无助）与外部控制源相关，而外显行为（如攻击）与内部控制源相关。然而，他们的研究受到应对测量的限制，测量的内容在很大程度上是指向病理学的，并且看起来与其说是应对行为，不如说是一系列应激反应。例如，**内隐**条目包括：对他人反应不敏锐；蜷缩或驼背；胃痛或头痛。**外显**条目包括：喊叫或尖叫；不服从；过度活跃，击打或破坏事物（p. 123）。

安德森（1977）和斯特里克兰（1978）的讨论表明，关于控制源的一
162 般信念确实会影响应对：具有内部控制源的个体似乎更多使用以问题为中心的应对方式，而具有外部控制源的个体则更多使用以情绪为中心的应对方式。我们对 45～65 岁的被试进行研究的数据则提供了复杂的结果（Folkman，Aldwin，& Lazarus，1981）。关于控制源的一般信念与应对无关；与我们所预期的相反，具有内部控制源的个体没有比具有外部控制源的个体更多使用以问题为中心的应对。

与此同时，正如我们在第三章指出的，每位被试对每个事件的情境控制评价都与应对密切相关。被评价为具有改变（控制）可能性的情境比那些必须被接受的情境与更多使用以问题为中心的应对方式相关。相反，那些必须被接受的情境比那些被评价为可改变的情境与更多使用以情绪为中心的应对有关。类似地，在我们对于期中考试期间情绪和应对方式的研究中（Folkman & Lazarus，in press），考试准备期间，相比以情绪为中心的应对方式，被试使用更多以问题为中心的应对方式。考试结束后，当学生在等待成绩宣布，不能再做任何事情来影响考试结果时，以情绪为中心的应对方式增加，以问题为中心的应对方式减少。

在第三章，我们还讨论了**承诺**的双面性质，指出承诺越深刻，个人就越容易受到威胁，但同时越有动机抵御对承诺的任何威胁和损害。承诺的动机属性是一种重要的资源，因为人们被驱使进行应对活动，并且更倾向

于维持它。因此，承诺的激励性具有类似于产生希望的积极信念的效果：两者都有助于在面对障碍时维持应对努力（另见第八章对卷入和疏离的讨论）。

问题解决技能

问题解决技能包括搜寻信息的能力、为了识别问题以产生替代性的行动方案而分析情境的能力、权衡替代性的行动方案的能力、根据期望或预期的结果权衡替代方案的能力，以及选择并实施适当的行动计划的能力（Janis，1974；Janis & Mann，1977）；它们也是应对的重要资源。这种一般的、抽象的技能最终会在具体的行为中得以表现，例如更换轮胎、向未来的雇主展示自我、准备考试等等。一些作者用广泛的术语对技能进行概 163
念化，例如处理道德困境（Schwartz，1970）、紧急情况（相关综述参见 Appley & Trumbull，1967；Baker & Chapman，1962；Coelho et al.，1974；Janis，1958；Lazarus，1966）、角色冲突、婚姻冲突（Levinger，1966；Parsons & Bales，1955），或模糊性（Haan，1977）。其他人喜欢狭义的定义，例如在培训手册中可能会发现的（Meichenbaum，1977；Rogers，1977；Yates，1976）。问题解决的技能本身来自其他资源——广泛的经历、个人的知识储备、使用这些知识的认知/智力能力，以及自控能力（如 Rosenbaum，1980a，b，in press）。

社会技能

社会技能是一种重要的应对资源，因为社会功能在人类适应中具有普遍作用。它们指的是以适当和有效的方式与他人交流和表现的能力。社会技能有助于与其他人共同解决问题，增加他们获得合作或支持的可能性，并且通常给予个人对社会互动的更大控制。

社会技能作为一种资源的重要性在许多领域是显而易见的，包括帮助个人更好地管理日常生活问题的治疗方案以及提高人际沟通技能的组织培训方案。教授沟通技能的组织内活动反映了一种趋势，在这种趋势中，解决问题的方法不太可能依赖于个体的行动，而是取决于制定涉及群体行动的解决方案的能力（Mechanic，1974）。这种趋势越明显，在与他人的合作关系中发挥作用的社会技能就越重要。

对儿童和成年人的社会技能进行概念化和评价的努力正在激增（如 Bond & Rosen，1980；Kent & Rolf，1979；Zigler & Trickett，1978）。麦克弗尔（McFall，1982）认真回顾了这一领域的测量取向。他确定了两个主要的模型：一个是特质模型，它把社会技能看作一般的、根本的人格特征或反应倾向；还有一个是他所谓的分子模型，在这个模型中，社会技能是根据具体的、可观察的行为单元来加以解释的。一般来说，基于特质
164 模型的测量在心理测量上较弱，并且与标准情境中的表现无关。基于分子模型的测量则摆出了不同的问题，例如分析单元的大小和范围的不确定，以及是否要在评价中包含参与互动的其他人的行为。麦克弗尔认为不论是特质模型还是分子模型都不够充分，他基于信息加工取向提出了另一种双模型。

大多数评价社会技能的尝试有提高这些技能的实际目标，即所谓的心理病理学的初级预防（如 Cowan，1980）。墨菲的工作（Murphy & Moriarty，1976；Murphy & associates，1962）虽然没有基于临床干预，但也是高度相关的，其中包含观察儿童如何通过与生活和成长中的日常压力做斗争来获得应对能力。

社会支持

在压力研究、行为医学和社会流行病学中，把人们所获得的情感、信息和/或有形支持当作一种应对资源越来越受到关注（如 Antonovsky，1972，1979；Berkman & Syme，1979；Cassel，1976；Cobb，1976；Kaplan，Cassel，& Gore，1977；Nuckolls，Cassel，& Kaplan，1972）。我们在第八章充分讨论了这种资源，因此我们在这里不再详细阐述。

物质资源

这是指货币以及货币可以购买的商品和服务。这种显而易见的资源在应对的讨论中很少被提及（另见 Antonovsky，1979），尽管对经济地位、压力和适应之间紧密联系的讨论已经表明了它的重要性（参照 Antonovsky，1979；House，1979；Syme & Berkman，1976）。有钱人，特别是如果他们能有效地使用金钱的话，通常比那些没有钱的人更走运。显然，货币资源在几乎所有压力互动中都大大增加了应对选择，它们提供了更容易通常也更有效的获得法律、医疗、金融和其他专业援助的途径。仅仅拥有金钱，即使并没有利用上，也能降低个体面对威胁的脆弱性，并且这种方式也会促进有效的应对。

165

## 利用应对资源的限制

许多压力性遭遇的新奇性和复杂性产生了常常超过人们资源的需求。然而，在很多情况下，资源实际上是足够的，但是人们并没有充分利用它们，因为这样做可能会造成额外的冲突和痛苦。制约个人处理环境的方法

的因素可以称为限制，其中一些来自个人，其他的则来自环境。

个人限制

个人限制是指禁止某些行为或感受的内化文化价值观和信念，以及作为个人独特发展产物的心理缺陷。我们也把这些个人限制称为个人议题。文化衍生的价值观和信念是决定某些行为和感受何时合适、何时不合适的标准。幽默在逐渐升级的争论中可能是缓解紧张氛围的适当和有效的手段，但是在葬礼上它不仅是不适当的，而且可能会引发紧张关系。在克拉斯（Klass，1981）的一项调查中，那些对自己的独断行为感到非常内疚的女学生，相比那些内疚感低的女学生，会在社交场合更不自信。内疚的程度表明一种个人限制，大概是从她们社会化过程中产生的。毋庸置疑，在某些情况下，个人将更多地受到文化规范的影响，这部分取决于利害关系以及违反这些规范的后果。此外，个人在不同程度上遵守规范。然而，即使考虑到广泛的环境和个体差异，文化衍生的价值观、信念和规范也是重要的限制因素。

例如，在危机中，人们可能拥有许多形式的社会支持，但是基于他们对这种支持的理解，他们可能无法使用它们。他们可能婉拒别人提供的帮助，因为这意味着他们是贫穷的或无助的；或者他们可能不想有人情债或怀疑别人提供的帮助背后的动机。对接受帮助的残疾人的反应进行分析表明，提供给他们的帮助通常是不得体的，或者根本没有理解他们的真正所 *166*
需，在这种情况下，他们可能会发现难以接受或者有失尊严。

同样，正如我们上面提到的，梅凯尼克（Mechanic，1974）指出，对某些问题的解决可能取决于一起工作的人的能力和意愿。他写道：

> 从心理学角度来看，具有适应性和有效性的个体由于他们的价值观和对团队合作类型的个人取向反而是不适合的，团队合作在解决特定社区问题上是必要的。因此，许多有效的应对者也可能在影响他们的环境上变得无能为力，要么是因为他们自己的阻抗，要么是因为不能很好地进入与他人合作的有机关系中。(pp. 36 - 37)

还有许多其他的个人议题的例子也会限制应对。一个是对模糊性的容忍（Frenkel-Brunswik，1949），这是我们在第三章讨论过的。过早形成这种个性倾向会严重限制人们充分利用资源的程度。其他的个人议题还包括对失败的恐惧和对成功的恐惧（如 Atkinson，1964；Horner，1972），在结果可能被评估的情况下，它们会干扰应对。权威人物的问题、依赖的需要和做事情的风格作为限制因素也占有显著地位。（对做事风格如何限制应对的讨论，参见第三章边码第 73－74 页。）

环境限制

环境中的限制与个人限制一样多。例如，对于相同的资源会有竞争的需求。因为很多资源是有限的，特别是如金钱这样的物质资源，必须选择如何分配它们。在其他情况下，环境阻碍了资源的有效利用，这在第三章中我们提到的迪尔等（Dill et al.，1980）对低收入职业母亲的压力和应对的研究中得到了说明。他们的受访者提供了大量说明公共机构如何对他们应对不利情况的努力无动于衷的例子。例如，一个受访者提到她自己并不是没有努力或是想尽办法，但还是没有成功地把她患有诵读障碍和遭受情绪痛苦的孩子送到“老大哥”（Big Brother）项目、课后日托或为学习障
167 碍者开设的特殊学校。其他妇女也同样很难获得所需要的恰当援助，她们常常将环境反馈评价为自己无能的一种反映，尽管她们对这些机构力量没有多少客观控制。迪尔等得出结论：环境可能在对个人构成的威胁的性质和出现频率以及应对威胁情境的可选项上有所不同，并且环境可能以让人们的应对策略变得无效的方式对人们的应对努力做出反应。

这个讨论的目的是将限制看作有效使用应对资源的抑制剂。然而，限制也可以起到促进作用。卢卡斯（Lucas，1969）在对一次矿难中群体行为的详细研究中提供了一个生动的案例。被爆炸困住的 6 人在等待救援时缺水，不得不面对即将死亡的可能性。在这种情况下，社会限制有助于保持希望。哭泣和其他绝望的表现被群体中的不同成员温柔地抑制住了。下面的片段说明了这个过程：

> “我［也］含着眼泪，但我说：‘不要哭；我们需要我们所有人的力量。’这就是我所说的。我还说：‘我想我已经有足够的力量再多待几天了，也许还可以更多。’因此，他说：‘好吧……我不再哭了。’于是我们在那儿聊了很久。”（pp. 273－274）

无论这种有目的的群体功能（这里指的是保持希望）是不是一个合理的推论（对功能解释的误差的精彩评述，参见 Merton，1957），似乎毫无疑问，这种努力确实有助于群体成员的应对。从目前的观点来看，最重要的是，这个例子说明了社会限制是如何促进个人和群体应对的。

威胁程度

威胁评价的范围从最小的很少经历压力，到极端的以强烈的负面情绪，如恐惧为特征的不等。伴随着资源和限制，个人经历的威胁程度在应

对决策中起着一定的作用。在这里，我们陷入了一些循环论证中。一个人感到受威胁的程度在某种程度上来说，是一种他对特定情境中与内外部需求相关的应对资源的评价以及限制使用这些资源的功能。威胁程度反过来又影响了可利用的资源用于应对的程度。让我们通过考虑威胁对应对的影 168
响，武断地打破这种循环。

威胁越大，应对方式越原始、越孤注一掷或越退化，以情绪为中心的应对方式就越明显，以问题为中心的应对方式的范围就越受限。关于以情绪为中心的应对方式，门宁格（Menninger，1954）写道：

> 我们通常用相对“正常”或“健康”的手段来处理轻微的压力。更大的压力或长期的压力则会激发自我变得越来越充满活力和扩张的活动，有利于自我平衡的维护。(p. 280)

惠顿（Wheaton，1959）在一项关于隔离影响的研究中指出，随着威胁（如饥饿、口渴、伤害、疾病或身体不适）被加入隔离的经历中，则更有可能出现极端的病理症状以及“退行到儿童般的情绪不稳定性和行为模式”(p. 41)。他指出，没有任何可行的应对方案会鼓励原始的防御活动。

过度威胁通过影响认知功能和信息加工能力来干扰以问题为中心的应对方式。这一点在贾尼斯和曼（Janis & Mann，1977）的决策冲突模型中是至关重要的，在该模型中，过度威胁导致无效的信息收集和评估，他们称之为警觉过度。警觉过度的特征是强迫性幻想、认知功能受限和过早闭合（参见 Easterbrook，1959；Hamilton，1975；Korchin，1964；Sarason，1975）。例如，当医生给患者带来坏消息时，他们可以认识到高度威胁所导致的信息加工和问题解决能力的降低。患者倾听医生关于预后、程序和治疗意见的能力会因为诊断所产生的高度威胁而严重受损。有洞察力的医生认识到，患者需要时间来适应诊断，这样才能吸收有关治疗和程序的信息。请注意，我们在这里谈的不是否认，它也常常被描述成对威胁性信息的反应，我们谈论的是由威胁引起的认知功能下降，以及由此而牵扯到的问题解决的资源。

前面我们提到过，安德森（Anderson，1977）对生意受到洪水破坏的小企业所有者或管理者的研究特别感兴趣于压力对以问题为中心和以情绪为中心的应对方式的影响。这种情况既有伤害/丧失，也有威胁。伤害/丧 169
失在洪水来临的时候产生，而威胁则与其后果有关。

以问题为中心和以情绪为中心的应对方式的使用频率不同，取决于压力感知水平。被试感受到相对较低水平的压力时，两种应对方式的使用频率相似。感知到的压力在中等范围时，以问题为中心的途径是主要的应对反应，例如，采取行动来挽回生意的损失。在高水平的压力下，以情绪为中心的应对方式开始占主导地位，被试表现出更多的情绪性或防御行为。安德森总结道：“与高压力相关的焦虑导致对情绪性和防御性应对方式过于关注，而对问题解决的应对机制关注不足，从而导致较低的绩效水平。”(pp. 33 - 34)

值得注意的是，高度威胁并不一定意味着两种应对方式中的任何一种或两种都会在质量上降低。文献中的许多逸事例子，特别是描述个体应对身体上的疾病和残疾以及如战争或飞机坠毁这种极端情况下，说明了最困难的环境下高水平的情绪和认知功能。应对行为是多种因素决定的，威胁的程度只是决定因素之一。

同样重要的是要认识到在某些情况下，解决问题的选项即使有的话也很少。在这种情况下，缺乏以问题为中心的应对不应该被解释为原始化，而应该被解释为情境的作用。例如，杰诺夫-布尔曼和布里克曼（Janoff-Bulman & Brickman，1982）指出，适应性应对包括知道何时停止尝试完成一个无法实现的目标。

一个有趣的研究方向可能是看看以问题为中心和以情绪为中心的应对方式会受到高度威胁不同影响的条件。有可能在高威胁情境下，高水平认知功能得以维持，而同时以情绪为中心的应对方式变得更加原始化。例如，否认被看作一种原始性的防御。难道不存在使用否认能够使人保持从事问题解决活动所需的情绪平衡的情况吗？相反的情况是在面对“成熟”的以情绪为中心的应对时，受限的问题解决活动似乎更不大可能，当然，除非这种限制是有限资源的一种功能。

170 我们通过指出为何对个体资源的了解不足以预测应对来结束这一部分。我们认为，资源和应对之间的关系是由个人和环境的限制以及威胁的程度来进行调节的。此外，应对资源通常随着时间的推移不是恒定不变的；它们作为经验、年龄、与一生中不同时期相关的适应性需求的函数，可能扩大和减少，其中一些可能比另一些更不稳定。因此，在一个给定时期内，给定资源的出现并不意味着该资源将在另一个时间以相同程度对相同的人可用。

我们并不是说资源不应该被测量。相反，我们认为，有关资源的信息有助于理解为什么有些人似乎受到的挑战比受到的威胁更多，并且在许多压力性遭遇的过程中表现得比其他人更好。然而，我们主张人们更多地关注实际应对过程，据此来管理压力性遭遇的需求，而不是列出资源，确定个人和环境的限制以及影响资源使用的威胁的程度。通过关注过程而不是资源以及决定其使用的因素，我们可以更容易地识别出调节压力和结果之间关系的机制。

## 作为评价的控制和作为应对的控制

从直觉上看，似乎应对一个情境就是试图控制它：无论是通过改变环境、改变情境的意义，还是管理一个人的情绪和行为。的确，当控制指的是应对压力性遭遇的认知或行为的**努力**时，我们把应对和控制看作同义词，它不同于有关控制的一般和/或情境**信念**，这些信念影响对威胁和挑战的认知评价。如果要弄清楚控制在压力和应对过程中是如何运作的，那么控制作为影响评价的信念和作为应对方式之间的差别是很微妙但很重要的。

例如，罗特鲍姆、魏斯和斯奈德（Rothbaum，Weisz，& Snyder，1982）提出了一个控制的两类分类：**初级控制**，尝试改变环境；**次级控制**，尝试适应环境或“随趋势而动”（p. 8）。这里的关键词是**尝试**，它把 171
这些概念放在应对而不是信念或评价的范畴中，尽管它们实际上似乎是在谈论一种评价。例如，他们区分了次级控制的四种从属模式，即：**预测控制**（predictive control），为了避免失望而对令人厌恶的事件进行预测；**虚假控制**（illusory control），个人寻找机会得以分享那些强大力量所施加的控制；**间接控制**（vicarious control），通过与强大的他人关联而实现控制；**解释控制**（interpretive control），解释事件以便更好地理解它们。

埃夫里尔（Averill，1973）也在他有关控制的讨论中提及了尝试。例如，他识别了**行为控制**，这种控制包含对环境采取直接行动，而这种行动大概是含有尝试意味的。他还谈到了**认知控制**，涉及解释潜在的有害事件的方式；**决策控制**，涉及个体可以选择的范围或选项的数量。后面几种控制的形式意味着尝试，尽管它们也可以作为信念加以操作。

汤普森（Thompson，1981）的分类乍一看似乎与埃夫里尔（1973）的分类是相似的，她谈到了行为、认知、信息和追加控制。然而，这些控制形式被描述为信念，而不是尝试。例如，行为控制是一种“个体对自己具有可以影响事件厌恶性的行为反应的信念”（Thompson，1981，p. 90）。

显然，控制的概念已经具有多种功能，这不可避免地导致了分析上的混乱。通过将控制这个概念中关于评价的部分从应对功能中分离出来，我们能够更好地定义控制影响压力性遭遇的结果以及短期和长期适应结果的路径，这将在下一章看到。此外，为了明确定义，当控制意味着尝试时，我们使用的词语将是应对而不是控制，即使这两个术语此时是同义词。

## 贯穿生命全程的应对

长期以来，人们认为从童年到老年应对一直在变化。随着幼儿逐渐了
172 解世界，学习复杂的以问题为中心和以情绪为中心的应对方式，在个体早期发展中变化当然是明显的。墨菲和她的同事（Lois Murphy，1962，1974；Murphy & Moriarty，1976）已经提出，尽管应对的细节上存在变化，但是从原始的反应模式到复杂的认知过程，阻断、探索和攻击的生物学基础很早就形成了，并且在应对中是一个恒定的因素。尽管如此，从童年到成年的应对过程仍有待阐明。

应对从成年早期到老年是否发生了变化是有争议的。荣格（Jung，1933，1953）认为这种变化的确发生了，他实际上是弗洛伊德时代唯一关注晚年现象的心理动力思想家。埃里克森（Erikson，1963）的生命全程阶段理论具有许多弗洛伊德学派的特征，它清楚地暗示了被我们称为应对的事物在生活的各个阶段发生了变化。然而，这种分析更多的是针对每个时期的基本冲突或心理任务进行的，要把它与我们这里所强调的以问题为中心和以情绪为中心的应对的概念相联系并不容易。

古特曼（Gutmann，1974）的研究表明，随着年龄的增长，人们逐渐从主动控制，即应对的积极控制方式，转向更被动的应对方式，并最终回归于对魔幻模式的依赖。瓦利恩特（Vaillant，1977）和法伊弗（Pfeiffer，1977）也指出，应对随着年龄的增长而变化，但和古特曼所指出的不同，他们认为应对变得更加有效和现实：对投射和宣泄等不成熟机制的依赖减少，对利他、幽默和抑制等成熟机制的使用更多。例如，洛文塔尔等（Lowenthal et al.，1975）的现场研究提供了一些证据，表明在中年期，男女的社会角色变得更加相似，因此男性变得更加依赖别人，而女性则更加咄咄逼人、专横跋扈。我们关于生活事件和烦恼的研究发现，有力地表明了应激源随着年龄增长而变化（另见 Estes & Wilensky，1978）。这一主题也被赫尔茨和普莱门斯（Hultsch & Plemons，1979）以及布里姆和里夫（Brim & Ryff，1980）在理论上加以强调。因此，也许关于一生中应对变化的最佳概括是：随着生活中应激源因生活阶段的变化而变化，应对也会发生变化。

不考虑应激源的变化，就认为应对在基本方式上发生变化，目前看来是值得怀疑的。关于以问题和以情绪为中心的应对，总体上人们系统性变
173 化的证据大多是否定的。我们发现在 45 至 64 岁的白人中产阶级样本中应

对模式没有明显的差异（Folkman & Lazarus，1980）。麦克雷（McCrae，1982）的研究，采用了我们的应对方式量表，发现了类似的结果。麦克雷陈述道：

> 在这些研究中，老年人在大多数方面的应对方式与年轻人大致相同；虽然他们使用不同的机制，但在很大程度上是他们所面临的不同类型压力的结果；并且在这两种情况下，显示出与压力类型无关的年龄差异的一致证据，中年和老年人比年轻男性和女性较少依赖敌对反应和逃避现实幻想这种理论上不成熟的机制。(p. 459)

麦克雷的研究样本的特征是被试总体上身心健康，经济富裕。因此，仍然有可能，由于心理、社会和物质资源的丧失，患病和经济上有困难的老年人被迫采取不同于那些更健康和经济上更安全的个体所采取的应对措施。也许他们较少强调以问题为中心的应对方式，而是更被动地解决生活中的冲击（另见 Lieberman，1975）。

我们在其他地方所争论过的（Lazarus & DeLongis，1983），和麦克雷（1982）以及埃尔德（Elder，1974）一样，认为不能仅仅通过横断研究来探讨一生中应对的变化。研究者不能在给定个体身上观察到纵向研究中有可能观察到的应对随年龄变化而变化。此外，信念和承诺的改变作为应对角色丧失和物质资源变化的一种手段（参照 Pearlin，1980a，b；Rosow，1963，1967）将在成人历程的不同时间以不同方式发生在不同的人身上。（对这些发展性问题的详细讨论，参见 Bandura，1981；Lowenthal，1977；Sarason，1977；Thomae，1976。）当我们就像在横断研究中一样，把自己限制于平均化年龄组内人们所面对的和所做的事情时，我们就可能无法看到我们所感兴趣的变化。在知识的这个阶段，如果没有更好的证据，似乎最好假设老龄化本身不会带来应对方面的变化；当人们面对日益恶化的环境条件和不断弱化的身体及精神资源时，他们会退化到婴幼儿和儿童早期那种更加依赖和无助的阶段。

## 对应对风格研究的展望 174

在向应对的过程性定义和概念化方向迈进的过程中，我们逐渐被迫处理越来越多的背景和进行微观分析。应对的想法和行动根据不同场合下的情境需求而不同。如果一位癌症患者被问道："你是如何应对癌症的？"我们不知道患者所报告的想法和行为是否涉及疼痛管理、治疗的副作用、不确定的预后、死亡的威胁或由疾病引发的不良人际关系，事实上，疾病的这些方面正是患者在那一刻正在处理的。类似地，因为应对从压力性遭遇的预期阶段到结果阶段会发生变化，如果不参照我们所观察的处于遭遇的哪个时间点，我们就不能理解应对。

这种过程取向有一个重要的缺点。虽然它使我们能够描述在特定遭遇中的应对过程，包括影响它的特定情境需求、资源和限制，但是这种对特定情境的重视会让我们的注意从个体的一般应对风格上移开。过程取向在研究压力性遭遇的短期后果时是有用的；困难在于描述一个人的长期应对风格。它阻碍了我们去理解应对如何影响躯体健康、社会功能和精神面貌等长期结果。

我们的选择之一是研究同一群人足够数量和范围的压力事件和应对方式，并以某种方式将它们汇总起来，以提供适用各种事件的一种典型模式（或风格）的描述。应对过程的两个正式的部分可以被认为是研究许多事件时应对的维度：复杂性和灵活性。复杂性是指一个人在任何给定时间和不同时间处理压力性情境时所使用的应对策略的范围。这个人通常只是尝试一种策略（一种简单的风格），还是会使用多种策略（一种复杂的风格）？灵活性是指个体在不同的情况下，甚至在相似的情况下，使用相同的一种或一组策略，还是相反，使用不同的策略。怀特（White，1974）认为灵活性是系统生存的关键。

175 有迹象表明，这些正式的维度与应对的效力和功能有关。例如，皮尔林和斯库勒（Pearlin & Schooler，1978）报告了应对本领的多少（复杂度）和痛苦减轻之间的关系。与此同时，科因、阿尔德温和拉扎勒斯（Coyne，Aldwin，& Lazarus，1981）报告说大量策略的使用与抑郁有关。这两项研究采用的应对方法并不具有可比性，因此我们不能轻易解释这些明显相互矛盾的发现，尽管在应对复杂性和适应性结果之间可能存在曲线关系。唯一有把握得出的结论是，应对的复杂性及其与结果的关系很有趣，值得认真研究。

有证据更清楚地支持灵活-僵化的应对风格。灵活性与高水平的自我发展（参照 Loevinger，1976）、“成熟”的自我过程（Haan，1977；Vaillant，1977）、高质量决策（Janis & Mann，1977）以及复原力（Murphy & Moriarty，1976；对自我控制和自我复原力概念的讨论，另见 Block & Block，1980）有关。与此同时，僵化与低水平的自我功能相关，更极端些，与病理学相关（参照 Menninger，1963；Shapiro，1965）。

应对的本质特征也应当被考虑，例如，人们实际上用以应对的所思或所为、赋予不同应对策略连贯性的潜在意义系统，以及应对策略所起的作用。

虽然关注应对**行为**有一定的优势——它经常被观察到或自我报告——但也有局限。首先是存在这类行为的绝对数量的问题。其次，即使可以观察到行为模式，只有它们被连贯一致地使用着，它们才是应对风格。然而，行为水平上的高度一致性在普通人群中并不常见。例如，皮尔林和斯库勒（1978）报告指出，某些类型的策略在婚姻、子女养育、家庭经济和工作这四个角色领域被持续地使用着，而其他策略则不然。人们总是在所有角色领域中使用选择性感知和积极比较，但是诸如谈判和奖赏替代这类策略主要分别使用于婚姻和工作环境中。伊尔费尔德（Ilfeld，1980）在对同一数据组的分析中，报告了有关变异性和稳定性的类似的混合结果。我们对中年群体进行的应对研究（Folkman & Lazarus，1980）调查了人们在以问题为中心和以情绪为中心应对的相对比例中个体内部一致性或变异性的程度。我们的研究结果表明，尽管个体在这个维度上存在很大差 176
异，但总体而言，人们对这两种应对方式的使用差异大于一致性。这些研究表明人们在处理日常生活中的情境时，他们的应对方式既一致又多变。

变异性和一致性是难以解释的。这是否意味着情境因素影响应对？或者应对会根据潜在的个体因素，如角色、承诺模式、目标或信念，以某种系统的方式而变化？这个问题困扰着在人格心理学的行为层面研究一致性的早期努力，正如哈茨霍恩及其同事的经典研究（Hartshorne & May，1928；Hartshorne，May，& Maller，1929；Hartshorne，May，Maller，& Shuttleworth，1930）中所见。这项研究调查了一个人的品性特征是否存在于独立于环境的个体身上。把大量的青春期前儿童放在不同的环境下进行研究，这些环境允许他们诚实或不诚实地行动。结果表明，不同情境间只有轻微的行为一致性（平均相关度大约为 0.30）。从这些结果的争论中，作者提出了特殊性原则作为考虑，该原则认定诚实不是个体的性格特质，而只是在特定情境下才有诚实的行为。

这项研究的主要局限在于，研究人员只在行为层面定义了一致性，即他们调查的是诚实或不诚实的行为是否会在不同情境中得以重复。他们没有考虑决定行为的潜在原因。例如，聪明一些的孩子较少作弊，因为他们了解自己的工作，并且自信可以做得很好。此外，孩子们未必都有同样的成功动机。因此，尽管儿童在不同情境中的行为可能不一致，但是导致这种行为的潜在原因可能是孩子的性格特点，因此其行为也可能是一致的。如果一个具有很高成功动机的孩子，在一个测试情境中对测验内容很了解，那么他可能不会作弊，但是给定一个有可能带来失败威胁的测验，他可能就会表现出不诚实。这种表面上的行为可能随情境不同而不同，但其潜在的结构，例如孩子的动机模式或对自我与世界之关系的一般解释（评价），尽管外部条件发生变化，也可能是非常稳定的（Lazarus，1961）。

动机和意义系统的基本模式在确定应对中的重要性当然是本书的重要
177 主题之一。我们在第三章讨论了这些因素对评价以及应对的影响。利波夫斯基（Lipowski，1970—1971）在讨论应对风格、应对策略和疾病方面也有相似之处：

> 作者认为，应对策略直接关系到个体的个人意义或对疾病、伤害或残疾的态度……它起着“认知核”的作用，影响着对疾病的情绪和动机反应，从而影响应对策略。(p. 98)

利波夫斯基描述了疾病和疾病含义的常见类别，这些类别反映了患者过去的个人经历、知识、文化背景和信仰。例如：

> （1）视疾病为挑战。对疾病的这种常见的观点会激发积极的，一般来说也是适应性的应对策略。疾病或残疾被视为其他的生活情境，它强制地提出了特定要求和任务，并通过任何可能的方式加以完成。相关的态度和应对方式趋于灵活和合理。……及时寻求医疗建议、合作、信息查寻……合理变换主动性与被动性，寻找替代性的满足，这些都是一些相关的和可取的应对策略。
>
> （2）视疾病为敌。疾病被看作内在或外在的敌对力量的入侵。当我们谈论“对抗”疾病或“征服”疾病时，我们的语言清楚地反映了这种态度。这种意义通常伴随的情感是焦虑、恐惧和/或愤怒。根据被试目前对于他抵抗能力的评价，这些情感会激起逃跑或战斗或无奈投降的准备。在极端的病理状态下，这种态度可能是显而易见的偏执妄想和其他可能被指责为引发或加重疾病的东西（Orback & Bieber，1957）。可能还会出现不受控的焦虑或敌意。应对策略反映了这种态度，针对危险和攻击采取各种防御形式。尽管退化的依赖性和被动性可以表达一种无助感和投降的准备，但一定程度的否定和投射是常见的。(p. 98)

对诸如此类的信念的认识使我们的应对行为具有连贯性和一致性，否则会出现不一致，并很难解释有关疾病所带来的需求。

178 我们前面还建议可以根据应对策略的作用在实质层面定义应对风格，如回避、面对或分析。我们认为，这些作用应该从问题管理和情绪调节的领域中汲取。大多数应对风格是根据情绪调节功能来定义的（如压抑-敏感化）。将应对风格仅仅局限于情绪调节，并且仅仅局限于应对的一个方面，就是排除了应对重要的问题解决功能，这一点在本章前面已经详细讨论了。

因此，我们对应对的结构或特质风格取向的批评并非基于寻找稳定的应对模式是不适当的、不重要或不必要的这样的主张，而是基于先前的努力没有成功的印象。正如我们早些时候指出的，这些尝试将复杂的应对模式极度地简化为诸如压抑-敏感化这样的单维模式，这对于个人在特定情境中的实际行为几乎没有解释和预测的价值。评估稳定模式的问题不能被忽视，不管我们最终是否将成功地从人们如何处理大量特定的压力性事件的细节中构建出它们。

基于微观分析的应对的过程取向是否会进一步帮助我们理解应对过程，并从迄今为止主导应对理论和研究的整体结构取向中解释适应性的结果，还有待观察。

## 总结

在本章，我们对应对进行了概念化。我们将应对定义为不断变化的认知和行为努力，用以管理特定的外部和/或内部需求，这些需求被评价为负担过重或超出了个人的资源。这个定义是过程导向的，而不是特质导向的，因为它关注的是人在特定情境中的实际想法或行为，以及这些想法和行为在事件的整个过程中或随着事件的展开所发生的变化。该定义还区分了应对努力和自动化适应行为，通过将应对定义为不管结果如何而做出的所有努力，避免了应对与结果相混淆的问题。

我们通常认为应对的改变是阶段性发生的。当阶段性构想意味着不变 179
的顺序时，我们有理由对阶段性构想保持警惕；有证据表明，在特定类型的压力性事件之间乃至同一事件内部，不同种类应对的顺序和持续时间在人和人之间存在显著的差异。此外，有时看起来像是自我生成的应对的阶段实际上可能代表一系列外部需求，就如灾难研究中的预期（或警告）、对抗和后对抗的概念。

应对有两种最重要的功能：处理或改变引起痛苦的环境中的问题（以问题为中心的应对），以及调节对问题的情绪反应（以情绪为中心的应对）。对这两个应对功能的支持来自逸事描述和实证研究。以问题为中心和以情绪为中心的应对方式在压力性事件的整个过程中相互影响；它们可以互相促进，也可以互相妨碍。

一个人应对的方式部分是由他的资源决定的，这些资源包括：健康和精力；存在信念，例如关于上帝的信念，或者关于控制的一般信念；承诺，它们能够帮助维持应对的动机属性；问题解决的技能；社会技能；社会支持；物质资源。

应对也由减少资源使用的限制所决定。个人限制包括内化的文化价值观和信念，它们禁止某些行为方式和心理缺陷。环境限制包括竞争同样资源的需求以及阻挠应对努力的机构。高水平的威胁也会阻止一个人有效地使用应对资源。

运用控制的尝试是应对的同义词。与此同时，对一般和/或情境信念的控制可以作为评价倾向或过程。如果要在压力和应对的理论和研究中弄清这些重要的概念，区分作为应对的控制和作为评价的控制是必不可少的。

虽然长期以来假定应对本身会在一生中发生变化，但并没有进行实证的研究。目前的研究表明，应激源会随着年龄的增长而改变，因此，应对会发生改变以满足新的需求。要解决这个问题，就需要进行纵向研究。

我们关于应对的过程取向，需要对压力事件进行情境分析，这使得很难概念化和评价一个人总体的应对风格。只有我们调查人们日常生活中足
180 够多的事件时，过程取向才会影响对应对风格的研究。应对风格的两个正式维度可以认为是复杂性和灵活性，除此之外，还有应对的实质性方面，如疏远、对抗和最小化。我们应该努力确定情境的评价意义，这是人们应对风格的基础，因为这有助于解释在特定情境或情境范畴中应对风格的变异性。我们所使用的应对的过程取向是否能被用来描述应对风格，还有待观察。

# 第七章 评价、应对和适应性结果 181

无论如何定义或概念化评价和应对过程，最为重要的是它们对适应性结果的影响。结果的三种基本类型是工作和社会生活、精神面貌或生活满意度，以及躯体健康。简言之，生活质量以及我们通常所说的心理和躯体健康，与人们评价和应对生活压力的方式密切相关。本章的任务是阐明评价和应对可能影响个体适应性结果的机制。

在为我们的讨论奠定基础的过程中，我们要强调的是，我们不认为压力就一定是适应不良和有害的。重大的压力——有时被称为危机——会让一些人利用他们从未想到过的他们所拥有的适应性资源。这样的人可以从压力中获得力量，这些力量可以用于随后的危机中；他们看起来从压力中获得了成长。由此类推，儿童时期受到保护而不受某些压力影响的人，日后可能更容易受到压力的伤害，因为他们没有学习到日常生活所需的应对技能（参照 Murphy & Moriarty，1976）。我们也知道，没有压力的生活就是无聊的活动，有它自己负面的躯体后果（参照 Frankenhaeuser，1976）。的确，人们经常寻求压力，尽管我们最多只能对此有初步的了解（参见 Klausner，1968；Zuckerman，1979）；他们冒着很大的风险，比如从飞机上跳水，与恶劣天气
对抗，以及热衷于许多其他被误认为可以极大缓解紧张的人类活动。因此， 182
问题不应该在于压力是好是坏，而是压力的大小、类型，压力在一生中发生的时点以及发生时的社会和个人条件如何决定压力是有益的还是有害的。

积极与消极的区分同样适用于情绪。生物适应的概念是指一个物种以及一个个体动物的生存和繁衍的能力。通过自然选择，成功运作的生物形态能够从物质和社会环境中设法找到谋生之道。在哺乳动物中，情绪在这个进化过程中大概起到了积极的、适应性的作用。例如，愤怒包含了攻击环境的冲动，从而击倒对手，使对手退缩或撤退，或者改善与环境的破坏

性关系。恐惧常常通过刺激逃跑或回避行为来为生存提供有价值的功能。甚至是鲍尔比（Bowlby，1969，1973）关于分离和丧失的著作以及埃夫里尔（Averill，1968）关于悲伤的分析，都从这个角度分析了抑郁。尽管这些适应性的情绪及其冲动可能超出界限，并产生它们自己的问题，如“适应性疾病”，但是如果没有它们，现在生存和繁衍的物种包括人类，是否能够成功地进化，则是值得怀疑的。我们不能被这些情绪和其他情绪的消极后果误导而低估了它们在人类适应中的积极作用。

我们还想强调的是，我们关心身体、心理和社会健康的各个方面。绝大多数情况下，人们往往只强调适应性结果的一个方面而不考虑其他方面。举个例子，行为医学的新兴领域过于关注身体疾病，而太少关注适应性健康的其他标准，如社会功能（例如，在家庭和工作中）以及精神面貌或生活满意度。例如，托宾和利伯曼（Tobin & Lieberman，1976）以及罗索（Rosow，1967）的研究表明，许多有身体疾病和中度残疾的老年人对他们的健康状况和生活环境评价相当积极。他们很幸福，生活得也很好。如果只考虑身体标准的话，上述研究中就会产生曲解适应状态的描述。

我们所关注的三个主要的长期适应结果——社会功能、精神面貌和躯体健康——在压力性遭遇的短期结果中都有其对应物：能有效管理特定遭
183 遇需求的社会功能；影响一个人在遭遇过程中及其发生之后积极和消极情感体验的精神面貌；因压力性遭遇所伴随的生理变化而产生的躯体健康。因此，压力性遭遇的短期和长期结果可以被理解为包括有效性、情感和生理成分。

短期和长期结果之间的相似性并不意味着任何特定遭遇的结果与长期结果之间存在一对一的关系。单次个人-环境互动中的不满和消极影响很少或根本不能说明此人是否总体都不满意。同样，说一个人在特定的遭遇中有效地发挥了作用，并不能提供充分的证据证明他的整体社会功能良好。例如，能够处理市中心贫民区的社会环境的孩子可能缺乏在中产阶级工作环境中好好生活的理解力和资源。为了判断诸如精神面貌和功能等一般特性，我们必须在各种情境中一次又一次地观察一个人。

因此，为了理解评价和应对过程如何最终影响长期适应性结果，我们必须首先理解这些过程如何影响压力性遭遇的短期结果。相应地，我们将在压力性事件的短期和长期适应性结果的背景下讨论每个主要的适应性结果。

## 社会功能

社会功能通常从社会学的角度被概念化为个人履行他各种角色的方式，例如，父母、配偶、从业人员或社区成员。在心理学上，社会功能很少被定义为对于人际关系和/或对必要的性向和技能的满意度。在我们看来，这些观点在理解社会功能作为适应结果方面是有限的，但每个都表达了对这个特别复杂的概念的了解。

例如，就社会学观点而言，对任何角色而言都没有一组单一不变的文化期望；相反，存在着多种期望（Platt，1981）。这一点在格罗斯、梅森和麦凯克伦（Gross，Mason，& McEachern，1958）的研究中得以说明，该研究表明不同的受众或参照组对校监的角色有着不同的而且常常是存在 184
冲突的期望。角色期望也因个人所拥有的其他角色（或职位）而有所不同。丈夫对妻子行为的期望可能因她是在职的母亲还是家庭主妇而异，而妻子对丈夫行为的期望可能因丈夫在工作上所花的时间而异。

尽管社会功能的重要性似乎得到了普遍的认可，但是从心理学的角度来看社会功能的理论却很少。阿尔弗雷德·阿德勒（参见 Ansbacher & Ansbacher，1956）首先提出，社会联结的动机来自长期的童年依赖性。阿德勒的立场得到了联想强化学习理论家的呼应，例如，他们推测孩子通过将降低的主要驱力（如饥饿、口渴）与母亲的支持性存在联系起来，来学习对社会认可的渴求。阿德勒后来改变了他的论点，指出“社会兴趣”是一种天生的物种特征，这种立场并不违背现代行为学的信念，即形成社会纽带具有生存价值，并在更高物种中得以进化。埃里克森（Erikson，1963）在他的心理发展阶段论中强调，刚成年的个体必须为个人认同感而奋斗，它依赖于在工作领域、与他人的关系以及社会组织中的地位。从这个角度来看，感受社会世界的一部分是我们生活中一个重要的心理主题。因此，社会和工作功能的质量必须部分通过诸如个体对其社会关系的满意度这样的个人视角来加以认识，而不仅仅是通过社会中其他人的视角（另见 Renne，1974）。

因此，社会功能受到许多因素的影响，一方面包括个人的历史及其对依赖性、自主性、信任、亲密性等方面的影响，另一方面包括与社会角色及其如何被扮演有关的文化价值观和期望。人和人所处环境的这些持久特征在决定个体与谁建立关系、这些关系的功能以及这些关系如何被主观体验并在行为中得以表达等方面起着重要的作用。

虽然个人和文化因素促使一个人走向一个特定的社会角色和关系的群

185 体，但是，这些因素也通过日常生活遭遇而发展、改变和维持。管理这些日常活动的有效性是个人社会功能总体质量的一个主要决定因素。

特定遭遇中的有效性

应对有效性的传统观点是以特质或性向为中心的，涉及被定义为**胜任**的个人特性，通常不涉及一个人必须处理的特定情境或者他赖以实现目标的行动。这种占主流的特质取向的一种替代取向则将环境看作一组资源、限制和要求，供个人或社会使用或反应（参照 Klausner，1971；S. B. Sarason，1977）。后一种观点反映在劳顿（Lawton，1977，1980）和穆斯（Moos，1975）关于环境压力的研究，以及引导进行纠正性和预防性干预的努力之中（如 Stokols，1977）。例如，沙伊特（Scheidt，1976）观察到，需要对老年人可能会遇到的环境状况的属性进行分类以评估他们的能力。

特质视角或是环境视角中单独的任何一个对于有效性的研究都是不够的，因为有效的应对取决于情境需求和人的资源之间的关系（Schönpflug，in press），以及介于这些需求与遭遇的结果之间的评价和应对过程。从这个表达中产生的核心问题是：什么构成有效的评价和应对？

在第五章，我们证明了应对策略不能被认为天生是好的或坏的。在一种情境下有效的策略在另一种情境下是无效的，反之亦然。应对策略的有效性取决于其在多大程度上适合于内部和/或外部情境需求。评价的有效性也是如此。威胁、伤害/丧失或挑战评价，或不相关的或良性的评价，本身并无适合不适合、有效或无效之说。它们的适当性和有效性取决于实际发生的事情，任何判断都必须在遭遇的情境背景下做出。然而，我们能够识别评价和应对过程的一些基本特征，这些特征应该构成适当性和有效性的评估基础。

186 **评价有效性**　在任何与环境的接触中，一个人的关键问题是要对他的幸福感进行一系列现实的判断。形成适当和有效结果的评价必须是匹配或至少接近事件进程的。评价与实际发生的情况不匹配可以有两种基本形式：要么人们以不适合的方式来评价危害、威胁或挑战；要么评价反映了本应识别出的伤害、威胁或挑战没有识别出来（参照 Caplan，1983；French，Rodgers，& Cobb，1975；Van Harrison，1978）。

如前所述，梅凯尼克（Mechanic，1962）对准备博士考试的学生进行了研究，提供了第一种不匹配的例子。梅凯尼克指出，随着考试的临近和压力的增加，学生对事实上各种中性信息的反应变得更加焦虑。例如，一位教员提到某本书可能值得一读，这就会让他们疯狂地搜寻这本书，然后，在考试之后结果公布之前，当他们在大厅里遇到这位教员的时候，如果教员没有愉快地和他们打招呼，那么这将会被解释为是成绩较差或者可能失败了的信号。

卢卡斯（Lucas，1969）对煤矿工人的研究表明了另一种不匹配的类型，即没有意识到伤害或威胁。因矿井爆炸而被困于其中的矿工被解救后接受了访谈，他们的报告表明，他们没有认识到缺水的危险以及寻找出口时节约水的必要性。尽管与世隔绝，但矿工们显然没有预见到可能会被困很长一段时间。在寻找出口两天后，他们的水供应枯竭，为了生存，他们被迫喝尿。

应对有效性还取决于对资源的次级评价与事件进程之间的匹配情况。在前面提到的本纳（Benner，1982）对45～64岁被试压力和应对的现场研究对中年对象的描述中，她提供了一个例证说明当次级评价有错误时可能发生的情况。这个被试没有如他所愿获得晋升。取而代之的是，这个职位由他的一位女同事担任，一年来，他在每月一次的访谈中对这种侮辱感到非常失望和愤怒。虽然在这种情况下初级评价似乎或多或少是恰当的和可理解的（即晋升时他确实被排除在外），但是错误的次级评价使这个人采取了绝望的应对策略。他没有想办法接受这件不可避免的事情或另找工 187
作，而是一有机会就让那位女竞争者难堪，结果不断地败坏了他自己的名声，从而使这个问题以及由愤怒和失望所造成的结果长期存在。整整一年，他的应对方式，以及这种应对方式所产生的情绪和行为的结果都没有得到改善。在研究结束时，工作环境已经恶化到不能再继续工作的地步。

在极端情况下，初级和次级评价与实际的事件进程之间的不匹配是明了且显而易见的。例如，如果一个偏执的人看到本不存在的威胁，并且根据评价采取行动，那么他很可能对他人造成伤害。相反，如果一个有乳房肿块的妇女没有发现威胁或危险，她就有可能会受到伤害。然而，大多数错配并不那么极端，难以识别。而且，大多数评价很可能没有那么完美地契合事件的进程。压力性遭遇的两个特征——模糊性和个体的承诺模式以及因此而产生的选择脆弱性——引导我们遵循这一原则。

大多数压力性情境在某种程度上是模糊的：要么信息丢失，要么现存信息不清楚，要么两者都有。例如，卢卡斯所描述的矿工在没有充分了解他们被困的情况下行动。考虑到这些人的背景和他们从过去的矿难报告中所听到的，他们最初的评价是合理的。只有当他们有更多关于他们被困程度的完整信息时，他们才意识到他们的水可能会耗尽。一般来说，模糊性越大，评价和最终结果之间的错配的空间就越大。

脆弱性也影响评价和事件进程之间的匹配情况。脆弱性是人们对某类压力情境做出反应的准备状态。正如我们在第三章所指出的，脆弱性与承诺是相伴而生的；承诺越强，即一个人越在乎，他就越容易受到特定的威胁。有的人很容易因为别人的评价而感到苦恼，有的人则会因别人不再赞同或支持而感到苦恼，还有的人会因为上级的要求或是不得不评价别人而感到困扰，等等。在每一种情况下，脆弱性都是个体固有的价值观或承诺的函数。即使在通常不会引发痛苦的情境下，脆弱的人也更可能因为这些
188 价值和承诺而评价具有威胁。例如，本纳（1982）描述了另一个人，52岁，在工作中经历了持续的心理压力。对他来说，脆弱性的根源在于他脆弱的能力意识，这使他几乎把每个工作需求都看成威胁。工作上的每一件小事都是一次个人考验，他不能犯任何错误，尽管事实上从得到的表扬、客观的业绩标准以及他得到了另一地方责任更大的一个职位（他拒绝了）来看，他工作完成得堪称楷模。

因为模糊性和脆弱性是压力性遭遇中不可回避的一部分，所以评价过程和实际事件进程之间的不匹配是普遍存在的。关键的问题是不匹配的程度，它对应对、遭遇结果的影响，以及经常重复不切实际的评价时此人的长期适应性。

**应对有效性**　在第六章，我们讨论了两种应对功能，它们在几乎每种类型的压力性事件中都具有压倒性的重要性：对痛苦的调节（以情绪为中心的应对）以及对引发痛苦的问题的管理（以问题为中心的应对）。特定遭遇中的应对有效性基于这两个功能。一个能有效管理问题但付出很高情感代价的人不能说是在有效应对（参照 Schönpflug，in press）。例如，根据贾尼斯和曼（Janis & Mann，1977）的好决策标准，把年老的父母安置到机构养老可以算是有效的，但负责做出这个决策的儿子或女儿可能感觉到丧失、内疚和绝望。有效应对包括管理这些负面情绪。注意，在这种情况下有效应对并不意味着会产生积极的情感，除非消极情感得到处理。

同样，一个人成功地调节了他的情绪，但没有处理问题的来源也无法说是有效应对。例如，越来越多的研究告诉我们，酒精的功能之一是缓解情绪痛苦（如 Levenson，Sher，Grossman，Newman，& Newlin，1980；Sher & Levenson，1982）。这种应对方式带来了酗酒的高风险，可能阻碍以问题为中心的应对努力，长期来看会损害健康并增加抑郁情感（参见 Anehensel & Huba，1983）。此外，一个人可以在一种情境下有效应对并

充分处理情绪问题，如军事战争，但随后在不同的情境下会付出患有情绪
障碍的代价，如遣返老兵所遭受的“哀恸反应”（impacted grief；Shatan， 189
1974）。

当然，并非每一次遭遇都有可能得到有效应对。正如我们在本书中多次提到的，某些类型的压力性遭遇所引发的问题是不能改变的。因此，人们在特定情况下不能有效地应对，并不一定意味着他们是无效的应对者。皮尔林和斯库勒（Pearlin & Schooler，1978）评论道：

> 有一些重要的人类问题，比如我们在职业中所见到的那些对个体应对反应无应答的问题。对这些问题的应对可能需要集体的干预而不是个人的干预。许多问题源于根深蒂固的社会经济组织安排，它们可能对个人生活产生强大的影响，但不受个人想要改变它们的努力的影响……因此，应对失败不一定反映个人的缺点；从真正意义上讲，它们可能代表个人所处的社会系统的失败。（p. 18）

为了应对有效，应对努力和其他因素之间也必须存在很好的匹配性。这些因素指的是价值观、目标、承诺、信念，以及与特定遭遇中需要实施的必要应对策略相冲突的个体偏好的应对风格。这些因素在第六章被确定为影响实际应对过程的限制。例如，当所实施的应对策略与个人固有的价值观发生冲突时，它们会给人带来新的应激源。此外，与这类价值观或目标不一致的策略很可能被不情愿或者不坚定地使用，从而导致失败。

有效应对在某种程度上是应对风格与人的生活中其他因素之间良好匹配的结果，这一观点在具有行为取向的治疗师中正得到越来越广泛的认可。然而，如果新的行为引起冲突，那么为了提高应对技巧而教导一个人改变行为是不足以减少压力的。许多治疗师现在试图改变那些限制来访者行为的信念，这样，行为改变就会伴随着潜在价值观的变化（参见第十一章）。

在第三章，我们讨论了一个人实际的应对风格和他所偏好的应对风格
之间匹配的重要性。例如，我们在那里指出，对于那些喜欢回避的人体， 190
在治疗中告知他们信息或角色就可能会增加他们的痛苦，反之，对于那些比较警惕或喜欢抗争的个体，不让他们了解实际的情况可能会增加他们的痛苦。偏好的应对风格和特定情境下实际使用的应对风格间不匹配的话，就可能会减少应对有效性，这与应对和其他因素之间的不匹配在很大程度上是相同的，因为使用这些策略可能并不情愿，并且/或者缺乏技巧（参照 Speisman et al.，1964）。

如果我们要在每次遭遇的事件中都准确地评价应对，我们就需要一个系统，将结果的各种可能性进行分类。理想情况下，所使用的应对过程将会产生一个永久性的解决而不会发生额外的冲突。这种类型的解决以不再需要应对努力为标志，同时还伴有积极的情感状态，如轻松、快乐、满足或开心。然而，问题得以解决并且没有残留的消极情绪这种理想的结果可能并不是典型的，因此对应对有效性的评估可能更为复杂。

我们还需要区分由一些偶然情况所引发的一次性遭遇的结果和由长期的或反复的冲突所引发的遭遇的结果。例如，如果潜在的冲突没有解决，那么当丈夫和妻子在离家上班前想解决任务分担所产生的争执时，可能就无法完全解决。这种情况下，他们可能已经决定了一个人或另一个人去购物或在回家路上去银行，但如果关于任务分担、角色行为的信念等更为广泛的问题没有得以解决的话，同样的争执可能会一而再地发生。这种相同的压力性事件不断重复上演的模式，清楚地表明一次遭遇中显而易见的有效应对并不能代表良好的整体功能的原因所在。

长期的社会功能

长期的社会功能显然是应对有效性概念的延伸，并且除了**适应性结果**这个术语所暗示的抽象或概括性水平之外，与这个概念几乎没有什么区别。例如，为了实现良好的整体功能，人们通常评价事件的方式至少需要和事件的进程相匹配。许多关系经得起偶尔的评价出错，但如果不恰当的
191 评价一而再地发生，任何关系都将面对严峻的考验。由于社会环境的原因，不仅会出现以问题为中心的不良应对模式，还会出现误解和受伤的感受。

即使随着时间的推移，评价很好地匹配了事件的进程，那些倾向于持续受到威胁的个体比受到挑战的个体也更可能在社会功能方面存在问题。威胁会鼓励退缩或防御行为，使人转向内部或鼓励敌对攻击行为。任何一种反应都阻碍了有效的社会功能。与此同时，挑战鼓励冒险和开放，并增加良好沟通和问题解决的可能性。上述谈到的原则也适用于工作中的功能，我们把它也包含在社会功能的范畴下。

从更广泛、更社会学的角度来看，我们可以探讨角色之间的关系，以及一个社会角色的功能如何受到另一个角色功能的影响。有许多有趣的问题与这些努力的方向有关。家庭功能影响工作功能还是工作功能影响家庭功能（Kanter，1977；Macoby，1976；Seidenberg，1973），和/或家庭是不是缓冲工作压力影响的资源（Burke & Weir，1979；House，1979）？

**方法论问题** 一般来说，用于评估社会功能的标准是武断的，且具有可疑的生态效度（参照 Platt，1981）。例如，常规社会适应量表（NSAS；Barrabee，Barrabee，& Finesinger，1955）对社会适应进行了操作性定义，它指的是人的表现符合“理想”标准的程度，解释为“我们应该做什么”。在适应不良评估的结构化与量表化访谈（SSIAM；Gurland，Yorkston，Stone，& Frank，1974）中，社会适应被定义为被试的表现达到“合理”适应的程度，一种不需要治疗的状态。在社会适应量表（SAS；Weissman & Paykel，1974）中，适应被看作被试的表现达到“理想的”或“统计上的”常态的程度。“理想”“常态”以及“合理适应的水平”这些词在 NSAS 中来源于社会科学研究和研究人员自己的经验，在 SSIAM 中来源于由四名心理治疗师确立的基准，在 SAS 中则来源于作者对一般人群平均比率的期待。（对这些测量工具的全面批判性综述，参见 Platt，1981。）

这些基准都没有考虑到被试参照组对角色的适当性或角色应该如何表 192
现的期望。例如，NSAS 在就业领域中使用的“理想”基准完全忽视了员工工作的环境。因此，一个表现较差的人，其工作的变更就会在工作变更分量表上被自动评定为不适应的一端，而不管这种工作的变更是不是自由的选择或者是不是基于情有可原的情况。同样，对工作不满意的表露都被认为是“不适应”的证据，而不管这种表露是否合理、别人是否也普遍都有等等。在 SSIAM 中，一个人如果在访谈前四个月就辞去了工作，就会被评价为不适应或者异常。在 SAS 中，正如普拉特（Platt，1981）简洁地指出的：

> ……理想世界的特征是和谐、幸福、一致，并且居住着的男男女女始终兴致勃勃、积极、友好、充足、无愧、无忧无虑等等。如果他们表现出对工作不感兴趣，他们就是不适应的。（p. 106）

**群体**规范，其形成的基础本身就是有问题的，却被用来判断**个人的**表现，而不管情境如何。

社会功能的定义和评估中所涉及的问题与第五章中关于应对所讨论的问题相呼应。在第五章，我们说过如果想用应对来预测结果，就必须独立于它的结果来定义它。因此社会功能也需要独立于结果（即“好”或“坏”的功能）来定义。普拉特（1981）指出，一些研究人员正逐渐意识到社会功能与其结果相混淆的问题，并试图开发出描述（但不是评价性的）社会功能的工具（如 Platt，Weyman，Hirsch，& Hewett，1980；Remington & Tyrer，1979）。社会功能是好是坏、是适应的还是不适应的、是高质量的还是低质量的，只能通过考虑该人所处的社会环境来进行判断，这个社会环境包括该人所具有的多个角色或位置以及重要他人对他的行为的期望。

兰德健康保险实验系列（Donald & Ware，1982）已经做出了广泛的努力来分析和评估社会功能，在该实验系列中，11 个问卷项目提供了三
193 个独立的标准来预测所谓的“积极幸福感”。11 个项目被分成两个分量表：社会交往和团体参与。积极幸福感这个效标变量包括身心健康、积极情感状态和对生活的总体满意度的测量。这项工作的一个重要结论是，健康的这些方面在概念上和实证上是不同的，社会幸福感与身心健康是分离的。此外，社会幸福感是多维度的，社会交往的频率必须区别于对社会资源和社会关系的主观评价。例如，作者指出，社会资源比社会交往更能预测心理健康。上述提示符合我们有关社会功能的复杂概念的想法。此外，除了间接地静态测量社会交往和资源，这种取向有点类似于对社会网络的调查，几乎没有任何努力来调查社会功能的过程并评估这些过程如何有效运作。我们将在第八章对社会网络和支持进行更多的探讨。

**实证研究的现状**　我们在思考长期社会功能上所提供的视角触及许多尚未被研究的实证问题。第一个问题涉及社会功能个体差异的稳定性；第二个问题涉及主要生活压力对长期社会功能的影响；第三个问题涉及调节性的个人变量对评价和应对以及由此对长期社会功能所产生的影响。

那些在危机中表现良好（或差）的人以前也表现良好（或差），这样的研究结果是最常见的但并不令人印象深刻，它与功能的稳定性有关。一个恰当的例子是观察到，以往功能良好的精神病患者在疾病的改善和缓解方面预后最好（参照 Phillips，1968），正如安德雷森等（Andreason et al.，1972）发现的，那些对严重烧伤所带来的危机适应不良，即表现出退化行为、严重抑郁、谵妄和不可控行为的患者，过去曾有身体和精神病理问题。因此，从长期来看，社会功能似乎具有相当程度的稳定性。然而，这些发现并不能帮助我们理解为什么那些功能良好的人能够持续产生积极的结果。这样的发现也同样不能帮助我们预防不良后果。

将给个体留下创伤的压力性事件与增强力量或复原力的事件区分开来
194 的条件仍不清楚。可能性包括压力的严重程度、时间发展、类型，以及是否存在大量的个人和社会资源。例如，就时间而言，库彻等（Koocher，O'Malley，Gogan，& Foster，1980）观察了 18 岁以前患癌症的破坏性影响。许多心理后遗症一直存在，可能是因为这种特定疾病似乎产生了对未来的不确定性。库彻等还发现，那些适应性更好的人比那些适应性差的人

有更好的社会功能，有更多的自助技能和更好的智力功能。我们先暂时搁置对适应以及个人和社会资源的测量方面可能存在的同义重复，我们再次看到一个主题，即那些看起来很合群的人在处理潜在的创伤性生活经历方面比那些资源不足的人做得更好。

一些研究已经考虑了有压力存在时会影响功能的特性。回顾大量有关人们如何评价和处理学业情境如教室中的失败的研究，德韦克和沃特曼（Dweck & Wortman，1982）发现有些人似乎总是对失败做出不适应的反应，而其他人则做出适应性反应。前者的特征是对失败高度恐惧、高考试焦虑和普遍的无助感；后者则把失败看作是一种需要改变他们应对策略的信号，而不是把失败看成他们无能或不足的标志。类似地，吉尔摩（Gilmore，1978）回顾了关于儿童和青少年控制源和适应行为的研究，他认为与具有外部控制源的个体相比，具有内部控制源的个体在学业和非学业情境中会以更加积极、有效和适应性的方式来运作。

## 精神面貌

精神面貌涉及人们如何看待自己和他们的生活条件。它与所宣称的幸福（McDowell & Fraught，1982；Wilson，1967）、满足感（Campbell，Converse & Rodgers，1976）和主观幸福感（Bradburn，1969；Costa & McCrae，1980；Diener，in press）以有些含混不清的方式相联系。所有这些术语都或多或少地被互换使用，它们都与精神面貌有关。布莱恩特和维洛夫（Bryant & Veroff，1982）关于心理幸福感结构的报告反映了这个概
念的多维性。对具有全国代表性的两个大样本数据进行验证性因素分析，195
作者确定了心理幸福感的三个主要维度：不快乐、压力和个人不足。这些维度触及所有上述定义，即所宣称的幸福、满足感和主观幸福感。

尽管对精神面貌的定义（或者不管人们怎么称呼它）是非常变化无常的，但不同的取向中似乎出现了相同的意义（Costa & McCrae，1980），其中大部分与情感或情绪密切相关。然而，一个人在压力性遭遇中的情绪及幸福感，和长期的精神面貌之间的区分是至关重要的。在压力性遭遇中体验到的积极和消极情绪反映的是一个人对他的幸福感的一时的评估。在某种程度上，这些评估是基于诸如满意/不满意、快乐/不快乐或希望/恐惧这样的维度，因此在压力性遭遇中所体验到的影响与一个人谈到长期精神面貌时所经历的影响是类似的。但也有不同之处。在一次特定的遭遇中，影响很可能是非常显著的，并且随着遭遇的发展而变化（Folkman & Lazarus，in press）；长期的精神面貌可能更像是一种相对持久的背景情感

状态。科斯塔和麦克雷（Costa & McCrae，1980），像我们一样区分了短暂的幸福和长期的幸福，根据个人和情境因素的相对贡献来看待差异。通过引用爱泼斯坦（Epstein，1977）的观点，他们描述道：

> 很少有人会反对这样的观点，即对于普通人来说，**短暂**幸福的主要决定因素是个人发现自己所处的具体情境。社交上的冷落伤害我们的感情，牙痛使我们痛苦，赞美使我们振奋，吃一顿美食使我们满意。人格对这些感受的贡献无疑是小的。然而，随着时间的流逝，特质微小但持续的影响成为幸福感变化的系统性来源，而或多或少会随机变化的情境性决定因素往往相互抵消。(p. 699)

从压力和应对理论的角度看，关键问题在于评价和应对过程如何影响特定压力性遭遇中的积极和消极情绪或主观幸福感，以及短期遭遇中的幸福感与长期精神面貌之间的关系。

196 短期内的情绪与幸福感

短期内关于幸福的情绪和判断必须从过程取向的视角来看待：情绪和评价是动态的，在压力性事件的每个阶段都有变化。一开始，一个人可能经历各种看似矛盾的积极和消极情绪（另见第九章）。挑战评价会是积极的，但仍然包含一些威胁性的情绪；渴望可能与恐惧混合在一起，信任可能与怀疑相混合。相反，威胁评价可能也包含一些积极的情绪；恐惧可能被一些希望弱化，悲伤可能被安慰弱化。

随着压力性遭遇的展开，应对变得极其重要，因为面对不利条件时，积极幸福感可以通过这些机制得以维持。我们在第六章描述的梅凯尼克（Mechanic，1962）的“安慰性认知”，就是有助于提升精神面貌的策略的一个好例子。积极比较（如 Pearlin & Schooler，1978；Taylor，1983）是另一个很好的例子。例如，泰勒描述了癌症患者如何用积极比较来面对不利的局面（另见 Bulman & Wortman，1977；Dunkel-Schetter & Wortman，1982）。作者引用了三名妇女的陈述，每位妇女都找到了不同的理由让自己不对恶性肿瘤感觉那么糟糕。一个人陈述道：“我做了一个比较小的手术（乳房肿瘤切除术而不是乳房切除术）。对于女人来说要是需要切除乳房，那该多可怕！我简直不能想象，那看起来会特别难。”另一个说：“我真正感到遗憾的是这些年轻的女孩。这么年轻的时候就失去一个乳房，一定很可怕。我已经 73 岁，还需要乳房做什么呢？”第三个人说：“如果我没有结婚，我想这件事真的会对我产生影响。我无法想象约会的情景或对方知道你这件事会怎样，也不知道如何去告诉男人们这件事情。”

(p. 1166)

对一个遭遇的结果的评价包括对期望的目标是如何成功达成的，以及个人对他的表现有多满意。在幸福感方面，核心问题是期望与遭遇结果之间的关系。

林森迈尔和布里克曼（Linsenmeier & Brickman，1980）对期望在成就满意度中的作用进行了详尽而全面的回顾。他们认为，虽然表现好通常比表现差更令人满意，但期望值越低，个体就会越满意。简而言之，他们 197
认为如果人们的成就超出了他们的预期，他们就会对自己以及他们所完成的感到满意；如果达不到他们的预期，他们就会失望。他们引用了大量研究支持这一观点，并引用伯特兰·罗素（Bertrand Russell，1968）的话说，低估自己的人往往会持续地对成功感到惊讶，而高估自己的人往往对失败同样感到惊讶。前一种惊喜是令人愉快的，而后者是令人不快的。

实际上，满意度不仅取决于绩效结果，还取决于对绩效结果的**期望**。具有较低期望的人比期望高的人更可能对他们的表现感到满意。过高的期望很可能让一个人对他的表现的评价变差，并缩短原本可能由此产生的良好感觉。

### 短期幸福感与长期精神面貌的关系

科斯塔和麦克雷（1980）指出了关于精神面貌的一个长期的困境，即：一个人生活的客观条件，例如经济状况和健康状况，与主观幸福感之间的相关性很低且不一致。根据适应水平理论（Helson，1959），他们认为对事件的主观体验取决于当前和过去输入水平的差异，而不是绝对水平。因此，习惯化会使极端条件如财富或贫穷对人来说看起来好像变得正常，这导致这些条件被视为理所当然或至少是可容忍的。这意味着，一个人将根据个人标准来评价生活的现有条件，不管是积极的还是消极的，而不是根据绝对或客观的标准来评价它们。这也许就是为什么身体状况不好的老年人可以认为自己很健康（如 Tobin & Lieberman，1976），并且对自己的健康感到满意，尽管其实他们患有严重的疾病。当然，这种分析也包含了应对，因为从防御性再评价的角度来看，给予事物正面评价的倾向是最好的，这是一种以情绪为中心的应对方式。

当前事件对精神面貌的影响力也可能很大程度上取决于它们如何与背景因素，例如生活目标、长期承诺和信念系统，联系在一起（参照 Lef- 198
court，Miller，Ware，& Schenk，1981）。关注情绪的心理学家常常非常关注情绪因素，将其作为与当前事件并列的背景。情绪的实验室研究令人不满意的一个原因是，在评估刺激条件作为情绪反应的一个因素时，很少能考虑到刺激“图式”和心境或承诺“基础”的相互渗透（参照 Klos & Singer，1981）。

然而，从长远来看，积极的精神面貌必须依赖于一种将遭遇评价为挑战的始终如一的倾向，或者将伤害和威胁评价为可管理的，甚至具有成长性，并容忍消极的体验（曾被称为挫折容忍度；如 Rosenzweig，1944）。研究这个论题的一个障碍是传统上在精神科医生和临床心理学家看来，诺曼·文森特·皮尔所说的积极思维的力量似乎是防御性和致病性的。这种偏见是很少有研究认真探讨宗教承诺在整体适应中的作用的一个原因。

精神面貌还必须取决于在最广泛的遭遇中应对的有效性。称职的应对者应该体验到更少的压力，或者更少因生活中的普通压力而烦恼，因为他们处理情境的方式是防止压力或者当压力发生时减轻压力。如果大多数情况下人们的应对是有效的，那么所需要的动员的频率和强度应该更小，而且他们体验到的能量的耗竭应该更少。这应该有助于获得更多的满足感，因为个人目标更容易实现，并且比应对产生高代价时不满更少。称职的应对者比不称职的应对者所承受的压力要小这种观点的一个条件是，前者能力很强，可能比后者处理得更多（例如，“当你想要完成某事时，询问一个忙碌的人”）。这是林森迈尔和布里克曼（Linsenmeier & Brickman，1980）提出的期望问题。与此同时，这是一个合理的假设，即称职的应对者会通过更大程度上实现个人目标和收到更大范围的强化而体验到更高的满意度。

**方法论问题** 除了上述问题之外，围绕着精神面貌的评估还有很多方法论的问题。首先，即使评估是独立的，大多数衡量精神面貌的指标还是将不同的情绪归结为单一的积极和消极情绪指数，留下不确定的部分是受
199 不同的特定情绪特质和强度影响的。一个人主要的消极情绪是愤怒、悲伤/抑郁，还是内疚，除了会影响到他如何处理生活问题之外，在评估整体精神面貌方面可能很有关系。其次，很难确定信息提供者关于其情绪状态的陈述在何种程度上能够被看作具有表面价值，以及在何种程度上可以反映防御性的再评价。再次，应该在生命的哪个阶段对精神面貌进行评估，以及这种评估在此阶段和各个阶段中稳定性如何？如果所报告的状态反映了稳定的人格属性，则会有一定程度的稳定性；如果生活中变化的条件是重要因素，或者在一生中相关人格发生了改变，那么在生命的一个时期内所进行的评估在某种程度上与另一时期的评估是不同的。最后，由于诸如满意度、幸福感、积极情感、精神面貌等术语会有很多含义，它们因

文化、意识形态和宗教的不同而不同，我们无法确定哪些术语应该被应用于评估精神面貌，也无法确定反应中的一些变异在多大程度上是这些不同含义的产物。希望评估精神面貌或生活满意度的研究人员必须关注这些问题（参见 Bradburn，1969；Campbell，1976；Costa & McCrae，1980；Wilson，1967；Zautra & Goodhart，1979）。

**习得性无助：一个特殊的例子**　在第一章，我们指出，控制预期可以被当作一个或一系列这种压力性遭遇的结果。习得性无助是这种结果的一个特殊情况。因此，在我们讨论压力和应对对精神面貌的影响时，把它涵盖进来是很重要的，因为传统上被看作是无助的后果的抑郁症是一种不满或精神低落的相对长期的状态。由于有关习得性无助的研究著述太多，提供文献回顾是无效和适得其反的。（相关综述和评论参见 Abramson et al.，1978；Buchwald，Coyne，& Cole，1978；Costello，1978；Garber & Seligman，1980；*Journal of Abnormal Psychology*，1978，87，No.1；Overmeier，Patterson，& Wielkiewicz，1980；Wolpe，1979；Wortman & Brehm，1975；Wortman & Dintzer，1978。）这里我们的目的是从压力和应对理论的角度分析核心问题。

习得性无助的理论起源于对狗和其他动物的实验室工作：尽管很容易就可以跳到安全地带避免电击，但它们都没有能够躲避电击（Overmeier & Seligman，1967；Seligman & Maier，1967）。后来所称的这种“表现缺陷”，可以用多种方式来解释，包括神经生理学的（参照 Weiss，Glazer，& 200
Pohorecky，1976），但是我们感兴趣的是认知的解释：动物通过先前的条件作用习得在面对“无法控制”的电击时，它们是无助的，于是它们放弃了努力做出应对行为，反而被动地畏缩在笼子里。

然后，习得性无助的概念被用来解释人类的抑郁症（Seligman，1975）。然而，当在人类中对这个模型进行检验的时候，研究结果看起来既不一致也无定论。无法控制的情况并不总是导致被动、心境低落、表现下滑，有时也会引发焦虑和精神抖擞的努力。抑郁的被试没有表现出从理论中推测出的认知或归因类型。现在与抑郁症的认知因素相关的研究越来越多，其中许多研究报告了与现有的习得性无助体系不一致的发现（如 Cutrona，1983；Dobson & Shaw，1981；Gong-Guy & Hammen，1980；Gotlib & Asarnow，1979；Hammen & Cochran，1981；Hammen & deMayo，1982；Hammen，Krantz，& Cochran，1981；Lewinsohn，Mischel，Chaplin，& Barton，1980；Miller，Klee，& Norman，1982；Peterson，Schwartz，& Seligman，1981；Zuroff，1981）。

产生习得性无助概念的实验室研究设计（Seligman，1974，1975）使用了一个穿梭箱，它被一个防护栏分隔成两个隔间。地面是一个带电的格栅，可以在任何一边施加电击。给动物们呈现三种实验条件（可控制性电击、不可控性电击或没有处理的控制条件）的一种之后，动物被给予避免电击的一个机会，这是由条件性刺激发出的信号。电击开始后，跃过防护栏跳到另一个隔间的动物可以避免电击或逃开。在随后的试验中，动物必须重新回来跳过防护栏，以避免或逃脱电击。

一只没有经验的狗在电击开始之后发疯似的跑来跑去，直到它无意中跳过防护栏，逃过电击。在随后的试验中，狗逃跑得更快，直到它学会在信号发出时完全避免电击。以前经受过无法躲避的电击训练的狗，它们表现出来的行为与其他实验条件下的狗非常不同。在回避训练之前，给予它们电击时，它们很快就停止奔跑和号叫，然后坐着或躺着哀叫，直到电击结束为止。它们不越过防护栏逃跑，而是看起来好像放弃了，被动地接受电击。根据习得性无助理论，这些狗已经习得电击的终止并不取决于它们
201 的行为。它们感到自己是无助的，这种消极的期望会继续运作，即使它们能够成功地做出回避或逃避的反应。

有关习得性无助的最初构想作为对人类抑郁和应对失败的一种解释，具有欺骗性的巧妙和简洁。从驱力强化学习范式出发，基本的前提是在行为和结果之间不存在偶发性，频繁或持续的经验——无助的基本条件——会产生一个普遍的信念，即一个人没有办法应对世界，结果导致抑郁状态。这种想法的巧妙之处在于，这类经历的历史导致了抑郁。这个过程可以被描述为信念的条件作用，它对以后的行为和情绪有深远的影响。

这种简洁和巧妙的欺骗性在于，我们没有办法检验相比没有抑郁的人，抑郁的人的强化史。早期动物研究只是无助感的一个单一的例子，据说和人类抑郁症中习得性无助的历史相似。这个前提肯定不会成立，因为它要求我们相信，这仅仅只是努力与结果之间缺乏偶然性的消极经验的总和，它产生了个体本身无助的信念。

没有考虑到的是，许多有消极体验或经历过条件作用的人依然保持乐观和忠诚，而许多有积极经历的人却变得抑郁。如前所述，生活满意度研究的悖论是，客观上有利或不利条件下的生活与满意度之间几乎没有关系（参照 Costa & McCrae，1980）。这种现在几乎被抛弃的简单的习得性无助的概念是狭隘的，且在其巧妙性上具有诱惑性，但和其他文献以及观察没有什么联系。从认知的角度来看，重要的不仅仅是一个人的历史，而是事件如何被解读。形成过程的关键因素没有通过习得性无助理论得到解

释，即使今天也还是不得而知，尽管有人试图去推测它（如 Silver & Wortman，1980a；Wortman，1976；Wortman & Dintzer，1978）。

似乎心理学中追求巧妙、简单和实证主义的所有极端的尝试，在面对人类的复杂性时注定都会化为泡影，需要修正来适应多种决定因素。这正是最初的习得性无助理论所出现的状况；该理论当前新的构成与最初的那 202
个几乎没有相似之处（如 Abramson et al.，1978；Garber et al.，1980；Hollon & Garber，1980）。重构的理论更加倾向于归因理论，它是不折不扣的认知理论，并且建立在这样一个前提之上，即一个人用看似独特的方式来解释影响事件和结果的因素。在重构的理论中，人们发现某些反应及其结果是独立的，这导致对发生的事情进行归因。这些归因随后决定了未来的期望是否也将有非偶然性，并且在多大程度上它将是长期的，也就是说在各种情境中普遍存在。

习得性无助理论家们现在认为，与传统的情绪归因分析相一致（参照 Weiner，1974，1980；Weiner，Graham，& Chandler，1982；Weiner，Russell，& Lerman，1978，1979），当一个消极的结果被认为是个人努力（内源性）的产物时，个体就会失去自尊，相比把结果看作是外部因素造成的，更有可能患上抑郁。如果这种归因被看作稳定的个人因素的结果，不可控的成本也将是长期的。此外，还有一个归因因素“整体性”，即从特定情境到整体生活情境的普遍的无助感（Abramson，Garber，& Seligman，1980）。

一个人越希望失去控制，导致不适应行为和抑郁的认知、情绪和动机上的缺陷就越大。**认知缺陷**是个体没有注意到他的应对反应可能与一个有利的结果有关。**动机缺陷**是指在无助状态下的被动性。**情绪缺陷**不再是最初的习得性无助理论中所认为的单纯的抑郁，还可以是焦虑；现在人们只有在**无望**的情况时，才会抑郁（Garber et al.，1980）。这一主题使得修正后的理论更符合那些阶段理论家的看法，他们认为非偶然性可以暂时增强努力的动机（如 Horowitz，1976；Klinger，1977；Shontz，1975；Wortman & Brehm，1975）。然而，在对抑郁进行研究的任何一种认知取向中（如 Beck，1967），产生无助感的原因尚不清楚。

这些重构的理论在三个重要方面仍然很难解释不可控情境下的精神面貌。首先，无助感的归因分析不能与结果联系起来，除非考虑从个体幸福感的角度解释这种归因的意义。这一点将在第九章进一步讨论。 203

其次，修正后的习得性无助理论很少关注应对。面对结果失控，成功应对可能需要非常认知和行为化的过程，在某些情况下这些过程被看作是病理性的或致病的，并且在许多情况下，它们看起来很像习得性无助理论所关注的情绪和动机缺陷。习得性无助理论家们所认为的无助所导致的被动性，即动机缺陷，以及抑郁，即情绪缺陷，很可能是对环境缺乏控制的一种适应性反应。这种适应中所包括的正是我们在以情绪为中心的应对下所进行的完全相同的认知应对过程，自我心理学家称之为自我防御的过程。

例如，个体应对不可控环境时可以采用的一种选择是，按照前面引用过的皮尔林（Pearlin，1980b）的建议去做，即放弃不能履行的承诺并重新排列优先级。皮尔林说：

> 对意义的控制通常在很大程度上依赖于社会价值目标和对活动的选择性使用。……如果一个人在工作中承受着很大的压力，他可以通过把工作放在自己生活中的边缘位置来避免痛苦，比如，让自己成为一个好丈夫或父亲。因此，大人们往往会将有痛苦体验的角色置于重要性的边缘，把相对不那么艰难的角色放在更核心的位置。在重新安排优先次序时，人们通过降低产生失败和冲突的生活领域的重要性来缓解压力。(p. 185)

沃特曼和丹茨尔（Wortman & Dintzer，1978）也写道：

> 我们认为，只有当所谈论的结果是可控的或可改变的时候，许多与无助感有关的行为（放弃、对结果失去兴趣和/或追求它的动机）才是不适应的。如果结果真的是不可控的，这些行为可能具有高度功能性（参照 Weiss，1971）。(p. 87)

人们可以在很难有效控制的极端不利的生活条件下，仍充满希望并积极参与。他们想方设法对情境进行合理化的解释，有时甚至还抱有希望，
204 希望事情会改变或者不会像担心的那样糟糕。有一个恰当的例子，杰诺夫-布尔曼和布里克曼（Janoff-Bulman & Brickman，1982）对 20 世纪 30 年代放弃逃离纳粹德国机会的欧洲犹太人的反应进行了有趣的讨论。从习得性无助的角度来看，这种放弃行为可能看起来是无助的。然而，同样的行为也很容易被看成是认知上的应对努力以适应看似暂时的失常，其解释是，高度先进的德国文化不会抛弃文明的面貌，事实上这是一种良性的、调节压力的解释，可以让人存有希望。

最后，大多数作者倾向于把情绪，尤其是无助、绝望和抑郁，当作适应序列的最后阶段，它反映的是适应不良。然而，如果从更宽泛和更长远

的角度来看，抑郁和其他情绪通常是通往其他状态和过程的一步。正如克林格（Klinger，1977）所指出的，抑郁就和愤怒、内疚、焦虑等情绪一样，通常是暂时性的。即使是完成一些长期追求的目标之后而产生的积极情绪，通常也会在持续时间和强度上受到限制，因为这样的成就往往只是扮演通向其他事物的中继站的角色。因此，我们经常看到研究生在获得博士学位后会表现出轻微的抑郁情绪。这个学位被高估为终极目标，但原来只是满足感的一个短暂来源，接下来就是开始职业生涯的下一步（Lazarus，Kanner，& Folkman，1980）。

沃特曼和布雷姆（Wortman & Brehm，1975）试图将“阻抗”理论与习得性无助理论结合起来，还提出了一个管理不可控情况和结果的两阶段过程，即**精力充沛**和**抑郁**。然而，他们没有假设这个序列是不变的，而是认为两个阶段谁先出现取决于具体的情况和历史。正如在大多数的社会学习观中，他们对过程的分析往往与价值和期望这两个成对的因素联系在一起。

在回顾加伯和塞利格曼（Garber & Seligman，1980）的书之后，辛德（Synder，1982）指出：“……我们仍然缺乏对不可控结果所带来的影响的充分理解。”（p. 11）事实上，我们也不知道如何预测一个人在短期和长期内将如何应对导致这些结果的状况以及结果本身。如果我们要解决对环境的控制或缺乏控制的问题，以及它与诸如精神面貌等结果的关系，那么这些就是未来重要的研究问题。（对以归因形式进行修正后的习得性无助概念的评论，参见 Coyne，1982；Coyne & Gotlib，1983；Zuroff，1980。） 205

## 躯体健康

在行为医学中占主导地位的压力、应对和健康分析的一个基本主题是，各种情绪状态和强度都伴随着对伤害、威胁和挑战的评价。与疾病的联系是常见的一个，巨大的身体变化与情绪有关，尤其是强烈的负面情绪，如恐惧和愤怒。正是这个主题使得谢耶（Selye，1956，1976）关于压力的生理学研究在行为医学和心理学领域产生了巨大的影响。

尽管人们广泛假设压力、情绪和应对方式是致病因素，但这只是一个假设（参见 Plaut & Friedman，1981）。对这个假设的深信不疑导致了20世纪60年代和70年代间试图将生活事件与疾病联系起来的研究数量增长惊人。必需的实证案例以及对生活事件的测量提供了客观测量压力的前景。总的来说，我们接受这样的假设，即压力、情绪和应对与疾病有因果关系，尽管证据并不清晰，也不如人们通常所认识到的那样做了充分阐述。大多数在心身医学、行为医学、健康心理学以及相关领域工作的人也或多或少地接受这个假设，因为它在很大程度上界定了这些领域（另见 Engel，1974，1977）。杰莫特和洛克（Jemmott & Locke，1984）对心理社会因素和传染性疾病的易感性的研究综述提出了一个相当强的实证案例，表明这个假设至少在免疫能力对应激-感染关系所起的中介作用方面是合理的。

医学社会学家在没有挑战这个假设的前提下，通过研究所谓的疾病行为，即寻求或避免对症状进行医疗处理，或者夸大或低估症状重要性的倾向，证明了疾病、压力、情绪和应对之间的关系，从而解决了方法论上的困境之一。疾病行为本身就是一个有趣的现象；例如，作为社会人口学变量的函数，疾病行为在不同文化和亚文化之间以及个体和个体之间，其模式都是不同的（例如，参见梅凯尼克［Mechanic，1978］具有代表性的叙述，以及拉道尔和惠勒［Rundall & Wheeler，1979］的研究）。从我们的
206 角度看，疾病行为的事实构成了一个问题。如果抱怨或者不抱怨病症取决于价值观、信念和个人应对模式，而不是疾病本身，那么患者的实际行为在这个体系中就是一个干扰源，它使得我们更难弄清楚，我们所观察到的到底是疾病还是仅仅只是价值观、信念和应对活动的外在表现，其与疾病的关系是可变的。

### 一般性还是特异性

当今主导健康与疾病中心理和社会因素的思考的理论争论涉及看待情绪或压力在疾病中作用的两种重要方式，一种强调**一般性**，另一种强调**特异性**。受到更广泛支持的一般性的立场，是作为特异性理论失败的解药而兴起的。特异性理论流行于 1920 年至 1940 年（简要的历史概述参见 Lipowski，1977），它支持的观点是，大部分无意识和以冲突为中心的心理动力过程与特定疾病，如溃疡、结肠炎、哮喘和偏头痛之间存在关系（如 Alexander，1950；Alexander，French，&Pollack，1968）。

谢耶关于一般适应综合征的概念为一般性理论提供了推动力，因为他主张对**任何**类型的环境需求，包括心理社会需求，都采取统一的身体防御性反应。这个综合征中分泌的激素被证明对组织系统和体内每个细胞的活性都具有巨大的影响，并且这些影响可以很容易地解释对各种疾病的一般易感性的增强。这种对不同环境需求所产生的共同身体反应的重视，使得人们很容易转向一种疾病的概念，在这种概念中，需求的具体性质，实际

上是它的心理或社会动力学，并不真正重要。随着分解代谢性应激激素的持续分泌，身体的抵抗力将减弱到足以增加感染和组织损伤的概率，或者是谢耶所说的适应性疾病。一种疾病而不是另一种疾病发生的原因取决于过去心理调节的个体差异，或者是遗传或体质上的脆弱性。

实际上一般性理论建立在两个概念之上，这两个概念一方面与需求有关，另一方面与反应有关：(1) 所有需求在产生生理动员方面，或多或少在质上是等效的，这种生理动员是一种内置的防御机制，它是我们系统发 207
育遗传的一部分，当我们身体平衡被打乱时它就会产生（上述说法源自法国生理学家克劳德·贝尔纳的早期著作；参见 Cannon，1932）；(2) 这种防御性的动员或反应增加了对所有疾病而不是特定疾病的一般易感性。总而言之，如果一个人不断受到压力需求的轰炸，身体的防御反应将会增加任何和所有疾病过程的风险；如果不能停止这种防御反应，并允许健康所需的细胞条件的复原，这个人最终将会死亡。

总的来说，谢耶和其他生理学家处理了被谢耶称为“应激源”的诱发刺激条件或环境要求，而没有详细提及有调节作用的心理社会过程。因此，疾病易感性的一般性理论通常将问题归结为产生压力或情绪反应的应激源，诸如生活事件或日常生活的长期需求。从环境需求中产生情绪反应的心理过程却很少被讨论（另见第二章和第九章）。

在 20 世纪 40 和 50 年代，支持一般性理论的运动在情绪心理生理学中有一个对应物。正如我们在第二章所指出的，情绪概念被包含在唤起和驱力的概念中，这使得情绪充其量是一个简单的、单维的概念，范围从高强度到低强度，拥有不同情绪的想法几乎被抛弃。这种取向与疾病的心理社会因素的一般性理论相一致，即一种情绪的性质以及它的心理动力学在情绪性障碍所涉及的过程中无足轻重。至关重要的是过度唤起的持续状态，简言之，就是被破坏的稳态。

最近，一般适应综合征，如一般的唤起概念一样，作为一种理解情绪或压力、应激障碍及其心理社会成分的方式，已经开始显示出严重缺陷。我们已经在第二章对这个问题进行了考察。正如我们在那里所指出的，梅森和他的同事（Mason，1975a；Mason et al.，1976）关于激素模式的研究对一般性的立场提出了重大的挑战。首先，当猴子和人移除了困惑的威胁时，其对于各种各样的生理压力如禁食、热、冷和运动表现出明显不同的激素分泌模式；其次，肾上腺皮质类固醇反应可能主要或仅对心理威胁敏感，这种因素经常与身体的有害刺激相混淆，而不是对动态平衡的人身 208
攻击敏感。此外，梅森的证据也支持这样的观点，即每一种情绪（愤怒、恐惧等）都有自己独特的激素反应模式。研究方法上的困难，特别是很难将一种情绪的性质和另一种区分开来，使得有关一般性和特异性的争论不断。这个问题还远未解决（例如，参见 Ekman et al.，1983；Ursin，1980）。

然而，我们认为，一般唤起或动员不足以作为情绪（以及使之产生的不同状况）和身体疾病之间因果关系的唯一解释性概念。谢耶（1974）对良性压力和痛苦的主张（另见 Lazarus，1976）也意味着身体对于不同情绪状态的反应可能非常不同，因为它影响适应性的结果。

许多当今的社会流行病学家（如 Antonovsky，1979；Cassel，1976；Syme，in press）支持这样的想法，即压力性经历，通过增加一个人对于疾病的一般易感性而起作用。一般性理论的这个版本将疾病原因的构想从科赫、巴斯德和李斯特所认为的特定细菌因子和特定疾病有关这样的观点中转移开来。从那时起我们就认识到，仅仅是有害的环境因子的存在通常是不会导致疾病的。生病还取决于动物的身体状态，通常被称为“宿主抵抗力”，它可能受到压力或情绪紊乱的影响。有机体抵御疾病的能力这一概念显然是合理的，但是用宿主抵抗力来解释所有疾病的发病，是对一般易感性概念的要求太多。“一般”这个术语已经变得过于宽泛，并且没有考虑到比方说，将心脏病和癌症、结肠炎、感染或高血压区分开来的独特的心理生理过程。

我们可以用吸烟增加全因死亡率这一经典发现来说明一般性模型的主要缺陷。全因死亡率指的是各种疾病，如肺癌、肺气肿、心血管疾病、肝肾疾病以及呼吸道感染所导致的死亡率，其中呼吸道感染还会反过来增加流感或肺炎的感染机会等等。数据明确表明，吸烟的人比那些不吸烟的人更有可能死于这些疾病。将所有疾病结果汇总起来，就会为吸烟作为致病的一种原因提供有力的支持，但是，它却忽视了吸烟增加过早死亡风险的多种途径。

209 这些不同的途径对于理解很重要，因为它们影响人们所患疾病的种类以及患病的可能性。一个吸烟的人可能易患恶性肿瘤，而另一个吸烟的人则容易患肺气肿或高血压，并有卒中或冠状动脉闭塞的危险。还有一些人吸烟对他们似乎没有可预见的健康上的影响。我们无法用一般性模型或流行病学中对应的一般易感性模型来理解这些变化，因为患病机制因人而异，因此意味着特定的个体或群体变量没有在这些模型中得以描述。

一般易感性的概念可以通过将疾病归入宽泛的类别来大大改进，例如感染、骨折或由事故、心血管疾病和不同类型的癌症所引起的头部损伤。

例如，尽管证据尚不充分且有争议，但一种类型的癌症可能由免疫监测过程中的缺陷引起，而另一种类型的癌症则可能由对侦测到的外来病原体的免疫反应中的缺陷而产生或加重（如 Schwartz，1975）。

然而，疾病结果的分类只能提供部分答案。必须注意主要疾病病因的过程，从社会变量开始，进展到心理变量，最终到生理水平的每个阶段。确实，这就是特异性理论家试图在心理层面用他们的心理动力学理论所做的，但是这种努力从未在生理层面达成一个合理的分析；稍后我们将看到，他们的概念太有限了，而且数据库也不完善。因此，正如高血压的例子中所表明的，很可能愤怒会产生与其他情绪不同的疾病易感模式。但是，即使在情绪中做了区分也还是不够的，因为它忽略了压力下采取的不同的应对模式，每一种应对模式对于身体疾病都有非常不同的影响。

疾病病因学中最初的特异性学说聚焦于环境作为一种病因性影响。这一学说的一个主要因素是 19 世纪发现特定形式的细菌引起特定的疾病。正如我们在第一章指出的，我们现在知道宿主的状况也会影响对肺炎、结核病以及细菌和病毒导致的其他疾病的易感性（参照 Dubos，1959）。疾病不仅取决于敌对环境力量的入侵，而且取决于人的总体状况，这种观点 210
用诸如易患病性、宿主抵抗力、抵抗力资源（Antonovsky，1979）或幸福感（Bakan，1968）等术语来表达。

特异性学说的精神分析版本不仅涉及特定的环境原因，而且涉及在特定环境中特定的人产生的包含不同情绪模式和应对的复杂状态和过程。这种观点与最初的特异性学说相似的地方在于，特定的情绪，如愤怒或恐惧，或特定的应对模式，会产生它们自己特殊的疾病风险。例如，有关高血压的一个常见假说是，它与愤怒的处理方式有关。精神分析的观点和最初的特异性学说不同的是，造成因果关系的因素并不被看成是严格意义上的环境因素，而是具有特定倾向（个人议题、特殊脆弱性、应对风格）的人与环境之间的互动，这种环境会施加持续的或反复出现的与倾向有关的要求和限制。

尽管理论家和研究者对于寻找溃疡人格、偏头痛人格等老式版本的心身特异性缺乏信心，但对某些疾病的一些解释仍然采用特异性的概念，其形式是关于广泛性问题，如依赖性或无助感的假设（如 Weisman，1956）。例如，在恩格尔（Engel，1968）的论文中，可以发现特异性的广泛应用，许多疾病起源于个人丧失或丧亲之痛，其背景是高度依赖他人的心理倾向。在这些情况下，丧失将被解释为对安全感的一个核心威胁。这些人感到被抛弃、无助和绝望，这使他们放弃了试图适应生活环境的努力（另见

Schmale，1972；Schmale & Iker，1966［他们认为癌症是这种心理动力的产物］）。不仅丧失本身是至关重要的，在我们看来，其影响还取决于个人将其评价为对他的幸福感的一个重大威胁，和/或以特定方式应对的倾向。例如，那些把这种心理脆弱性当作癌症（或抑郁症，如果我们考虑精神面貌而不是身体疾病）的一个重要因素的理论家已经以一种更宽泛的形式采用了特异性假说的变体。

**评价**　德普、门罗和沙什曼（Depue，Monroe，& Schachman，1979）对一般性和特异性概念进行了探索性的分析，他们认为评价的想法提供了
211 一种从非常普遍的观点来看待疾病中的心理社会因素的有效方法，而不必牺牲个体的心理脆弱性模式。他们指出，以依赖为疾病基础的心理倾向是不必具有限制性的，因为更广泛的事件可能被评价为具有压力性，这取决于个人将互动评估为威胁的倾向。实际上，将事件评价为具有威胁性的倾向可能与依赖需求有关；然而，由于每个人的历史和问题不同，大量的脆弱点会因人而异，这些脆弱点中的任何一个都可能具有相似的情绪影响。因此，特异性在于导致共同过程的个人因素，即认知评价。德普等总结了这个立场，写道：

> 因此，评价过程可能为更改心理社会环境影响的大量个人和心理社会变量提供最终的共同路径。在将此模型应用于疾病的发生时，统一所有这些变量的因素就是评价过程，因为它改变了对环境中的威胁的心理反应的强度和持续时间。这个统一因素被看成是心理威胁，因为对某些理论家来说，正是这种反应启动了心理社会环境的主要媒介——情绪及其生物伴随物。（p. 16）

在这一陈述中，德普等已经把情绪当作身体疾病的核心媒介，尽管他们没有推测特定情绪和疾病之间的关系。他们接着提出，威胁评价会导致应对模式，反过来，应对模式可能与特定疾病或疾病组有自己特定的联系。在我们看来，后面所强调的在疾病的心理生物学病因中更为重要。

### 应对与健康结果

现在让我们把焦点从作为身体平衡的破坏者以及疾病前兆的威胁评价和情绪转移到受它们刺激而产生的应对努力及其如何长期影响健康上。请注意，我们并不是问人们如何应对疾病。我们询问的是不同的路径，通过这些路径，人们应对日常生活事件的方式会影响他们的健康。

212 直接解决这个问题的系统研究是缺乏的；我们通常通过把应对作为前因变量和健康之间的中介这样的**推断**来间接地考虑这个问题。那些探讨应

对和健康之间关系的少数研究通常没有达到目标，因为它们没有考虑应对影响健康的途径。

科巴萨及其同事在研究坚韧性的人格建构在生活压力对疾病影响中的调节作用时，说明了在识别出应对是前因变量和健康之间关系的中介的过程中能够使用推理（尤其参见 Kobasa，1979；Kobasa，Maddi，& Courington，1981；Kobasa，Maddi，& Kahn，1982）。研究的基本设计是两组的比较，一组是高压力患病组，另一组是高压力未患病组，压力的高低通过霍姆斯和拉赫生活事件表来进行测量。作为一种人格结构的坚韧性通过许多量表来测量，从这些量表中可以提取出三种人格特征：承诺、将需求评价为挑战而非威胁的倾向，以及对命运的控制感。这些特质构成了坚韧性这个变量。研究发现，适应力强的个体在压力下不易发生疾病。

科巴萨（1979）的文章可以说明这一系列研究的问题。在此，她根据人格测量来推断应对过程或风格，这些人格测量区分了高坚韧性和低坚韧性的高管群体。例如，她认为高坚韧性的管理者会让自己积极投身于一个新的情境。然而，科巴萨没有提供数据描述两组群体的实际应对过程。由于测量坚韧性的人格量表的效度问题，推理的基础特别不稳定。例如，承诺在疏离中被反向测量：疏离量表上的低分被认为是承诺的等价物。同样，挑战是通过安全感量表进行反向测量。这些量表到底是测量了承诺和挑战，还是最好依然认为它们测量的是疏离和安全感？而且在多大程度上疾病的结果是与疏离感的情绪指标相混淆的？在缺乏观察数据来支持作者的解释的情况下，这些问题更加令人困扰。在随后的分析中，即使是对应对更广泛的推测，同样的模式也清晰可见（Kobasa & Puccetti，1983）。

另一组研究更接近于对应对和健康之间关系的更直接的探讨。例如，奥尔德里奇和孟德科夫（Aldrich & Mendkoff，1963）的一项经常被引用的研究有力地表明，从一个情境转到另一个情境的老年人如何应对压力性经历会影响他们的死亡率。那些比较镇定地做出反应的老人，其死亡率最低，紧随其后的是表现出愤怒的老人。结果最差的即高死亡率的老人，采用否认和抑郁进行回应，或在搬迁前后已经处于精神病性状态，这种情况下可能意味着他们已经老了。虽然这项研究没有解释应对过程实际上如何影响死亡率，但它还是在很大程度上涉及了应对。 213

后来的一项研究（Janoff-Bulman & Marshall，1982），虽然细节上严重缺乏，但研究报告指出，与那些在最初评估中对自己的幸福感表达了强烈的负面评价的人相比，对自己的幸福感和所处的情境评价积极的福利机构的老年被试，其三年后的死亡率更高。世界卫生组织在最初的评估中对他们的福祉表达了强烈的负面评价。这一发现似乎与奥德里奇和孟德科夫的观察比较相似，即愤怒的老年人的死亡率比那些使用否认或对抑郁有反应的人要低。在对晚期癌症患者的一个相关研究中，韦斯曼和沃登（Weisman & Worden，1975）报告了与那些与朋友和家人一直保持社会关系的患者相比，以退缩、疏离和抑郁作为反应的患者的存活率更低。越来越多的研究开始表明，相比愤怒、抱怨、挣扎着活下去或控制自己的境况，被动接受、无助和抑郁会带来更糟糕的晚年的生存前景（参见 Lieberman & Tobin，1983；Turner，Tobin，& Lieberman，1972；Derogatis，Abeloff，& Melisaratos，1979［关于癌症生存前景］）。以上研究表明，死亡，作为躯体疾病显而易见的终极表现，可能确实受到主导情绪和应对的中介作用的影响。

在疾病严重程度较轻的情况下，我们注意到维纳、辛格和赖泽（Weiner，Singer，& Reiser，1962）的工作，研究中相比反应更为活跃的血压正常者，高血压患者通过向访谈者讲述无关紧要的、不带感情色彩的故事并表现出最低限度的心血管反应，来处理诊断性面谈中令人不安的情绪特征。这一发现促使研究人员提出，高血压患者通过控制或抑制其威
214 胁性方面来应对面谈中的压力，从而保护自己。萨皮拉等（Sapira，Scheib，Moriarty，& Shapiro，1971）后来的一项研究证实了这一发现，他们观察到高血压患者倾向于否认电影中所描述的医生对待患者的温暖或冷漠、粗鲁行为的情绪意义。

上述两项研究似乎表明，高血压患者似乎会压抑或否认在情绪上具有重要性的事件，因为这些事件可能导致血压升高。这种解释是自相矛盾的，因为如果他们的这种应对风格没有问题，就像他们看起来所做的那样，那么为什么他们患有高血压呢？一种解释是，高血压患者并不是时刻都在抑制或否认，尽管在所报告的这两个实验中他们确实使用了这些应对策略。这种解释不能被验证，因为我们只在一个场合中见到患者，并且不可能用实验操纵的方式来检查血压的起伏。另一种解释，来自液压模型，认为长期的否认和压抑模式可能导致未释放愤怒的累积，最终导致血压长期升高。然而，最近几年，这种解释已经受到广泛的怀疑，取代它的是一种认知-环境反馈解释：长期无法表达愤怒并因此无法处理冒犯行为，会让人不断在关系中体验到愤怒。或者，持续表达愤怒，即使它是适得其反的，也会产生消极的人际关系，并难以解决棘手的关系，这种关系就会周而复始的出现。这些发现也可能是人为使用测量工具的结果。例如，高血压患者的血压没有发生变化可能仅仅是因为他们血压的最低值已经非常高

了，这是心理生理学初始值法则的一个例子。因此，我们在这些研究的推广上必须保持谨慎，因为这些研究源自单一的评估，使用的是评估心理生理效应相当原始的方法。

哈伯格等（Harburg et al.，1979）的一项更可靠的研究表明，控制
愤怒或愤怒诱发条件会对高血压产生影响。研究获得了基于访谈的调查问
卷数据：被试面对愤怒的老板如何处理与工作有关的愤怒。此外，访谈过
程中，多次取样血压值。应对风格包括“内化的愤怒”（“离开当前情
境”）、“外显的愤怒”（“直接向他抗议”“向工会举报他”）和“反思”
（“等他冷静下来再和他谈谈”）。研究结果表明，采用反思风格的个体会分
析老板的任意一次攻击，然后要么为后面的讨论延迟反应，要么在当时努
力理解，他们往往具有更低的血压。与此同时，冲动的策略，如忽略或否 215
认攻击的意义（内化的愤怒）或者攻击或向高层抗议（外显的愤怒），似
乎都与更高的血压有关。

这些关于愤怒、愤怒控制和高血压的研究仅仅是情绪和应对方式如何与疾病相关的几个例子。这项研究与对 A 型行为的研究有些重叠，对于被更广泛考察的压力、应对和疾病也具有重要的实质性和方法学意义。例如，哈伯格等（1979）的研究留给我们一个未解答的问题：在遇到一位愤怒的老板时，被试到底是如何应对的？通过这个研究设计的方式，我们只能知道他们**认为**他们会如何反应。读者将认识到这个主题；我们在第六章对它进行了详细阐述，并在第九章进一步讨论。如果我们要理解压力—应对—疾病的关系，我们必须看看人们对压力性遭遇的反应和处理的过程。（相关的讨论可参见 Diamond，1982；Barefoot，Dahlstrom，& Williams，1983；Long，Lynch，Machiran，Thomas，& Malinow，1982；Shekelle，Gale，Ostfeld，& Ogelsby，1983；Williams et al.，1980；Williams et al.，1982。）

第二个更广泛的问题是从上述研究以及其他与高血压和其他疾病有关的研究中得出的：应对对躯体健康产生不利影响的路径是什么？我们提供三种可能性。

**第一，应对通过以下方式影响神经化学应激反应的频率、强度、持续时间和模式**：（1）未能预防或改善环境中有害或破坏性的条件；（2）面对不可控制的伤害或威胁时未能调节情绪痛苦；（3）表达了一套价值观和相应的生活方式和/或应对风格，这种方式本身会不断地以一种有害的途径被调动起来。

上面提到的（1）中，未能防止或改善环境中的破坏条件指的是以问

题为中心的应对的不足。这种失败可能是由于环境较难对付和/或以问题为中心的应对资源的不足。不管是什么原因，以问题为中心的应对的失败甚至可能增加对情境的厌恶，从而加剧神经化学应激反应。

上面提到的（2）中，面对不可控制的伤害或威胁时未能调节情绪痛
216 苦指的是以情绪为中心的应对。这里失败的可能原因包括策略的无效，如疏远或分离，其目标是动员的减少，或策略的使用，如自我责备，它可能维持甚至增加动员。

上面提到的（3）中，能影响神经化学应激反应的一组价值观和相应生活方式的一个例子是 A 型行为。正如我们在第五章提到的，A 型行为也可以被看作一种应对风格。实际上，一个人通过培养适当的生活方式并将其内化，来应对外部压力和刺激从而变得卓有成效、有雄心、好竞争、成功。心脏病发作的风险（如 Haynes，Feinleib，& Kannel，1980）通过特定的生理调节机制增加，如血压升高（根据罗斯、詹金斯和赫斯特[Rose，Jenkins，& Hurst，1978]的研究结果，这个关系现在是有争议的），血清胆固醇和其他脂质以及导致更快血凝的血小板和纤维蛋白原的改变。虽然这种身体变化也可能增加患上其他疾病的风险，但在心脏病中似乎尤为重要。

另一个评价和应对潜在的适应不良风格的例子是由林登和福伊尔施泰因（Linden & Feurstein，1981）提出的，他们描述了高血压患者在社交情境中倾向于产生威胁评价和攻击或愤怒行为的一个趋势。他们将这种风格概念化为社交能力的缺陷。格拉斯（Glass，1977a；Glass et al.，1980）认为，当应对努力失败时，在努力控制有压力的互动和无助感之间交替进行的这种风格与儿茶酚胺的波动相关，这种戏剧性的波动足以影响冠心病发作（Holroyd & Lazarus，1982）。

此外，一些人过度地抱怨症状和疾病（就像在“病态角色”行为，或反映文化价值的评价和应对方式中），或者相反，最小化症状或回避医疗处理（参见 Mechanic，1966b；Zborowski，1969）。还有人用丰富多彩的语言来描述这些模式，例如“疑病症”（the worried well）和“拒绝接受帮助的抱怨者”。

**第二，当应对包括过度使用诸如酒精、药物和烟草等有害物质，或对生命和肢体有高风险的活动时，它可能对健康产生负面影响，增加死亡率和发病率。**一个人可以吸烟、喝酒或服用药物来减轻压力，但这样做会增加患病的风险。例如，有罹患冠心病风险的男性，因应对压力而增加吸烟
217 量，则可能引发或加重疾病进程（Horowitz et al.，1979）。相反，人们可

以使用行为来减轻压力，它不加重疾病（例如，明智的锻炼）；在这些情况下，应对不应该增加躯体问题，甚至可能会降低它们。例如，贝洛克（Belloc，1973）与贝洛克和布雷斯洛（Belloc & Breslow，1972）的研究表明，一些常见的健康习惯，如有规律的饮食和锻炼、控制体重、睡眠充足、不吸烟、适度饮酒，它们和长期健康之间有很强的关系。他们发现，那些报告了 6 或 7 次这些行为的人，其平均预期寿命和一般健康状况要比报告少于 4 次的人好得多。虽然因果关系没有得到明确的证实，但确实存在有力的暗示来支持这一假设的路径。事实上，下面描述的第三种途径可能更多地依赖与健康有关的实际做法，而不是第一种途径中所描述的神经化学应激反应，那些主张在健康结果中运用压力和其他心理社会因素的人通常假定它很重要。

**第三，以情绪为中心的应对方式可以通过阻碍与适应性的健康/疾病相关的行为损害健康**。这一点是从否认或回避的角度来讨论的，它们可以成功地降低情绪痛苦，但同时阻止人们现实地解决对适当行为做出应答的问题。卡茨等（Katz et al.，1970）的研究描述了这种模式。通过使用类似否认的过程，该研究中的妇女能够将乳房肿块的重要性最小化，从而减少她们的心理痛苦，但正是这些过程延迟了寻求对她们来说很重要的医疗人员的协助。金斯曼等（Kinsman，Dirks，Jones，& Dahlem，1980）也表达了类似的关注，他们关注的是减轻哮喘焦虑的努力。他们指出，哮喘患者将焦虑直接集中在呼吸上时，促进了适应性应对，而没有焦虑可能减少应对危险症状时所需的动员。法伯罗（Farberow，1980）关于糖尿病患者间接自我毁灭行为的观察和戈尔茨坦（Goldstein，1980）关于血液透析患者的观察也是具有说明性的。患者试图否认疾病的严重影响，这是可怕的，他们因此不会按处方的要求做。为了好好地生存和生活，糖尿病和肾衰竭患者，还有其他患者必须积极地为大量困难的自我管理活动，如饮食、锻炼、药物和治疗负责（Surwit，Feinglos，& Scovern，1983）。

在图 7.1 中，我们试图总结和对比一般性和特异性模型的基本特征。218
在研究这个示意图时，读者应该记住，在一般性模型中，疾病可以通过生理失衡对免疫过程的影响或谢耶所主张的应激激素的代谢后果而产生。类似地，在特异性模型中，疾病是前面提到的德普等（Depue et al.，1970）所暗示的与不同的情绪反应模式相关联的特定的生理紊乱模式，和/或上面讨论过的（2）和（3）的路径下应对的直接行为效应。在图中，这些路径的细节被忽略了，这有利于强调应对可以通过生理失衡以外的方式直接影响健康。

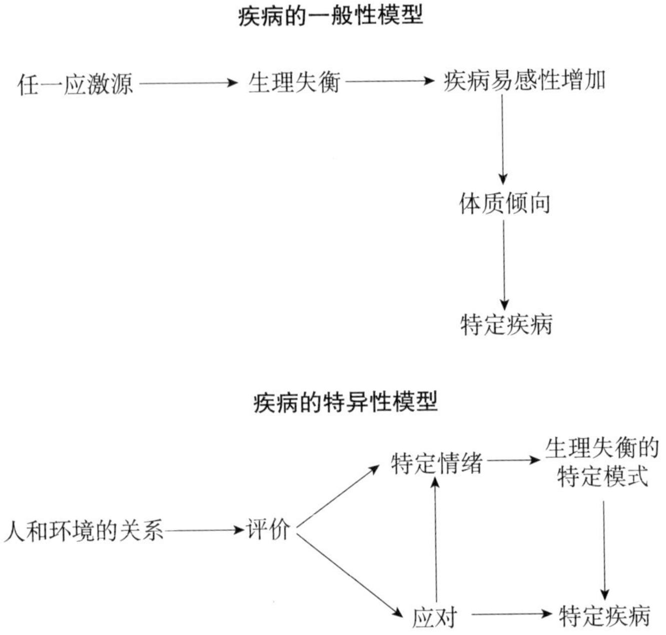


**图 7.1　疾病的一般性模型与特异性模型**

**方法论问题**　在结束对身体健康的讨论时，我们对健康状况的测量提出了一些看法，其中包含着先前提到的对两个适应性结果（精神面貌和社会功能）的测量中固有的许多困难。只有当测量的标准是死亡率时，测量中的大多数问题才得以消除，尽管这个极端标准给我们提供的关于疾病过程本身的信息很少。健康状况测量存在三大难点：第一个问题是相对于实验室和临床证据的使用，健康和机能或疾病史的测量使用的是自我报告；第二个问题是如何根据两个通常独立的值，即对机能的影响和死亡风险，来估计疾病的严重性；第三个问题涉及健康的变异性和稳定性。

有关健康状况的大多数研究基于一个人所报告的他的病史、目前的症状以及功能性。使用自我报告的一个原因是进行全面医疗检查的成本很高，正如人们广泛认识到的，它本身也不是估计健康的可靠基础。许多潜伏的生理过程迟早会导致实际的临床疾病，可它们在这类检查中被忽略了。此外，即使是医学检查中的客观测试，也严重依赖于对最近或过去的疾病和症状模式的口头报告。总的来说，医生对实际疾病的诊断需要将患者关于他的机能和症状的报告以及临床或实验室的证据结合起来。

基于口头报告和医疗服务所做出的健康状况的估计通常会有一个坏消

息。这实际上是基于由记忆的扭曲以及关于症状和医疗护理的不同的个人 219
和文化价值信念体系所造成的不准确的认识。正如我们前面提到的，有些人夸大了机能、情感和症状上的困难，不必要地担心它们；而另一些人则冷静地对待它们，低估它们，有时甚至是在他们生病的时候。

尽管有这些缺点，但所有公认的健康状况指数（如 Belloc & Breslow，1972［最具权威性的指数之一］；Belloc，Breslow，& Hochstim，1971；Ware，Brook，& Davies-Avery，1980）都不可避免地严重依赖于机能、疾病史、症状、主观评价和对情感状态的口头自我报告。在对贝洛克和布雷斯洛指数的验证研究中，梅尔泽和霍克斯蒂姆（Meltzer & Hochstim，1970）发现这个指数被阿拉米达县人口实验室用于健康实践和
健康状况的问卷调查研究时相当可靠，与客观的医疗记录相符，并且在将 220
近十年后预测了健康状况和死亡率（Wingard，1980）。这些发现并没有消除对健康状况测量的合理关注，但它们表明了尽管存在种种问题，我们仍然可以假设该测量具有合理的效度。

第二个问题，即疾病的严重性很少受到关注。一些疾病，如高血压，在机能或主观印象方面的影响相对来说是无声无息的，但它们却大大增加了死亡的风险。其他疾病，如黏液性结肠炎，会引起痛苦，严重限制正常功能，但对死亡率没有显著的影响。这两种价值观，即人们在日常生活中能够多舒适有效地发挥机能，以及他们将活多久，通常并没有得到分离或被给予与它们的后果相关的权重。作为健康状况评估的一部分，必须对机能的评估有更大的兴趣（如 Rosow & Breslau，1966）。

第三个问题涉及健康的变异性和稳定性。如果人的健康是稳定的，那么研究压力和健康应对因素的可能性仅限于个人健康差异的相关因素或预测因素。与此同时，如果随着时间或生活条件的变化，个体内存在很大的差异，那么我们可以检查压力和应对因素之间的共变，例如压力的起伏和应对的模式，以及不健康的各种症状。这种取向对于确定压力和应对因素在个体内健康变化中的因果意义很重要。如果给定时间框架内的健康稳定性是适度的，那么应用这两种策略都是可行的。

上面引用的贝洛克（1973）与贝洛克和布雷（1972）的研究表明，在相当长的一段时间内，健康状况必须具有相当程度的稳定性；否则，健康习惯、健康状况和死亡率之间就不会存在如此密切的关系。此外，拜耶、惠塞尔-布希和杭齐克（Bayer，Whissel-Buechy，& Honzik，1980）已经跟踪一个样本从童年期到中年期之间的几十年，研究了他们的健康稳定性、健康状况和健康的人格相关性。结果发现了适度的稳定性，对童年期

的评估可以适度预测后来生活中的健康状况，而青春期评估的预测力更强。许多人格测量也中度预测以后生活中的健康状况。可以预测健康的特
221 质包括自我控制、顺应和良好的自我感觉。因此，比较好的假定是，那些具有控制性和顺应性的人可能与贝洛克和布雷所发现的遵循良好可靠的健康习惯的人是同一类人，而且他们可能经历较少的痛苦。毫不奇怪，当健康状况是可变的而不是稳定的时候，人格因素被证明是健康状况的一个更好的预测指标。

当我们考虑压力和应对过程对长期健康结果的影响时，我们必须牢记上述问题：目前评估健康状况的方法中所固有的问题，一方面是相对未受损的功能和死亡的风险的不同含义，另一方面是个体内部健康的变异性或稳定性的问题。这些问题与关于压力和应对如何影响健康结果的理论构建有关，也与人们必须为某些生活方式付出的代价有关，而这些生活方式与压力和应对过程相关或源于它们。然而，这些问题所具有的最大意义在于实证研究，以及压力和应对是否并如何影响健康。正如测量问题困扰着压力和应对的评估，从而限制了研究的质量，长期健康结果测量方面的不足也限制了我们对压力和应对在健康中所起作用的推广性的依赖。

## 结论性评述

在本章，我们不止一次地谈到了精神面貌、社会功能和躯体健康之间的复杂关系。最普遍的假设是这些适应性结果在某种程度上是交织在一起的，并且构成了适应性好或差的一般特质：如果你功能良好，你就拥有良好的精神面貌和躯体健康。然而，重要的是要考虑到这些结果之间的关系可能更加复杂，并且一个领域中良好的结果可能是以牺牲另一个领域为代价的。

例如，目前对增加罹患心血管疾病风险的 A 型行为和生活方式的关注（参见第五章），其主要价值是，这种增加的风险在医学上或流行病学上是无法得到支持的，并且应该尽一切努力通过放弃或调整这样的方式来降低这种风险。事实上，对大多数人来说，躯体健康是高于一切的价值所在，其他价值在此基础上才能得以存在。虽然我们对于渴望降低医疗风险
222 已经没有争议，但很少有人关注与 A 型行为相关的社会和心理价值，也很少有人关注通过调整它而产生的身体、社会和心理价值的冲突。一个行动迅速、有竞争力的人可以被教导得行动更慢、对时间不那么紧迫、行动不那么好竞争，但如果他认为速度和竞争是个人和社会所期望的，那么这将对他的精神面貌有什么影响呢？

我们也在第五章看到，复杂的成本和收益与各种应对方式有关，比如否认过程或疏远。对情感痛苦的控制可能要付出延误就医的高昂代价（如Hackett & Cassem，1975；Katz et al.，1970；Staudenmayer et al.，1979）。在这些情况和许多其他情况中，一种价值，即躯体健康，可能要让步于另一种价值，即通过最小化痛苦来维持精神面貌。

我们在这里想强调的一点是，当我们考虑应对的后果时，我们必须考虑到不是单一的适应性结果，而是多种结果。任何包含了应对的互动，其主要的适应性结果往往取决于成本和效益的复杂权衡，或者说取决于关于哪些积极、消极，哪些重要、不重要的各种价值观。从这种立场中产生的经验问题涉及各种结果、人们做出的选择，以及影响这些选择的社会、文化和心理条件之间的关系。令人惊讶的是，在身体、社会和心理适应结果的交叉领域，工人们很少关注这个问题。行为与心身医学以及健康心理学仍将是狭隘的，并且受限于它们继续将其关注局限于躯体健康，而不考虑社会功能和精神面貌。

到目前为止，我们在本章所讨论的材料包含我们的压力和应对理论中最重要的实际含义，因为它试图将认知评价和应对过程与健康结果联系起来。具有讽刺意味的是，尽管当今健康心理学和行为医学的一个核心问题是压力与健康之间的关系，但是很少有人关注对压力具有中介作用的评价和应对过程如何影响健康的所有短期和长期的表现，包括社会的和心理的。我们的分析表明，评价和应对方式有很多种，每种方式都有其自身的心理和行为的前因和调节变量，它们可以影响健康结果。我 223
们必须超越一段时间以来一直处于思维中心的过分简化的概念，即生理失衡及其复原，并且用生理、社会和心理方面的术语更广泛地看待人们。

## 总结

评价和应对如何影响社会功能、精神面貌和躯体健康这三大类适应性结果，是该领域研究人员非常关注的问题。然而，为了理解评价、应对和这些长期适应性结果之间的关系，我们必须首先理解这些过程是如何影响压力性遭遇的短期结果的。

**社会功能**可以被定义为个人履行他的各种角色的方式，以及对人际关系的满意度，或者维持角色和关系所必需的技能。一个人的整体社会功能在很大程度上取决于他评价和处理日常生活事件的有效性。特定遭遇中评价的有效性部分地取决于它与事件进程的匹配情况。大多数遭遇中所存在的模糊性和脆弱性会使这种匹配难以实现。遭遇中的有效应对还取决于次级评价，即对应对选择的评价和实际的应对需求之间的匹配，以及所选择的应对策略和其他个人事项之间的匹配。在有效应对中，以问题为中心和以情绪为中心的应对方式将以互补的方式运作而不会互相妨碍。

长期的社会功能是应对生命全程中许多特定遭遇之有效性的延伸。在社会功能评估中存在一些问题，其中许多问题是与什么是良好社会功能的价值判断有关。很少被研究的重要的实证问题包括社会功能的稳定性、主要生活压力对功能的影响，以及个人变量的影响。

**精神面貌**的长期结果类似于特定遭遇中产生的情绪的短期结果。一个特定遭遇中情绪会随着所遭遇事件的展开而变化，并且在遭遇的结果中，
224 情绪反映了关于目标实现得如何以及这个人对其表现的满意程度的评价。从长远来看，精神面貌可能取决于一种倾向，即把遇到的事情看成挑战，把它们放在积极的角度来应对消极的结果，以及总体而言，有效地处理广泛的需求。对精神面貌的评估往往侧重于一般性的消极和积极情绪，研究人员没有讨论具体情绪所起的作用。关于自我报告数据和用来描述精神面貌的词语的含义，还有其他方法学上的问题。

习得性无助和据说由其产生的抑郁都与精神面貌的问题有关。基于动物实验的原始模型不能解释观察到的人类对不可控制事件反应的个体情绪差异。理论重构引入了认知性的中介因素，但它们仍然并不完整，因为没有考虑无助感的含义，并且对应对关注太少。

人们普遍认为，压力、情绪和应对是**身体疾病**的致病因素。主要的争议不在于这个假设是否正确，而在于压力、情绪和身体疾病之间的关系是否具有一般性或特异性。谢耶的一般适应综合征为一般性理论提供了推动力，该理论认为，在生理动员的产生中，所有需求或多或少在质上是等价的，并且这种动员增加了对所有疾病的一般易感性。一般性理论的流行病学版本是“宿主抵抗力”的概念。一般性模型不能够轻易解释生理反应模式和疾病结果中的个体差异，然而，特殊性模型，融合了认知评价和应对，正获得越来越多的瞩目。评价过程提供了一个共同的路径，通过它，人和环境变量改变心理反应，从而改变情绪及其生物伴随物。

对应对的研究表明，不同的应对风格与特定的健康结果有关，如对愤怒的控制与高血压有关。应对影响健康的三种路径包括：影响神经化学应激反应的频率、强度、持续时间和模式；使用有害物质或进行使人处于危险中的活动；阻碍适应性的健康/疾病相关行为。

作为结果之一的健康状况测量与社会功能和精神面貌测量具有很多相同的问题，包括自我报告以及健康质量定义的判断问题。225

总的来说，精神面貌、社会功能和躯体健康之间的关系是复杂的。重要的是要认识到，一个领域的良好运作可能与另一个领域的不良运作直接相关，而一个领域的良好运作并不一定意味着在所有领域都运作良好。

226

# 第八章 个体与社会

社会科学主要关注个体与社会的关系。正如格特和米尔斯（Gerth & Mills，1953）所观察到的：“社会学家……试图‘定位’人及其在各种机构的行为，从来没有将个体或他的思想活动从他的社会和历史背景中隔离开。”（p. 3）关于压力和情绪，社会被视为对个体提出有压力的要求，并对个体处理这些要求的方式施加限制（如 Goldschmidt，1974；Mechanic，1974）。社会也被个人或团体用来预防压力或焦虑。最后，压力和焦虑也可以被看作影响文化的因素，甚至有利于社会秩序的因素。

本章首先简要介绍社会作为适应因素的作用，然后深入探讨社会在个体压力和应对方面的作用，最后总结社会变迁的问题。

## 三种视角

正如我们前面所暗示的，压力与社会之间的关系可以从几个角度来看
待，每个角度在一定意义上都是有效的。社会可以是人们适应自然的手
227 段，也可以是人和群体的塑造者，还可以是创造、影响和努力改变它的个
人和群体的产物。

### 社会作为适应手段

不同的环境显然会带来不同的适应需求。例如，生活在温暖、潮湿气候区域的居民显然会比生活在严寒区域的居民花费更大的努力来防止食物变质。在某种程度上，行为和社会是对物理环境条件的反应，具体地说，就是这些条件带来的与生存有关的**需求**、对人们如何以及在何处生活和旅行的限制，以及可用于良好生活和运作的资源。当有人对此争论不休时，他们一直争论的是这些要求和限制在塑造人类思想、行动和情感以及塑造社会系统的进化方面有多么不容置疑。反过来，一个不能帮助人们适应自然环境的社会系统必然是失败的。例如，梅凯尼克（Mechanic，1974）指

出："人类应对环境的能力取决于其文化所提供的解决方案的有效性，人类所发展出来的技能取决于其所接触到的预备机构的充分性。"(p. 33)

然而，很少有人会去争辩个体在人格、心理动力和行为方面的差异，它被完全包含在社会作为对自然环境的一种适应的观点中。首要的问题是如何最好地理解个体与社会的关系，以及压力情境下对这种关系的干扰。

### 社会作为个人与群体塑造者

我们生活在一个复杂的人际关系网络中，从亲密的家庭群体到大型的社会实体。我们很少有人知道社会规则是如何精密地调节这些关系的(Goffman，1971)。这些规则是对我们的限制，就像自然环境的要求一样。我们遵守繁忙街道上行人复杂的交通规则，以及拥挤电梯里，或正式场合下，比如教室、婚礼或葬礼，被认可的行为方式，我们通过谈话和肢体语言的文化共享模式来揭示意义的精妙的细微差别。

同样重要的是，甚至影响我们情绪和行为的价值观和承诺，也部分来 228
源于诸如那些决定权力和地位模式的社会规则和习俗（参照 Kemper，1978)。这些作为方便或必要的事情从很早以前就开始了，但一旦确立，它们就作为社会模式从一代传到下一代长期存在（Berger & Luckmann，1966)。对于出生在一个社会或该社会的亚文化中的孩子来说，他们构成了这个社会世界，尤其是家庭、同伴、电视在人格发展的社会化过程以及社会世界内化过程中发挥关键作用的形成发展时期。要利用社会作为人的塑造者的视角，我们必须从大而复杂的社会系统的"宏观"层面转移到个人实际生活情境的"微观"层面，并且询问前者是如何影响后者的。

**文化还是社会结构**　豪斯（House，1981）指出，思考个人和群体如何被社会系统塑造的最早传统是强调**文化力量**，即社会系统成员所共有的价值观和信念以及代际传递。最近，重点已经转移到**社会结构变量**上，即社会系统中占据角色和地位的人与人之间更详细的社会关系模式。社会系统的这些组成部分"暗含不同类型的相近刺激和互动，宏观社会现象正是通过这些互动而对个人产生影响的"(p. 547)。

虽然文化和社会结构变量密切相关、相互影响，但它们的对应关系并不完美，正如它们选择性地影响社会系统的个体成员并被其内化一样。社会科学家尚不清楚这些变量在影响人们的思想、情感和行为以及由此产生的人与社会系统关系的和谐和不和谐方面的相对重要性。

社会系统的**文化成分**已被证明对个人的情感生活有重大影响。情绪反应的形成，以及该反应如何被表达和管理，取决于文化赋予人类与环境互动的意义和重要性（Gordon，1981）。相同的事件在一种文化中可能引起恐惧，在第二种文化中可能引发愤怒，而在第三种文化中可能是良性的。图斯基和施特恩巴赫（Tursky & Sternbach，1967）、梅凯尼克（1966a，
229 b）以及兹博罗夫斯基（Zborowski，1969）所举的例子就证明了对疼痛的心理生理和情绪反应存在显著的文化差异。

当情绪被激发出来从而对诸如发生在人际交往中的抽象、象征性的刺激做出反应时，文化的影响甚至更加明显。因为情绪是对个人意义或互动意义理解的产物，基于文化的关于什么是重要的、可取的、有破坏性的或者高尚的判断系统在确定特定情绪发生的条件方面将发挥重要作用。

类似的原则适用于情绪的表达和管理（Hochschild，1983）。在表达情感的适宜条件和外在表达方式（如哭和笑）上似乎有相当大的文化差异。这并不是否认，许多表达模式也超越了文化，而且从一种文化到另一种文化是可以识别的（Ekman，1972）。最近关于表情特别是面部表情的研究，强调了特定表情如幸福和愤怒的表达模式的普遍性，这些模式并没有完全被文化差异所淹没（参照 Darwin，1872）。

不同文化之间的显著差异还体现在情绪行为例如那些在哀悼仪式、求爱和婚姻仪式，以及体育和战争中攻击的组织化形式的传统模式中。社会习俗和个人情绪体验与表达之间的分界线很难划定，因为一个人常常无法判断人们仅仅是在按照规定的社会模式行事还是在表达真实情感。甚至是“适当”悲痛的程度，在同一个社会内也会因族群、社会阶级、角色等而有所不同（参照 Caine，1964）。

科恩（Kohn，1969，1976）强调了**社会结构成分**（另见 Kohn & Schooler，1973，1978；Pearlin & Kohn，1966）。他的研究表明，随着职业的不同，自我导向对自己和孩子的价值观是一个强有力的决定因素。事实上，科恩认为工作条件塑造价值观，尽管价值观也可以反过来影响工作条件。因此，在这个观点中，价值观和行为上而不是文化上的阶级差异可以更好地在结构上被解释。此外，根据科恩的说法，社会阶级最重要的是它和一个人对其决定和行动所产生的后果的期望之间的关系。上层阶级的地位与个体对其行为能产生重要差异的期望有关，而下层阶级的预期则是，个体在超出自己控制甚至是自己理解范围的人和力量面前只能任人摆
230 布。值得注意的是，这种对阶级差异本质的解释是心理上的。当今的社会心理学家和人格心理学家，尤其是那些在研究压力和应对的人，已经越来越把注意集中在个人对事件的控制感上（参见第三、六和七章）。

戈夫曼（Goffman，1971，1974）关于印象管理的研究更直接地关注

压力和情绪问题，它也以社会交往背景下的社会规则为中心。这样的规则更多是为了管理情绪的外在表达，而不是经验本身。然而，除了便利性和分析清晰度之外，将情绪体验的形成与它的外在表达分开可能是一种歪曲。霍克希尔德（Hochschild，1979）有力地指出，戈夫曼关于符合社会规范的“冷漠”的印象管理的描述只讲述了社会互动中情绪过程的一部分。她认为，情绪管理也是“情绪工作”，即符合社会系统固有的“情感规则”的塑造者的内心情感及其社会表达的过程。拉扎勒斯（1975b）在情绪调节方面也有类似的见解。在自然的社会语境中，情感的产生及其表达的管理通常是整合的（另见 Lazarus et al.，1982）。

霍克希尔德（1979）指出，我们语言中的各种表达反映了人们努力调整自己的实际感受——区别于它们的可视化表达——以适应特定情况下的需要。人们“鼓舞自己”，“压抑愤怒”，“试着感恩”，“让自己感受到悲伤”。霍克希尔德认为，情感规则表达它们自己，尤其是当我们感到应该悲伤时，我们反而感到高兴，反之亦然；当我们应该感觉比我们做的更糟或更好时；或者当我们感觉某事的时间比适当的时间更短或更长时。情感规则往往是含蓄的，而不是明确的，但无论如何，它们仍然对我们的情感及其社会表达具有强大的约束力。正如我们前面提到的，这些规则是我们出生和生活的社会结构的一部分。正如我们调整自己的行为以适应社会规则一样，我们也将这些规则内化，并且认为当我们实际的情感表达不遵守这些规则时，事情会出差错。

**如何理解社会影响** 为了将诸如社会系统这样的宏观社会概念转移到个人（微观）层面，不仅必须区分系统的各个组成部分，还必须区分它们 231
的远近特征。远近维度涉及根据各种环境与“经验、感知、解释或心理反应”的概念接近度来对它们进行排序（Jessor，1979，p. 6；另见 Asch，1952；Janis，1972；Newcomb，1943；Schachter，1951；Sherif，1935）。最远端的环境对人们来说没有特定的功能性意义，它们通常用非心理语言描述。最近端的环境通常包含个人意义。地理、生物和社会环境，尤其是宏观类型的社会机构，将是更远端的，而最近端的环境将是对行为者具有直接意义的感知环境。社会结构是远端的概念，它对个体的影响取决于它们在思想、情感和行动的**直接**语境中如何表现，或者以不同的方式表述，即取决于个人生活的**最接近**的社会经验。

杰索认为社会学分析中使用的社会统计学变量比诸如个体感知自己和世界的方式这类主观变量要远端得多，他提供的数据表明问题行为（如药物滥用）可以通过主观变量得到更好的预测，而不是通过社会统计学变量，如社会阶级、年龄、性别等。虽然具有相同性别、阶级、年龄的成员在统计倾向上会共享一些共同的心理特征，但群体内的个体差异往往和群体间的差异一样大或比它更大，这是导致过去社会心理学家区分成员组和参照组的一个问题，参照组是人们用来定义自己的社会群体。

简而言之，诸如阶级之类的远端变量的心理重要性取决于它们与近端变量的对应性，包括个体的感知和期望。要理解社会环境影响一个人的方式，不管这个社会环境是结构性的还是文化性的，总是需要心理中介的参照，豪斯将其称为“心理原则”，杰索把它当作行为人所感知的环境。我们把“认知评价”作为心理变量来调节人与环境。

**个体差异问题** 以上带给我们的是社会科学中最具欺骗性的问题之
232 一。尽管毫无疑问，文化和社会结构都显著地影响和塑造了我们的思想、情感和行为——我们特有的自我定义——但我们不是彼此的复制品。社会模板，如肯珀（Kemper，1978）所指出的，在某种程度上代表了共享的社会现实，然而我们每个人也有一个私人身份，一个从未完全向他人开放的主观世界。我们有自己秘密的思想、情感、愿望和目标，就这一点，我们有自己的意识和无意识。我们每个人所知道的并不一定是其他人所知道的，因此社会现实构建的方式是因人而异的。而且，从广义上讲，例如我们注意到的日本人、美国人或德国人之间的相似性，仅仅是在最粗略的统计意义上的概括。类似地，相同社会阶级或职业的成员之间的行为和态度特性也不可能完全相同。总之，无论如何争论这些问题，这两条基本原则仍然存在：（1）人类群体确实具有相同的重要属性和反应；（2）群体中总是存在很大的个体差异。

个体差异的产生有三个主要原因。首先，自然界中存在着巨大的遗传-先天的多样性；其次，个人和群体总是有不同的生活史；最后，社会阶层化为一些成员或一些类别的成员提供了比其他人更好的开端。社会变量部分地限制了这种个体差异性。因此，有可能一个阶级或族群的人之间比这些社会群体的人之间更相似。社会影响的分析，特别是从发展的角度，涉及各种社会系统变量的力量的比较，以超越其他社会和人格因素以及竞争的影响。因此，当科恩（1976）报告说，现在的职业条件与早期经历的基于阶级的家庭影响之间存在冲突时，前者会胜于后者的时候，他正在比较某些社会变量塑造我们行为和态度的力量。然而，深远的问题仍然是，在当前的社会压力和意外事件面前，发展的影响是否依然存在，如果有，它们是什么。面对眼前的突发事件，表面行为可能会发生变化，但重要的个人议题仍然存在，虽然影响力不那么明显，但仍然强大。

在发展和社会影响方面，很显然，文化价值观的内化**渗透**对于理解我们如何成为自己来说是一个拙劣的隐喻。我们不会被动地获得父母一方或双方行为模式的所有特质、信念、价值观。相反，我们是很有选择性的。 233
这就是弗洛伊德试图用他的性别类型化过程来解释的，男孩融合父亲的价值观，女孩融合母亲的。不过，这个解释虽然不一定是错误的，但显然是不完整的。这也适用于其他原则。例如，班杜拉和罗斯夫妇（Bandura, Rose, & Rose, 1963）关于建模的经典研究表明，儿童塑造了父母的特征，这些特征暗含获得生活中美好事物的能力。孩子似乎看重有效应对世界的能力。对胜任父母或与这种胜任相关的属性进行认同是内化的一个主要原则。

这里要传达的重要信息是，把个人看作牢牢嵌入社会系统之中，只能揭示压力、应对和适应情形的一部分。光靠文化或社会结构变量本身来解释人们如何评价伤害、威胁或挑战以及如何应对生活中的应激源是不够的。虽然成人一部分是他的社会历史以及基于这一历史的所思、所感和所为的产物，但他也是一个独特的个体，具有预先形成的和不断改善的信仰体系、承诺模式以及较为隐蔽的目的。历史或发展的影响有助于我们解释为什么人们是他们现在的样子，但这些是远端变量。更近端的变量，比如在每个情境中塑造认知评价的信念和承诺，以及当前社会环境的需求、限制和资源，会帮助我们理解和预测一个人的应激源和应对方式。

受个人和群体影响的社会

伯杰和卢克曼（Berger & Luckmann, 1966）指出，人们不仅出生在一个影响他们整个一生的思想、情感和行为的社会系统中，而且他们反过来也影响这个系统，从而产生社会变化。这种关于人与社会的观点似乎在社会学理论和研究中没有得到重视，但在压力和应对理论中却非常重要，这一理论同样关注人们如何应对来影响环境。把人类看作社会结构的塑造者和使用者，是因为认识到应对包括改变环境和改变自己（另见第六章）。

作为塑造者和被塑造者的两种观点，具有显著的政治含义。疾病、异 234
常和适应不良的结果可以被看作个体由于遗传缺陷或缺乏有效的适应技能而未能充分应对。实际上，我们可以责备受害者适应失败。或者，我们可以把这种失败归咎于一个社会的不足，它没有为每个人提供适当的适应环境。

这种认为应对失败根源于适应不良和疾病的观点与保守的政治意识形

态是相容的，后者强调的是人的不足，而不是环境。莎士比亚在《裘力斯·凯撒》中的台词抓住了这种观点："亲爱的布鲁图斯，错，不在于我们所居住的星球，而在于我们自己……"从这个前提出发的治疗方式要求放弃无效的应对，而选择更有用的形式。与此同时，那些把应对失败的问题看成是社会过错的人，以怀疑的心态看待应对技能训练，支持集中精力改变社会系统（如 Albee，1980）。这两种立场显然都是有价值的；无论其来源如何，问题在于人与社会结构之间的错误关系，正是这种关系必须改变。此外，不可能产生一种完美的社会秩序，正如不可能使人类成为完美的应对机器一样。因此，我们更有必要避免在这个问题上出现两极分化，并鼓励采用看起来最适合当前问题的任何取向（对工作和失业的文化/政治价值观的有益讨论，另见 Jahoda，1981）。

## 个体的压力、应对与适应

将个体置于社会系统内并考虑两者的互动之后，我们如何能够利用已获得的洞察力来理解压力和应对以及它们的适应性结果？对我们来说，唯一有意义的理解形式是关系式的理解：既然人是通过多种形式的影响由社会系统塑造的，并且每个人的体验和生物构成在某种程度上是独特的，那么他们就必须表现出他们的社会和个体的命运。个体和社会身份的这种并
235 列不可避免地在个人和社会系统的各个部分之间，甚至在个人内部造成某种程度的不匹配。压力就是这些关系冲突的产物，在生命全程中被唤起。这种冲突的结果表现在精神面貌或幸福感、社会（和工作）功能以及躯体健康方面。

在社会和行为科学中，这个想法当然不是新的。早期的精神分析思想强调的是心灵内部的冲突和斗争：本我代表个体的生物性，自我代表在满足本能的斗争中生长出来的认知结构，而超我则作为主要表现在父母身上的文化的内化表征。人们已经从强调心灵内部的斗争转向强调人与环境之间的互动，包括社会的和自然的，这在后来的精神分析思想（例如，Freud，*Civilization and Its Discontents*，1957）中得以预示。压力理论的重点也转移到人与环境之间的匹配问题，以及那些存在要求、威胁或有害的事件上。后一个重点在某种程度上是对内部动力的激进排斥的过度矫正，它常常导致对外部社会需求（如生活事件）的粗略探讨，而没有对赋予它们个人意义的心理动力给予同等关注。

在社会学中，最早的压力概念遵循了这种冲突或人与环境不匹配的传统，并以隔阂的概念来表达。卡农戈（Kanungo，1979）对这一概念进行

了深刻而丰富的分析，他指出卢梭最先提出隔阂的社会学处理，这一概念的现代化处理则建立在马克思（Marx，1936）、韦伯（引自 Gerth & Mills，1946）和杜尔凯姆（Durkheim，1893）的著作之上。马克思关注的是工业社会的工作所造成的人性隔阂。在他看来，工作只是满足其他需要的一种手段，而不是满足感的内在基础。韦伯也是类似地看待隔阂，他认为隔阂反映了工作目标和由此产生的个人满意度之间越来越大的分歧。杜尔凯姆把这种状态描述为失范，即感知到调节行为和价值观的社会规范对于个人已经崩塌，它导致了一种普遍的无规范感和孤立感。

在隔阂概念及其变体中有许多混乱的来源（参见 Kanungo，1979）。一个是作者们有时似乎把它当成一个特定个体的反应，有时指的是集体反应，就像我们说一群工人脱节了一样。后者是指集体或共同的经验，反映在例如普遍旷工或产量降低上。与此同时，隔阂往往指向个体的怪异观 *236* 念。这是分析的社会层面和心理层面之间脱离的另一个例子（参见第十章）。

混淆的第二个根源是，术语隔阂有时指某些**客观**社会条件，例如机械化或危险工作条件的隔阂性质，有时指个人或群体经历的**主观**心理状态。这种困难导致无法对先行或“客观”条件和由此产生的隔阂的主观状态做出明确的概念区分。我们在回顾和分析心理压力含义时一次又一次地看到同样的问题，心理压力有时指刺激条件或应激源，有时指反应或应激反应。虽然卡农戈还引用了其他混淆的来源，但是这两个混淆来源在隔阂研究中尤其值得注意，也特别有害，正如它们在一般压力概念的研究中一样。

尽管隔阂的含义是矛盾的，但它的三个特点对于压力和应对心理学具有重要意义。首先，不管如何概念化，默顿（Merton，1957）认为，隔阂是文化规定的愿望与社会结构中可供人们实现这些愿望的途径之间不匹配的产物。其次，在默顿之后，包括犯罪、精神病理学、恐怖主义和革命活动在内的异常行为，无论是在个人还是在集体中，都可以被认为是这种不匹配的表现。这种立场将个人或群体明确地并入一个社会结构中，并将适应不良视为他们之间矛盾关系的产物。上述取向与我们自己对压力和应对的分析类似，都是将其看作个人与特定环境之间混乱的关系。

最后，一旦隔阂被定义为一种反应而不是一个先行条件，行为和主观上所描述的状态就会经常被心理学家视为人类情绪痛苦的方面、应激反应，或者作为应激反应的社会后果，例如缺勤或行为的社会偏离模式（如 Manderscheid，Silbergeld，& Dager，1975）。

人们可以很容易地看到，社会学对失范和隔阂的关注与我们对心理压
237 力的关注重叠很大，我们认为心理压力是人-环境关系的一种混乱，这种关系通过评价被认知中介，并产生适应性的努力或应对。然而，在隔阂与心理压力的概念之间也存在着一定的问题。

第一个问题是前面提到的，即社会制度和个人之间的关系过于简化。例如，当默顿谈到文化上规定的愿望和实现这些愿望的途径之间的不匹配时，人们必须记住，个体从文化中吸收的东西各不相同，且往往是相互矛盾的，它们过于复杂以至于任何人都无法将其完全反映出来。人们管理（或应对）这种不匹配的方式也表现出极大的差异。

对这一问题的很多社会学分析都假定从社会系统（宏观层面）到个体人格（微观层面）的移动非常一致。结果，人与环境之间的不匹配就往往被看成是反常的，而不是共有的，并且现实中，在可接受的范围内它是一种规则时，这种偏差就被看成类似于病理状态的异常。社会之所以有效，并不是因为人们都具有相同的信念和承诺，而是因为他们能够响应社会需求，同时管理他们自己的思想和感受。为了实现社会目标，不仅可以容忍甚至超越个体差异，而且它们所包含的多样性和创新性也对公众和个人利益做出了贡献（另见本尼迪克特对协同增效作用的论述，如马斯洛[Moslow，1964] 所讨论的）。

第二个问题，也许更严重，即不匹配的概念是结构化和静态的，而压力和应对必须被视为一个动态的过程。人与环境之间的契合或匹配是每时每刻不断变化的（参见第九章）。这是一场斗争，包含了紧张关系的存在、改变紧张关系和引起它的问题的步骤，以及我们应该感兴趣的即时和长期的结果。因为社会结构不是静止的，这种契合不可能完美，心理上经历的和处理的方式也不是完美的。

现在回到豪斯（House，1981）和杰索（Jessor，1979）所关注的压力和应对方面的近端社会变量将是有用的。只要认识到社会系统通过创造需求和提供个人能够并且必须用来生存和繁荣的资源来对个人进行操作，
238 我们就可以做到这一点。对这些近端变量的任何分析还必须包括对文化固有的思想、情感和行为的限制，以及它们在每个社会环境中的操作方式。第六章，我们在某种程度上探讨了应对情境中的一些限制。在下面的讨论中，我们将开始处理社会需求和社会资源。

社会需求

除开我们的自然环境的许多需求，包括那些社会的副产品，如拥挤、

犯罪、噪声和污染，还有许多直接源于社会本身的需求。社会模式的网络越错综复杂，这些需求就越多，识别它们并协调它们的过程就越困难。

我们必须再次区分在任何特定时刻由短期社会环境所产生的需求和那些反映人类发展历史以及显现于信念系统、承诺模式和应对风格的社会化进程中所建立的内部需求。

社会需求是指行为期望的规范模式。社会通过其成员们所需要扮演的角色给他们带来许多变化和复杂的期望。人们可以通过诸如疏远或理智化的过程在心理上与这些需求分离开来（参照 Moss，1973），但是当因这些自我保护的过程而失去认同感或承诺感时，个人往往必须付出精神面貌变差、社会功能受损，甚至是健康损害的代价。此外，当社会期望被违反或要求未得到满足时，我们就会受到不赞成的惩罚，这种不赞成不仅威胁到我们归属的需要，而且会危及我们获得物质和社会优势的希望，这些物质和社会优势能帮助我们实现核心和持续的生活目标。当违反行为比较严重且涉及一个重要的社会价值时，惩罚可能相当严厉（“以眼还眼”），并导致监禁、排斥、流放甚至死亡。

社会需求在塑造个人的思想、情感和行动方面可能很重要，但它不一定是压力的来源。造成压力的关键因素是**冲突、模糊**和**超负荷**。谈到**冲突**，在其他方面可能是良性的社会需求，如果满足它会违反一个坚信的价值，那么它也会导致压力。例如，持反核观点的工程师很可能会发现与 239
核武器有关的任务压力很大，即使该任务本身具有趣味性和挑战性。当为了满足一个角色的要求，另一个角色的要求必须受到影响时，冲突也会产生。在外工作的学龄前儿童的母亲常常会经历这种冲突。角色**模糊**是具有压力性的，因为个体不清楚预期是什么。在缺乏清晰性的情况下，他无法有效地计划或以有针对性的方式进行行动（对模糊性作为威胁因素的讨论，参见第四章）。最后，当人们的资源**不足以**应对社会需求时，社会需求也可能会具有压力性。一个女人也许在她的养育和工作角色之间没有任何心理冲突，但是她很可能会发现工作一整天，然后回家晚上做家务和照看孩子所需要的精力和耐力会令人疲惫不堪，因此也是有压力的。

尽管还有许多其他的社会环境会产生压力，但迄今为止，研究最关注的是家庭和工作角色内部以及之间的冲突和模糊。克罗格（Croog，1970）对家庭作为应激源进行了细致的分析和回顾，而格罗斯（Gross，1970）则提供了工作压力的文献回顾。

克罗格（1970）指出了六个关于家庭压力的研究领域，包括家庭形式和结构、破裂的家庭、家庭成员之间的价值冲突、与生命周期相关的变化、家庭中的角色冲突，以及破坏性互动模式。这使他能够回顾社会科学家熟悉的各种各样的研究，包括一些离婚研究，以及利兹等（Lidz，Cornelison，Fleck，& Terry，1957）和贝特森等（Bateson，Jackson，Haley，& Weakland，1956）所描述的致病性养育模式研究（其他人可能把它当作一种结果而不是疾病的原因）。自从克罗格在 1970 年进行了文献综述以来，人们对离婚的影响，特别是对儿童的影响（如 Hetherington，Cox，& Cox，1978；Wallerstein，1977；Wallerstein & Kelly，1980），以及对虐待，包括虐待妻子、虐待丈夫和虐待儿童产生了新的兴趣。

格罗斯确定了三种主要的工作压力：与职业拓展相关的、与工作表现或任务引起的压力有关的，以及与影响人际关系的组织结构有关的。自从格罗斯的综述发表以来，行为医学强调了与工作有关的压力对健康的影响，这是新的发现（例如，参见 Caplan，Cobb，& French，1975，1979；Cobb & Rose，1973；Frankenhaeuser，1979；House，McMichael，
240 Wells，Kaplan，& Landerman，1979；Kasl，1978；Rose et al.，1978 [列举了一些重要的例子]）。新的问题涉及对工作的不满，甚至是在高层次的专业人士，特别是医生中（Salason，1977），以及生命周期因素对精神面貌的影响（Estes & Wilensky，1978）。

比起回顾家庭和工作压力研究，更有效的做法是继续本章的一个主题，并引用研究清楚地说明文化和社会结构如何影响人们的压力并使之在情感生活中得以表现。在这方面，我们可以回忆起卡尔迪纳等（Kardiner，Linton，Dubois，& West，1945）、怀廷和蔡尔德（Whiting & Child，1953）、克拉克洪（Kluckhohn，1968）、奥普勒（Opler，1959）、辛格和奥普勒（Singer & Opler，1956）对意大利或爱尔兰裔美国人背景的精神分裂症患者的行为模式的研究工作。从我们的观点来看，挑战在于展示文化和社会结构如何以它们的方式向下塑造个人的价值观、承诺和信仰。这些因素最终起到一定作用从而决定了应激源、应对过程和适应结果。

在社会结构和特定社会遭遇的背景下，理解**个体**的压力和应对模式同样具有挑战性。关于这一点，皮尔林和利伯曼（Pearlin & Lieberman，1979）写道：

> 性别、种族、婚姻状况和社会经济地位等特征表明人们在社会中的位置。这些信息至关重要，因为人们的经验变得有组织和结构化的

方式在很大程度上取决于他们是谁，以及他们在更广泛的社会秩序中所处的位置。生活的重要条件和生活中出现的各种各样的经历通常与人的社会地位有关。(p. 218)

在此，我们要提醒读者，社会阶级和其他社会人口学变量作为远端变量，是根据其对具有特定历史和人格的个体的（近端）意义而产生作用的。

克罗格（1970）指出，很难区分家庭群体中的压力性因素和个别家庭成员个性中的因素，这些个性使特定类型的家庭事件给他们带来压力。例如，婚姻压力既可以归因于婚姻关系中的困难，也可以归因于配偶的个性特征，这些个性特征在结婚前就为麻烦设置了舞台。婚姻问题也可由家庭 241
以外的条件引起或加剧，如工作情境或姻亲关系。此外，文化习俗可能会影响这些问题的可能性和形式。例如，在日本文化中，新婚夫妇与丈夫的父母一起生活是一种习俗，这迫使妻子扮演一个她必须接受的从属角色，不管这是多么令人不快。

让我们考虑一些家庭和工作压力的例子，它们强调因果变量的顺序：从社会结构中的那些变量，到个体因素的中介，再到个体反应。一个包含了家庭和工作背景的极好的例证来自皮尔林和他的同事的研究（Pearlin, 1975a; Pearlin & Johnson, 1975; Pearlin & Lieberman, 1979）。

皮尔林对于社会压力的概念采取了一种与我们自己非常相似的立场，即：(1) 压力不完全由我们生活中的重大事件来定义；(2) 它也必须根据持续的糟糕关系（我们称之为日常麻烦）来评估。长期来看它作为应激源可能比主要生活事件更为重要。皮尔林和利伯曼（1979）写道：

> 我们首先区分两种主要的事件类型。一种事件类型表现在生命周期的展开中可预期发生的角色重要变更的收益和损失，我们称之为**常规事件**，用以强调它们发生的可预期性和规律性。第二类事件我们称之为**非常规事件**。这些事件通常是危机，尽管它们也经常发生，但是人们并不容易预测，因为它们没有被嵌入人一生的轨迹中。这些相对来说具有爆发性的事件中有一些可能会导致丧失，例如被解雇或离婚。其他非常规事件，如疾病，具有破坏性，但并不一定造成角色丧失。除了常规和非常规的生活事件之外，我们还要考察**持久的角色问题**。这些不是在时间上具有离散起点的事件，相反，在日常角色体验中它们的存在被不知不觉地感知到并变得相对稳定。这种顺序带来的问题往往是人们在职业、经济生活和家庭关系中不得不面对长期的、不声不响的挫折和困难。常规和非常规事件以及更持久的角色问题共

同构成了我们时不时谈到的生活压力。(p. 220)

242 皮尔林和他的同事在芝加哥地区获得了一个大概率样本，该样本由18至64岁的人组成。他们从这个样本中获得了关于生活压力、苦恼和症状以及家庭互动模式的广泛调查数据。读者可能还记得我们早些时候对皮尔林将已婚夫妇地位不平等视为应激源的研究所进行的讨论。使用上述数据集，皮尔林（1975a）还报告了作为妇女应激源和抑郁影响因素的工作和家庭角色之间的冲突（另见 Brown & Harris，1978）。

对这些数据的分析表明，社会应激源于多种社会和心理因素的融合。例如，抑郁的自我报告更可能发生在那些对家庭生活不再抱有幻想的女性身上。随着年龄的增长，或更准确地说，随着一个人在生命周期中所处位置的变化，人们也会越来越清醒。当家务繁重且家中没有丈夫，或家庭主妇与直系亲属以外的人隔离时，对家庭主妇角色的不满和抑郁更可能发生。关于在外工作的女性，皮尔林也观察到，当女性对外面的工作高度重视并被其吸引时，工作与母亲角色和家庭角色发生冲突的风险更大。然而，许多妇女在环境允许且有明确的动机这样做时，通过将两个角色分开来从而成功地处理这种冲突；当她们离开办公室时，她们把工作忘在脑后，相反，当她们离开家时，她们把家庭问题排除在外。

在这里我们看到，社会体系固有的两个核心角色，即工作和家庭，能够产生冲突和压力，但正如前面对地位不平等的说明一样，压力取决于如何评价这些角色以及如何处理冲突；当某些其他因素也存在时，压力会减少或不存在。在前面引用的例子中，对家务的不满和抑郁取决于年龄或生活的阶段、任务要求的严格程度、社会接触的有效性以及一个能帮上忙的丈夫的存在。关于外出工作，在处理角色冲突时，竞争价值的力量以及女性能够在多大程度上让角色在思想和行动上分离——一种应对方式——也是至关重要的。这些发现表明，要产生角色压力，社会结构的变量必须与个体人格特征相互作用。

243 社会资源与支持

社会环境不仅是压力的主要来源，它还提供了个人能够并且必须赖以生存和成长的重要资源。长期以来，人们凭直觉知道从社会关系中能获得给养和支持，从某种意义上说，这也是显而易见的。不太明显的是这是如何运作的。社会关系作为健康结果中介的重要性的实证案例仍然缺乏过程定义和对影响健康之条件的明确说明。正如谢弗、科因和拉扎勒斯（Schaefer，Coyne，& Lazarus，1982）指出的，当前人们对这个问题的兴趣和研究受到了一些理论的启发，这些理论根据社会关系维持健康的观点，解释了社会脱节（由于死亡或分离而失去社会联系、未婚、地理性和社会性的流动）的影响（Cassel，1976；Cobb，1976；Dean & Lin，1977；Kaplan et al.，1977）。现在有许多实证研究表明，低社会支持与负面的健康结果有关，从神经症（Henderson et al.，1978）和妊娠并发症（Nuckolls et al.，1972）到各种原因导致的死亡（Berkman & Syme，1979）。（相关综述参见 Thoits，1982；Turner，1981。）

这一理论和研究的广阔领域的关键困境在于，问题在多大程度上被过度简化。虽然早期研究者投入了大量热情，但研究还是过于简化，直到逐渐出现对问题更为深思熟虑、复杂的处理。

加利福尼亚州向卫生专业人员和公众分发了一本小册子，名为《朋友可以成为良药》（"Friends Can be Good Medicine," 1981），里面提供了一个过分简单化的一腔热情的很好的例子。小册子的引言说："这本书旨在帮助你了解友谊在生活中所起的重要作用，并帮助你发现何时、如何以及为什么与他人的亲密关系可以提升你的身心健康。"（p. 3）

费希尔（Fischer，1982）评论了这本小册子中所倡导的"友谊治愈一切"。"去年早些时候，"他说，

> ……加利福尼亚人从收音机里听到朋友可以成为良药的信息，在电视上看到它，在保险杠贴纸和购物袋上读到它，并在 2000 年的研讨会和特别会议上讨论了它……在加利福尼亚，接近 600 万人可能收到了这个信息。……（p. 74）

费希尔抨击了这本小册子的推理和因果假设，以及忽视社会关系与健康之间联系的社会人口统计学因素的倾向。此外，他指出，小册子中没有提及获得和保持一个有用的社会网络所包含的成本，也没有提供任何关于如何建立好朋友网络的信息（参照 Lazarus，in press-b）。如果一个人对社会关系感到失望，或者感到孤独和被孤立，那么在阅读了积极的人际关系对健康有多么重要之后，他的这种感受就会加重。由于这些和其他原因，可以认为，这本小册子不仅使社会关系和支持变得微不足道，而且还可能对其普通读者产生有害的影响。 244

与此同时，越来越多的有思想的评论文章以一种更复杂的方式分析社会支持，并呼吁进行更好的研究和测量。这些文章中的大多数带有强烈的心理学色彩，认为人们在积极培养和利用社会支持，并且可能为此付出代价。此外，人们也正在努力将善意提供的社会支持与预期接受者如何感知

区分开来。（这些更复杂处理的重要例子可参见 G. Caplan，1974；R. Caplan，1979；Dean & Lin，1977；DiMatteo & Hays，1981；Dunkel-Schetter & Wortman，1981，1982；Kaplan et al.，1977；Rundall & Evashwick，1982；Suls，1982；Thoits，1982。）例如，苏尔斯区分了社会支持在疾病的预防、应对和复原中的积极和消极影响（相关总结见表 8.1）。穆劳斯基、彭曼和施密特（Murawski，Penman，& Schmitt，1978）提出了仅强调社会支持积极作用的相似的先决条件。

许多对社会支持的最复杂论述都与身体疾病有关，也许是因为患者容易接近，而且可以直接调查患者的挣扎。例如，沃特曼和邓克尔-舍特尔（Wortman & Dunkel-Schetter，1979）回顾了许多研究，发现大部分癌症患者经常报告的问题是人际关系方面的，包括与朋友就癌症进行交流、与家人谈论未来以及与那些在了解到诊断结果之后行为发生变化的人沟通的困难（另见 Dunkel-Schetter & Wortman，1982）。作者们识别出患者所关心的哪些社会支持可能是重要的，例如需要澄清发生在他们身上的事件并安慰他们，证明他人的关心，以及帮助处理他人令人尴尬的行为。赖特夫
245 妇和德姆博（Wright，Wright，& Dembo，1948）还就残疾人问题实质性地讨论了后一个议题。

**表 8.1　社会支持的可能影响：积极和消极**

| | 积极影响 | 消极影响 |
|---|---|---|
| 预防 | 减少不确定性和担忧 | 制造不确定性和担忧 |
| | 树立好榜样 | 树立坏榜样 |
| | 分享问题 | 制造新问题 |
| | 冷静模式 | 冷静模式 |
| | 分散注意 | 分散注意 |
| | | 病菌 |
| 应对 | 贴上受益标签 | 贴上消极标签 |
| | 表现出同情 | 遭受刺激并产生怨恨 |
| | 提供有用信息 | 提供误导性信息 |
| 复原 | 坚持养生 | 阻止养生 |
| | 健康对比（激励） | 健康对比（抑制） |
| | 产生不再成为麻烦的希望 | 产生权力/依赖需要 |

资料来源：J. Suls. Social support，interpersonal relations，and health：Benefits and liabilities. In G. Sanders & J. Suls (Eds.)，*Social psychology of health and illness*. Hillsdale，NJ：Erlbaum，1982，p. 264.

下面，我们讨论在更复杂的社会支持治疗中产生的一些问题，并用与

我们的压力、应对和适应的概念相一致的方式解决这些问题。

目前关于社会支持的一些困惑之所以出现，是因为社会支持可能以至少两种非常不同的方式与适应相关联。首先，我们通常假定融入社会网络对于人们对他们自己和生活感觉良好必不可少。鲍尔比（Bowlby，1969，1973，1980）关于依恋的经典著作强调，甚至像猴子这样的亚人类物种也会与物种的其他成员形成亲密的依恋，并且因分离和丧失而痛苦，这一部分是因为生物构成，一部分是因为它们对母亲照料的天生依赖。阿尔弗雷德·阿德勒（参见 Ansbacher & Ansbacher，1956）的观点最初强调社会兴趣是通过婴儿期依赖习得的，但他后来认为，与他人相互联系的愿望也 246
是一种天生的需要。与已形成依恋的人分离几乎总是创伤性的，正如无意中的隔离。如果没有持续的社会关系，人类存在的许多意义都是缺失或受损的。现实的社会关系使得认同和参与成为可能，这可以被看作与隔离和失范相反的一极（Kanungo，1979；Kaplan，1980）。

其次，也许关于社会支持和健康的社会流行病学文献中最常见的主题是，支持是压力及其破坏性躯体后果的直接缓冲。它可以通过使有害或威胁性的经历看起来不那么重要来帮助预防压力，或者在压力发生时为应对提供宝贵的资源。这种压力缓冲作用的说法仍有争议，因为很难从方法上证明社会支持和压力之间的相互作用。确实存在一些证据（如 LaRocco，House，& French，1980；Nuckolls et al.，1972；Turner，1981）；然而，许多研究不能证明这种作用（如 Andrews，Tennant，Hewson，& Schonell，1978；Aneshensel & Stone，1982；Lin，Simeone，Ensel，& Kuo，1979）。

对社会支持在健康中的作用感到困惑的另一个原因是，这一领域的研究以非常不同的方式对社会支持变量进行了概念化和测量。例如，豪斯（House，1981）回顾了大量不同但重叠的社会支持的分类法，并提出了他自己的观点；我们的研究小组也做了类似的工作（Schaefer et al.，1982），致力于这个主题的许多其他作者也是如此。我们完全有理由相信，这些区别在解释情绪和健康相关结果方面将卓有成效。此外，变量之间的必要区别已经被忽略。例如，缺乏社会支持可能是由于分居、离婚或死亡而失去社会联系。但是这种丧失比所需社会支持的减少更加具有压力性。要表明由丧失所导致的低社会支持损害健康，与表明社会支持是维持健康的积极力量是不同的；丧失带来的压力性后果必须与对支持的测量分离，然而大多数研究混淆了这些变量。

同样重要的是，一个人所拥有的关系类型的数量（相对远端的变量）

和对社会交往价值的感知（相对近端的变量）之间的根本区别经常被忽
247 略。前者是指社会**网络**；后者则是社会**支持**，因为它是由人感知和评价的。前者的益处是假定的，而不是测量或列举的，而后者是测量本身的一部分，无论是在一般情况下还是在特定情况下。最常被引用的研究将社会网络、心理社会资产和社会支持感知视为可互换的概念，这使概念和经验上的混淆持续下去。让我们简单地考察一下这两个概念。

**社会网络** 米切尔（Mitchell，1969）将社会网络定义为“特定的一组人之间的特定联系”或针对某个特定的人的“特定联系”。网络可以参照组成和结构来加以描述，即涉及的人数和彼此了解的人数，以及他们之间的关系，例如，是朋友还是亲属（另见 Barnes，1972）。有许多社会联系与被孤立是相反的两极，后者是许多生理和心理问题的危险因素（Cassel，1976）。如果一个人认为人类天生具有社会性，那么一个相当庞大的网络意味着有可能满足一个人的基本社会需求。反过来，融入社会网络可以激励为人父母者保护他或她的健康以便能够有效地照顾孩子。

当用于表示社会支持水平时，社会网络测量包含一个关键假设，即拥有一段关系就等同于从中得到支持。没有关注到社会需求，因此也没有关注到关系的压力性方面。第二个假设是更大更广的网络比小网络更好。例如，伯克曼和塞姆（Berkman & Syme，1979）用其衡量婚姻状况、亲密朋友和亲属数量、与朋友和亲属的联系频率，以及俱乐部和社区组织成员的综合指数。在对近 7 000 人的大样本的 9 年随访研究中，在控制了健康状况和诸如吸烟、酗酒和社会经济状况等危险因素的情况下，他们的社会网络指数适度但显著地预测了全因死亡率。对于 30 岁到 69 岁之间的男女和所有年龄段，社会联系最少的人死亡率最高。这些研究和其他研究支持了这样一种观点，即拥有一个大型社会网络对健康是有保护价值的，尽管它们对这种方式如何运作以及推广的局限没有提供什么见解。也许拥有大型网络的人能够不用像拥有小型网络的人那样需要付出很大的心理成本才
248 能获得支持的好处。或者，也许关键在于拥有较大网络的人可能有其他事情对他们有利，例如社交能力强的应对者，比其他人更能从可用的资源中提取有价值的“社会矿石”。伯克曼和塞姆提出的社会联系和健康之间的关系也可能是极端社会孤立情况下的产物，而且这种对健康的解释在分布的中间部分并不十分适用。

因此，当我们思考社会网络的价值时，我们必须记住，社会关系会产生一些问题，这些问题占了生活中压力来源的很大一部分，可能是最大的一部分。成本和收益之间的平衡可能在人、社会角色和压力性事件中有所

不同。例如，婚姻对妇女的发病率和死亡率的影响，和对男性的就不同（如 Ernster，Sachs，Selvin，& Petrakis，1979；Ortmeyer，1974）。上面提到，还有大量的研究文献将家庭当作压力的来源（Croog，1970）以及心理病理学的一个因素（Liem & Liem，1978）。最后，我们可以从梅凯尼克（Mechanic，1962）对处于压力下的学生的经典研究中了解到，即使在同一类型的社会关系（如婚姻）中，社会支持的质量也有很大的差异，而且安慰他人并减少其压力的善意但不恰当的努力实际上可能增加压力。

我们现在也知道，婚姻的好处显然取决于许多因素，比如人们必须与之抗争的压力性需求的性质。例如，皮尔林和约翰逊（Pearlin & Johnson，1977）已经观察到，未婚者更容易患抑郁症和其他心理障碍，但是这些研究者认为这是未婚者更多暴露于困境和压力之中的一种反映。他们期待发现，当已婚者和未婚者不得不面对同样的生活条件时，他们在抑郁方面会是相似的。结果证明这只是部分正确，因为在他们的样本中即使已婚者和单身者的生活压力相同，未婚者仍然表现出更多的抑郁。只有当已婚和未婚的人享有相对没有问题的环境时，抑郁的相对风险才相似。当条件有利时，并没有发现没有配偶的人特别容易患抑郁症；然而，当两组都 249
面临社会和经济的应激源时，单身组更容易抑郁。皮尔森和约翰逊总结说："最有可能导致心理痛苦的途径是单身、贫穷、孤独，以及承受沉重的养育义务这些同时发生。"

> 我们所了解到的情况表明，婚姻可以作为一种保护屏障，抵御外部威胁带来的痛苦后果。婚姻不能阻止经济和社会性问题侵袭我们的生活［我们在这里要补充一点，它可以增加这些问题和其他问题］，但它显然可以帮助人们抵御这些问题所造成的心理冲击。即使在一个婚姻协议日益脆弱的时代，这种保护性功能也可能有助于它的生存力，至少在没有提供类似功能的替代关系的情况下。(p. 714)

**社会支持感知**　与社会网络相比，社会支持指的是在社会关系中发生的互动的性质，特别是人们如何评价这些互动的支持性（如 Sarason，Levine，Basham，& Sarason，1983）。在杰索（Jessor，1979）的分析中，社会支持感知是一系列人际变量最近端的特征。戈尔（Gore，1978）对工厂倒闭后失业的 100 名男性进行的研究说明了社会支持感知可以作为一个研究工具来使用。戈尔使用了大量的问卷条目来测量妻子、朋友和亲戚的支持感知。那些没有立即再就业、感觉得不到支持的男性比那些感觉得到支持的男性具有更高的血清胆固醇水平和疾病症状；此外，不管就业状况如何，缺乏支持都与更多的抑郁相关。同样，安德鲁斯等（Andrews et al.，1978）发现，在澳大利亚郊区的一个样本中，危机中的心理损害与从朋友、亲戚或邻居那里获得帮助的低期望有关，而基于社会网络的测量与这种损害无关。

**社会支持的类型** 现在人们认识到社会支持有不同的类型，每种类型都有不同的前因和后果。韦斯（Weiss，1974）列出了幸福所必需的六种功能：依恋、社会融合、养育机会、价值保证、稳定的联盟感和获得指导。没有列在上面最明显的是物质援助和服务，以及信息支持。迪安和林（Dean & Lin，1977）只确定了两种功能或类型，即表达性和工具性，但
250 其他作者如卡普兰等（Kaplan et al.，1977）认为前者更重要。也许这反映了当前行为医学中对情绪的关注。其他作者也做出了类似的区分，但没有将它们应用于研究中（如 Bloom，1978；Gore，1978）。大多数研究强调依恋和归属（情绪）功能超过工具性的、物质性的或社会整合的功能（Brown，Bhrolchain，& Harris，1975；Cobb，1976；Dean & Lin，1977；Henderson et al.，1978）。

谢弗等（Schaefer et al.，1982）区分了社会支持的三种功能类型。这些类型包括：**情感支持**（包括依恋、安抚、能够依赖并信任一个人），有助于人们感到被爱或被关心；**有形支持**（包括直接援助，如贷款或礼物，以及服务，如照顾生病的人、干活或做家务等）；**信息支持**（提供信息或建议，并对个体如何做给出反馈）。卡塞尔（Cassel，1976）提出，反馈帮助人们维持社会认同和社会融入感。我们也注意到，当有形支持自愿提供的时候，这可能表明其他人很关心，接受者受到重视。并且，有形支持可以以这种方式与情感支持交织在一起。当前对社会支持的基本假设是，在其他条件相同的情况下，如果人们接受或相信在需要时会得到社会支持，那么他们将有更好的精神面貌和健康，并且功能更好。这种假设在某种程度上被越来越多的证据证明是合理的，尽管我们对有效支持和无效支持的构成知之甚少。

那些谈论社会支持的人倾向于将其视为社会环境的一个特征。我们在这里把它看作一种**资源**，在社会环境中可用，但人们必须逐渐建立和使用它。在其他地方，我们谈到了应对能力，包括人们在环境的压力性遭遇中学习和利用的一套社会技能。因此，我们倾向于将社会支持归于应对方式的主题下。对于压力下使用社会资源所涉及的过程，以及如何使用社会资源来预防压力，我们知之甚少。我们的知识尚不成熟，无法让社会支持在

其影响和运作方式的理论选项中做出坚定选择。

我们的研究，包括在本书其他地方引用的一项自然实验（Folkman & Lazaru，in press），是从过程视角来看待情绪和应对的。研究中面对大学考试的学生被问及他们向谁寻求帮助，谁在压力性事件的三个阶段，即考 251
试前、考试后不久但在成绩公布前、成绩公布后给予帮助。这项实验提供了确凿的证据，证明支持类型从一个阶段到另一个阶段会发生变化。例如，在预期阶段，逻辑上，学生需要澄清别人对他们的期望，信息支持寻求是最高的，但在考试结束后，它急剧下降。与此同时，在预期阶段，情感支持寻求很低，但考试后大幅上升，并在成绩公布后依然保持较高的水平。

这两种观点是完全不同又相互补充的，其中一种是经典的流行病学观点，它把社会网络和支持看作社会环境的一个特征，另一种是以过程为中心的心理学观点，它把寻求或使用社会支持看作压力来源的一种功能或压力性事件的一个阶段。正是在后一种把社会支持当作一个过程的意义上，我们开始关注社会关系可以作为应激源，同时也可以成为社会环境中宝贵的个人资源。这种观点把我们从社会学所关注的社会或其亚结构，带回到心理学所关注的个体，即个体作为积极的行动者，受到社会的影响，反过来也影响社会。

从我们的角度来看，社会支持是社会需求这个硬币的反面。为了生活得好，人们必须不断认识和管理社会需求，并且识别和利用可获得的社会资源。在硬币的两面，发生什么一部分是运气的问题，因为需求的严重性和棘手性各不相同，社会资源也是如此。与此同时，人们管理社会需求和利用现有资源的能力或技能也存在差异。正如我们在第六章对应对的讨论中所隐含的，对社会需求的最佳管理和对社会资源的最佳利用也取决于在每个社会环境中如何管理所发现的社会限制。

## 社会变迁

正如自然环境在不断变化，社会环境也在不断变化，因而产生了压力。社会如何变化的社会学问题在某种意义上相当于个体如何影响当下社 252
会环境的心理学问题的集体版本，即环境仅仅是一个压力性事件的特定背景，如家庭，还是更大的社会单位或社会机构，如工会。

尽管生物进化是一个非常缓慢的过程，但是社会演变或社会变迁已经变得非常迅速（参照 Toffler，1970），正如阿道司·赫胥黎（Aldous Huxley，1965）在下面这段有点异想天开的文章中所提出的：

> 在解剖学和生理学上，人类在过去的两万或三万年里变化不大。现今聪明孩子的遗传能力本质上与旧石器晚期洞穴居民家庭出生的孩子相同。然而，尽管当代聪明的婴儿长大后几乎可以成为任何人，比如长老会工程师、弹钢琴的马克思主义者、崇尚神秘的不可知论且喜欢画水彩画的生物化学教授，但［旧石器时代］的婴儿则不可能长成除了猎人或食物采集者之外的任何人，他使用最粗糙的石制工具，用一些模糊的魔法系统思考他所处的狭窄树林和沼泽世界。古今这两类婴儿是难以区分的。他们都包含其所属的特定人类的所有潜能。但是，婴儿长大变成的成年人是完全不同的；他们不同是因为其中一个几乎没怎么实现婴儿与生俱来的潜能，而另一个婴儿则大部分实现了他与生俱来的潜能。(p. 32)

关注当今快速的社会变迁会引发一个问题：人们现在比过去经历更多的压力吗？当然，没有办法充分回答这个问题，因为我们缺乏必要的观察来比较过去和现在。托夫勒的分析意味着答案是肯定的。我们自己运用不复杂的证据的分析，则表明这可能是不真实的，发生改变的是人们必须处理的压力的**种类**和处理压力时可用的资源，而不是压力的程度。例如，在过去，人们很早死于传染病；今天，他们活得更长，但是越来越可能患上使人衰弱的疾病，并忍受老年期能力的丧失。例如，格伦伯格（Gruenberg，1977）指出，现在老年人很少死于肺炎。他们失去了“老人的朋友”，即使他们的生活不再有吸引力，也不再富有成效，他们仍然生活在日益丧失能力的状态中。格伦伯格说，医学不应该试图帮助人们活得更
253 长，而是应该寻求增加他们的功能性的能力。因此，似乎并不是压力程度变得更大或更小，而是在不同的时代压力的根源和性质是不同的。例如，生存问题一直是压力的主要来源。在原始时代，它可能与维持火种有关，今天则是避免核毁灭。

那种压力在人类历史上一直存在，尽管其来源在不断变化，但可以通过军事竞争的类比加以说明。新的武器被发现，这在一段时间内极大地改变了力量的平衡。装甲船和坦克似乎是坚不可摧的，直到反装甲和更强大的加农炮被开发出来。制导导弹是压倒性的，直到它们被相同类型的导弹击落。

关于这一原则，韦拉尔（Wellard，1965）提供了一个有趣的例子：

> 一直到基督教时代，大象都在北非快乐地漫步，阿特拉斯山是它们最喜欢的栖息地。但是首先迦太基人为了军事目的捕获它们，并在

> 与罗马人的三场长期战争中消耗了数千头……它们受到侧翼装甲的保护，脖子下系着铃铛来刺激它们。起初它们成功地让人和马陷入恐慌，摧毁城墙，踩倒重装甲的步兵。但是罗马人很快就设计出了反象武器：火和小号。迦太基的大象“骑兵”因此很容易受惊狂奔，最终很可能踩死更多的是友军而不是敌人。这种经典的军事上的误算使得“反反导弹”装置成为必需……这种装置由长钉和木槌组成，当大象失去控制时，大象身上的看象人可以用它摧毁他的“秘密武器”。此后，大象像战舰一样，成为战争中地位的象征，而不是有用的武器……（pp. 26－27）

因此，压力可以被看作对立势力之间的斗争，也就是说，总是多多少少通过应对资源和过程来对抗的需求。传染病，获得食物的困难，旅行和交通、交流等的限制所产生的压力，最终都会由社会变迁来对抗。反过来，新的变迁导致了新的失衡和更大的压力，直到被进一步的改变所对抗。

社会变迁的哪些形式对个人和群体是具有压力性的？一是它可能会对人们提出新的要求，就像技术发展迫使工业工人、管理人员和专业人员学习新的概念和程序一样，这一过程至少会暂时造成威胁和破坏。另一种形 254
式是，让某些职能和工作淘汰，让失业者或贴有“朽木”标签的人面临挑战。社会变迁可能会导致人们长期依赖的精神支柱的丧失，从而在一个似乎不再可预测甚至不熟悉的世界中产生一种破灭感。例如，萨拉逊（Sarason，1977）和托马斯（Thomas，1983）在医生中观察到，制度化工作模式的变化也会导致对中年期的职业角色产生深深的不满。

米德（Mead，1970）对代际冲突和现代家庭孤立的讨论反映了这一主题，正如雷斯曼（Reisman，1950）早期的传统定向与其他定向个体的概念。不断变化的社会条件可能会造成之前不存在的威胁，如经济萧条、暴力的危险、拥挤等等。在角色模式发生变化的时期，就像今天的男女角色的变化一样（参见 Veroff，1981），有一些选项给人们带来了新的、困难的存在和现实选择。赖利（Riley，in press）仔细考察了社会变迁对老年人的影响，指出了年龄分层与社会变迁交互作用并使个体产生心理压力的多种方式。她写道：

> 个体老化和社会变迁的这两种动态，尽管相互依赖，但往往彼此并不同步。虽然在现代社会中尤其明显，但潜在的不同步是年龄分层系统中固有的，这对个人和社会都造成了压力。因此当所有年龄层和

> 人们对这些年龄层的认知地图都以一种特定的方式组织起来的时候，人们就开始了一个历史时期的生活；但随着这些人不断变老，整个年龄层会不断地从一个时期重组到下一个时期。例如，20世纪早些时候的年轻人学习了那个时代的社会年龄模式和规范；大多数人上学不超过6到7年，这对他们的父亲或兄长所从事的工作来说已经是足够的教育。他们参照当时几个少数幸存的祖父母的特征形成了老年人的形象。同样，今天的年轻人在微技术的变革之前看到了整个职业阶梯；他们把退休看作当前制度化的一种权利。但是这些年轻人在他们开始生活的同一个社会中都不会变老。他们必须通过一个正在变迁的社会。因此，在他们的毕生期望和需求与社会不断变迁的迫切需求之间，有一种重新调整的内在压力……

255 第二次世界大战以来我们社会发生的社会变迁的性质及其心理影响，是美国最好的调查研究人员之一丹尼尔·扬克洛维奇（Daniel Yankelovich，1981）的研究课题。根据扬克洛维奇的说法，不仅有许多社会规则和制度界定了我们应该如何生活和与变化的他人的关系，而且赋予生活意义并界定了生活承诺的宝贵文化价值观也在一代人内发生了变化。他用“新规则”和“一个颠倒的世界”这两个词来指出美国公众感受到这种社会变迁所带来的压力的程度。

例如，自我否定的伦理已经让位给了一种放纵自我的自由感。职业道德已经失去了它的首要地位，并且存在着一个普遍的自我实现的承诺。在育儿和为孩子牺牲的意愿上投入越来越少。婚姻不再被视为永久的或唯一的生活方式，女性对工作的投入也在不断增加，部分原因是经济方面的考虑，部分原因是职业抱负。在一代人之前还受到支持的许多价值观和行为标准对现在的大多数人来说已经不再重要，新的价值观和行为标准已经取代了它们。然而，也存在着冲突和矛盾：对某些旧规则和价值观存有怀旧之情，同时又普遍认为，旧的可行的价值观已经丧失，新的价值观可能事与愿违，不能由经济现实维持。关于我们先前区分的文化和社会结构的社会系统组成部分，两者都已经发生了变化，即：一方面是从上一代传给下一代的信仰和价值观发生了变化，另一方面是社会制度和社会关系的直接背景所承载的可操作的需求、限制和资源发生了变化。

鲍姆林德（Baumrind，1978）从辩证唯物主义的角度对社会现实进行了论述，并发现了一个相关的主题。虽然她没有根据社会变迁所造成的心理压力进行分析，但当她写下下面的文字时，这些影响是隐含的：

> ……不同的人类环境必然产生不同形式的人类意识和自我实现，从而产生不同的发展进程。例如，霍雷肖·阿尔杰通过努力而成功的理想模式反映了自由企业资本主义时期许多美国人所能获得的各种可能性的扩大，正如以“小即美”为主题的自主性简朴这一禁欲主义理想，反映了后工业时代对经济扩张的限制所带来的有限的可能性。在 256
> 这些矛盾的理想中所表达的意识变化，是以各自客观的社会结构现实的变化为基础的。今天，我们有客观理由怀疑一种早期的信念，即人类在地球上的生活可以通过科学和技术得到合理和稳步的完善。地球资源的枯竭对未来构成威胁。如果对未来的承诺低于现在，那么新教伦理中所体现的公理化伦理价值观就会过时，必须重新定义自我实现者的意义。例如，延迟满足和过分尊重理性，而不是成熟的普遍特征，可能只在这些特征具有明确的生存价值的社会中才是合适的定义者。(p. 64)

儿童抚养模式也发生了变化，这对儿童产生了深远的影响。基于对公共媒体资料的调查，史丹德勒（Stendler，1950）已经注意到，在 1890 年至 1950 年的 60 年间，人们对育儿的态度一直在周期性地波动。从 1890 年到 1900 年，一种温和的观点占了上风。成长中的孩子被看作一朵娇嫩的花朵，需要爱和善意的培育。一位育儿杂志编辑写道：“爱、爱抚和纵容不会伤害孩子，如果他同时学会了无私和顺从的话。”“爱是强有力的溶剂。”另一位编辑列出了一个计划，来应对一个被认为懒惰、粗心大意、一无是处的男孩。他在告诫中写道：“我想我会试着仅仅用爱去赢得他，永不打击他……那些和孩子们有矛盾的母亲，用基督徒的方式抚养他们……怀着一颗充满爱和温柔的心，你一定会成功……”（p. 122）从这个角度看，孩子必须被引导，而不是被驱动、被说服，也不是被命令。一致性和坚定性必须通过理解和公正来调和。体罚是不可取的。

然而，从 1910 年到 1930 年，人们的态度变得强硬坚决。如果孩子拒绝服从父母的命令，父母就会要求他完全服从，以免孩子被宠坏。对服从的要求是意志的较量，孩子注定是输家，就像一匹马注定被驯服一样。孩子必须遵守严格的时间表，吃饭和上厕所的时间是固定的。育儿杂志上，母亲们被劝告说，只有这样严格的纪律才能培养出健全的成年人，而且不允许出现任何偏离既定模式的情况。

我们可以推测，在这一人口不断从农场迁居到城市且需要壮实、充满活力的劳动力的历史时期，社会将钟摆从纵容转向强硬坚决是有益的。孩 257

子们接受严格的育儿方法的训练，来应对他们在工厂和办公室里作为工人的角色。在纪录片《后勤女工》（*Rosie the Riveter*）中，二战期间的一位工厂工人指出，当战争结束，男人们回到劳动力市场时，许多“女性杂志”将重点从厨房里花费短时间的食谱转移到花费一整天的时间来准备的食谱上。妇女作为妻子和母亲的“女性化”角色也同时发生了逆转，还有一系列的文章劝说妇女放弃工作待在家里，否则她们的孩子会走上道德歧途。这是另一个例子，说明了在特定时间内社会目标间的相互作用，以及这些目标如何反映在个人和家庭变化的价值中。

埃里亚斯（Aries，1962）记录了从中世纪至现在欧洲社会儿童地位的演变，其他人（包括 Bell，1962；Gans，1967；Reich，1970；Reisman，1950；Whyte，1956）则描述了 19 世纪到现在美国社会价值观的变化。所有这些作者，以及其他通过历史来处理乌托邦思想的作者（如 Manuel，1965），都以某种方式处理社会变迁及其影响。

社会变迁必然会带来压力吗？这是很难说的，因为我们缺乏相关的证据。社会变迁带来了“旧学校”的父母与新环境下长大的孩子之间以及在这变化时期成长和生活的同一代人之间压力性和令人痛苦的冲突的可能性。人们认为变化越快，它就越有可能成为压力的来源，而且这种变化的影响很大程度上取决于个人或社会群体的期望、信仰、承诺、应对资源和生活方式。应该注意的是，缺乏变化也会带来压力，比如当一个人感到无聊或无法获得晋升或加薪时。人们喜欢“同质性差异”（difference-in-sameness）的观点表明，一定程度的变化或多样性对于积极的精神面貌是必不可少的。变化既有压力又令人兴奋，这取决于变化的特征、人的本性和社会地位，以及他的期望。即使是压力性的变化，如个人层面的丧亲或离婚，或社会层面的文化价值观的变化，也可能实现成长，并最终产生更
258 有效的生活方式。这种观点与我们自己的观点一致，即构成压力的不是变化本身，而是个人评价和处理压力的方式。人与社会系统之间的互动是极其复杂和易变的。

人们的情感生活虽然是由社会塑造的，但也影响着社会环境。此外，社会环境不仅是压力的主要来源，而且还提供了一个人可以用来达到目的和获得支持的资源。

在每一个转折点上，我们谈论的不是从社会结构到个人的简单的单向关系，而是双向关系。社会系统和人都在不断地互动，根据各自的特点，产生共同的和独特的结果。最佳模式最终包含个人和社会这两个系统，二者交织在一起（参照 Moos，1973），并创造了一个新的领域（参照

Lewin，1935；Murphy，1966）。为了有效地处理这一问题，需要我们从严格的相互影响的视角转向一个交互和系统的视角，正如我们将在第九章和第十章讨论的那样。

## 总结

本章首先讨论了有关个人和社会的三种不同观点。第一，社会被视为一种服务于人的与基本生存相关的适应需求的方式。第二，它被视为个人和群体的塑造者。社会规则和制度调节关系，塑造情感和行为。例如，文化有助于定义什么是重要的、可取的、有害的或不光彩的，以及表达和管理情绪的方式。这些因素也可以从直接的社会结构而不是文化的角度来考察。要了解远端社会环境对个体没有个人意义的影响方式，需要了解其近端心理意义，这是由认知评价决定的。尽管社会语境的影响是统一的，但在思想、情感和行为上总是存在个体差异。第三种视角与人和群体影响社会系统的方式有关。这一视角强调个体与社会的关系是双向的，两者相互影响。

压力、应对及其适应结果必须在个体与社会的关系背景下进行观察。 259
压力是由个人和社会认同之间的不匹配造成的。这一主题在隔离和失范的社会学概念中是显而易见的。然而，不匹配的概念是有局限的，因为它倾向于假设人们从他们的文化中同化了什么，以及这些文化价值观和信仰如何在个人层面被转译得过于一致，还因为这个概念是结构性的和静态的。

社会系统为个人创造需求和资源。社会需求，或对行为的常规期望，可以影响一个人的思想、情感和行为，但不一定是压力的来源。当这些需求产生冲突、模棱两可或导致超负荷时，压力就会产生。将这些因素与家庭和工作角色联系起来，是研究最常采用的方式。归根结底，压力取决于如何评价这些角色，以及如何应对冲突、模糊和超负荷。

社会环境也创造了社会关系，这是个人生存和成长所必需的。社会资源是直接影响健康结果，还是作为压力的缓冲器，目前还不清楚，社会资源影响的传播机制也尚不清楚。许多研究者已经考察了**社会网络**，它们是人的社会环境中相对静态的组成部分。潜在的假设是，拥有社会关系等同于获得它们的支持，并且通常不关注这些潜在资源可能产生的需求，或社会网络成员提供的支持的质量波动。**社会支持感知**是社会关系中发生的互动的本质，特别是当它们在主观上被评价为具有支持性时。人们已经认识到许多类型的社会支持，包括依恋和归属功能，以及工具性的、物质性的或整合性的功能，所有这些都与情感支持、有形支持和信息支持交织在一起。把社会支持看成人们必须培育和使用的资源，以及隶属于应对的范畴也是有用的。基本的假设是，如果人们接受或相信他们在需要时会得到社会支持，他们将拥有更好的适应性结果。

本章的最后一节论述了社会变迁。社会变迁可以通过对人们提出新的
要求，产生可预测或熟悉的损失，产生孤立感或构成新的威胁来造成压
260 力。新的社会规则和制度在一代人之内产生，并在个人层面产生不断变化
的需求。然而，社会变迁不一定是有害的，它可以实现成长，并带来更令
人满意的生活方式。至于变迁是否会产生压力，产生积极还是消极的后
果，则取决于如何评价和应对变迁。

# 第九章 情绪的认知理论 261

在 20 世纪 40 年代和 50 年代，情绪被视为驱力或单一维度的唤起，也被视为前因或是在刺激环境和行为以及认知反应之间起干预作用的变量（参照 Duffy，1962；Lindsley，1951）。一个较新的观点是情绪源自认知，也就是说，人们首先评估正在发生的事情对于个体的意义，然后这个评估就成为情绪反应的认知基础。在某些方面也可以说这个概念化是较老的，因为它根植于行为主义。一直以来我们自己的思维都是认知的（参照 Lazarus，1966），但实际上，我们已经从一个压力和应对的认知理论转变为一个足以涵盖情绪的理论。

本章首先简要概述了认知导向的情绪理论的历史和现状。我们有三个目标：第一，呈现我们最近所处的位置；第二，考察情绪研究的认知取向的概念和研究任务；第三，关注为了完成这些任务而正在进行的一些努力。然后，我们把我们的讨论扩展到认知和情绪之间的复杂关系，最后以对还原论问题的讨论来结束。

## 早期的认知构想 262

在 20 世纪 50 年代和 60 年代，研究者对紧张降低（tension reduction）原则作为人类和动物适应基础的不满日益明显。麦克利兰（McClelland，1951；McClelland，Atkinson，Clark，& Lowell，1953）、哈洛（Harlow，1953）和其他研究者提供了无法逾越的证据。例如，有机体的组织缺陷导致饥饿和口渴，这不能解释习得和适应。猴子和老鼠在生理上得到满足时要比在饥饿和口渴这类组织紧张造成高唤起时，表现出更多的好奇心和探索行为。甚至弗洛伊德的驱力理论也受到了质疑。也许对紧张降低概念最具戏剧性和影响力的攻击是怀特（White，1960）对传统驱力理论缺陷的严密理性分析，他驳斥了儿童仅仅被饥饿或口欲驱使才想要探索、操纵或控制环境的观点。他有一篇令人印象深刻的文章，讲的是一个孩子如何吃饭，其中提出了一种新的、基于认知的“效能动机”概念（effectance motivation）。怀特写道：

> 首先，有明确的信号表明，用餐期间需要额外的娱乐。研究调查了餐具、溅出食物的行为，以及整个喂养过程中玩玩具的情况。……1岁左右，被利维（Levy，1955）称为“汤匙之战”的事情很可能发生……在那一刻，“婴儿从母亲的手中抓起勺子并试图自己进食”。从格塞尔对勺子从盘子到嘴巴的“危险旅程”的细致描述中，我们可以确定，此时孩子并没有被增强的口腔满足感所促动。母亲喂他，他可以得到更多的食物，但他自己吃，则可以获得更多的另一种满足感——一种效能感。(p. 10)

在本主题的另一个版本中，克莱因（Klein，1958）指出，如果不参考认知过程，就无法充分定义驱力：

> 更经济的是……把驱力看作一种结构：一方面，指的是“关联”过程（意义），即围绕这个过程有选择地将行为和记忆组织起来；另一方面，就目标集、预期和期望发展来说，指的是那些将这种关系性的活动与现实相适应的过程。通过这种方式，驱力仅由行为和思想产物来定义……（pp. 8－9）

263 上述关于动机和情绪的认知理论的萌动也是自我心理学历史的一部分，是弗洛伊德思想的一个发展结果，从能量概念和作为习得和适应背后力量的翻滚的熔炉，转向作为人类神经系统天赋重要特征的思想至上。然而，驱力的概念并没有被放弃，仅仅通过增加新的本能驱力，如思维、推理和好奇心等来进行修正。所谓的认知革命，也就是认知取代了驱力成为行为的主要动力，花了更长的时间才得以推进，尽管它的先驱库尔特·勒温、弗里茨·海德和乔治·凯利都是彻底的认知主义者。

关于情绪研究的早期认知取向，最有趣的也许是，它是双因素理论的一个例证，其中驱力的概念（以唤起的方式表达）被保留，额外添加了认知的概念，就像怀特和克莱因在他们的动机讨论中把认知添加到驱力的概念里。沙赫特（Schachter，1966）和曼德勒（Mandler，1975）提供了关于情绪的这类认知构想的主要例子。他们理论的基本思想是，对自主神经系统唤起，即终末器官活动（如心率、血压）弥散性、普遍性增强的感知，与认知活动相互作用，创造了特定的情绪体验。沙赫特和曼德勒各自关于威廉·詹姆斯思想的版本虽然有很大的重叠，但也有重要的区别。

根据沙赫特的说法，情绪是一种对唤起的感知，它是根据可获得的认知和环境信息来标记的。最常引用来证明这一过程的实验（Schachter & Singer，1962）似乎表明，注射肾上腺素能引发弥漫性的自主唤起，它使一些被试在同伴表现出快乐情绪的社会环境中报告并表现出快乐的情绪，使另一些被试在同伴表现出侮辱性的行为时，报告并表现出愤怒。换言之，诸如快乐和愤怒之类的情绪品质仅仅是对唤起的便捷解释。当没有人向被试解释肾上腺素对他们身体感觉的影响时，这种不同情绪的社会诱导尤其有效，这意味着他们的反应需要某种认知解释。主要的发现似乎符合沙赫特对情绪作为一种过程的定义，即通过这个过程，对弥散性生理唤起的感知以认知得到了标记。

对曼德勒来说，自主唤起也是一种非特异性的、弥散性的身体反应，就像沙赫特认为的那样，据说它为一种情绪反应奠定了基础，这种情绪反 264
应的性质取决于对所发生的事情所赋予的意义。曼德勒（1975）写道："因此，唤起为特定的认知提供了情绪基调，而认知决定了情绪状态的性质。"（p. 68）这一观点似乎与沙赫特的观点差别不大，但曼德勒做了另外两件事。首先，他扩展了对认知活动的处理，使其远远超出了仅仅对更符合认知评价的情境意义的分析。其次，他考虑到唤起本身由"意义分析"引起的可能性，"这种意义分析将原本无害的刺激转化为自主神经系统的一种功能性释放"（p. 68）。因此，自主唤起和创造意义的认知过程是曼德勒情绪理论的基本条件。此外，曼德勒还考虑到对反应的持续反馈以及用于修正原始评价的新评估。

曼德勒提出的唤起和认知解释的互动概念，承认唤起可以通过对与环境关系的认知评价而产生，解决了沙赫特的情绪认知观的一个主要局限。沙赫特提出了一个问题，那就是最初到底是什么引发了唤起。在大多数情绪化的遭遇中，都有一个相当清楚的经历，比如诱发愤怒的情境、诱发快乐的情境等，然后就不存在确定反应是关于什么的问题了。沙赫特的解释主要适用于那些人们不知道自己为什么不开心的情况，简而言之，是高度模糊的情境。沙赫特理论的局限已经在评论和报告中讨论过，这些报告都是关于重复沙赫特和辛格（Schachter & Singer，1962）实验的失败尝试（如 Kemper，1978；Marshall & Zimbardo，1979；Maslach，1979；Plutchik & Ax，1967）。与此同时，也有一些研究更具支持性（如 Erdmann & Janke，1978）。

我们自己的取向比曼德勒的取向在认知化上更为纯粹，当然也比沙赫特的认知取向更为纯粹。我们说，一个人到达互动现场时带有自己的价值观、信念、承诺和目标，这些使人对情境的某些方面做出反应，从而为情绪创造了条件。然而，这些特性并不自动意味着情绪，它们必须首先参与到互动中。因此，情绪和唤起取决于人们如何解释这种情况。此外，沙赫特和曼德勒提到情绪中涉及的唤起是普遍的和弥散的，而我们认为得出的
265 认知评价会产生特定的唤起模式，读者将从我们在第七章有关一般性与特异性的讨论中记住这一点。

关于自主反馈作用的争论由来已久。例如，威廉·詹姆斯认为这是情绪的核心，而沃尔特·坎农则相反。弗里达（Frijda，unpublished）提供了对这类精妙而复杂的文献资料最好的处理方法之一。不管什么情况，我们都强调认知过程在情绪状态的产生过程中是非常重要的，甚至是必要的，而对这一问题进一步理解的进展将来自对它如何起作用的更多细节和原则的探索。

## 情绪认知理论的基本任务

必须由一个成熟的情绪认知理论来解决的概念性问题与那些适合于压力、应对和适应的认知理论的概念性问题基本上是重叠的。这些概念性问题包括两个主要任务。第一个任务是指定干预性的认知和应对活动，使人们能够将环境中的遭遇转化为短期的情绪反应和长期的结果，并将这些转化为过程术语，以便在一个遭遇以及不同类型的遭遇中融入变化。第二个主要任务是从描述转移到因果解释，具体说明变量或每种类型的评价及其情绪后果发生的条件，同时具体说明人和情境的前因、过程和后果在功能上是如何相关的。任何忽视了这些主要理论构建任务的情绪认知理论都是不完整的。进一步的任务是要考虑在生命全程中，人的特性对个体反应差异的产生、发展和变化是多么重要。

### 评价与应对

关于认知过程在特定情绪中的作用的原则早已存在，尽管它们通常是隐性的而非显性的。例如，攻击性，或者更恰当地说，愤怒，被假定依赖于挫折，用“更认知”的说法，就是源于一个人对他人伤害或给予之意图
266 与自身预期不符的感知（例如，参见 Pastore，1949）。同样，焦虑通常被描述为一种情绪，它是由在模糊和象征性条件下，对未来危险的感知造成的（参见 Lazarus & Averill，1972）。长期以来，对抑郁症的解释方式有几种：作为伴随丧失而来的一种情绪状态，表现为一种绝望感，或是对另一个人的愤怒，这种愤怒为了避免痛苦的心理或社会后果而转向了内在。

因此，我们必须小心，不要认为情绪的认知取向在心理学中是某种新的东西；相反，诸如此类的观点构成了几个世纪以来情绪的哲学-心理治疗。所缺乏的是建立在理论基础上的系统性努力，以具体说明情绪的认知前兆或相伴物，以及对这些任务进行实证检验的研究努力。

目前，沿上述主线的概念性的治疗比较有限。有些人是针对一种特定的情绪，如愤怒（如 Averill，1982）、悲伤（Parkes，1973）、羡慕和嫉妒（Hupka，1981）。海德（如贝尼希和维纳［Benesch & Weiner，1982］所描述的）沿着这些主线推测了更广泛的情绪，肯珀（Kemper，1978）提出了一套关于社会互动的原则，这些原则是根据涉及地位和权力关系的某些社会价值观进行整合或评价的。沃纳、拉塞尔和勒曼（Werner，Russell，& Lerman，1978，1979；另见 Weiner & Graham，in press）阐述了一些各种成就相关情绪里潜在的一些归因，并从这些归因的角度来系统地看待这些情绪。（稍后我们将指出归因和评价过程的不同。）最后，贝克（Beck，1971）确定了引发许多情绪的特定认知，从而满足了情绪认知理论的第一个必备条件。

然而，认知评价理论本身作为一种情绪理论是不完整的。记住，随着情绪性遭遇的发生，与环境的关系会发生迅速的变化。评价理论涵盖了由于某人花时间反思发生的事情和他自己的情绪反应而产生的变化。但是，还必须提及应对，它会影响情绪关系所依赖的自然和社会环境。每一个应对过程对情绪都有不同的影响，不仅关系到从以问题为中心的角度处理遭遇的程度，还关系到通过注意转移或认知应对（如否认、疏远和再定义情境）对情绪的直接调节。许多认知应对策略会改变或扭曲最初的评价，从 267 而改变所体验到的情绪。因此，如果表现出愉快、轻狂的行为举止是个体管理抑郁情绪的一种方式，那么对抑郁的认知评价将不仅解释显现出来的情绪；无论是否有意识，以不同的态度和行为模式与抑郁做斗争的决定都必须考虑在内。

抑郁和躁狂的例子还表明，一个人可以同时进行多组认知评价，产生矛盾心理或快速波动的模式，或导致一方对另一方的抑制。事实上，我们认为压力评价完全一致或没有冲突是很少见的，这增加了不考虑应对而预测情绪反应的难度。

为每一种情绪指定评价的任务也需要时间的视角。例如，我们希望或预期出现某些结果，并相应地体验情绪；然后，当这些结果最终出现时，我们可能会发现它们不是我们所希望或预期的，然后体验到了其他情绪。对过去、现在和未来的认知包含在诸如焦虑、失望、满足、解脱甚至愤怒等情绪中，如果我们把情绪的变化理解为包含在一种不断变化的人-环境的关系中，就必须考虑到这一点。

一些作者用有趣的理论性的结果来解决这个问题。例如，奥托尼和克洛尔（Ortony & Clore，1981）将他们所称的低层次和高层次目标纳入他们对情绪的认知分析中。低层次目标是短期的，服务于更高层次的目标，后者涉及维持总体幸福感。例如，考虑成为一名收入高、声望好、令人满意、富有同情心的医生这个长期目标。这样一个长期的或高层次的目标涉及许多可以被认为是必要步骤的次级目标，或低层次的目标，例如在医学院预科课程中取得好成绩、被医学院录取、实习并获得委员会认证、进行实践、学习如何将自己的专业付诸实践等等。对这些次级目标的威胁具有情绪上的潜在性，因为在任何一个次级目标中受挫都会危及高层次目标，而这一高层次目标必须为了总体幸福感而被放弃或改变。

在以价值和期望的相互作用来看待人的行为的社会学习理论的根深蒂固的传统中，奥托尼和克洛尔（1981）利用期望和目标（价值）来预测情
268 绪。因此，他们说，没有实现的积极期望将导致失望；如果结果不清楚就仍有希望；如果结果是积极的，满足就会产生。同样，一个消极期望跟着一个消极结果会导致被证实的恐惧（尽管奥托尼和克洛尔对于会产生什么情绪是模糊不清的）；如果结果是积极的，就会感到解脱。因此奥托尼和克罗尔的表述包含两个关键概念：对基于预期、价值观和实现的结果的认知评价，以及从预期到结果的时间进程。

弗里达（Frijda，unpublished）也在这些方面做了大量的努力，他借由勒温主义对心理环境的强调来引入认知过程，这一心理环境被弗里达称为“情境意义结构”。对于弗里达来说，情境是从人的角度来看正在发生的事情，因此包括这种特定关系的所有人和环境的特征。每一次情绪体验都源于不同的情境意义结构，这是一个语言使用以外的主题，正是我们借由情绪认知理论所期望的东西。他讨论了情境意义结构的三种组成成分：“核心成分”使情境具有情绪性，如关联性（参照我们的利害关系概念和奥托尼和克洛尔的目标期望概念）和清晰性；“内容成分”塑造了情绪的性质，如可控性、不确定性，以及效价；“客体成分”，如自我参照物和他人参照物。

谢勒（Scherer，1982，in press）还提出了另一种新兴的情绪认知理论。谢勒的分析有一个有趣的特点，他称之为“刺激评估检查”，这是一种情绪所必需的最少数量的一系列检查。在这些检查中几个情境方面的信息得到评估，包括**事件本身**的时间特性、对它的预期及其发生概率和可预

测性；**结果评估**中所产生的愉悦性、目标相关性和公正性；因果元素、动机和**归因**的合理性；个体影响事件以及处理**应对**后果的力量；**事件与内外部标准进行比较**后，事件与文化规范的一致性及其与真实或理想自我形象的一致性。这些信息是在一系列刺激评估检查中评估的，它们被假定为一种特定性质和强度的情绪创造了总体的认知基础。

利文撒尔（Leventhal，1980；Leventhal & Nerenz，1983）专注于疾 269
病所产生的情绪，他还提供了一种情绪的认知阶段性模型，这与我们自己的以及其他版本有很多共同之处。主要的过程包括感知表征、解释或评价，以及应对。情绪虽然进入评价或解释阶段，但是也可以通过对应对及其效果的反馈加以修正。

最后，爱泼斯坦（Epstein，1983a）提出了一种可能被称为认知导向的情绪自我理论，它围绕着这样一个主题展开：人们发展了一种自我理论、一种世界理论，以及与这两种理论相关的概念，并以此为基础来解释他们生活中的事件和体验情绪。爱泼斯坦对待评价的态度比我们更为严格；评价本身作为情绪体验的一部分被省略了，但它在决定什么是情绪反应方面至关重要。因此，一个过程可能会引发一种情绪，比如愤怒，但是，根据人们如何解释适当的或期望的可获得的反应选项，这种情绪可能会转变为其他的东西，比如悲伤或恐惧。在我们看来，这似乎是次级评价和应对的另一种方式，正如在我们自己的认知理论中所发现的那样。

关于认知过程，特别是如认知评价这样的评价过程，现在形成并由上述例子说明的情绪认知理论，在通过与环境的接触而产生情绪反应方面都有着非常相似的假设。它们都是以意义为中心的、关系性的、以过程为中心的，它们还是都是递归的，也就是说，在每个阶段都对反馈和变化做出反应。这些理论还要求独立规范的研究设计，尤其是在爱泼斯坦（1983）的例子中。爱泼斯坦明确地表示，情绪研究应将同一个人与自己以及他人进行比较，并考虑到反应倾向的稳定性及其对不同环境要求的反应。

后一个问题使我们转向情绪认知理论的第二个主要任务，即将人的主观体验和认知活动锚定在环境的背景以及人格的前因之中。

前因

上述思想体系在分析先行因素的过程中，往往会将客观环境与主观环境混淆，因此它们只是在不同程度上从同义重复中发展而来。例如，爱泼
斯坦（1983）在考察前因情境变量时，关注的是主观定义的情境，包括拒 270
绝、被给予爱和好意、被攻击等社会变量。在人格前因方面，他强调自

尊，这是一个主观概念。类似地，谢勒指的是诸如期望、归因、对社会规范的遵从等信息。这些往往是主观定义的。从能够预测评价过程本身的意义上来说，这些变量不是真正的先行因素，因为它们已经是感知和评价。

关于这是不是情绪认知理论的一个严重不足，可能会引起激烈的争论。甚至有人可能会争论客观环境是否可以被纳入一个用来预测人如何体验环境的方程式中。我们承认在这个问题上有些矛盾。一方面，我们坚持这样一种观点，即最终有必要将环境因素分为主观中介的因素和独立于主观经验的因素，或许可以将两者进行比较。另一方面，从实践的角度来看，我们相当坚定地认为，通过一个人如何评价（和再评价）正在发生的事情可以最清楚地了解他的情绪反应，这是一个主观的框架。

情绪的前因也涉及重要的个体发生因素。一个人如何看待情境，塑造了情绪的性质和强度，这种观点意味着个人体验特定情绪的能力取决于他对社会关系的理解程度及其对幸福的重要性。这一观点使得必须直接关注婴儿及成长中的儿童对他们的社会世界的了解。愤怒和恐惧在发展过程中可能比愤慨、内疚和尴尬等复杂的和更具象征意义的情绪更早出现（尽管愤怒和恐惧也可以表达高度复杂和象征性的社会和心理意义）。一些发展心理学家已经开始解决这个问题。其他研究这个问题的学者包括坎波斯（Campos）、乔凯蒂（Ciochetti）、科万（Cowan）、黑塞（Hesse）、霍夫曼（Hoffman）、卡根（Kagan）、刘易斯（Lewis）、斯鲁夫（Sroufe）和维纳（Weiner）。尽管总体上关于幼儿情绪的认知决定因素的信息还很少，但人们对该领域的兴趣不断增加，从而引发了严肃的研究，并增强了我们的理解。

271

## 归因理论

我们现在必须进一步考虑归因理论，以维纳及其同事的工作为例（Weiner，in press；Weiner et al.，1978，1979，1982），归因理论本身已经开始提供一种情绪的研究路径（另见 Heckhausen，1982；Russell，1982）。

在海德（Heider，1958）工作的基础上，归因理论已经发展成为社会心理学思想、研究和争论的一个重要领域，海德提出人们关于因果关系的概念会影响他们的社会行为。维纳将归因理论扩展到了情绪，论证了人们对他们的成功和失败的解释，不仅影响他们对成就的行为承诺，而且影响他们在努力之后所体验到的感受。例如，一个人可以将成功归因于外部因素，如运气或任务的性质，或者归因于内部因素，如自己的努力或能力；

这些不同的归因会影响情绪反应。在解释情绪反应时，从这些以及其他归因相关类别（如可控与不可控、稳定与不稳定的原因）中已经获得实际的进程。

归因是冷知觉或认知，它们只是关于事物如何运作的简单陈述。它们与情绪有关，但不等同于认知评价，认知评价增加了**对人的幸福感的归因之意义**这一维度。因此，当我们对自己说成功是因为运气，把它当作一种归因的时候，这只是生活的一个事实，但作为一种评价，它可能是具有威胁性的，因为它意味着依赖于运气，它是不可预测的，或者因为它否定了我们自己对结果的贡献。如果我们怀疑是否能够持续足够长的时间来取得成功，那么在解释我们的成功或失败的时候，归因于努力或坚持而非能力作为一种评价可能会对我们产生令人沮丧的影响。同样，如果我们怀疑自己的能力，那么成功需要卓越能力的归因就可能具有威胁性。

我们对意义的理解对于一个人的幸福感同样重要，这与克雷特勒夫妇（Kreitler & Kreitler，1976）的观点是极相似的。他们认为：

> ……意义生成受到两个焦点问题的调节："它意味着什么?""它对我而言或就我来说意味着什么?"……为了澄清后一个问题，最好也用一些改述的形式来表达它，例如："它对我有影响吗?""它通过什么方式影响我?""我有什么顾虑吗?""我应该关心吗?""我个人参 272
> 与吗?""我应该参与吗?""我需要采取什么行动吗?""我是不是该行动?"……"在什么意义上，它会或可能影响（或关系到）我的目标、规范、对自己的信念，以及对环境或环境的任何方面的信念?"很显然，"它对我而言或就我来说意味着什么?"只是一个标签，概括了问题的不同变体。(pp. 77 - 78)

读者应该注意到，这种对个人意义的处理是初级和次级评价的精确对应。我们已经说过，初级评价关注的是一个人是否亲自参与某个事件，是否在其中有利益。个人价值观、目标和承诺，以及对自己和世界的信念，是这种参与的两个主要前因，这对情绪体验至关重要。与此同时，次级评价不仅仅是认识到参与，而且是一个认识到所需行动或行动可能性的问题。一旦一个人参与进来，这个过程就不仅仅是一个冷分析或归因的问题，而是关系到一个人的幸福感的问题。这种个人参与无疑解释了为什么斯威尼、谢弗和戈林（Sweeney，Shaeffer，& Golin，1982）发现当消极结果发生在别人身上和发生在自己身上时，患有抑郁症的被试会做出不同的归因。人们可以超越单纯的归因，调查人们对侵犯个人自尊、违背愿望和期望、个人丧失等的认识，所有这些都代表了对社会交往的个人意义的评价。

戴恩和厄恩（Dion & Earn，1975）的一项研究说明了归因理论如何阻止评价的缺乏。该研究中的被试接受了一项绩效任务，该任务中所包含的对手实际上是实验者。研究要求"偏见"组的被试向他们的对手提交经过个人身份认证的数据，其中包括他们的族群情况（犹太人）。作为回报，他们从对手那里收到同样详细的信息，除了对手是基督徒这个信息。"无偏见"组的被试交换的信息含混不清，没有透露他们自己或对手的族群情况。通过让所有被试在他们的绩效任务中都表现失败，戴恩和厄恩发现，偏见组的被试体验到更强烈的负性情感和更大的压力。作者们写道：

> 273 大概一件事的压力性不取决于它的内在特性，而是取决于一个人对它是否有害的解释。这一过程在本研究中无疑是有效的。在偏见和无偏见条件下，被试与他们的对手相比在客观上面临着体验到严重失败的相同情况。然而，偏见操纵影响了他们对这一失败的评价。通过增强所谓对手的蓄意的宗教歧视的感受，对偏见的归因很可能使失败的体验在主观上更具威胁性。(p. 949)

与其他归因类型研究一样，戴恩和厄恩并没有对评价过程本身进行评估，而只是从特定的因果关系模式中推断出这个过程，这种情况下被试看到事件对其幸福感的重要性，这是评价的关键步骤，他们会感到更大的痛苦。

个人必须根据个人价值观和承诺，就个人意义解释其归因。这种附加的解释就是我们所说的评价，也是产生情绪的原因。如果没有这第二步，归因理论就不能为情绪的认知理论提供基础，尽管它确实处理了有关人与环境遭遇的重要信息来源，在这些遭遇中，认知评价是明确的。

## 认知与情绪之间的关系

一个可以追溯到从中世纪教会到古希腊的悠久传统认为，情绪（激情）是与认知（理性）和动机（意志或意志）相分离的。情绪一般被看作是原始的，这也就暗示着思想和理性是神圣的。正如埃夫里尔（Averill，1974）所指出的，这一观点不仅使思想和感受之间产生了分裂，还使人们将情绪作为低级大脑中枢的现象进行研究的趋势得以延续。

虽然情绪的位置在情绪的认知理论中得到了提升，因为在情绪的认知理论中它被视为高度复杂的认知活动的产物，但人们的印象仍然与旧时代

一样，认为认知和情绪以及动机，是彼此影响的独立和不同的实体。概念 274
之间的区别太明显了，这种概念化所描述的人是支离破碎和不完整的。（相关讨论参见 Arnheim，1958；场论观点参见 Murphy，1966；对以皮亚杰为中心的发展观的讨论，参见 Cowan，1982。）我们只剩下一个破碎的矮胖子（Humpty-Dumpty），很难接近一个完整的心理系统（参见 Lazarus et al.，1982）。虽然把思想看作情感的先行因素是理解压力和情绪的一个进步，因为它提供了一个以意义为中心的看待情绪的视角，但我们仍然面临着犯过去同样的概念性错误的风险，即把情绪和认知继续当作独立的实体。

尽管我们把（对意义的）认知当作情绪的一个必要条件，但有一个概念上的错误是假设情绪先于思想，或者相反，假设思想先于情绪；这迫使我们使用二选一的术语，将我们束缚在线性的、单向的体系中，并且它与我们所说的互动并不一致（当然，假设这种互动既适用于个体内部，也适用于人与环境之间）。相反，因果关系是双向的。例如，广泛而坚实的悠久研究史表明，情绪往往对认知活动产生重大的破坏性影响（相关综述和分析可参见 Basowitz et al.，1955；Child & Waterhouse，1953；Lazarus，1966；Lazarus et al.，1952；Sarason，1972；Sarason，Mandler，& Craighill，1952）。后来的一种趋势是认为情绪不仅会扰乱认知活动，而且还将以多种不同方式影响它，正如对积极情绪状态的研究（如 Isen，1970；Isen & Levin，1972；Isen，Shalker，Clark，& Karp，1978；Isen，Wehner，Livsey，& Jennings，1965；Nasby & Yando，1982；Wright & Mischel，1982）。因此，我们不能合理地忽视在认知-情绪关系中作为前因变量的情绪。也有大量的证据（如 Lazarus，1966，1980；Lazarus et al.，1970；Weiner & Graham，in press）表明，情绪是由思维过程塑造的。因此，我们也不能合理地忽视在认知-情绪关系中作为后果变量的情绪。事实上，我们自己的立场是强调了后一种模式。

显然，这个错误是把这种关系当作一条单行道。正如我们前面提到的，观察到的方向取决于一个人进入发展过程的切入点。因此，如果顺序看起来是从（1）思想开始，然后是（2）情绪，再接着是（3）思想，而 275
且如果我们从上述顺序中的第（1）点开始，我们就一定会发现认知先行，而且在某种意义上，它还可能决定情绪；然而，如果从上面顺序中的第（2）点开始，我们就一定会发现情绪决定思想。当然，这两个原则都是正确的。

另一个概念上的错误是不记得尽管情绪和认知在理论上是可分离的，但本质上它们几乎总是结合的或融合的。例如，愤怒不仅指一种特殊的心理反应以及行为冲动（无论是表达出来的还是抑制的），还指对环境因素的充满敌意的想法。正如爱泼斯坦（Epstein，1983a）所说，当情绪正式产生时，认知评价就结束了，这是没有道理的；很明显，认知活动在继续进行，而且是情绪反应的重要组成部分。事实上，当与愤怒相关的认知结束或改变时，愤怒的情绪就会消失或转变为另一种情绪。生理反应可能持续一段时间，但不能说它本身就是愤怒；当愤怒的情绪结束时，它只是一种终将消失的身体上的残余。

如孤立、理智化或疏远这样旨在调节感受的认知应对过程，可以使思想和感受之间产生分离；回避和否认也有助于人们逃避事件带来的情绪影响。此外，攻击可以在没有愤怒的情况下发生，而回避可以在没有恐惧的情况下发生，在这些情况下，认知和情绪之间通常的联系被打破了。然而，这种分离并不是生活的规则，更多是在特殊情况下应对的问题。总而言之，情绪的全部体验包括三个融合的成分：思想、行为冲动和躯体困扰。当分离时，它们会给我们留下一些与我们所说的情绪状态不同的东西。我们的理论应该反映出当矮胖子（Humpty-Dumpty）就是全部时他的自然完整性。把情绪和认知结合起来形成一个有意义的单元的想法，作为一种思考认知和情绪之间关系的方式，越来越被广泛接受（参见 Fuller，1982；Lewis，Sullivan，& Michalson，in press；Sarbin，1982）。

所有的情绪都需要认知中介吗？我们的认知取向产生的一个可能结果是，认知评价是情绪的一个必要和充分条件。扎荣茨（Zajonc，1980）对这一立场进行了犀利的批判。他写道，在当代心理学理论中，情感被错误地认为是后认知的（postcognitive），只有在广泛的认知操作之后才会发
276 生，而事实上，情感判断是独立于甚至先于它们据说所依赖的感知和认知活动的。扎荣茨认为，不仅情感可以在没有广泛的感知和认知编码的情况下发生，而且情感和认知是由分离和部分独立的神经系统控制的。因此，扎荣茨似乎在说两件与我们前面所说的相反的事情：第一，认知不一定决定情感，而实际的方向是从情感到认知；第二，认知和情感应该被视为相对独立的子系统（类似的观点另见 Tomkins，1981），而不是融合和高度相互依赖的子系统。有关认知是不是情绪产生的一个必要条件的争论仍在继续，扎荣茨（1984）和拉扎勒斯（1984）也做出了额外的贡献，他们与其他人一起，对情绪这个主题下的现象持有对立的理论立场。

我们认为，扎荣茨分析中最严重的错误在于他的认知取向，这种取向反映了当今认知心理学的一个普遍趋势，即将计算机作为思维的一种类似物（如 Newell & Simon，1961；Shannon & Weaver，1962；Weiner，

1960)。在这个模型中，情绪通常被看作是在串行处理的最后阶段出现的，大脑（计算机）接收、登记、编码、存储和提取到了一些本身毫无意义的信息。这些零碎的信息被计算机-心智系统地扫描，在二进制系统中，一小段信息和一个内部图式（如信念、价值、目标或承诺）之间的匹配导致“灵光”乍现时，意义和情绪就产生了。

毫不奇怪，任何关心情绪的人都可能被这种模式困扰，因为它暗示着情绪处于一个缓慢、曲折的信息加工认知链的末端。一些理论家，如埃尔代伊（Erdelyi，1974）和奈瑟尔（Neisser，1967），认为情绪可以影响任何阶段的过程。扎荣茨得出的结论是，还有另一个独立的系统，它可以使快速、非反射性的情绪反应成为可能。在我们看来，不管这些修正如何，至少当互动里充满情绪时，使用计算机作为思维的一种模式不可避免地会导致误解人们对环境的实际评价和反应的方式。

误解的一个来源与人们必须在信息产生意义之前处理它们的程度有关。正如我们所说，人类是以意义为导向的，是由意义构建的生物，他们 277
不断地评估所发生的一切，这是一种建构主义立场，而不是实证主义立场。这些评估是由认知结构引导的，这些认知结构使人定位于与幸福相关且重要的事物（Folkman，Schaefer，& Lazarus，1979；Wrubel et al.，1981)。这些结构部分源于系统发育，部分源于社会经验（参见 Kemper，1981)，并以信念和承诺的形式运作，这些信念和承诺会在任何遭遇开始时影响评价（参见第三章)。作为恰好拥有这些认知结构的完全成形的生命体，我们在评估正在发生的事情之前，不会一直等到环境代码通过信息加工被完全解开；我们在处理序列的早期就会对部分线索做出反应，有时速度之快，让人以为意义和情绪似乎与知觉同时发生。阈下知觉的现象，即在没有意识性觉察的情况下对威胁的自动辨别（第三章讨论过)，说明了这一过程。我们能够利用环境展示中极不完整的信息来推断其对幸福感的重要性；我们不必完全处理环境展示中的所有信息。

误解的第二个来源与信息的概念有关，这些信息被处理为**无意义的**（另见 Haugeland，1978)。当信息被评价为对我们的幸福感有意义时，它就变成了我们所说的“热信息”（Folkman et al.，1979)，或者充满情绪的信息。随后的处理是用这些热信息进行的，这意味着处理的东西不再是冷的、毫无意义的比特。请注意，我们在这里所说的不同于这样一种观点：情绪产生于串行信息加工的末尾，或者它中断了信息加工，或者情绪作为一个独立的系统运行。我们说，不仅有可能，而且在大多数压力性事件的情境中非常有可能，情绪和信息（以及认知）在大部分评估性的评价过程中是结合在一起的。

那么，对于认知中介是不是情绪的必要条件这个问题，我们是什么观点呢？我们的答案是，大体上，认知评价（意义或重要性）是情绪状态的基础，也是它的一个整体特征。有例外吗？正如阿诺德（Arnold，1960）使用“评价”一词所强调的那样（参见第二章），我们认为即使情绪反应是瞬间的、非反射性的，也没有例外。我们有疑问的地方在基于系统发生
278 学的恐惧触发或释放的领域，如赫布（Hebb，1946）所假设的那些。也许人类天生会对蜘蛛、蛇或奇怪事物产生恐惧反应。然而，许多这种看来是自动的反应似乎消失了，或者至少随着个体发育向更高心理过程的转变而变得隐蔽，正如新皮层的系统发育累积只是抑制或调节，而不会消除更低级的功能一样。然而，就所有的意图和目的而言，我们认为认知评价总是在或大或小的程度上中介情绪反应，尽管情绪一旦产生，就会影响评价过程。

## 情绪与还原论问题

情绪理论和研究一直受到两种形式的还原论的困扰。一种形式在寻找情绪语言基本维度的过程中是显而易见的。第二种形式对这一领域产生了更大的影响，它在种系发生的视角里完全从中枢神经系统的角度出发来看待情绪。

### 情绪的维度

由于人类具有语言、自我观察和反省能力，最丰富的信息来源包含了人们对其主观经验的报告（参照 Epstein，1983a）。为了在研究中利用这个来源，我们需要倾听人们是如何描述他们的情绪体验的。

词典列出了人们用来描述情绪的数百个词，其中许多词具有重叠意义和细微差别。在某种程度上，这些词语的含义是由文化决定的，但它们也由人们自己的经历所决定。因此，一个根本的问题是，被试在多大程度上对这些情绪词的含义有共同的理解。例如，那些说自己害怕但不生气的人是否也会用“害怕”这个词来描述他们的反应状态？

奥托尼和克洛尔（Ortony & Clore，1981）提出了一个有趣的观点，即一些情绪词是特质/情绪的混合体，而不是纯粹指代情绪状态的词。例如，**骄傲**一词可以指感到骄傲，一种情绪状态，也可以指一个骄傲的人。这些含义和其他含义的区别，如感受和情绪之间的区别，是必须牢记的，
279 因为情绪词是否指的是实际的情绪状态，而不是情操（sentiments），即持

久的心境，或没有什么情绪的高度认知状态，并不总是非常清楚的。

情绪理论和研究的一个主要的主题是寻找大量情绪词下的有限维度。在冯特（Wundt，1907）的研究中，寻找不能缩减的情绪元素的努力很早就开始了。他独特的自省方式产生了三个维度，这些维度中所有的情绪都被认为是不同的：愉快-不愉快、紧张-放松、兴奋-平静。大多数后期对情绪进行维度化的努力都依赖于经验性的因素分析方法，并产生了两个广泛的共同维度：愉快-不愉快因素和唤起或激活因素，基本上类似于冯特的模式。其他一些研究，如拉塞尔（Russell，1980）、拉塞尔和梅赫拉宾（Russell & Mehrabian，1977）增加了第三个因素，称为支配性-服从性，或者在戴利、波利维和兰西（Daly，Polivy，& Lancee，1983）的研究中，增加了一个称为强度的因素。沃森、克拉克和特勒根（Watson，Clark，& Tellegen，in press）提出了一个与其他人略有不同的双因素解决方案。争论存在于每一个因素是两极的还是单维的，以及如何在空间中组织情绪因素。例如，普拉奇克（Plutchik，1980）提出了一个循环模式，戴利等则提出了圆锥形三维空间模型。

为消除情绪词之间的冗余所做的努力形成了一组更小的基本情绪维度，这使得即使是非冗余词列表也减少到更易于管理的比例。许多研究人员提出了心境或情绪词的简化列表（一些较为著名的版本包括 Schlosberg，1954；Block，1957；Osgood，1966；Nowlis，1965；Lorr，Daston，& Smith，1967；Davitz，1969；Thayer，1978；Izard，1975；Averill，1975；Plutchik，1980；Daly，Polivy，& Lancee，1983；Watson et al.，in press）。虽然普拉奇克和伊扎德使用了种系发生理论的视角，但这些努力大多数是非理论性的。

认识到情绪词列表和情绪维度分析的局限是非常重要的。情绪词列表几乎没有说明引发情绪体验的因素。它们是对情绪的一种没有血肉的描述，是一种反应或体验，而不是对个体如何评价与环境的变化关系的反映。一个例外是戴维茨（Davitz，1969）的研究，他让被试描述九种情绪中每一种的体验，然后更明确地辨认出关系中是什么导致了每一种情绪的发生。

在维度层面，对应答无实体描述的问题甚至更为严重。以拉塞尔和梅 280
赫拉宾（1977）的情绪三因素理论为例，我们发现 42 种情绪量表中几乎所有可靠的方差都是由三个维度来解释的。这三个维度充分地描述了人们的情绪状态，而且在同一个维度中，引用情绪词几乎不会获得额外的个人意义。例如，在义愤或充满内疚或羞耻的愤怒之间并没有细微的区别（参照 Ortony & Clore，1981）。最重要的是，与情绪词列表一样，简化维度分析忽略了在任何给定的遭遇中，明确人与环境之间变化关系的认知内容的重要任务。为什么会有这么多不同的情绪词，除了它们揭示了对情绪性遭遇中所发生事情的不同释义？将情绪简明地简化为几个维度，似乎是以牺牲掉对一个人的情绪体验的理解为代价的。我们的担忧也得到了弗里达（Frijda，unpublished）的回应。

在这些论点中，我们还要再加一个。当研究者写下情绪的结构时，他们似乎在说，一个特定的排列是稳定的；某些维度是负相关的，因此，例如，如果一个人对某件事感到悲伤，他就不能快乐；当一个人感到担忧时，他就不能自信。然而，我们从之前描述的考试压力阶段研究（Folkman & Lazarus，in press）中得知，情绪结构并不稳定。在考试前的预期阶段，上述的消极和积极情绪是不相关的；随着考试的阶段从高度模糊的预期状态，到成绩公布前的考试后阶段，再到被试了解到他们考得如何的最后阶段，他们的积极情绪和消极情绪的相关性变得越来越强。相关系数 $r$ 在第二阶段是－0.25，在第三阶段是－0.50，此时所有用来评估经验重要性的事实都已经揭晓了。因此，积极和消极情绪只有在其所依赖的情境明确与幸福感有关时才有较大的负相关。当这些事情高度不确定时，人们不知道是快乐还是悲伤、失望还是解脱，所以积极和消极情绪仍然是不相关的。情绪之间的关系随着信息和意义的性质而变化，也就是说，情绪依赖于评价。

281 种系发生的视角

坎农（Cannon，1932）对下丘脑以及神经活动的激素输出的研究，为将情绪视为中枢神经系统的功能奠定了基础。通过向内转向神经体液系统，作为情绪因素的环境与人或动物之间的关系被忽略了。这种取向也鼓励使用动物进行研究，因为需要对神经体液解剖学和生理学进行电生理和外科的研究。此外，对类人猿动物的关注引发了对更简单的哺乳动物中情绪的最低限度的共性的探索。尽管动物研究在压力研究中寻找神经体液普遍性上具有重要的价值，但情绪理论越涉及更高的心理过程，非人类动物作为研究对象就越不合适。

潘克塞普（Panksepp，1982）的一篇关于情绪的文章以及来自哲学、神经生理学、精神病学、人类学、生物学和心理学等不同领域的科学家对这篇文章的评论充分阐述了这些类型的还原论。这场争论的焦点是，在仅仅基于神经和腺体系统在种系发生层面进行概念化时，情绪是否能得到有意义的研究，或者这种研究是否需要考虑到一个生物与其环境之间的持续关系。科学家们对情绪的各种不同的、常常相互矛盾的假设，以及他们对如何研究这一主题的意见，没有比一期期刊封面上的这些评论说明得更好了，还原论在任何地方都没有明显的证据。

对这种形式的还原论的最有力的批判有一些来自药物滥用领域，集中在成瘾的概念上。例如，皮尔（Peele，1981，1983）具有说服力地表明，药物滥用被错误地归咎于某些特定人群的特定的神经化学脆弱性，这种脆弱性造成了对药物的需求，并且在没有严重的令人衰弱的戒断症状的情况下无法戒断药物。不仅有证据反对这一观点，而且经过几十年的研究并没有发现任何生理基础。大多数滥用者最终放弃了他们的药物，这一点可以从越南战争中大量的物质滥用者返回平民生活后放弃了药物的历史中得到证明。根据皮尔所说，任何物质都可能产生纯粹的心理和社会依赖性，因此，药物滥用和酗酒是疾病这种医学-精神病学的看法是没有根据的。相比于将药物依赖所涉及的过程还原为生理机制，一些作者（如 Alexander & 282
Hadaway，1982）鼓励研究药物使用所带来的适应性心理功能，例如它在应对压力和痛苦方面的价值。

我们还对裂脑研究的杰出心理生理学先驱罗杰·斯佩里（Roger Sperry，1982）提出的“身心还原论”进行了批评。这种研究有时被引用为大脑中情绪和认知功能分离的证据（如伊扎德［Izard］所做的，引自 Zajonc，1984），这一立场实际上似乎与神经生理的证据相矛盾（如 Davidson & Fox，1982；Sperry，1982）。斯佩里告诉我们，情绪信号通过未分化的脑干流露出来，影响另一半球的神经过程。他认为情感成分似乎是心灵的一种潜在的意识属性。目前的研究旨在更精确地确定穿过脑干影响另一半球认知活动的情绪内容的差别。关于这种立场对身心问题和还原论的影响，斯佩里写道：

> 认知内省生理学和相关的认知科学不能在实验上再被忽视，也不能作为“一门表观科学”或者原则上必须还原为神经生理学的学科而结束。内心体验这类事件作为大脑加工过程的自然属性，凭借它们自身的特性就变成它们自己的解释性因果结构，在它们自身层面与它们自身的规律和动态相互作用。整个内心体验世界（人文世界）长期以来受到 20 世纪唯物主义的尊重，因而被公认为科学领域的一部分。
>
> 因果关系概念的基本修正也涉及其中，整体除了“不同于并大于其各部分之和”，还在因果关系上决定了各部分的命运，而不在各子

> 实体自身层面干扰它们的物理或化学规律。由此可知，物理科学不再认为世界可还原为量子力学或任何其他统一的超元素或场力。所有不同层次的定性的、整体的属性都以其自身的形式成为因果关系上的真实属性，而且一定包含在因果关系中。关于这些术语的量子理论不再取代或归入经典力学，而只是作为补充或补足。(p.1226)

当心理学家试图通过还原至解剖学和生理学来处理心理学理论中混乱的领域时，他们通常试图利用另一个层面上的模糊来澄清这个层面上的模
283 糊。这种尝试很少能真正澄清问题。此外，正如豪格兰（Haugeland，1978）所写："一个常见的误解是，还原本身取代了对它们的简化解释，也就是说，使它们变得多余。但事实并非如此……"（p.217）只有每一个分析层面上的理解都是有效和完整的，我们才能追求统一科学的梦想。

尽管现在心理学整体上不太倾向于将所有行为还原为一套共同的原则（在医学模型的背景下进行的讨论，另见 Engel，1977；在行为医学的背景下进行的讨论，另见 Schwartz，1982），但通常研究者或理论家仍然可以发现并不明显的还原论，尤其对那些在生理层面定义和研究压力的人而言。例如，谢耶（Selye，1956，1976，1980）明确地将生理上的压力定义为对任何需求或有害因素的非特异性身体反应。当谢耶说心理威胁属于有害环境因素的范畴时，许多人认为他在心理层面已经充分地处理了压力。但他没有。

尽管这一点没有得到广泛认可，但有些人清楚地理解了这一点（例如，参见第二章莱文［Levine et al.，1978］的引文）。拉姆斯登（Lumsden，1981）对此进行了深入讨论，他写道：

> 诚然，谢耶现在似乎赋予了认知在人类的"压力"中更重要的作用（参照"appreciation" in Selye，1980：x，xi）；但他仍然想抓住"非特异性"和"反应"的定义——这些特征源于他最初对老鼠的实验。因此，谢耶自己现在的文章也劝阻我们不要接受他的立场。再具体一些说，当我们发现他现在只是通过"压力"来表达人体有"重建正常状态的需要"（1979a，pp.68-69），或者仅仅是对任何需求进行"调整"的需要，或者更清楚地说，"对活动的非特异性需求就是压力的本质"（1979b：II）的时候，那么很明显，他那自我平衡的取向只是涉及一般"唤起"。正如辛克尔（Hinkle，1973：43）几年前所认识到的，他所说的一切无非是，个体被剥夺了必要的心理社会背景而存在；也就是说，我们文化生理学的系统特性被他忽视或低估了。这

> 不是一种能够分析、理解或帮助个体作为一个人，作为一个完全或部分共享或重叠（参照 Needham，1975）意义的社会建构世界的成员，作为一个嵌于特定社会结构并要应对（一个主动而不是被动的过程，与扬［Young，1980：143］所说的刚好相反）其角色需求、限制和挑战的行动者的取向。(pp. 12－13)

压力在心理和生理层面上出现混淆的一部分原因是压力被广泛认为是 284
一种身体反应，一部分原因是那些远离心理思维的人看不到有害刺激只能通过参考对环境事件有意义的心理过程来加以定义。如果关于应激源所有需要说的都包含在**环境压力**这个词，即如亲人死亡或自然灾害这样的生活变化中，就没有什么问题了，谢耶对压力的处理将覆盖所有情况。我们只有更仔细地观察使事件成为应激源的原因时，才会发现谢耶的定义并不能解决问题中关键的社会和心理方面。

上述困难类似于谢耶甚至从未解决过压力的生理学问题，也就是“第一原因”，即中枢神经系统发出危险信号的机制。中枢神经系统必须以某种方式“判断”或“评价”刺激促肾上腺皮质激素分泌的必要性，而促肾上腺皮质激素的分泌又会激活肾上腺皮质，进而引发一般适应综合征。人们需要一个规则来进行这个信号传递过程。这个问题在心理压力中也很重要。也就是说，人必须感觉到威胁，并将其与非威胁区分开来，否则，他将始终处于心理压力或危机状态之中。我们认为，**认知评价**是一个中介过程，它使整个心理事件序列开始运作，包括应对活动、情绪反应和身体变化，这些都是压力状态的一部分。

## 总结

情绪的认知取向在 20 世纪 60 年代发展起来，当时人们对用紧张降低和驱力的原则来解释习得和适应越来越不满意。早期的情绪认知取向保留了一般唤起的概念并添加了认知。例如，沙赫特和辛格（Schachter & Singer，1962）将情绪定义为唤起被认知标记的过程。我们的取向在认知化上更为纯粹；我们说，参与相互作用的价值观、承诺和目标影响着一个人如何解释一种情境，从而影响到他将体验到的情绪。认知评价会导致特定的情绪品质，而不是一般唤起。

目前已经提出了许多关于情绪的认知理论，它们试图明确情绪的认知
前因。这些理论以意义为中心、以过程为导向，并且是双向性的。一个常 285
见的问题是，指定变量往往是主观的，因此就独立于评价过程的意义上来

说并不是真实的前因。个体遗传因素也需要被视为情绪的前因或决定因素，尤其是对婴儿和儿童而言。

以认知为核心的归因理论，也被应用到情绪研究中。归因是“冷”认知，因为它们不包括对人的幸福感的归因重要性的评价。因此，归因并不等同于评价，尽管因果关系的判断有助于评价。

传统上，情绪与认知是被分开看待的。假设情绪先于认知或认知先于情绪是错误的。因果关系是双向的。把情绪和认知分开看待也是一个错误；本质上，它们是结合在一起的。认知活动是情绪反应的重要组成部分，它提供对情绪所依赖的意义的评价。心智的计算机模型把情绪看作是在信息加工的最后阶段才出现的，从而使情绪与认知的分离永久化。认知评价是一个持续的过程，通常基于部分线索，而不是完全的信息。因此，情绪在评价过程很早的时候就会发生。

还原论是许多有关情绪的思考的特征。一个例子是寻找大量情绪词下有限数量的维度。假设是这些维度充分描述了人们的情绪状态。第二种形式是将情绪视为仅存在于中枢神经系统之中，而不是视作对人与环境之关系的评价。这一取向的一个主要缺陷关系到第一原因，或中介物，用谢耶的术语来说就是一种机制，通过这个机制，有机体可以确定其幸福感处于危险之中。生理学家一定会问，是什么使神经化学防御过程起作用来对付一种有害的物质。评价就是在心理层面提供这样一个原因的过程。

# 第十章 286
# 方法论的问题

概念系统，包括我们在前几章提出的那一个，通常包含在一组关于如何处理有关现象的一般方法论假设中。在本章，我们努力澄清这些假设。我们首先讨论在处理一种现象（即压力）时产生的问题，这种现象通常在生理、心理和社会三个不同层面的分析中进行研究。接下来，我们考察传统的线性因果模型，它是许多压力、应对和适应研究的基础，并将其与我们的压力理论下的交互过程取向的模型进行比较。然后重点介绍交互过程取向研究的设计，并对三种主要研究设计进行概述。本章的最后一节着重于压力、评价和应对的关键概念的测量问题，以及方法变异中反复存在的问题。

## 分析层面

压力是一个跨学科领域，涵盖了许多研究领域，它们在多个抽象层面考察这一现象（参见 Schwartz，1982），最高或宏观层面是社会学和政治科学，其领域是社会、社会系统、集体或不同社会阶级、年龄、性别的人群等等。心理学处于中间层面，它的主要分析单位是个体。人类学则从最高（社会）的层面，如涉及文化和亚文化时，延伸到个体心理层面。生理 287
学从组织和细胞层面探讨压力现象，其重点是各种组织功能的神经体液调节的变化。生物化学在分子层面关注激素，它呈现的是与压力理论和研究相关的最小分析单位。应用更多的领域，如医学、精神病学、临床心理学、社会工作以及护理学，利用所有这些学科，并反过来为它们做出贡献。

不同层面的科学分析对压力和应对理论中常见问题的汇聚，带来了巨大混乱的可能性。一个分析层面的压力和应对含义与另一个分析层面的含义不同，而且一个分析层面的压力也不能还原成另一个分析层面的压力。

极其重要的是，我们首先厘清每一个层面的概念，然后开始确定将它们联系起来的原则。因此，我们必须在社会学、心理学和生理学三个层面研究压力，并在可以将它们联系在一起之前，为每一个层面独立地创造原则。例如，如前一章所述，为了有一个合理的心理生理学，心理学和生理学的组成部分都必须有明确的原则和测量。

在试图将这三个层面联系起来之前，也必须承认它们是部分独立的；在任何一个层面体验到的压力通常但并不一定在另一个层面被体验到。这种部分独立性可以在皮尔林（Pearlin，1975b）关于地位不一致的影响的研究中看到，我们在第八章引用过这项研究。

这项研究检验了归属地位（源于父母地位的归属地位）的不平等，一个长期以来被认为与婚姻压力有因果关系的社会变量。通过访谈，皮尔林了解了丈夫和妻子父母的社会地位以及他们体验到的婚姻压力。研究发现，地位不平等本身并不会给婚姻带来压力。

皮尔林还获得了一些信息，涉及地位对配偶的重要性（心理变量）以及他们之间正在进行的互动过程。当地位较高的伴侣认为争取地位很重要时，他或她就会觉得和地位较低的人结婚是受到了欺骗，婚姻关系中有很多痛苦。这一点体现在对夫妻持续互动的四个方面的描述中：互惠、表
288 达、情感交流和价值分享。对于那些认为地位很重要的人来说，地位较低的伴侣往往被配偶认定为在关系中不具有互惠性，地位较高的伴侣比起与其结婚的配偶感觉更像个失败者。对于这些婚姻来说，地位不平等造成了情感的缺乏，以及沟通和价值分享方面的不足。尽管这对夫妇婚后可能在社交能力上有所提升，但压力依然存在。总之，社会地位不平等这个社会变量本身，如果人们不赋予它心理意义和价值，它就几乎没有什么影响。

这项研究说明了**社会和心理层面**的部分独立性及其相互依存性。结构层面（地位不平等）中潜在的应激源不会在心理层面产生压力（对婚姻的态度以及伴侣的感受和行为），除非它由与意义和价值相关的心理变量所中介。然而，如果不参考发生压力的社会情境，即社会不平等的存在，也将不可能理解心理层面上的压力，这种社会不平等会传给下一代，它们有可能在心理上被内化也有可能不会。**可能**这个词是关键。即使社会系统变量被作为一种心理过程的模板（Kemper，1978），在个体层面也需要更深入的东西来影响和作用于心理特征。有些人将这些社会价值观和思维方式内化，而另一些人则没有。社会和心理层面之间永远不可能有自动的联结，但它们往往是相关的，因为在一定程度上，心理过程被社会价值观所充斥、塑造，同时又反映了社会价值观。如果心理特征没有与社会变量一

起得到测量，那么从较高（宏观）的层面移向较低（微观）的层面并从一个层面预测另一个层面是具有风险性的。

如果不承认分析层面之间的独立性，这在一个层面的压力测量被用于另一个层面的压力指标时是明显的，那么在上面的例子中，人们会把社会层面的压力作为个体层面压力的证据。同样，一般假定生理应激和身体疾病不能作为正当理由表明心理压力的存在，甚至是社会系统中的压力。

在其他情况下，生理和心理层面会混淆，如热、冷、身体受伤、感染都会导致心理压力；很难知道这些身体侵袭引起的生理应激反应是由生理 289
还是心理过程引起的，抑或者两者兼而有之。发现心理和生理过程之间混淆的最好例子之一是对二战集中营受害者的研究。集中营的囚犯不仅经常受到死亡的威胁，而且暴露在最严重的心理和社会退化中，他们还因受到身体虐待而严重虚弱。心理和身体痛苦之间的相互作用使得我们很难知道它们各自对后来的疾病和过早死亡的影响程度（参见 Dimsdale，1980）。

既然我们不能从社会层面的压力自动转移到心理和生理层面的压力，反之亦然，那么有什么原则可以指导我们思考这些层面之间确实存在的关系呢？毫不奇怪，我们认为这些层面之间的联系是通过认知评价建立的。

例如，一个家庭在社会层面可能会有严重的困难，如沟通模式混乱以及无法恰当地提供必要支持。然而，每个家庭成员所体验到的压力的程度各不相同，甚至可能都体验不到压力。

我们的理论认为，心理压力是由人对特定环境遭遇的评价决定的，而这种评价是由个人因素（包括承诺、脆弱性、信念和资源）和情境因素（包括威胁的性质、紧迫性等）决定的。可以这样说，问题家庭中的父母经常会发生婚姻冲突。一个儿子可能会经历心理压力，因为他害怕如果父母分开，他将不再得到他需要的情感和物质支持。与此同时，他的妹妹可能没有同样的脆弱性。她可能会相信，即使她的父母似乎不再彼此喜欢，她仍然会得到她所需要的支持，或者当更偏爱自己的父母一方与他或她的配偶分开时，她可能会得到更多的支持。

杜利和卡塔拉诺（例如，参见 Catalano & Dooley，1983；Dooley & Catalano，1980）提供了一个涵盖宏观社会和个体层面（并涉及压力和应对）的研究实例，他们研究了经济变化和行为障碍之间的关系。宏观社会的前因变量是经济变化，它影响人们的心理健康，但影响的方式取决于他们生活中的其他因素，例如他们是否失业，他们的社会和物质资源，是否 290
存在可替代的社会角色，以及他们对正在发生的事情的评价和应对方式。正如评价的概念有助于将社会和心理层面联系起来，评价也有助于从心理层面向生理层面转变。当一种情境被评价为有压力的时候，身体困扰的可能性也很高。但是，我们并不认为在不知道初级和次级评价的类型、人们所体验到的情绪及其强度的情况下，可以准确地预测困扰的类型和程度。这些情绪反映了人们对事件的认知评价。

应对也可以在分析的所有三个层面中得到研究：用于对抗有害因素的身体防御（应对的生理形式），如谢耶的一般适应综合征；个体用来应对威胁或挑战性遭遇的心理过程；用于保护社会单位或个体的应对的制度（社会）形式。希恩等（Shinn，Mørch，Robinson，& Neuner，1984）在一项关于社会服务工作者报告的压力性遭遇的研究中，检验了社会和心理层面的应对，并对这三种应对方式进行了描述：“机构式应对”（接受组织的帮助）、“同僚式应对”（来自同伴的帮助）和“个体式应对”。在每个类别中，以问题为中心和以情绪为中心的应对都得到了研究。目前，已经有一些与精神面貌和健康相关的测量方法被用来评估应对和结果之间的关系。

所有形式的应对似乎都有助于个人的健康。以问题为中心的机构式应对和同僚式应对通过直接影响压力性的环境来缓解压力。以情绪为中心的应对与应激源相互作用，影响与健康相关的结果，产生一种缓冲效应，也直接影响与压力性遭遇无关的整体精神面貌。机构式应对和同僚式应对比个体式应对所带来的整体效益略大。有一些证据表明效果的特殊性：例如，个体式应对只能解释心理症状的显著差异，机构式应对只能解释疏离和工作不满的后果变量，同僚式应对解释心理症状和疏离。有时同僚式的以情绪为中心的应对会恶化应激源和躯体症状之间的关系。

这些结果虽然复杂，但表明在不同的分析层面检验应对是有价值的，
291 因为每个分析层面上的应对对结果的影响可能有所不同。这些发现也与我们之前（第八章）所说的一致，即应对的结果不仅取决于个体的有效性，还取决于是否存在有利的社会背景。

## 传统研究和思考

对压力、应对和适应的研究和思考，正如传统上所实践的那样，主要关注于发现适应性结果的先行因素或前因变量。适应性的结果包括表现受损的性能、遭受暂时性的情绪痛苦（可能是疾病的前兆）以及罹患疾病本身的风险增加（如溃疡、心血管疾病、癌症或高血压）。无论研究是由理论、先前的经验观察指导的还是由直觉指导的，研究者都在现有的环境或稳定的个体因素中寻找这些结果的原因。

当处理具有强大的单一因果元素的系统时，这种类型的研究尤其有效，而且可能是唯一有效的，正如约翰·斯诺的泵手柄研究，他能够用它阻止霍乱流行（参见第一章）。当然，在单因素系统中取得成功要比在有多个变量作为疾病结果的重要中介的系统中更容易，而压力相关疾病就是后者。然而，尽管压力和压力相关疾病具有多方面的特性，但找到泵手柄的希望仍在推动压力、应对和适应方面的研究，特别是在流行病学方面。

这种寻找前因后果的研究取向有两个主要方向。第一个更占主导地位，由第一章回顾过的对压力的刺激定义所激发，重点关注环境。这里的假设是，一些环境条件（刺激）对产生压力的个体和社会群体有影响。明显的例子是对压力性职业的研究（参见 House et al.，1979），例如空中交通管制，它导致高血压和其他有害的身体、主观或行为适应结果（如 Rose et al.，1978）。生活事件研究（参见 Dohrenwend & Dohrenwend，1974）也说明了这种环境保护论的焦点。由于具有强烈的适应需求，某些生活事件如失去爱人、离婚或改变工作的一个优势据说是增加患病风险的应激源。

基于前因后果模型的研究的第二个主要方向是识别**人格**变量，它**中介** *292*
了环境因素的压力性或破坏性作用。一个给定的环境条件不会以同样的方式影响所有的个体，因为存在个人特征，如先天体质、价值观和承诺、信念、思维和应对风格以及特殊技能。这种类型的研究试图证明人格特征（如 A 型和 B 型的分类）对身体疾病或心理障碍等适应性结果具有预测价值（如 Kobasa，1979；Weiner et al.，1962）。

在一个稍复杂的层面，寻找前因后果的研究也可以是相互影响的。也就是说，可以使用一个以上的环境变量或一个以上的人格变量，更罕见的是，可以环境变量和人格变量作为相互作用的决定因素来进行研究。在后一种情况下，人格变量通常被视为环境影响的中介，并通过影响对环境需求或应对过程的评价来发挥作用。

布劳赫特（Braucht，1979）关于自杀行为的研究很好地说明了人格与环境变量在产生适应结果中的相互作用。作者首先考察了自杀研究的两种模型，其中一种聚焦于环境，另一种聚焦于个体差异。布拉特随后呈现了一项研究，该研究的证据强有力地支持了相互作用模型：除了社区（环境）的类型，自杀企图通常在一定程度上可以通过企图自杀的人进行预测，这些人一般**不是**他们社区中比较有代表性的人，所经历的也**不是**有代表性的压力类型（个体差异）。作者认为，现实生活中的行为既不能单靠个体差异变量，也不能单靠环境变量来理解。

弗伦奇的有关人-环境匹配的理论和研究也发现了类似的思路（参见 Caplan，1983；French et al.，1974；Van Harrison，1978）。当一个人的需求和环境资源很好地匹配时，当对环境的需求（如工作环境）与同等的个体能力匹配时，良好的适应就会产生。对于弗伦奇的研究小组来说，压力是一种不良的人与环境适应的产物，它会导致生理压力，最终导致疾病。

近年来，许多作者对传统的前因后果模型表达了严肃的保留意见，不
293 是对人和环境变量相互作用影响压力和适应结果的基本观点有质疑，这是一个真理，而是对这种模型被用作理解和预测的主要框架存有异议。我们认为这种批评有两个重要依据。

首先，传统模型倾向于将变量之间的关系看作线性和单向的，就像在 S-R（刺激—反应）心理学中一样。即使概念系统允许中介，如 S-O-R（刺激—有机体—反应）心理学，它仍然假定方向总是从环境刺激线性地流向反应，哪怕有机体的某些特性改变了反应。大家很少或没有注意到，很明显人也会影响环境，或环境通常由人选择（参见 Altman，1976），或有选择地做出反应（Nielson & Sarason，1981）。

其次，传统模型倾向于将人和环境视为静态的，认为它是一张静止的照片，捕捉的是人对环境做出反应的那一时刻。如果我们越过捕捉到的那个时刻，允许人和环境之间的互动继续进行，那么相应地，反应可能会通过反馈和认知评价对人和环境产生影响，就像两人发生争执时会相互影响一样。在后一种情况下，我们不再看静止的照片，不再看某一没有关联的时间框架中的单个行动或思想，而是看一系列的静像中，结合在一起形成的连续的电影，描绘事件的实际进展。

当一个人从静止的照片转移到电影时，人们就只能**暂时地**将变量指定为前因或后果、原因或影响等。换言之，将变量 A 指定为第一个变量，将变量 B 指定为由 A 确定的变量，这取决于选择在何处中断过程的连续性。

## 交互和过程

与单向的、静态的前因后果模型不同，**交互模型**在一个动态的、互惠的、双向的关系中看待人和环境。时间点 1 的结果可以在时间点 2 成为一个先行因素；原因可以在人身上，也可以在环境中。这个交互模型构成了我们的压力认知理论的元理论基础。

294 交互影响论，也与系统论和辩证法有关，它有着悠久的历史，不断被重新认识，就像班杜拉（Bandura，1978）的交互决定论思想。菲利普斯

和奥顿（Phillips & Orton，1983）则发现了这一概念的广泛哲学史。

交互思想的另一个显著特征给了**交互**（transaction）这个术语一种品质，而这种品质在相互作用（interaction）的概念中是缺少的。这个显著特征就是，交互暗含一个新的抽象层面，在这个抽象层级中，分离的人和环境元素结合在一起形成一个新的关系意义。在相互作用中，特别是在因果序列方差分离的统计分析中（如在方差分析中），相互作用的变量保持其独有的身份。而从交互的角度来看，这些独立变量的特征是融合在一起的。

在这一点上，用生理学和社会学的例子来说明这个概念可能会有所帮助。将变量转换成新的高阶抽象概念并不是一个新的想法，事实上是通过身体器官的类比来刻画的。分离的变量（细胞）一起运作，形成一个新的实体（例如心脏），其功能包括但不同于单个细胞们的运作。从社会学角度看，分离变量（人）的鲜明特征在更高层面的组织（群体或社会系统）中会在某种程度上失去显著性和可视性。换言之，该群体具有不同于其各部分总和的身份（对集体行为的分析可参见 Smelser，1963）。

我们对待心理压力的取向强调认知评价，它集中在对伤害、威胁和挑战的评估上。评价不是单独指向环境或个人，而是在给定的互动中对两者的整合。因此，它是一个交互变量。说某人受到威胁是一种仅限于特定遭遇的判断，其中特定环境条件由具有特定心理特征的特定的人来评价。尽管任何给定的评价都取决于一组独特的环境和人的特征，但这些特征在新的更高阶变量“威胁”中不再是明显的。(对这些问题的讨论，参见 Dewey & Bentley，1949。)

在传统的因果关系研究中，压力有时被定义为先行的环境条件，有时被定义为介入的状态和特质，有时被定义为反应。大多数这样的研究在假设这些变量集是稳定的前提下，对情境和人进行一次或最多几次的评估。因此，真正重要的心理和社会过程，即人们如何解释或评价他们正在进行 295
的与环境的互动以及他们如何应对，从来没有被直接研究过，而只是被推断出来。因此，我们得出了交互观点的一个重要推论，即**过程**。

过程与事件的展开或进展有关。环境是不断变化的，人们以及人们和环境的关系也是如此。例如，一个人的情绪生活的特点是不断地变化。在压力性遭遇中，个体可能一开始会感到焦虑；经过几分钟的进一步交流后，变成愤怒；然后是内疚；最后是爱和快乐。这些感受表达了当遭遇展开，并且个体的行为和环境改变了遭遇的评价性意义时正在发生的事情。情绪状态永远不是静态的。它在内容和强度上的变化速度惊人。

前面提到的考试压力研究（Folkman & Lazarus，in press）表明，情

绪随着遭遇的展开而变化。我们在考试的三个阶段评估了情绪。第一阶段是考试前两天的准备阶段，第二阶段是考试后五天和成绩公布前两天的等待期，第三阶段是成绩公布后的五天。每个阶段学生都被要求指出他们是否以及在多大程度上体验到众多情绪中的每一种。在每次评估中都给出了相同的情绪列表。

在这三种情况下情绪发生了戏剧性的变化。与成绩公布后相比，准备阶段的希望、急切、担心和恐惧明显更为强烈；与准备阶段相比，成绩公布后对结果表现出的诸如快乐、放松、厌恶和失望的情绪明显更为强烈。中间或等待阶段的特点是所有上述情绪表现得都比较强烈。我们认为这意味着，尽管考试本身结束了，它可以解释如放松和失望等结果情绪强度的增强，但是在等待成绩的过程中，学生会产生紧张的期待，同时也会产生恐惧和希望等预期情绪。这些情绪的变化反映了人与环境关系的**意义**的变化，因为这种关系在整个考试过程中都发生了变化。

同样，正如我们在第六章所讨论的，一个人应对的方式会随着遭遇的展开而改变。例如，在上述研究中，每个阶段学生都被要求在应对方式量
296 表上说明他们是如何应对考试的。我们发现，以问题为中心的应对方式在预期阶段达到了顶峰，大概是为了考试学习。在等待阶段，以问题为中心的应对方式有所减少，而以情绪为中心的一种特定的应对方式，即疏远则有所增加。这两个变化都是戏剧性的。疏远包括“试着忘记一切”和“我在做任何事之前都在等着看看将会发生什么”等策略。疏远的策略在第二阶段达到顶峰对我们来说是有意义的；没有什么可以改变考试结果，并且由于成绩还没有公布，学生们仍不知道他们做得怎样。他们所能做的就是等待。疏远可能是一种以情绪为中心的应对方式，特别适合等待。其他的应对方式，如寻求社会支持，强调事件的积极方面，以及一厢情愿的想法也从一个阶段到另一个阶段发生了变化。这项研究清楚地证明了一个要点，即应对随着一种遭遇的改变而改变。

社会支持也可以被看作一个随着人与环境关系的变化而变化的过程。正如我们在第八章提到的，人们寻求的社会支持类型作为考试阶段的一种功能而改变。在准备阶段，学生寻求的信息支持明显多于情感支持，而在考试后，他们寻求的情感支持明显多于信息支持。

这种情绪、社会支持和应对会随着遭遇的展开而改变，这并不令人惊讶，事实上，凭直觉这也是很有道理的。然而，这些变量常常被视为静态的、结构化的、不变的。我们认为，为了在理解压力、应对和适应方面取得进展，必须把理论和研究的重点放在作为变化过程的这些现象上。事实

上，压力、应对和适应的本质是变化，因为处于危险中的人为了富有战斗力必须改变一些东西，以恢复与环境更和谐的关系。生活本身包括不断适应变化或缺乏变化。斯塔尔等（Stahl，Grim，Donald，& Neikirk，1975）在高血压研究方面表达了这一主题：

> 流行病学和行为科学这两个学科所使用的模型都可以被描述为结构模型。在这种模型中，社会学和心理学变量与疾病实体直接相关，而不考虑干预过程的影响，这些干预过程直接指向某些目标，有助于使身体结构成为一个动态模型。例如，社会流行病学家倾向于测试结构（阶级）和行为（高血压）之间的相互作用过程。使用一个更加心理学取向的例子：在不直接测试结构和行为之间的概念联系的情况下，敌意（人格特征或结构）和高血压之间的联系就被假定。(p. 32) 297

传统的前因后果研究没有机会观察因果元素（如苛刻的环境）和脆弱的个体之间的相互作用所产生的持续过程，这个过程随着时间的推移会导致疾病。还是关于高血压，赫德（Herd，1977）评论道：

> 我们对心理过程在短时间内影响心血管功能的机制有一些了解。然而，我们不知道短暂血压升高的易感性可能转化为持续性动脉高压的机制。最后，我们不知道在长期暴露于某些环境条件下时，什么样的心理和生理特征会使个体容易患上高血压性心血管疾病。

在上面的陈述中，赫德同时表达了结构和过程取向。生理和心理倾向的特征指的是结构，而短暂血压升高变得持久的机制指的是过程。后者是大多数传统研究未能令人满意地解决的问题。

在第六章，我们从应对的角度对过程的概念进行了广泛的讨论。我们指出，应对过程有三个关键元素：第一，人们**实际的行为**；第二，**特定的背景**，因为应对不是发生在真空中，而是对环境要求的反应（关于抑郁心境如何对他人的行为做出回应，参照 Klos & Singer，1981；Strack & Coyne，1983）；第三，所做的事情如何随着压力性遭遇的展开而**改变**，或者当不同的遭遇被一个共同的主题（如丧亲）绑定在一起时，从一个遭遇到另一个遭遇，人们所做的事情如何发生变化。

将这三个过程元素与通常的特质取向进行对比。（特质是指影响行动和反应的稳定的个人特性，它在某种程度上超越了情境性压力的影响力。）第一，在特质取向中，一个人**实际**做了什么没有得到考察，因为我们会问他通常做了什么，这是一个抽象的概念，或者最多只是许多具体行为的综 298

合，而不是对特定行为或一组行为的描述。第二，没有特定的情境，因为当这个人报告**通常**发生的事情时，特定的情境就会被忽略。第三，当采用特质取向进行测量时，我们无法获得随着遭遇展开而发生变化的信息。通过我们在第六章对丧亲的说明可以发现，个体评价的困难的性质在丧亲阶段之初与结束时并不相同。因此，我们必须通过关注生活中的日常遭遇来对悲伤进行**微观分析**，并对整个丧亲过程中的总模式进行**宏观分析**来理解应对。这些类型的分析在一定程度上是在对悲伤的临床研究中进行的，但同样适用于对压力、应对和适应结果有重大影响的任何重大生活事件的评估。

在离开过程的概念之前，我们应该指出，我们争论的不是结构在科学分析中是不相关或不重要的，而是结构在压力、应对和适应研究中被过分强调，以至于对基本现象的理解付出了巨大的代价。结构和过程概念都是理解的必要条件。

因此，令人困惑的是，当研究压力、应对和适应结果的主要方法无法揭示健康/疾病、社会功能和精神面貌所依赖的持续过程时，这些本质上意味着变化的方法，主要聚焦于结构上。这种基本上静态的观点似乎将行为科学的许多研究与物理和生物科学的研究分开。后者为过程研究创造了技术，它在我们自己的主题中还没有完全得以发展。

然而，有迹象表明，研究正朝着一种不太结构化的取向迈进。例如，戈特梅克、埃肯罗德和戈尔（Gortmaker，Eckenrode，& Gore，1982）在有关压力、健康和卫生保健的一项研究中进行了时间序列和横断分析。他们使用日常压力的日记法，评估同一被试每天与医疗机构的接触情况，结果发现日常压力的上升和下降与寻求卫生保健服务以及报告的症状的上升和下降类似。爱泼斯坦（Epstein，1983a）对情绪的研究和尼加德（Nygard，1981，1982）对成就动机的研究也旨在获得重复性的评估，并对这些重复性评估进行跨情境的个体内分析。

299

## 交互过程取向研究的设计

我们做了大量的理论和元理论陈述，如果要将它们转化为研究，就需要一种合适的研究风格和适当的测量工具。尽管毫无疑问，有不止一种研究设计适合我们的理论，包括实验室研究，但在我们看来，在我们目前的知识阶段最有效的方法具有两个重要特征：一个自模-常模（ipsative-normative）设计和一个自然的而不是实验室的设置。

自模-常模设计

交互意味着人与环境变量的相互影响。这种相互影响反过来意味着过程，因为人与环境之间的关系是不断变化的。为了捕捉这些变化及其影响因素，有必要反复观察同一个人。然而，变化通常并没有在研究中被评估（参见 Shontz，1976）。强调动态的过程取向与其说是规则倒不如说是个例外。

一次又一次地研究同一个人需要在不同的时间或不同的条件下比较他自己。这种**个体内**的视角与在共同条件下个体与其他人的**个体间**比较形成了对比。当我们说一个人无法有效地应对，或者在某种意义上非常脆弱时，传统的比较是个体和其他人之间的个体间的比较。在平均或理想的功能标准方面，被研究的个体都不符合标准。因此，这种个体间或常规性的观点没有考虑到观察的背景。例如，如果这个人必须在严酷的环境条件下工作，使用个体间的比较标准可能就会导致对个体功能的歪曲评价。按照通常的标准，他可能被认为缺乏应对技能或资源，或是自我懦弱，或是缺乏复原力，或是类似的情况，而事实上，这个人在造成非同寻常或新奇的问题的环境中表现得相当好。如果没有关于社会背景的信息，我们就只有一半的故事了。

关于个体间研究与个体内研究的争论由来已久，其中一些我们可以在 300
关于表意和非具象的研究策略的争论中发现（如 Allport，1962；Holt，1962）。尽管争论通常表现出来的是非此即彼的，但一种理想的选择是在个体内反复观察个体，**然后**进行个体间的比较。在这方面，布罗弗曼（Broverman，1962）和马塞尔（Marceil，1977）使用了“自模-常模”（ipsative-normative）或“常模-自模”（normative-ipsative）这样的术语，自模涉及个体内观察和比较，而常模涉及个体间比较。恰到好处的自模研究，可以观察到一个情境中同一个人的多个方面和/或不同情境中的一个方面，产生个体内的信息，以后可用于个体间的比较。

压力、应对和适应的重要问题可以通过自模策略进行研究。考虑应对中的变异性和一致性的问题。通过在各种情境中反复评估一个人的应对过程，可以确定该人使用的应对模式以及这些模式在不同遭遇中的变化程度。能够及时描述在遭遇变换过程中发生的事情，也可以使感兴趣的过程与人和环境的前因变量以及诸如适应性相关行为、情绪状态、躯体障碍、健康/疾病、社会功能和长期精神面貌之类的后果变量紧密关联。

另一个问题是能力。有些人从一个特定的价值体系的角度出发可以有效地处理最有压力的遭遇，而另一些人处理大多数这样的遭遇是无效的。我们大多数人有擅长、不擅长或能力有限的领域，它们最能从压力性遭遇的个体内描述中体现出来。这些描述可以用来确定人和情境因素在多大程度上通过影响认知评价和应对来影响能力，并表明治疗、干预和教育的重点。关于这一点，我们在第十一章将会谈论。

对于这两个适合甚至有必要进行自模研究的实例来说，一个共同的要求是，数据收集是系统的，这样就可以将个体内数据进行个体间或常模性的比较。例如，尽管我们对应对的个体内的变异性和稳定性很感兴趣，但同样的指标也应适用于不同个体，这样我们就可以在常模水平考察脆弱性的模式。为了理解个体内的变异性，我们可能想知道个体在他自己的平均值周围是如何变化的；为了观察个体间变异性的差异，我们想知道每个人
301 的变异性模式与群体平均值有何不同。这两种取向产生了非常不同的信息，但每一种取向都很重要（参见 Epstein，1979，1980，in press；Day，Marshall，Hamilton，& Christy，1983）。

不幸的是，重复的个体内观察是昂贵和耗时的，特别是如果人们希望遵循蒙森、赫斯利和切尼克（Monson，Hesley，& Chernick，1982）关于使用多种行为来表示特质的建议的话。因此，自模-常模研究的样本量往往小于仅要求一次性测量的设计。显然，依靠非常大的样本量来获得代表性或统计功效的研究并不适合于自模研究。然而，这些抽样目标有时会被修正，至少是暂时的，以便收集到的数据最终可以为压力和应对现象提供更有力的解释。一次性的设计在解决某些问题上可能有优势，但如果要了解交互和过程以及适应结果如何在短期和长期逐步发展，自模-常模研究是必不可少的。

### 自然研究还是实验室研究

实验室研究提供了分离特定变量和测试因果假设的机会。当然，能够控制好一种变量测量什么是具有吸引力的。然而，如果一个变量所测量的东西与感兴趣的现象几乎没有相似之处，那么任何精确和控制都不能促进人们的理解。

实验室在压力、应对和适应方面的研究有特定的局限。第一，实验室研究中常用的应激源，充其量只是对人们日常生活中所面临的应激源的弱模仿。即使不是不可能，实践和伦理方面的考虑也使得很难在实验室中给人类被试呈现与现实生活中一样持久、严重、复杂或有意义的压力。即使是现实生活中的微小压力，或是麻烦，也比电击、强噪声或冷加压更有个

人意义。此外，无论令人厌恶的实验室刺激如何具有压力性，被试都知道他可以随时终止刺激。刺激的限定性和/或被试对刺激的最终可控性意味着实验室中的应激源总是缺乏许多现实生活中的应激源的两个关键特征： 302
尾端开放性和/或可控性（另见 Wortman，Abbey，Holland，Silver，& Janoff-Bulman，1980）。

第二，许多适应结果需要一定时间才能出现，几天、几周、几个月甚至几年。而大多数实验的时间是几秒钟或几分钟，这显然不足以观察最终会产生短期结果，更不用说长期结果的评价和应对过程。

第三，实验室实验无法提供有关应激源、年龄应对模式或社会人口统计学特征（如社区、职业或社会经济地位）的变异的大量信息。我们日益看到研究可以为不同职业群体（如警察和空中交通管制员）不同压力相关模式的发生提供基线数据，尽管这些研究中对压力和压力相关过程的测量仍然不充分。在重要的自然环境中对不同人口群体的观察研究可以提供对社会应激源和生活模式的更全面的了解。

第四，也许最重要的是，实验室实验的信念是，这些研究提供了对人类行为关键变量的精确控制，但有时候这是一种错觉。实验者抽取的刺激维度通常无法反映实验环境中心理上和社会上所发生的事情。此外，为了获得测量的精确性，实验者必须严格限制实验对象可以做什么，从而造成被试的反应无法代表自然环境中可能出现的反应。

### 对我们取向的概述

现在让我们将我们所说的关于压力、应对和适应研究的设计串到一起：首先是形象化地描绘第九章描述的传统实证主义研究风格，然后是新行为主义版本，最后是以过程为导向的自模-常模研究风格。

图 10.1 说明了考察一个或多个前因变量作为某些长期适应结果（如疾病或社会功能受损）的可能原因的传统研究风格。研究可以是实验性的，也可以是相关性的。它最复杂的形式涉及人与环境的前因变量之间相互作用的可能性。一旦前因变量被作为适应性的结果得到评估，通常首选 303
较大的样本量 $N$。

读者应该注意，在这个传统设计中没有直接了解前因变量影响后果变量的过程。如果这些过程是有趣的，它们往往通过引用定义个体或环境变量的概念来进行推测。例如，研究可以推测，个体变量是一种特殊的应对风格，而环境变量是一种要求高或压力大的生活事件，如工作变动。如果个体和环境变量的组合会影响在新工作上的表现，那么应对风格（个体变

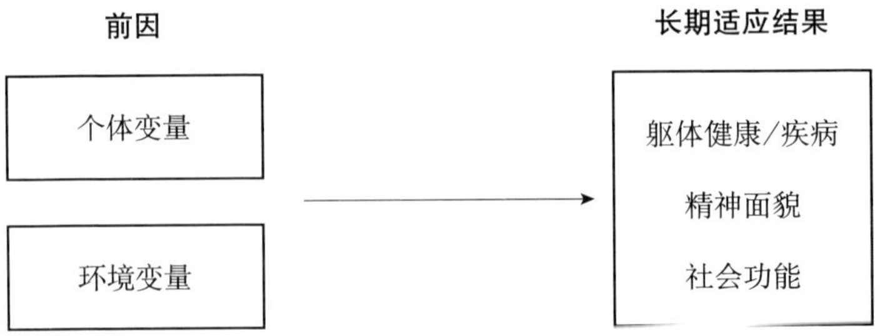


**图 10.1　传统的因果研究——实证主义**

量）将被用于该过程（参照 Kobasa，1979）。然而，正如我们在第五章所指出的，应对风格通常不能很好地预测应对过程，因为这些应对风格是由传统方式构想出来的（参见 Cohen & Lazarus，1979）。

随着新行为主义（S-O-R）越发具有影响力，研究人员更愿意将评价和应对等过程看作前因变量和结果之间的中介。这些过程现在被认为决定了将如何对一个环境需求做出反应，以及它可能如何影响长期的适应结
304 果。研究的新行为主义模型如图 10.2 所示，它将中介变量和短期结果（如情绪状态）加入前因和长期适应结果变量中。我们选择将我们感兴趣的主要中介变量都放在这个图中，其他人可能替代或加入不同的中介变量。

注意图 10.2 中的两个特征。首先，虽然中介变量已经被标记为过程，但并没有这样进行描述，因为过程暗含着特定的背景以及随时间或情境所发生的变化。该图显示了近期的著作通常如何将中介视为“调节变量”。严格地说，调节变量被用来将一个异质群体划分为影响预测因子和标准之间关系的亚群体，目的是增加相关性（参见 Zedeck，1971）。与此同时，约翰逊和萨拉逊（Johnson & Sarason，1979a，b）似乎将调节变量看作任何与环境条件（如生活事件）相互作用，以提高其预测任何适应性结果之能力的变量。这些作者将社会支持、情境控制感知、寻求刺激和唤起水平列为压力-结果关系的调节变量。

尽管调节变量被约翰逊和萨拉逊看作中介过程，但从统计学上讲，它们仅仅被看作另一个与其他前因变量（如压力性生活事件）相互作用的前因变量。这种调节变量属于图 10.2 中的中介变量的唯一原因是它们在理论上被看作中介变量，而不是因为它们实际上表现出按理论需求进行操作。因此，除非有证据表明它们有能力作为交互变量来预测结果，调节变量不符合我们对中介或对过程研究的要求。实际上，图 10.2 中的研究风格符合过去的传统因果模型，而不是交互过程取向的观点。

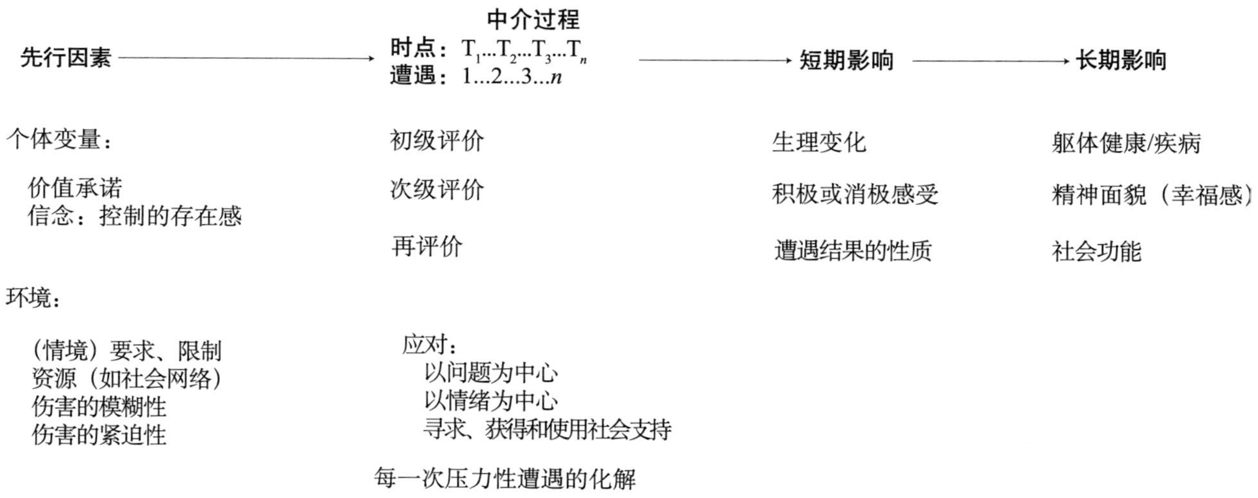


**图10.2　压力、应对和适应的理论图式**

图 10.2 中第二个需要注意的特征是，默认一个过程涉及随时间而发生的变化，这将短期后果与长期适应结果区分开来。通过这种区分，我们开始了真正的过程分析，并寻找将短期适应反应（如情绪、应对行动或躯体障碍）转化为疾病或功能受损的规则。例如，正如我们之前提到的，压
306 力下血压的升高是一种完全正常和健康的适应反应；我们不知道这种反应是如何转化为被称为高血压的疾病的。

我们明确进入了图 10.3 所示的交互过程取向的研究，它与图 10.2 的区别仅仅在于它描绘了图 10.2 中的中介过程，并提供了每个变量的自模比较。例如，应对是在一次遭遇的早期和后期阶段或者不同遭遇中被评估的（尽管是针对同一主题，比如说，丧亲）。因此，我们可以在不同的时间或不同条件下观察同一个人。

中介过程

| 时点1 | 时点2 | 时点3 | …… | 时点N |
|---|---|---|---|---|
| 遭遇1 | 遭遇2 | 遭遇3 | …… | 遭遇N |

评价–再评价

应对：
- 以问题为中心
- 以情绪为中心

社会支持：
- 情绪性的
- 有形的
- 信息性的

**图 10.3　一个交互模型：自模-常模排列**

图 10.3 的重要补充是，中介过程是被反复且几乎是直接研究的（例如，通过对评价和应对的自我报告，或通过暗示使用了特殊应对方式的行为）。也就是说，研究中有机会观察或推断一个人在一次遭遇的不同时间点上或不同遭遇中的想法和行为。然后，该图通过比较特定个体或群体的模式，突出了我们所说的自模-常模研究的含义。简而言之，我们可以在同一研究设计中观察个体内以及个体间的现象。

最后一步是整合我们所说的元理论和研究风格。图 10.1、10.2 和 10.3 都涉及分析的心理水平，这当然是我们最关心的。然而，我们认为，压力、应对和适应方面的研究和理论必然是跨学科和多层次的，除了心理学解释之外，还包括社会学和生理学。为了按照交互、过程取向研究的原则来安排层面的交叉，我们必须重复两次图 10.3 的基本格式，每个层面的分析一次，并填写适当的变量，如图 10.4 所示。

308

| | 先行因素 | 中介过程 | 短期影响 | 长期影响 |
|---|---|---|---|---|
| 社会 ↓ | 社会经济地位(SES)<br>文化模板<br>制度体系<br>群体结构（如角色模式）<br>社会网络 | 提供的社会支持<br>用以改善问题的可用的社会/制度手段 | 社会动乱<br>政府回应<br>社会政治压力<br>群体疏离 | 社会失灵<br>革命<br>社会变迁<br>结构变化 |
| 心理 | 个人变量：<br>价值承诺<br>信念假定（如个人控制）<br>认知–应对风格<br>环境（情境）变量：<br>情境要求<br>紧迫性<br>时间特性<br>模糊性<br>社会和物质资源 | 脆弱性<br>评价–再评价<br><br>应对：<br>以问题为中心<br>以情绪为中心<br>培养、寻求和利用社会支持<br>社会支持感知：<br>情绪支持<br>有形支持<br>信息支持 | 积极或消极的感受<br><br>应激性遭遇之结果的性质 | 精神面貌<br><br>生活功能性 |
| ↑ 生理 | 遗传或体质因素<br>生理性条件作用——个体反应刻板化（如莱西）<br>疾病风险因素——如吸烟 | 免疫资源<br>物种脆弱性<br>短期脆弱性<br>后天缺陷 | 躯体变化（疾病前兆）<br><br>急性病 | 慢性病<br>生理功能受损<br>疾病康复<br>长寿 |

图10.4　元理论和研究风格交互模型

## 对关键概念的测量

我们的理论和研究基于五个主要变量：压力、评价、应对、压力和应对的人与环境的先行因素，以及短期和长期的适应结果。到目前为止，我们对测量的贡献主要集中在前三个方面：压力、评价和应对。

307 压力

多年来，人们对压力概念及其效用的批评不断，主要基于这样一个事实，即压力概念在分析的三个层面的任何一个上都被混淆地定义为刺激或反应，或者被含混不清地定义。事实上，批评是有必要的，除非对应激源或应激反应有明确的定义。正如我们所指出的，拉扎勒斯（1966）试图通过将压力看作一个非常普遍的概念（如情绪、动机或认知）来解决这个问题，但它围绕着交互作用的意义来组织，这些交互作用超出个人的资源或社会系统的资源。从一般的观点来看，把压力当作任何一种输入、反应或是紧张关系进行测量都是完全恰当的，只要被测量的压力是明确的。

压力研究的一个显著特点是对重大环境变化或所谓的**生活事件**的巨大的关注。对许多生活事件的测量方式已经发展出来。通常情况下，事件的权重是根据它们需要的调整量、它们的可取性和可控性或其他一些主观维
309 度来确定的。这些量表已经成为测量压力对身心健康影响的最常用工具。从霍姆斯和拉厄的开创性工作（Holmes & Rahe，1967；另见 Dohrenwend & Dohrenwend，1974）开始，复杂而广泛的研究文献逐步积累起来，它们或评述，或分析，或批判（方法论方面的相关综述，参见 Rabkin & Struening，1976；Tausig，1982）。许多其他综述（数量众多无法在此一一列出）包括对特定健康结果的生活事件研究，如精神分裂症、抑郁症、癌症、老年人死亡和心血管疾病；或对特定生活事件的研究，如失业、离婚或婚姻破裂，以及丧亲。对生活事件的新研究和讨论仍在继续，其中一个最好的综述来自索茨（Thoits，1983）。

生活事件取向的假设存在重大缺陷，使其不足以作为压力的唯一度量标准。第一个假设是，变化本身就具有压力性。然而，变化本身并不一定会产生压力，即使没有变化，也会产生很多压力。关于第一点，我们已经从老龄化研究（如 Neugarten，1970，1977；Rosow，1963）中了解到：对于大多人来说，更年期到来、空巢和退休这样的生活事件，当它们按时发生并可预期的时候，不一定会带来严重的问题；而人生后期角色丧失的

影响取决于如何解释和应对。至于第二点，缺乏改变（例如，在工作中没有升职）和长期的倦怠或孤独感与变化导致的丧失一样具有压力性。综上所述，改变本身或其缺失不一定是有压力性的，而变化或没有变化所具有的个人意义则有可能，而这反过来又取决于个体的历史、生活阶段和总体现状（另见 Lennon，1982；Stewart，1982；Stewart et al.，1982）。

第二个假设是，生活事件必须是重大的，也就是说，它们会造成严重的适应后果或产生严重的损失，从而生成足以损害健康的巨大压力。尽管这种想法似乎是合理的（例如，参见 Hinkle，1974），但在重要方面是不完整的。简单地知道生活事件已经发生，并不能让我们理解它们之于个人的意义（它们对被评价的人-环境关系所做的），以及它们在当前的日常基础上是如何被回应的。实际上，重大与否的问题往往是一个个体问题。从这个意义上说，对生活事件的测量在心理上是远端的。缺少的是这些事件在信念、承诺和其他个人因素上有所不同的人们身上产生的更近端的、多样的心理和行为活动，而这些事件的重要性可以基于这些活动进行推测 310
（参见 DeLongis et al.，1982）。

第三个假设是，心理压力是导致疾病的一个主要因素；这是经典的心身假设。该领域的大多数人或多或少地承认这一假设是合理的，尽管它所依据的证据的品质值得商榷。然而，由于疾病是由大量不属于心理压力范畴的因素引起的，包括遗传体质和环境条件，很有可能，除了在持续心理烦恼的极端条件下，即使是心理压力对疾病的最大限度的影响也是适度的。

从这些假设的局限和缺陷中得出的实际问题是，生活事件指标与健康结果之间的关系很小，仅能解释健康结果变异的一小部分。生活事件量表得分与健康结果之间的平均相关约为 0.12（Rabkin & Struening，1976；Tausig，1982），很少超过 0.30。因此，生活事件对健康结果的预测实际上没有什么意义，尽管这种预测是使用生活事件指标的主要原因。

尽管存在这种实际局限，生活事件取向还是因为三个原因流行起来。第一，它提供了一个简单的、定量的自陈压力量表，这种压力由环境变化来定义，量表中环境变化的不同权重得到了各群组一致意见的支持。第二，直到最近才有一种方法上站得住脚的替代方案。第三，人们持续希望，这种取向的缺陷，包括对压力事件的有限抽样（参照 Goldberg & Comstock，1980），以及缺乏对应对事件的意义和资源的个体差异的关注，可以通过修正最初的评估程序加以克服。为此，研究人员制定了相互竞争的测量方式（如 Horowitz，Wilner，& Alvarez，1979；Pancheri，De Martino，Spiomb，Biondi，& Mosticoni，1979；Sarason，Johnson，&

Siegel，1978；Coddington，1972［儿童版本］），在项目加权程序（Dohrenwend & Dohrenwend，1974，1978；Ross & Mirowsky，1979）上做出改变，或者注意到加权并不重要（Lei & Skinner，1980；Skinner & Lei，1980），以及考虑到事件的可取性（Hough，Fairbank，& Garcia，1976；Mueller，Edwards，& Yarvis，1977；Redfield & Stone，1979；Ross & Mirowsky，1979；Vinokur & Selzer，1975；Zilberg，Weiss，& Horowitz，
311 1982）；此外，韦斯、威尔纳和霍洛维茨（Weiss，Wilner，& Horowitz，in press）将重点转移到对重大生活事件的反应上；最后，考虑了可能影响压力和健康/疾病的关系的调节变量（Johnson & Sarason，1979a，b）。

目前还不清楚这些和其他的修正是否能使主要的生活事件成为健康/疾病的足够强力的预测因子，以证明其作为压力测量的唯一取向而被持续使用和普及是合理的。在某种程度上，这些修正改善了度量标准，它们将这种取向从一种简单却很漂亮的具有非理论的输入-输出基本原理的压力测量转变成一种越来越复杂、越来越被中介变量所限定的压力测量。然而，在我们看来，这种取向本身是否能够完成它所要做的事情仍然存在疑问。怀疑的原因在于我们上面讨论过的不确定的，也许是错误的假设。

与对生活事件的测量相比，我们的伯克利压力和应对项目研究小组提出了一种基于日常生活“麻烦”的压力测量取向（DeLongis et al.，1982；Kanner et al.，1981；Lazarus & DeLongis，1983）。其他研究人员也已经感受到了观察这些类型事件的价值。例如，麦克莱恩（McLean，1976）认为，这些熟悉的日常压力通常被认为是理所当然的，因为与主要生活事件相比，它们似乎没有那么重要，而潘切里等（Pancheri et al.，1979）则指出：“与更容易发展出客观控制和应对策略的戏剧性事件相比，长时间内频繁重复发生和个体无意识中所经历的微观事件具有更大的致病潜力。”（pp. 193 - 194）我们知道其他几种测量小事件的方法，一种早期的方法由卡松（Cason，1930）设计用于测量他所谓的“常见烦恼”，而最近，卢因森和托金顿（Lewinsohn & Talkington，1979）开发出一种用于测量厌恶或不愉快事件的方法，麦克菲拉米和卢因森（MacPhillamy & Lewinsohn，1982）则开发出另一种用于评估积极事件的方法。然而，这些方法并没有被广泛用于研究心理压力对一般健康结果的影响；卢因森和托金顿量表则被用来考察不愉快事件和抑郁之间的关系。

我们的研究结果表明，在对生活事件和日常麻烦的回归比较中，麻烦对心理和躯体症状的预测作用远远优于生活事件。麻烦解释了几乎所有由生活事件引起的结果变异，而生活事件对健康结果的影响很小或没有影

响，独立于日常的麻烦（DeLongis et al.，1982；Kanner et al.，1981）。 312
当然，这些结果需要重复验证。

我们还假设生活事件和日常麻烦是相关的，因为生活事件，例如亲人的死亡、离婚、失业等，往往会中断社会关系和日常生活的习惯和模式，从而引发麻烦。在检验这一假设时，我们发现麻烦和生活事件之间有一种适度的关系（约0.20），这意味着大多数日常麻烦是由日常例行任务中的生活事件独立导致的。因此，生活事件可能是日常麻烦的一个原因，尽管与日常生活中的干扰相比，这是一个相对较小的原因。在对生活压力进行全面测量时，最好把麻烦和生活事件视为彼此的补充。如果一个人必须做出选择，那么对日常麻烦的测量似乎就足以反复衡量生活中的压力了。

一个基本的理论问题仍然是关于日常麻烦如何会导致被破坏的精神面貌、受损的社会和工作功能、心理症状以及身体疾病（参见Lazarus，in press-a）。借鉴几乎非理论的生活事件取向，一种替代选择是，过程只是简单的叠加，在给定的时间段内，一个人经历的所有麻烦相加起来就是总的压力。这只强调了麻烦的频率或强度，或两者的某种组合。事实上，到目前为止，我们的发现与这种解释是一致的；然而，我们首选的理论替代方案尚未在研究中得到验证。从我们在本书中所说的一切可以预见到，这一替代方案的核心是对麻烦的评价的意义和显著性，以及在它们的处理中固有的应对过程的质量。我们相信，在影响适应结果的潜力方面，一些麻烦比其他麻烦“更为公正”。

为了触及这个主题，我们必须首先问一个人认可一个麻烦意味着什么。我们不能自欺欺人地认为，认可提供了对前天或上周发生的令人烦恼或麻烦的事件的简单度量。相反，至少在某种程度上，这种认可反映了一个人如何评价这种遭遇。认可实际上可能指的是真实的经历，例如交通堵塞，但它被挑出来作为一个麻烦也反映了个性化的意义，这种意义使它突出、引人注目并令人难忘。有些人非常达观地面对交通堵塞，把它看作是 313
预料之中的，因此只会感受到最低程度的痛苦，而另一些人则会被唤起深深的沮丧或狂怒。一个人可能正在开车去办公室，他的雇主通情达理，或者工作没有压力；一个人可能会预料到挨批或耽误一项有时间压力的、重要的工作任务；一个人可能认为是因为没有预留时间而导致碰上了交通堵塞；另一个人可能把交通堵塞这种经历看作对自己能力的考验，在堵塞的交通中迂回前行，以获得较小的优势；还有一个人可能将正在发生的情况看作某种信号，认为是时候搬到一个不那么拥挤的社区了。所有这些反应的变异都可能发生在一个看似琐碎而没有什么不寻常的一天的遭遇中。

我们的研究结果有力地表明，人的生活基线条件会影响许多互动中哪些将被视为麻烦或**鼓舞**（uplifts），后者指的是积极或令人满意的经验，我们认为它们是麻烦的对应物（DeLongis et al.，1982；Kanner et al.，1981；Lazarus & DeLongis，1983）。例如，在一个看似矛盾的情况下上，长期患病的人更容易把获得一夜好觉或感到精力充沛视为精神振奋。同样，我们也预期人们在度假时比在工作时更愿意把恶劣的天气看成一种麻烦。就我们的目的而言，这仅仅意味着积极的经历在消极的生活条件和期待的背景下比在积极的背景下表现得更为突出；同样，在积极的条件和期待下，消极的经历会变得更为消极（参照赫尔森［Helson，1959］的适应水平理论）。因此，麻烦不仅反映了实际发生的事情，而且取决于生活的基线条件以及如何对经历进行评价。

麻烦如何影响健康结果的第二个方面与应对有效性在麻烦产生中的作用有关。我们怀疑，许多麻烦，也许是人际关系中最重要且经常反复出现的，不仅反映了生活事件和互动，而且在某种程度上也反映了应对不足的情况。实际上，日常的麻烦通常被认为是应对过程的刺激物，但它们也是应对的结果。难以接受或给予批评的人在工作中与缺乏这种脆弱性的人相比，可能会遇到更多以权威为中心的麻烦。一个未经检验但富有前景的概念是源于应对不足和脆弱性的麻烦，它在对社会和工作功能、精神面貌和
314 健康的损害方面要远远比环境中偶然情况所产生的普通麻烦更为重要。在压力测量中，人们永远不能期望摆脱这些基于个人的考虑，这些考虑是压力、应对和适应方面个体差异的主要基础。

关于麻烦与精神面貌、功能和健康之间的关系的另一种可能性，逆转了因果关系的方向。不良的适应结果，如疾病、精神面貌不振和社会功能不良，可能影响日常麻烦的类型、频率和强度。例如，当人们感到悲观时，他们可能会比乐观时把普通的恼怒解读得更为明显或更为消极。

如果麻烦受适应结果的影响，那么麻烦和改善的模式也可以作为判断一个人幸福感的线索。例如，高水平的麻烦不仅意味着一个人的生活中正在发生许多令人恼火的事情，而且通常还意味着他功能不良。一些麻烦主要存在于特定的脆弱领域，原因在于强烈的承诺或不恰当的应对（参见第二章）。最有可能的模式是递归的，因果关系的两个方向依次操作，甚至可能同时操作。顺便说一句，对生活事件的认可也提出了同样的观点，特别是在通过认知评价过程对其进行解释的主观程度上。

这一因果关系问题适用于测量压力的所有取向，无论压力是作为输

入、反应还是作为与环境的关系而得到测量。然而，因果关系的方向问题并不能缓解我们寻求心理压力测量方式的问题。这只会使我们对压力的理解变得复杂。这种理解依赖于系统的概念化中固有的良好的测量技术的发展。

### 认知评价

在第二章，我们讨论了评价概念中固有的循环问题。我们注意到，解决这个问题的方法是对评价过程进行独立的测量，并寻找和测量预测这个过程的前因变量，如第三章确定的个体变量和第四章中的环境变量。传统 315
的解决方案也是寻找后果变量，如应对或短期和长期的适应结果，这些结果可以从评价过程中预测出来。通过这种方式，我们可以制定规则来描述评价如何受到影响，反过来又影响短期和长期的结果，从而消除同义重复。

即使研究者明确地提到认知评价，它也常常是从可观察的前因变量或后果变量之间的关系中推断出来的。然而，有可能让测量更加直接。在我们的研究中，我们一直试图实现两种基本的评价形式：初级评价（对个体的利害关系）和次级评价（个体对应对方式的评估）。

一个人所经历的压力程度取决于他在一次遭遇的结果中有多大的利益。如果这种遭遇似乎与人的幸福感无关，那么初级评价将是，它不会造成威胁，不会造成伤害，也不会带来明显的获利的希望。与此同时，如果某人在结果中有利害关系，初级评价将是，这种遭遇确实会造成潜在的威胁、伤害或挑战。这取决于应对资源和方式（次级评价），因此，测量个体初级评价的适当切入点是对他判断在互动中存在利害关系的情况以及潜在的成本和/或利益的大小进行评估。

特定遭遇中个体的利害关系是他的承诺的反映。然而，仅仅在特质或性向的意义上来评估承诺的程度是不够的；我们必须在特定的背景下，通过要求某人以某种方式告诉我们利害关系是什么，以及它有多重要来进行评估。即使不是全部，许多压力性遭遇也可能涉及多重利害关系。例如，学生考试的结果可能与总体平均绩点和被研究生院接收的前景有关，但也可能与自尊，教师、同伴和家庭的意见以及关于学业生涯的决定有关。

我们评估利害关系的初步工作包括要求被试描述一次特定的压力性遭遇，然后评估在这种遭遇中涉及每个利害关系的程度。例如，被试告诉我们，在多大程度上他所爱的人的安全或健康受到伤害，在多大程度上他自己的安全或健康受到威胁，在多大程度上这种遭遇威胁到重要的工作目 316

标、危及重要的关系或伤害了他人的自尊或经济安全。

我们最初测量**次级评价**的尝试是在一篇描述我们的应对测量取向的文章（Folkman & Lazarus，1980）中报告的。次级评价的一个基本特征，也是最容易评估的一个特征是，人们感到能或不能做些什么来改变有问题的人与环境关系的程度。在随后的问卷调查中，被试对以下每一项陈述在多大程度上适用于特定的压力性遭遇进行评分：

1. 关于它，你可以改变或者做点什么。
2. 你必须接受它。
3. 在行动之前你需要了解更多。
4. 你必须克制自己不去做你想做的事。

用这种方法，被试可以将情境评价为可改变和不可改变两种，这是有意义的，如果一个人记住情境的某些方面是可改变的而其他方面不是，或者改变结果的可能性随着遭遇的展开而改变。对控制的次级评价进行更精确的评估，包括个体所指的环境和/或自我的哪些方面，以及对控制的次级评价如何从互动的一个阶段到另一个阶段发生变化。

这些关于评价的取向并没有详尽论述其测量中固有的可能性，但它们确实表明了如何通过自我报告方法直接控制初级和次级评价过程，并获得个体应对选择下心理状态的一部分图式。我们几个主要研究的结果表明，初级和次级评价变量确实有助于解释应对和情绪反应。

其他研究者也在测量类似评价的过程方面遇到了困难。最相似的努力似乎是班杜拉关于恐惧状态的研究中对自我效能的评估（相关综述参见Bandura，1981；Bandura & Adams，1977；Bandura et al.，1980）。我们强调，评价是发生在特定环境中的过程，因此，如控制源、一致感（Antonovsky，1979）和关于控制或自尊的一般信念等特质或性向的概念是不
317 适用的。除了前面关于评价的章节中所引用的研究，以及福尔克曼和拉扎勒斯最近的一份报告（in press），在压力和应对研究中很少有人系统地探讨人们在面对威胁性的遭遇时所进行的复杂的思考和评价。

### 应对

越来越多的研究人员试图系统地评估应对。然而，我们的取向让我们与众不同。我们已经解释了我们的概念和精神分析自我心理学取向之间，以及过程取向和特质或风格取向之间的差异（参见第五章）。然而，我们应该提醒读者，过程取向的应对测量必须：（1）参考具体的思想、感受和行为，而不是个体报告他可能或将要做的；（2）在**特定的**背景下进行研

究；（3）以时间为单位进行研究，以便随着需求和对遭遇评价的变化，可以观察到所思、所感和所为中的变化。

那么我们如何评估应对？问“你是怎么应对的?”似乎并不奏效。因为这个问题的含义往往是不明确的，并且会招致大量的解释。考虑一下如果患者被问到“你如何应对癌症?”将会发生什么。十有八九他们会做出回应，但并不清楚他们所指的是诸多癌症引起的应激源中的哪些。他们可能会想到以下任何一个问题：关于康复和生存的模糊性；疼痛；手术或治疗的副作用；疾病造成的与朋友和家人的关系问题；对职业或家庭义务产生的威胁以及对未来的希望；尊严的丧失；个人控制感的突然改变；死亡意识的增强。

在我们自己深思熟虑的过程中，我们越来越确信，我们必须从整体评估转向具体评估，以便我们能够了解正在应对的问题。我们必须确定压力性互动中的多种需求，并评估对这些需求的应对以及它们如何随时间变化。为了做到这一点，还要进一步远离对一般应对风格或特质的评估，这样才能随着时间推移和各种情况而扩展，并更能预测长期结果。应对理论家和研究者面临的挑战是将对应对过程的微观分析和对应对风格的宏观分 318
析这两种方法结合起来，以获得对短期和长期结果最满意的理解。①

同样值得怀疑的是，大多数人是否总是知道做什么来应对。然而，将测量限定在对个体行为的观察上，虽然很有用，但却需要深层次的解释性推理，并错过了我们所说的认知应对这一重要方面。此外，我们很少有机会观察人们如何应对现实生活中的遭遇，正如关于父母如何应对即将死亡的白血病儿童的贝塞斯达研究（Friedman，Chodoff，Mason，& Hamburg，1963；Friedman，Mason，& Hamburg，1963a，b；Wolff et al.，1964）中所做的那样。

评估应对的方法是让人们重新构建最近的压力性遭遇，并描述他们的

① 迄今为止，大多数应对研究强调一般性的特质或风格，测量它们的工具有诸如格莱塞和伊希列维奇（Gleser & Ihilevich，1969）的防御机制调查表、应对行动偏好调查表（Schutz，1967）和加利福尼亚心理调查表中用于测量应对和防御的项目（Joffe & Naditch，1977）。维克斯和赫维格（Vickers & Hervig，1981）比较了上述三种工具，发现它们在识别三种应对风格（即否认、孤立和投射）时很不一致，区分效度很差。为此，研究者可能会增加普遍存在的压抑-敏感或压抑-孤立测量，有三种主要的投射测量工具（Gardner et al.，1959；Goldstein，1959；Levine & Spivack，1964），但这些工具也无法充分关联，不能被看作在评估同一概念（Lazarus，Averill，& Opton，1974）。伯恩（Byrne，1964）的调查表显然也是以特质为中心的。最后，还有一种调查工具是由泰勒和帕格门特（Tyler & Pargamet，unpublished）理性推导出的“心理社会能力特质量表”。尽管上述工具并没有穷尽以特质或风格为中心的应对测量工具，但它们确实反映了这些方面的主要努力（另见 Moos，1974）。

想法、感受和行为（参见第六章）。这是我们在研究中一直尝试使用的基本评估方法。我们提供了一个“应对方式”核查表，可以是自测的，或者最好是由访谈者来实施。最新版本的应对方式核查表见第 328～333 页（边码）。里面的条目是由许多研究（如 Sidle，Moos，Adams，& Cady，1969；Weisman & Worden，1976－1977）以及我们研究中的被试和研究小组成员提出的。除了以情绪为中心的应对和以问题为中心的应对的广泛功能外，核查表上的项目还包括四种基本的应对方式：直接行动、行为抑制、信息搜索，以及一个复杂的类别，称为内心或认知应对。对应对方式核查表的因素分析（如 Folkman & Lazarus，in press）区分出类似于以问题为中心的因素以及一些以情绪为中心的因素：前者由认知和行为的问题解决策略组成，这些策略包括如尝试提出问题的几种解决方案，收集信
319 息，制订行动计划并遵循；后者包括寻求情感社会支持、疏离、回避、强调情境的积极方面和自我谴责。随着进一步的研究，是否有一组相对稳定的、不变的因素可用来描述这种方法所测量的应对结构将变得更加清晰。

我们还必须警惕当我们从应对的概念化转向具体的测量时出现的问题。在第六章，我们谈到了以问题为中心和以情绪为中心的应对功能，而不是应对类型。如果我们访谈一个被试，问他想或做了什么去应对，我们经常发现在实践中很难确定一个策略是以问题为中心的还是以情绪为中心的。任何思想或行为都可以有多种应对功能，这就否定了一种字面上的尝试，即正在完成的事情是对情绪的调节还是通过问题解决对有问题的关系的控制。我们有时通过解决问题来调节情绪，通过调节情绪来解决问题。例如，如果一个学生服用镇静剂来控制影响考试成绩的疼痛，那么这个学生是试图通过管理情绪来解决问题；与此同时，如果一个学生认真准备学习，以便他能够感觉到对危险的掌控，那么做得不好的痛苦就可以由以问题为中心的应对来管理（参见第六章）。

因此，我们不愿意将应对项目的相关分析中产生的因素严格地标记为以情绪为中心或以问题为中心的种类，尽管其中一些因素似乎更适合于一个或另一个类别。例如，制订行动计划似乎符合我们对以问题为中心的应对的定义，而试图把事情放在一个好角度去考虑，这似乎是一个以情绪为中心的应对的例子。然而，从我们的理论角度来看，把这些功能分类作为思维的一般指导，似乎比把任何特定的思想或行动不可避免地进行分门别类要好。这些思想或行动在任何情况下的运作方式，只能通过仔细考察它们发生的背景，也许通过深入考察它们在个体整体应对策略中的位置来

了解。

大约在我们的应对过程测量出现的时候（Folkman & Lazarus，1980），许多其他的研究人员也对使用相同或相似的方法产生了兴趣。从那时起，应对过程已经在不同的背景下得到了研究，包括应对丧失、威胁 320 和挑战（McCrae，1982，in press），婚姻，育儿，财务和工作（Ilfeld，1980），青少年糖尿病，与工作相关的压力（Dewe，Guest，& Williams，1978），压力性生活事件（Billings & Moos，1982）和儿童看护机构的压力（Shinn，Mørch，Robinson & Neuner，1984）。

斯通和尼尔（Stone & Neale，1984）提出了一种新颖的方法，它在概念上类似于我们自己的方法，但是是基于开放式的程序。他们向被试呈现了八种应对类别。当被试熟悉这些类别及其含义后，他们会被问到他们是否做过或认为就他们所报告的日常问题是否有任何符合这些类别的事情。因此，重点不在后面会根据经验进行分组的特定的思想和行为上，而是在更抽象的范畴上，如情感宣泄、接受、寻求社会支持、放松和宗教。

在王和雷克（Wong & Reker，1982）开发的另一个版本中，给被试呈现一系列必须解决的问题，例如家庭、健康、财务、生活条件和社会关系。被试指出哪些问题是有关的，然后核查用于每个问题的应对策略的清单。由于问题往往是广泛的，更像是一类遭遇，而不是具体的压力事件，在我们看来这种方法似乎停留在对具体应对行为和关于具体压力性遭遇需求想法的评估与对应对特质或风格的评估之间。

现在确定由斯通和尼尔，以及王和雷克开发的方法是否比我们开发的更加微观的分析程序可以更有效地提供理解和预测还为时过早。重要的一点是，测量应对过程的各种方法正在开发和应用，这增加了我们发现应对如何与短期和长期适应结果相关的可能性。

我们很清楚我们所主张的评估风格中所固有的方法论问题，包括记忆不当、往事错构，这本身就是一个应对的过程，并且很难准确地识别与遭遇不同阶段相关的应对思想或行为。然而，除了我们在下面讨论的方法变异之外，这些问题中没有一个对系统研究是完全不适用的，而且几乎所有其他的评估方法都有同样的问题。

### 方法变异的问题 321

不去面对普遍存在的、令人烦恼的方法变异问题，就无法获得有关压力、应对和适应的观察结果。严格地说，方法变异是指一种窘境：测量一个现象的方法会影响到所观察的差异的内容和研究结果。一个结果是，这些研究发现以及从中得出的关于关系和过程的推论，往往无法延伸到测量相同概念或关系的其他方法中去（例如应用于人格研究，见 Nicholls，Licht，& Pearl，1982）。这通常会产生一个严格的演绎和归纳系统，只要使用一种方法，这个系统就开始运作。因此，自我报告法可能与投射测量或与投射测量相关的变量不相关，实验模型与相关模型不一致（参照 Cronbach，1957），或者它们会得出不同的结论。对现象的个体间分析相比对同一现象的个体内分析，产生了一套不同的关系（这也导致了这两种视角解决的是不同问题的解释［参照 Averill，Olbrich，& Lazarus，1972；Broverman，1962；Opton & Lazarus，1967］）。通常，由于缺乏重复重要发现的研究，方法变异也被忽视了。

因为主观报告是有关评价、压力和情绪、应对方面数据的主要来源，所以该测量方法以其优点和缺点也首当其冲承载着方法变异问题的压力。生命科学中的大多数研究者早就意识到自我报告的数据的局限和缺点，我们在上文中提到过它们：记忆问题、被试积极展现自己的愿望、语言的模糊性，以及作为自我防御的口头报告的使用。这是大家都熟悉的陈词滥调。为解决这些问题而进行的控制和核查，包括测量被试积极自我表现的倾向（如 Crowne & Marlow，1964），以及使用生理和行为测量来验证基于自我报告的推论，似乎也没有多大的帮助。我们不想回顾所有这些程序，而是要指出两个经常被忽视的考虑因素，即使用自我报告的好处和使用其他数据源的成本。

首先，让我们考虑一下，如果我们不愿意使用关于人们感受的主观报
322 告，情绪心理学将会发生什么。因为我们对与诸如恐惧、愤怒、内疚、嫉妒、爱或兴奋等不同情绪品质相关的生理模式知之甚少，而且这些情绪状态所伴随的行为同样模糊，容易改变或伪装，所以在没有详细的自我报告的情况下，本质上不同的情绪实际上是必须被排除在考察对象之外的。事实上，这几乎发生在行为主义的鼎盛时期（参照 Brown & Farber，1951），那时情绪被降为唤起或驱力的无维度概念。但是正如我们在第二章提到的，唤起的概念不是很好，因为在不同的生理指标中没有统一的唤起模式，也因为行为和经验的价值，无论是积极的还是消极的，都和强度一样重要。总而言之，在研究情绪时，我们依赖于人们告诉我们的他们的感受以及他们如何解释发生在他们身上的事情；我们不能放弃这一信息来源。

然而，与其否定这一点，我们难道不应该认识到，人们非常有能力通过语言来揭示丰富的思想和情感模式吗？切断这一信息来源，就是把

人类剥离成考察对象，并将其贬低到类人猿的地位。这种观点与当前的时代精神是一致的，正如利伯曼（Lieberman，1979）呼吁回归反思，以及施鲁德和奥斯伯格（Shrouger & Osberg，1981）报告说自我评估至少与其他方法一样具有预测性所证明的那样。与其他单一来源相比，主观报告能让我们更多地了解压力和情绪，以及应对和适应结果，尽管验证的难度很大。

其次，所有其他的数据来源在心理过程推论的有效性方面都有着与自我报告相同的缺点。例如，虽然看起来更客观，但记录纸上测谎笔的运动与人们对自己经历的描述一样或更加难以理解。使解释变得困难的电生理测量中尚未解决的问题包括：什么是评估变化的合适基线，即如何达到稳态，从而把唤起解释为一种偏离？还有哪些其他事件——一些甚至是非生理的——可与心率、皮肤电导、血压等因素联系起来？哪些反应模式，如果有的话，对应于不同的感受状态？

即使最终明确了激素反应或面部表情的特定模式（参见 Ekman，
1972；Ekman & Friesen，1975；Tomkins，1962，1963，1981）与特定的 323
情绪状态相一致，但如果个体不告诉我们他的感受，就没有令人满意的方式来验证这些结论。有用但不充分的信息可以从一个人在社会环境中的表达性和工具性行为中收集，但在不能证实主观报告的情况下，这个人的行为与他正在经历的事情之间仍有可能存在矛盾。因此，在某种意义上，我们通过参考其他未知事物，如在特定环境背景中个体行为的意义，来验证一种体验到的未知情绪，这种需要会蒙蔽我们。

当然，解决这个问题的常见方法是同时分析生理、行为和主观的数据，以便对与压力或情绪相关的遭遇中发生的事情有最充分的了解。从长远来看，这是一个很好的解决方案，但通常在经济上和技术上都不切实际。此外，在自然或实验研究中，适当注意这三种测量水平所涉及的方法论和财务问题很快就变得压倒一切。最后，当跨测量水平进行研究时，一种方法通常产生的结果与另一种方法的结果在很大程度上不相关，实际上，方法变异压倒了所有其他事情。

对于方法变异问题，我们的首选解决方案是坚持单一的方法，也就是自我报告的方法，直到研究结果或缺乏证据变得清晰。这需要小心而坚定地使用自我报告，以确定有意义的关系和有关事情发生的状况的规则。如果我们能够从对评价和应对的自我报告中预测压力水平和适应结果，并表明这些预测与我们的理论模型相一致，我们就有理由摆脱自我报告，利用行为和生理数据来检查实验。

因此，我们支持的步骤是：首先，使用纯粹的自我报告数据来生成看似稳定的结果，从而得出基于经验的原则，然后用其他方法核查这些原则。我们相信，在我们了解的这一阶段，这是一个在确定研究结果之前比结合各种方法更经济、更实际的解决方案。从构建良好的自我报告数据中获得的令人印象深刻的发现，在重复和扩展时，势必会鼓励其他研究人员
324 使用其他可控、多重的实验室或准实验室方法对其进行验证。

核查研究可以将自我报告、行为和生理测量相结合，以检验对评价和情绪的自我报告数据是否以及以何种方式和与研究者解释相一致的行为和生理变化相关。温伯格、施瓦茨和戴维森（Weinberger，Schwartz，& Davidson，1979）的研究说明了这种多重方法取向。他们用一种防御能力测量将低焦虑和压抑的被试与仅仅是低焦虑的被试区分开来。接着这些亚组被成功地用于预测电生理测量的不同水平的唤起。

这类核查研究成功的关键在于一组明确陈述的关于关系模式的假设，这些关系模式隐含在我们的理论构想中。我们对威胁和挑战的对比就是一个恰当的例子。挑战意味着某些情绪，如乐观和/或希望、快乐或渴望，以及某些认知和行为相关因素，如开拓性、现实性和协调性。与此同时，威胁意味着焦虑和苦恼、认知和行为上的限制，以及保护性的而非开拓性的努力。也许可以将自我报告对威胁和挑战的描述与观察者基于这些行为相关因素进行的评分相结合。使用生理反应模式，可以单独或同时进行类似的努力。例如，根据弗兰肯豪斯（Frankenhaeuser，1975，1976）关于压力下肾上腺素-去甲肾上腺素模式的研究，我们可以预测，威胁会使平衡向肾上腺素倾斜，而挑战——我们所说的包括积极的努力和控制感——应该与去甲肾上腺素的更多分泌有关。类似的假设也被用于皮质醇。

严格地说，这里提出的建议并不是对自我报告数据中关于威胁和挑战的推论有效性进行直接检验。相反，它是对威胁和挑战与行为和生理反应模式之间假设的本质关系进行测试。这种策略可以被看作使用一组意义尚不明确的反应模式来评估另一组意义同样不明确的反应模式。然而，反应系统间的一致或不一致的发现可能会对所涉及的推论有效性产生影响，并且可能在寻求理解方面具有启发式的价值。

对压力和应对的研究并不缺乏，这些研究跨越了分析层面，因此涉及
325 方法变异的问题。我们的建议的核心仅仅是，推迟这样的研究，直到出现一个基于一种方法和一个特定理论的研究结果网络，这是正确的，甚至是明智的。这并不是反对多层面测量，而是认识到在方法变异问题上要采取

过度批判性立场，并在有充分机会产生结果之前排除各种方法的危险性。

自我报告测量虽然是社会科学乃至生命科学中的主导方法，但往往是令人讨厌的方法论追求。然而，考虑到我们理论体系中内部事件和过程的中心性，尽管这种方法存在科学缺陷，我们支持它也不足为奇。我们观点的最终证据在于它能够指定系统变量之间的关系。

## 总结

压力是在生理学、心理学和社会学的分析层面来考察的。在一个分析层面经历的压力并不意味着它将在另一个层面也被经历，或者以同样的方式被经历；经历生理压力的人不一定经历心理压力。社会层面的压力并不意味着它也会在心理或生理层面被经历，或者以同样的方式被经历。对于个体而言，认知评价是各层面之间的关键心理联结。

传统的压力研究主要基于前因后果或刺激—反应模型。通常，前因或刺激因素被定义为环境因素。人格因素有时作为中介环境因素的破坏性影响的变量被引入，在更复杂的变化中，采用考虑多种环境或人格变量的交互设计。传统的前因后果模型是有局限的，因为它倾向于将变量之间的关系视为线性和单向的，并将其视为静态的。

相反，构成我们压力认知理论基础的交互模型将人与环境的关系视为一种互惠、双向的关系，从而使时点 1 上的影响能在时点 2 上成为原因。此外，在传统模型中，变量保持其独立的身份。在交互模型中，单独的人 326
和环境元素通过评价连接在一起形成新的含义。例如，威胁并不指单独的人和环境因素，而是指在给定的互动中两者的融合。与静态和结构化的传统模型相比，交互模型涉及过程和变化。过程研究涉及处理在特定情境中实际发生的事情，而不是一般情境中通常发生的事情。

最适合我们理论的研究设计是自模-常模的、自然的研究而不是实验性的研究。自模-常模研究允许个体**内**和个体**间**的比较。个体内分析有助于考察评价和应对的人和情境前因、应对的可变性和稳定性、应对的有效性和无效性等问题。通过个体内分析收集的数据也可用于个体间比较。实验性的实验室研究提供了一个不完整的工具来研究与情绪相关的压力和应对，因为实验室中的应激源不能很好地反映人们在现实生活中经历的压力；它们不那么复杂、有意义和持久。实验室的环境不允许有足够的时间来产生适应结果，它限制了反应。

传统的研究设计要求将一个或多个前因变量作为某些长期结果的原因。对于前因变量影响结果的过程，我们一无所知。新行为主义模型引入了前因-后果关系的中介。从统计学上讲，这些变量仅被视为与其他前因变量相互作用的另一前因变量；过程是推断出的，而不是观察到的。因此，新行为主义模型更接近于传统的因果模型，而不是交互的、过程取向的模型。交互的、过程取向的研究使用一种自模-常模的方法，或多或少反复地直接检验中介过程。这种方法也可以被用于分析的生理学和社会学层面。

我们对关键概念测量的主要贡献集中在对压力、评价和应对的测量上。主导压力测量的取向是评估主要的环境变化或生活事件。这种取向的主要假设存在缺陷，即变化本身是有压力的，而且生活事件必须是重
327 大的以便产生足够大的压力以至损害健康。生活事件在预测健康结果方面几乎没有实际意义，但这种取向之所以被采用，是因为它易于实施，并且修正之后有希望被证明是卓有成效的。补充生活事件取向的另一个替代选择是测量日常生活麻烦。与生活事件相比，麻烦似乎更能预测健康结果。有证据表明，麻烦和生活事件在一定程度上是独立的。一个主要的问题是麻烦会如何影响适应结果。它们可能是附加的，或者机制可能更复杂，例如，涉及在调查问卷上认可一个麻烦的含义、基线条件和应对不足。麻烦也可以被视为健康、精神面貌和功能不佳的结果，从而扭转因果关系的方向。

我们对评价的测量主要集中在初级和次级评价的概念上。我们已经初步尝试通过询问被试在特定遭遇中的利害关系来评估初级评价；利害关系包括对所爱的人以及对一个人的身心健康的关注。次级评价是通过要求被试评估他在特定遭遇中的应对选择，包括有麻烦的人与环境的关系可以被改变和/或必须被接受的程度来进行评估。

为了测量应对，我们要求被试在应对核查表上指出他为应对特定遭遇的各种需求所想、所感和所做的事情。这些应对反应可以根据功能（例如，以问题或情绪为中心）或类型（例如，回避、信息寻求、寻求情绪支持）进行合理的或经验上的分类。其他研究人员也在开发类似的过程取向的方法。

方法变异是压力现象测量中的一个长期问题。主观自我报告是压力、评价、情绪和应对的主要数据来源，承载着评估相关变量的首要任务。自我报告的优点多于缺点。从长远来看，需要如生理和行为观察的聚合技术来验证和放大基于自我报告的发现，尽管目前使用这些技术可能还为时过早。

**应对方式核查表（修订版）** 328

请阅读下面的每一项，并在适当的类别上圈出使用它的程度。

| | | 从不使用 | 偶尔使用 | 用得较多 | 用得很多 | |
|---|---|---|---|---|---|---|
| 1 | 只专注于下一步我必须做的事情。 | 0 | 1 | 2 | 3 | |
| 2 | 我试图分析这个问题以便更好地理解它。 | 0 | 1 | 2 | 3 | |
| 3 | 转向工作或替代性的活动，把我的注意从事情上移开。 | 0 | 1 | 2 | 3 | |
| 4 | 我觉得时间会有影响，唯一要做的就是等待。 | 0 | 1 | 2 | 3 | |
| 5 | 商谈或妥协以从情境中获得积极的东西。 | 0 | 1 | 2 | 3 | |
| 6 | 我做了一些我认为没什么用的事情，但至少我在做一些事情。 | 0 | 1 | 2 | 3 | |
| 7 | 试图让别人负责地改变他的意见。 | 0 | 1 | 2 | 3 | |
| 8 | 与别人交谈以了解更多有关情境的信息。 | 0 | 1 | 2 | 3 | |
| 9 | 批评或责备自己。 | 0 | 1 | 2 | 3 | 329 |
| 10 | 试图不要断了自己的后路，而是留些余地。 | 0 | 1 | 2 | 3 | |
| 11 | 希望奇迹会发生。 | 0 | 1 | 2 | 3 | |
| 12 | 与命运相伴；有时我只是运气不好。 | 0 | 1 | 2 | 3 | |
| 13 | 就好像什么都没发生一样。 | 0 | 1 | 2 | 3 | |
| 14 | 我试着保持我自己的感受。 | 0 | 1 | 2 | 3 | |
| 15 | 可以说，是在寻找一线希望；试图寻找事物光明的一面。 | 0 | 1 | 2 | 3 | |
| 16 | 睡得比平时多。 | 0 | 1 | 2 | 3 | |
| 17 | 我对引起问题的人表示愤怒。 | 0 | 1 | 2 | 3 | |
| 18 | 接受某人的同情和理解。 | 0 | 1 | 2 | 3 | |
| 19 | 我告诉自己一些让我感觉更好的事情。 | 0 | 1 | 2 | 3 | |
| 20 | 我被激励去做一些有创造性的事情。 | 0 | 1 | 2 | 3 | |
| 21 | 试图忘记整件事。 | 0 | 1 | 2 | 3 | |
| 22 | 我得到了专业的帮助。 | 0 | 1 | 2 | 3 | 330 |
| 23 | 作为一个人以良好的方式改变或成长。 | 0 | 1 | 2 | 3 | |
| 24 | 我在做任何事情之前等着看会发生什么。 | 0 | 1 | 2 | 3 | |
| 25 | 我道歉或做了些补偿。 | 0 | 1 | 2 | 3 | |

续前表

| | | | 不使用 | 偶尔使用 | 用得较多 | 用得很多 |
|---|---|---|---|---|---|---|
| | 26 | 我制定了一个行动计划并遵照执行。 | 0 | 1 | 2 | 3 |
| | 27 | 我接受了仅次于我想要的。 | 0 | 1 | 2 | 3 |
| | 28 | 我让自己的感受以某种方式流露出来。 | 0 | 1 | 2 | 3 |
| | 29 | 意识到这个问题是我自找的。 | 0 | 1 | 2 | 3 |
| | 30 | 从经历中走出来比走进去好。 | 0 | 1 | 2 | 3 |
| | 31 | 和能针对这个问题做具体事情的人交谈。 | 0 | 1 | 2 | 3 |
| | 32 | 离开一段时间；试图休息或休假。 | 0 | 1 | 2 | 3 |
| | 33 | 试图通过吃、喝、吸烟、吸毒或用药等来使自己感觉更好。 | 0 | 1 | 2 | 3 |
| 331 | 34 | 抓住一个大机会或做一些非常危险的事情。 | 0 | 1 | 2 | 3 |
| | 35 | 我尽量不要太仓促行事，也不要跟着第一直觉行事。 | 0 | 1 | 2 | 3 |
| | 36 | 发现新信仰。 | 0 | 1 | 2 | 3 |
| | 37 | 保持我的骄傲，镇定自若。 | 0 | 1 | 2 | 3 |
| | 38 | 重新发现生命中重要的东西。 | 0 | 1 | 2 | 3 |
| | 39 | 做出一些改变，这样事情就好起来。 | 0 | 1 | 2 | 3 |
| | 40 | 通常避免和人在一起。 | 0 | 1 | 2 | 3 |
| | 41 | 没有让它影响到我；拒绝过多地考虑它。 | 0 | 1 | 2 | 3 |
| | 42 | 我向我尊敬的亲戚或朋友征求意见。 | 0 | 1 | 2 | 3 |
| | 43 | 不让别人知道事情有多糟。 | 0 | 1 | 2 | 3 |
| | 44 | 对情境轻描淡写；拒绝过分认真对待。 | 0 | 1 | 2 | 3 |
| | 45 | 和某人谈了我的感受。 | 0 | 1 | 2 | 3 |
| | 46 | 坚守阵地，为我想要的而战斗。 | 0 | 1 | 2 | 3 |
| 332 | 47 | 把它扔给其他人。 | 0 | 1 | 2 | 3 |
| | 48 | 借鉴我过去的经验；我以前也有过类似的情况。 | 0 | 1 | 2 | 3 |
| | 49 | 我知道必须做什么，所以我加倍努力使事情顺利进行。 | 0 | 1 | 2 | 3 |
| | 50 | 拒绝相信事情已经发生了。 | 0 | 1 | 2 | 3 |
| | 51 | 我向自己保证下次会有所不同。 | 0 | 1 | 2 | 3 |
| | 52 | 对这个问题提出了几个不同的解决方案。 | 0 | 1 | 2 | 3 |

续前表

| | | 不使用 | 偶尔使用 | 用得较多 | 用得很多 |
|---|---|---|---|---|---|
| 53 | 接受它，因为什么都做不了。 | 0 | 1 | 2 | 3 |
| 54 | 我尽量不让自己的感受干扰其他事情太多。 | 0 | 1 | 2 | 3 |
| 55 | 希望我能改变所发生的事情和我的感受。 | 0 | 1 | 2 | 3 |
| 56 | 我改变了自己。 | 0 | 1 | 2 | 3 |
| 57 | 我做白日梦或想象一个比我所处的更好的时间和地点。 | 0 | 1 | 2 | 3 |
| 58 | 希望情况会消失或以某种方式结束。 | 0 | 1 | 2 | 3 |
| 59 | 对事情的结果有幻想或愿望。 | 0 | 1 | 2 | 3 |
| 60 | 我祈祷。 | 0 | 1 | 2 | 3 |
| 61 | 我做好了最坏的准备。 | 0 | 1 | 2 | 3 |
| 62 | 我在脑子里想我会说什么或做什么。 | 0 | 1 | 2 | 3 |
| 63 | 我想我崇拜的人会如何处理这种情况，并将其作为模板。 | 0 | 1 | 2 | 3 |
| 64 | 我试着从另一个人的角度看问题。 | 0 | 1 | 2 | 3 |
| 65 | 我提醒自己事情可能会变得更糟。 | 0 | 1 | 2 | 3 |
| 66 | 我慢跑或锻炼。 | 0 | 1 | 2 | 3 |
| 67 | 我尝试了与上述任何一种完全不同的方法。（请描述） | 0 | 1 | 2 | 3 |

333

334

# 第十一章 治疗和压力管理

在本章，我们将注意转向我们对治疗和压力管理的想法上，关于这一点，我们指的是任何专业行为，旨在防止或改善令人虚弱的压力和应对不当。事实上，所有应对精神病理学和痛苦的临床干预都以某种方式与压力有关，包括没有明确使用该术语的取向。

我们的章题包含“治疗”和“压力管理”。治疗或咨询是那些与个体来访者、家庭或小团体一对一工作的人的首选词；压力管理一般指的是针对个体进行的正式项目，而对于那些有共同问题的特殊群体则不太常见。本章的主要目的是将我们的理论构想，特别是认知评价和应对的概念，与这两种干预联系起来。我们的分析需要对现有取向进行简要的概述。

## 治疗取向

许多概述不同治疗取向的书已经出现了，特别是随着行为疗法及其认知导向的其他变体的出现。没有简单的组织原则对这些取向进行分类。一
335 些集中在压力和痛苦的典型特征上，如恐惧和抑郁；另一些集中在冲动控制的适应问题上，如吸烟或过度饮食；还有一些集中在应对技能的不足上，如不自信。由于一般的治疗取向通常超越特定的症状或问题领域，因此寻找广泛的指导原则比按照以问题或症状为中心的方式对治疗进行分类更有成效。

我们这里不包括治疗有效性的问题，即治疗是否对人们有帮助，以什么方式，以及有多大帮助。关于干预有效性的理论和研究的描述可以在资料中找到，如马霍尼和阿恩科夫（Mahoney & Arnkoff，1978）、伯金和施特鲁普（Bergin & Strupp，1972），以及弗兰克斯和威尔逊（Franks & Wilson）于 1973 年开始的行为疗法年度综述。

不同治疗取向的创始者和追随者用描述性术语（有时是广义的，有时是狭义的）来识别他们的系统，例如精神分析、动力疗法、行为疗法、理性情

绪疗法（Ellis，1962，1975；Ellis & Grieger，1977）、压力免疫法（Meichenbaum，1977；Meichenbaum & Novaco，1978；Novaco，1976，1977a，b），或交互抑制法（也称为系统脱敏法；Wolpe，1958，1978）。尽管这些取向在理论基础上常常有所不同，但它们往往有共同的程序。霍伦和贝克（Hollon & Beck，1979）使用了三个类别，即理论基础、治疗策略以及产生变化的具体手段或程序，来比较不同的治疗方法（见表 11.1）。

正如本书中所指出的，我们不强调生理学取向（霍伦和贝克称之为生物学取向），不是因为对其潜在价值带有成见，而是因为我们强调的是心理问题。然而，如果这类策略包括躯体生理学策略，如生物反馈、放松、冥想和身体调节（饮食和锻炼），那么关于这些手段是否通过影响生理反应模式、心理反应模式或两者兼而有之而起作用，会出现一些有趣的问题。例如，对紧张性头痛采取生物反馈法，而不是直接作用于额肌，可能有助于让人们对自己的反应有更大的控制感，并启动与环境相关的新方式；放松、冥想和锻炼，除了提供更大的幸福感外，还可能会通过改变人们的注意力打破反刍的持续循环（Pennebaker & Lightner，1980）。在药物的安慰剂效应中，不同心理和生理过程的相同问题也很明显。

**表 11.1** **治疗方法** 336

| 取向 | 理论 | 过程 | 程序 |
|---|---|---|---|
| 生物： | 生化失衡 | 恢复正常生理过程 | 药物治疗和/或躯体治疗 |
| 动力： | 伴随真实或象征性丧失，指向自我的愤怒 | 对无意识冲突和情感的宣泄式释放的领悟 | 1. 支持：改善无意识冲突的恶化<br>2. 深度：无意识冲突的解决 |
| 行为： | | | |
| 情感 | 焦虑抑制潜在的满足性行为 | 条件化焦虑的减少 | 系统脱敏或其他反向条件作用程序 |
| 操作 | 强化不足或惩罚过度 | 强化增加（惩罚减少） | 1. 治疗师直接的应急管理<br>2. 技能训练 |
| 自我控制 | 自我强化不足或自我惩罚过度 | 自我强化增加（自我惩罚减少） | （a）自我监控、（b）自我评估、（c）自我强化方面的技能训练 |
| 认知： | 不适应的信念和扭曲的信息加工 | 改变信念，改变扭曲的信息加工 | 1. 认知疗法：归纳推理、信念的实证检验，以及（a）自我监控、（b）认知假设检验、（c）认知重构方面的训练<br>2. 理性情绪疗法：演绎推理与说服 |

资料来源：Hollon，S. D.，& Beck，A. T. Cognitive therapy of depression. In P. C. Kendall & S. D. Hollon（Eds.），*Cognitive behavioral interventions：Theory，research，and procedures*. New York：Academic Press，1979，p. 153.

337 霍伦和贝克（1979）体系中的**动力疗法**指的是起源于弗洛伊德精神分析的取向。后来，新弗洛伊德取向（如霍尼的取向），其重点从揭示成人生活中无意识但又专横地发生作用的包裹起来的童年期愿望和恐惧，转移到越来越多地强调理解童年期的冲突和防御如何在成人互动中发挥作用且一直持续到现在，尽管它们的代价是沉重的。

关于精神分析疗法和行为疗法是否能协调一致存在争议。一些作者（如 Messer & Winokur，1980）表达了怀疑态度，而其他人（如 Goldfried，1982a，b；Marmor & Woods，1980；Wachtel，1977）则更为乐观。瓦赫特尔一直致力于将精神分析疗法和行为疗法结合起来，他帮助揭开了早期发育困难妨碍后期适应过程的神秘面纱。他写道：

> 从这个视角来看，成年人的人格和生活方式似乎是多年前发生的且引人关注的某些事情的必然结果，而这些引人关注的事情，如果有的话，只是作为当事情**真正**重要时必须发生的迹象。以任何持久和广泛的方式改变患者的困难似乎需要揭示过去的残留物。试图在当前功能和当前影响的水平进行干预似乎是徒劳的。(p. 22)

瓦赫特尔接着问："……患者中这些意愿的存在可以通过他目前的生活方式来解释吗？如果生活方式发生改变，这些表现会发生改变吗？"（p. 41）瓦赫特尔的回答是肯定的，并且他的详尽阐述提供了他努力将这两种观点融为一体的重要主题。根源于童年期的功能失调的行为模式，会自我延续，而不仅仅是对过去的回顾。换句话说，这些模式是由行为方式维持的，而行为方式反过来又会导致和维持对一部分重要他人的不适应的反应。瓦赫特尔用一个喜欢表现独立性的来访者的例子来说明这个过程。这个来访者无意识地希望得到照顾和养育，但同时又害怕这种被动的欲望。然而，有意识的独立的态度和行为，不仅应被视为对过去欲望的一种防御，而且应被视为一种强迫性的模式，这种模式产生了当前的依赖性需求。这样的人承担着过度的责任，拒绝和阻碍了享有正常依赖的机会，因
338 此在不断地渴望依赖的同时又追求过度的独立模式。支配一个人生活的欲望和冲突，既起因于生活方式的混乱，也引起生活方式的混乱。

区分弗洛伊德关于被压抑的愿望和恐惧的主题与认知行为治疗师所说的个人因素（有时被隐藏了）（Goldfried，1980）的重点在于，理解这些因素在过去和现在的人际关系中是如何运作的。这些因素不一定是致病性的，正如瓦赫特尔（1977）的另一个例子所示：

> 例如，一个举止投入又顽皮的两岁大孩子，比起一个沉默退缩的

> 孩子，更容易引起一部分成人的友好兴趣和关注。后者通常会遇到一个不太丰富的人际环境，这将进一步降低他发生戏剧性改变的可能性。同样，前者可能会继续了解到其他人是有趣的，并渴望与他互动；而且随着他的成长，他的模式也可能会更加牢固。此外，这两个孩子不仅会唤起他人不同的行为，他们还会对他人相同的反应做出不同的解释。因此，顽皮的孩子可能会把他人的沉默或坏脾气的反应体验为一种游戏，并会继续互动，直到他可能会引起一个赞赏的反应。安静的孩子，不习惯太多关注，会很容易接受最初的反应以作为退避的信号。
>
> 如果我们把这两个孩子看作成年人，我们也许会发现他们之间的区别仍然很明显：一个外向、开朗，期待人最好的一面；另一个相当害羞，不确定是否有人感兴趣。童年期的模式一直延续到成年期。然而，我们真的不理解这个发展过程，除非我们看到，老师、玩伴、女朋友和同事是如何在维持持续模式中成为“共犯”的。而且，我认为，除非我们意识到即使现在也有这样的“共犯”，我们不可能理解改变的可能性，而且如果他们停止在这一过程中扮演他们的角色，这一模式很可能最终会改变。(p. 52)

因此，从弗洛伊德立场演变而来的**动力取向**，已经从排他性地关注婴儿的愿望和恐惧转变为关注源自生命早期的适得其反的应对方案如何在当前继续发挥作用。撇开策略和手段不谈，治疗是一种尝试，旨在帮助来访者发现不良应对的根源及其如何持续存在，以及/或获得更有效的应对策略。因此，即使在治疗的动力系统中，注意也已经从专注于单纯的内在心 339
理过程转移到个体因素与当前社会环境的需求和机会相互作用的方式上。

如何获得新的应对方式是表 11.1 中所述的**行为**和**认知行为**取向之间的一个争论话题。霍伦和贝克的分析中的三个行为子类都强调某种形式的条件作用或去条件化。**情感**组中的人遵循致病性习惯的“经典”（巴甫洛夫）条件作用原理。通过这样的条件作用，环境中的中性线索会导致焦虑，回避的应对反应会被“印刻”为习惯性反应，因为它们减少了焦虑。这些回避反应阻止了人们学会用另一种行动和反应方式来面对线索。从弗洛伊德的观点来看，问题不仅仅是对中性线索或敌对环境产生偶然的恐惧性条件作用（尽管这也是相关的）；肯定有一些预先存在的性格上的脆弱因素，使日常情况能够产生障碍性的情绪痛苦和不恰当的应对方式。

在条件性焦虑-回避模型和心理动力取向中，焦虑源都必须暴露出来并在治疗中被“去条件化”，以便在最初诱发焦虑及其条件性（习惯性）回避的线索出现的情况下，学习新的、更具适应性的应对模式。做到这一点的策略各不相同，即使是在那些认同焦虑-回避模型的治疗师中也是如此。一种策略是系统脱敏，它起源于沃尔普（Wolpe，1958，1978；Wolpe & Lazarus，1966）。在他的程序中，它被称为交互抑制，认为引起焦虑的刺激是在一些愉快的活动所产生的不相容的正强化中发生的；后者可能抑制前者，从而导致去条件化。在实践中，策略是给来访者呈现一个从非焦虑诱导到高焦虑诱导的刺激层级。随着来访者逐渐习惯于导致焦虑的线索，暴露给来访者的刺激强度逐渐增大。经常同时进行放松训练，以促进去条件化过程。

基于斯金纳（Skinner，1938，1953）的工作，操作性条件作用系统旨在正强化可取的行为或负强化不可取的行为（例如，参见 Lewinsohn，1973，1975 [有关抑郁症的部分]）。前一类包括针对那些由于害怕敌意或
340 拒绝而难以表达自己意愿的人的自信训练。目的是双重的：让来访者发现，果断的行为可以达到目的并带来他人的尊重，而不是敌意。成功具有正强化作用，可能有助于这些人获得理想的社会功能的新模式。厌恶性条件作用策略则属于后一类，即负强化。安塔布司用于消除通过正强化而养成的有害的饮酒习惯，是一种强有力的负强化物，因为它与酒精结合后会引起恶心。其他条件作用方法强调通过类似的去条件化策略来学习自我控制，借此来访者监控他自己的行为，并使用强化来塑造所需方向的行为模式。罗森鲍姆和梅尔鲍姆（Rosenbaum & Merbaum，in press）区分了从同一情境及不同情境中产生的自我控制或自我调节过程，以及通过控制外部需求或限制而形成的自我控制或自我调节过程。（对实现自我控制的策略的描述，参见 Doerfler & Richards，1981；Mahoney & Arnkoff，1978；Perri & Richards，1977。）这种治疗取向说明了注重操作性的行为改变程序，其中心就是尝试控制自己的有害行为。

近年来，越来越多的**认知行为**治疗方案强调了认知过程在维持或消除适应不良模式中的中介作用。（这一学派倡导者对认知和行为这两个术语赋予的不同含义的分析，参见 Schwartz，1982。）这些强调认知过程及其在决定情绪和行为方面作用的方案，最符合我们的理论构想。

最早的认知行为取向之一是埃利斯（Ellis，1962，1975）的理性情绪疗法，它认为人对情境的概念在决定他的反应时比客观情境更重要。根据埃利斯的说法，一个人由于某些特征、不合理的信念或假设而对事件的意义做出错误的、事与愿违的解释，例如，必须被每个人喜欢或认可，或者

在工作中失败意味着这个人是没有价值的。治疗策略是帮助来访者放弃这种不合理的信念，并更理性地思考。戈德弗里德（Goldfried，1980）将类似的策略称为“认知重构”，而其他人则使用了“情境再定义”的术语 341
（另见 Beck，in press-a）。不管语言是什么，基本的主题是，不适应的基础是错误的推理。治疗的一个目标是使那些寻求帮助的人明白造成痛苦或功能不良的特定的逻辑失灵，并帮助人们更具建设性地思考。

这一思路的另一个变体是贝克（1976）的认知行为疗法。据贝克（in press-b）所说，抑郁的来访者对自己、世界和未来都有一些负面和扭曲的看法。这些认知扭曲采取的形式有：**选择性抽象**，即忽略矛盾的且更为突出的证据，并在孤立负性的细节的基础上对一个事件做出结论；**任意推断**，在没有证据的情况下做出负性的评价；**过度概括**，即从单一事件中做出一般化的负性结论，并以不恰当的方式应用于不同的情境；**夸大**（有时称为“灾难化”），即高估或放大负面事件的重要性；**全或无思维**，即绝对化思考问题的倾向（每件事都是好的或坏的，主要是后者）。就像埃利斯的取向一样，治疗的任务是让来访者放弃那些不适应的思维方式，它们是情绪痛苦或抑郁的基础，而选择更适宜的思维方式。

埃利斯和贝克的研究提出了一个有趣的问题，长期以来心理学界一直在争论：错误的思维模式是由错误的前提引起的（评价或结论建立在这个前提之上），还是由错误的推理引起的（可能是由于情绪的干扰）？亨勒（Henle，1962，1971）对大学生三段论思维的检验表明是前者，即思维遵循逻辑步骤，错误的结论往往由隐藏或遗漏的前提来解释。亨勒认为，结论所依据的前提是通过选择性关注来维持的，而这又是基于个人因素。贝克和（特别是）埃利斯也采用了这种观点。

梅钦鲍姆（Meichenbaum，1977；Meichenbaum & Jaremko，1983）和戈德弗里德（Goldfried，1979，1980；Goldfried & Davison，1976；Goldfried & Goldfried，1975）则提倡其他形式的认知行为疗法。梅钦鲍姆和戈德弗里德、贝克以及其他人一样，强调认知重构，前提是人的痛苦源于错误地解释令人烦恼的事件和关系。虽然梅钦鲍姆的治疗取向也借鉴了埃利斯的方法，但更接近贝克的，旨在帮助来访者提高对负面自我陈述和形象的觉察，并学习具体的新的问题解决和应对技能。他的方法较少强 342
调埃利斯对非理性信念的形式分析，更多强调积极的自我陈述和自我指导。

梅钦鲍姆的取向中一个特别有趣的项目是**压力免疫训练**（另见 Novaco，1979）。压力免疫意味着获得足够的知识、自我理解和应对技能，以便更好地处理预期的压力冲突。这个项目有三个阶段。在教育阶段，提供关于痛苦情绪产生方式的信息，强调相关的认知因素或自我陈述。在排练阶段，提供替代性的自我陈述，以在情绪痛苦的情况下使用。这些策略帮助来访者评估情境，控制有害的想法和情绪，激励行为，并最终评估他的表现。在实施阶段，来访者将试用所学内容并加以实践。

诺瓦科（Novaco，1979）的压力免疫版本，遵循同样的三个阶段，用于团体人群，比如警察，他们有共同的应激源。警察面对违法者时面临着控制愤怒的问题。这里，教育阶段涉及教授愤怒背后的思维方式。讨论每个警察的愤怒经历时则采用小组的形式。这个小组讨论有助于警察们发现他们自己特有的，也许是隐藏的易怒点，包括对他们自尊的威胁。诺瓦科的压力免疫训练与梅钦鲍姆的工作非常相似，反映了一种常见的理论模型，即通过更好的理解、积极的自我陈述和自我指导来控制情绪。

我们选择的认知行为治疗取向是一个相对详细的理论、策略和战术体系。其他取向包括：班杜拉（Bandura，1969，1971）以及其他人（如 Cautela，1971；Kazdin，1975）强调的**建模**，它已经被广泛用于恐惧症的治疗中；**角色扮演**，要求来访者想象一次遭遇，并通过扮演另一个角色来反转角色（参照凯利［Kelly，1955］的**固定角色疗法**和莫雷诺［Moreno，1947］的**心理剧**）；**想象过程**（参见 Anderson，1980；Bandura，1977b，1977；Klinger，1971；Singer，1974），用于识别重要的情绪主题，产生积极和消极的情绪状态，并帮助学习新的应对模式。

343 认知行为治疗师对压力和应对的分析与我们自己的认知构想之间具有紧密的概念联系的证据可以在之前引用的戈德弗里德、梅钦鲍姆、诺瓦科和罗森鲍姆的著作中看到（in press）。例如，戈德弗里德（1980）将治疗描述为应对技能培训，罗森鲍姆（in press）则回顾了我们关于压力和应对的交互取向与他自己的习得性智谋（learned resourcefulness）概念之间的关系。

最常见的是，心理治疗的实践并不局限于任何狭隘、僵化的策略模式。治疗师通常处理的不是来访者的一种模式，而是几种，涉及行为、情感和认知。例如，强调认知的取向，如贝克和埃利斯的取向，也延伸到了情感生活中，通常与行为以及推理和思维有关。这种多元取向是阿诺德·拉扎勒斯（Arnold Lazarus，1981）所称的“多模式疗法”，在这种疗法中，一个系统的努力是构建来访者的个人侧写，并解决来访者特定人格和问题的许多方面。在描述不同的治疗系统时，明智的做法是不要太过直截了当地说出他们的拥护者所说的策略和模式，因为在实践中，大多数临床医生在取向上很灵活。

## 治疗如何发挥作用

我们已经看到有许多不同的治疗模式，每一种模式关于适应不良及其原因，以及如何改善、预防或克服它都有自己的理论。治疗选择的范围引起了关于如何设计治疗以及治疗如何发挥作用的争论。尽管我们不能在这里解决这些问题，但我们应该关注与我们自己对压力和应对的思考有关的关键问题。

从我们与别人共同的怀疑开始，一个特定的策略通常会以假设之外的方式产生变化。一个有趣的例子来自安德拉西克和霍尔罗伊德（Andrasik & Holroyd，1980）对紧张性头痛患者的研究。生物反馈治疗需要展现出前额肌肉紧张的电生理学指标。然后，头痛患者可以看到他们努力减少肌肉紧张的生理结果，而肌肉紧张被认为是他们头痛症状的基础，或者是相关的。

在安德拉西克和霍尔罗伊德的研究中，四个被试组接受了不同的治疗。三组接受生物反馈。其中第一组接受了额肌紧张降低的正常程序指导，第二组被引导相信他们的紧张水平在下降但事实上依然保持稳定水平，第三组则被引导相信紧张水平在降低但事实上却在增加。第四组为非治疗对照组。 344

安德拉西克和霍尔罗伊德总结了他们的研究结果，写道：“无论被试是否学会增加、降低或保持恒定的额肌紧张水平，他们的头痛症状都有相似的减轻。”（p. 583）这种改善在频率和严重程度上都有表现。此外，在治疗结束后很长时间的追踪评估中，治疗组和非治疗对照组之间的差异保持不变（另见 Holroyd & Andrasik，1982）。因此，尽管生物反馈的常见假设是它可以减少头痛的外周原因，特别是肌肉紧张，但习得的肌肉紧张水平的降低实际上在成功治疗中几乎没有作用。

那么，在这项研究中，生物反馈的积极作用是什么呢？答案不清楚。霍尔罗伊德（1979）、安德拉西克和霍尔罗伊德（1980）认为生物反馈的影响可能是间接的。一种可能是认知和行为的改变产生了影响。然而，当被要求指出他们用来控制肌肉紧张的策略时，被试列举了各种各样的活动，包括行为改变、呼吸控制、专注于单调的心理任务或身体感觉、想象或幻想、肌肉放松、什么都不想、祈祷、解决问题、合理再评价以及自我指导。治疗成功的另一个可能的解释是，头痛患者学会了监测头痛症状的发生，安德拉西克和霍尔罗伊德（1980）认为，这可能比学习直接改变

EMG（肌电图或肌肉紧张水平）活动更为重要。

生物反馈治疗最初是基于一个纯粹的生物物理概念，以外周神经肌肉或神经化学过程的条件控制为中心（更详细的历史参见 Anchor，Beck，Sieveking，& Adkins，1982）。传统上被视为非随意控制的自主神经系统反应至少部分处于随意控制之下（Miller，1969，1978，1980；Miller & Dworkin，1977），这是一个令人惊讶的发现。然而，重点是外周系统而
345 不是中枢系统。这个解释是基于对局部肌肉活动（被认为是紧张性头痛的一个原因）的控制，而不是对如参与到认知评价和应对等高等神经系统活动的控制。

然而，安德拉西克和霍尔罗伊德（1980）的研究结果表明，中枢神经过程在生物反馈治疗的积极作用中起着主要作用。这一观点与施瓦茨（Schwartz，1973）和拉扎勒斯（1975a）的观点非常相似，他们认为治疗关系中的重要因素是人们如何解释正在发生的事情和应对，所有这些都涉及更高形式的大脑活动。因此，生物反馈程序可被视为仅仅是启动某些涉及评价和应对的适应性的重要过程的一个契机，这些过程会改变压力症状的可能性和/或效力。

事实上，很有可能将所有治疗视为一种程序，这种程序可以产生新的方法来评估压力的来源和应对方式，这些方法可以描述人在治疗环境之外的生活。从这个角度来看，不仅治疗师或来访者在治疗环境中所做的才是重要的，而且这种治疗有助于发现新的、更有用的评价和应对方式这一复杂的自然过程。在正常的生活中，这些变化过程可以而且确实在没有治疗的情况下发生。

现在，为了探讨治疗如何发挥作用的问题，我们可以部分地借鉴霍伦和贝克（Hollon & Beck，1979）的分析，分辨出治疗变化的过程中四个更高级别的主题，每个主题都有亚型：（1）感受塑造思想和行动；（2）行动塑造思想和感受；（3）环境塑造思想、感受和行动；（4）思想塑造感受和行动。我们提醒读者，这些看似简单、清晰的公式仅仅是思维的启发式工具，而不是对治疗过程的充分描述。我们已经在第九章记录下来，认为情绪理论中的思想、感受和行动之间的区别还远不清楚，而且，情绪的这些方面是相互依存的，并且处于交互作用之中。因此，在说感受塑造思想和行动时，我们也必须认识到，当一种感受发生时，它也会立即被认知，从而改变随后的思想、行动和情绪状态本身。因此，下面的公式只是检验关键心理过程之间相互关系的理想化分析指南。

### 感受塑造思想和行动 346

我们在前面的章节中指出，在心理学转向更注重认知以前，情绪被认为是思想和行动的强大决定因素。这个过程有两个主要的概念化。第一个，情绪被视为行为习得（学习）的驱力或促动者。这一观点是驱力强化学习理论的核心，也与弗洛伊德的紧张降低学习模型有关。情绪作为驱力或促动者的概念在诸如汤姆金斯（Tomkins，1962，1963，1981，1982）这样的作者中仍然存在，他们认为情感是心理发展的基础，因为我们寻求保持和增强积极感受，减少消极感受。在第二个概念化中，情绪被视为对正在进行的活动的干扰或扰乱的来源（参见 Easterbrook，1959；Mandler，1975）。这一观点在关于考试焦虑的文献（如 Krohne & Laux，1982；Wine，1971）和最近的信息加工理论（如 Erdelyi，1974）中得到了说明。从这两个角度来看，情绪是塑造思想和行动的主要力量。

多拉德和米勒（Dollard & Miller，1950）将弗洛伊德取向转换成赫尔取向（Hull，1937，1943），可以说明情绪作为驱力在行为治疗中的作用。实际上，如果一个人假定焦虑能激发回避性活动，也能扰乱思维，那么治疗必须逆转在不适应的方向上焦虑塑造思维和行动的过程。无论采用何种去条件化和再条件化的方法，如我们之前描述的系统脱敏，或冲击疗法或满灌疗法，在这些方法中，强烈焦虑在良性条件下产生从而将焦虑从产生焦虑的线索中分离出来（Hogan，1967；Levis & Carrera，1967；Stampfl，1970），人们必须学会在没有混乱的焦虑的情况下，体验之前中断的线索。正如爱泼斯坦（Epstein，1983a）所说：

> 治疗的要求是安排来访者在没有防御的情况下体验恐惧刺激的条件，从而感知刺激是什么，而不是自己遭受恐惧的样子。虽然这说起来很容易，但做起来却不那么容易。(p. 60)

此外，从应对焦虑的致病模式中产生的不适应的行为模式现在必须被抛弃。在这个公式中，情绪（焦虑）是主要的，因为它们会激发思想和行动。

生物反馈、放松、冥想和健身等许多去条件化疗法的辅助治疗是针对 347
症状，包括紧张或焦虑，并有助于打破焦虑和应对焦虑的破坏性习惯之间的条件性联结。如果来访者的问题是消除紧张或焦虑，降低干扰水平本身就可以被视为治疗。此外，与治疗师的支持性关系可以成为心理和生理舒适（以及领悟［弗洛伊德的术语］）的因素，它们可以为来访者在努力解决问题的过程中提供奖赏。这种强化也可能是短期情绪危机治疗过程中的目标本身。

无论是将情绪概念化为驱力，这种驱力的降低会强化有害行为的获得，还是概念化为对认知和行为活动的干扰，通常的干预任务都是降低其水平，以便消除其有害影响。一个例外是冲击疗法，在这种疗法中，会产生强烈的焦虑，以便来访者发现最坏的威胁不会出现，这也是从预期的负强化中分离出焦虑的习得线索。如果感受以上述方式塑造思想和行动，那么，通过暗示，你必须以任何可能的方式攻击这种感受。

### 行动塑造思想和感受

第二个主题是，治疗的关键是让来访者采取不同的行为，从而获得新的、更有效的应对模式，无论是通过一种操作类型的强化，还是通过试图回避先前的行为而获得的领悟或认知重构。这类概念化在社会心理学的态度形成和改变理论中具有相当大的影响，正如贝姆（Bem，1972）、贝姆和方德（Bem & Funder，1978）、费斯汀格和卡尔史密斯（Festinger & Carlsmith，1959）、方德（Funder，1982）、罗森伯格（Rosenberg，1969）等的研究所示。当人们以某种方式行动后，其认知-情感结构可能因所学到的而发生变化，行为、思想和感受之间的不和谐可能会减少。实际上，思想和感受是与行动相一致的。社会学习理论家（如 Bandura，1971，1977b；Rotter，1966）和皮亚杰（Piaget，1952）等发展主义学者认为，认知结构是通过作用于环境、体验环境并从环境中获得反馈的过程而产生并得到修正的。

348 行为治疗师，完全回避行为的认知中介，或认为这些中介是次于行为的，他们试图改变来访者在问题情境中的行为方式，而不是他们思考问题的方式。这些治疗师认为，改变一个人对一种情境的感知或解读的最好方法是首先改变其行为模式，这样，可以预测到关于自我和世界的新发现。此外，如果一个人接受这样一个前提，即人们如何行动和反应塑造他人对他们的行为以及他们如何感受，那么通过改变他们的行为，人们也可以改变环境，从而创造一种与世界的全新关系。

### 环境塑造思想、感受和行动

作为一种治疗模式，不太常见的是通过改变社会和/或自然环境来改变人的努力。这里的重点在某种程度上从人的内在动力转移到其他人的行动和反应上，这些行动和反应将人锁定在一个破坏性的关系圈中。这种取向是我们的第三个主题，它在科因（Coyne，1976）对抑郁症的分析中得到了强调。在他人看来，抑郁症患者确实会产生烦扰、退缩以及疏远或敌意的行为，这证实了抑郁症患者对他们自己和人际关系的悲观看法（另见 Blumberg & Hokanson，1983；Gotlib & Robinson，1982；Strack & Coyne，1983；Weakland，Fisch，Watzlawick & Bodin，1974）。当然，这并不能解释抑郁的原因，却能帮助我们理解维持抑郁的社会因素。

一个治疗方案是告诉这些来访者的家人和朋友如何对来访者采取行动和做出反应。这项技术似乎起源于对儿童的临床研究。由于幼儿如此依赖他们的父母或父母代理者，认识到幼儿不能对自己的社会环境做太多的事情导致出现了儿童在家人陪伴下接受临床治疗的取向。家庭治疗帮助参与者以不同的方式看待问题儿童，这导致他们对待孩子的行为发生重要的变化，这些变化反过来又会引发孩子更多的适应性反应。

在努力训练他人为处于危机中的人们提供有用的支持并区分有益行为和有害行为方面还发现了其他例子。这种取向对酗酒者家庭特别有用。致 349
力于使医护人员对无助、老年或垂死患者的特殊需要和脆弱性变得敏感也是有意义的。罗丁和兰格（Rodin & Langer，1977）、兰格和罗丁（1976）以及其他一些人的现场实验也说明了这一主题，其中有的研究对老年人收容所里的被收容者的活动给予了更大的控制。

沿着这些思路治疗的一个有争议的例子是沃兹拉维克和科因（Watzlawick & Coyne，1980）提出来的，这个个案中的老年来访者患有脑卒中，且行为一直在不断恶化。在与家人交谈后，做出了临时评估：由于过度保护，家庭无意中剥夺了来访者照顾自己和在屋子周围做点事情的责任，从而使他幼儿化，并使他受损的情况进一步在行为上恶化。责任感的缺乏似乎恶化了他的精神错乱状态。家人被要求对来访者提出更多要求，结果他开始变得更好了。沃兹拉维克和科因（1980）生动地描述了这种情况的交互特征：

> 大部分的互动涉及妻子或儿子们做出有希望的预后声明，或表明卒中后不久他的功能比目前好，但来访者简短地否认了这一点。当他试图说话时，他们常常替他完成句子，偶尔也替他回答。但最引人注目的、反复出现的互动模式是，他们共同努力鼓励 B 先生振作起来、更加努力、更加乐观地看待他的处境，因此他总是以越来越无助的态度回应，并向他们指出，他们有多么不了解他身体缺陷以及他沮丧情绪的严重性，然后他们以更强烈的，显然是善意的乐观和鼓励来回应。因此，这个家庭似乎陷入了一个典型的无休止的游戏中，一种互

> 动的僵局，一方长期存在问题的“解决方案”表现得越多，另一方就以更多的相同反应进行对抗。(p. 14)

本病例报告是一个极好的例子，通过改变家庭环境以便对他提出更多要求，改变了来访者的应对过程及其适应性结果，这是一种明显符合我们的压力、应对和适应的交互构想的策略。

350 在第八章，我们注意到适应不良可被解释为个人的失败或社会的失败。从后一种观点来看，追究个人责任有时被描述为“责怪受害者”。在决定是否如大多数治疗方案中帮助人们学习如何应对现实，或试图以促进适应的方式改变社会结构方面，存在固有的政治色彩。实际上，正如我们在第八章指出的，有些困难只能在团体或组织层面解决。

尽管本章的重点是个人应对，但环境塑造思想、感受和行动的公式让我们简要思考硬币的另一面，即如何通过改变社会或组织结构来更好地适应。例如，许多组织心理学家都关注工作环境如何促进或削弱适应（参照 Levinson，1973；Schein，1980），尽管对如何产生变化的关注微乎其微。在瑞典，人们对这一一般话题非常感兴趣，这可以从几部关于如何改善工作环境以保护健康的著作中反映出来（例如，参见 Frankenhaeuser，1981；Gardell，1976；Levi，1980）。与治疗更直接相关的是，阿尔比（Albee，1980）敦促改变精神卫生保健的传达方式以及促进健康的社会变化（例如，参见《佛蒙特州精神病理学一级预防系列》；Albee & Joffe，1977）。关于是关注个人还是关注社会结构的问题，并不需要以一种二选一的方式来处理；干预的两个方向都向那些想要缓解痛苦、提高能力和幸福感的人开放。

### 思想塑造感受和行动

我们的行动和感受如何依赖于我们的思维方式，特别是我们如何评价遭遇对我们幸福的重要性是我们建构压力和应对理论的一个主要前提。对此，前几章已经详细阐述。它也是我们在本章提到的贝克、埃利斯、戈德弗里德、梅钦鲍姆和诺瓦科的认知行为疗法的基础。

思想塑造感受和行动的观念，也在精神分析取向的**领悟**概念中表达过。根据我们早先提到的这一观点，幼儿期的愿望和恐惧被包裹起来，从
351 而使神经症患者无法理解当前的生活问题，而这些愿望和恐惧继续默默地运作。最初，这种想法导致了一种信念，即治疗需要重温早期创伤，以便通过发泄或宣泄来释放创伤。然而，这种认为释放阻塞能量是改变的根本

动因的想法最终失去了人们的支持。精神分析治疗的中心任务转移到发现这些创伤，以便深入了解影响成人有效功能的个人因素。因此，领悟，无论是代表真理还是一套新的关于自己的更有用的看法，都是我们在评价中一直强调的作为认知因素的认知过程的精神分析版本。

然而，很快就会发现，领悟是不够的，注意转向了“修通”或再教育（Shaffer & Lazarus，1952），在这种情况下，来访者经历了许多焦虑和痛苦。领悟仍然被看作改变的主要动因，但是体验压力性遭遇的积极过程以及积极应对伴随着情绪的思想和行动，也被认为是必要的。因此，对行为取向的作者来说，将心理动力疗法贬低为纯粹是心灵内的、与行为无关的是错误的，因为如果没有在治疗环境之外的努力，在治疗中获得的领悟将依然是智力上的而不是情绪上的。

例如，瓦赫特尔（Wachtel，1977）写道：“认知领悟还是情绪领悟这一区分的重要性来自患者是否暴露在那些真正使他焦虑的暗示之下，或如何彻底地暴露在这些暗示之下。”（p. 94）没有感受的理解是智力洞察。如果来访者要摆脱病态和致病的应对方式，避免痛苦的焦虑，则必须要接触产生焦虑的线索。如果没有修通或再教育（去条件化）的过程，发现和描述隐藏在个体困难下的因素往往是没有治疗效果的。换言之，除了领悟或理解之外，治疗性改变还要求来访者在自然产生的生活环境中体验到令人不安的感受，以及行为的变化，这些体验允许来访者了解阻碍有效功能的愿望和恐惧。然而，基本的主题是思想（认知评价）塑造感受和行动。如果你想改变感受和行为，你必须让来访者改变他对正在发生的事情的看法。

### 治疗策略的选择 352

在干预中，我们必须在思想、感受和行动之间关系有关因果方向的四个主题中进行选择吗？我们认为不用。尽管我们一直坚持认为认知是情绪的一个必要条件，特别是认知评价塑造情绪和应对，但我们的观点是交互性的，这意味着无论我们对认知解释的理论偏好如何，我们对如何进行最好的干预没有一个一般性的立场。之前我们认为认知、情绪和动机之间的关系是双向的，而不是单向的。同样的推理也适用于认知、情绪和行为之间的关系。考虑到它们功能上的相互依赖性，不可能在这个情境中影响一个因素而不引起其他因素的变化。一个人如果成功地改变了思想，也就成功创造了改变感受和行动的一个有利条件；如果感受改变了，那么行动和思想也可能改变；如果行动改变了，那么思想和感受也会随之改变。把这些选择彼此对立起来似乎是不明智的。

然而，我们的概念化明确地指出，要在人们管理生活的方式上产生治疗性的改变，一个人必须以某种方式在认知评价和应对上产生改变。如果一个人焦虑、恐惧、愤怒、抑郁或其他什么，那么只有当他不再以旧的方式评价遇到的事情并开始以不同的方式评价它们时，这些感受才会消失。当一个人处于危险中或感到失落时，感到恐惧或是悲伤甚至抑郁是合适的。适得其反的是，当这样做不合适或不起作用时，还产生这样的感受。即使有评价的现实依据和随之而来的情绪痛苦，最终也必须尽可能早地克服不能有效应对的问题。在这里，我们对于认知和应对在情绪和适应结果中的必要作用绝不含糊其词。我们在治疗策略上的中立不是对评价和应对在情绪和长期适应结果中的因果作用的不确定或矛盾心态的表达，而是反映了这样一种信念，即目前没有任何依据表明，与间接影响感受、行动或社会环境相比，直接影响评价和应对更能带来变化。

比较一种治疗方法与另一种治疗方法很少能让我们排除关于变化如何
353 发生的其他解释。例如，当使用去条件化程序时，没有评估患者如何解释治疗情境里和情境外发生的情况。因此，条件作用范式中变量的排列并不能清楚地表示实际发生的过程，也不能把治疗关系中涉及的认知或其他过程作为可能的解释排除掉。索洛德和瓦赫特尔（Sollod & Wachtel，1980）这样说：

> 总的来说，我们认为这项工作［致力于分析认知中介的疗法］是非常有前途的，但是我们看到一个危险：在认知的“重新发现”中，一些产生于**行为**视角的优点将丢失。特别值得关注的是，必须保持对行为取向在临床问题上的作用的重视。例如，我们怀疑，未来的研究将揭示，对认知导向的行为治疗师如此具有吸引力的埃利斯（Ellis，1962）的理性情绪疗法之所以如此成功，是因为它强调结构化的现实生活任务，并且治疗师强烈要求患者采取不同的做法，而不是对他们的“非理性”信念进行理性分析。(p. 4)

有趣的是，似乎最具影响力和持久力的疗法是那些既灵活又多面或多模式（用阿诺德·拉扎勒斯的术语来说）的疗法。当治疗涉及一种以上的模式，即认知、行为和/或感受时，对于它在动态设置矫正过程方面会具有更大的前景，我们不应感到奇怪。

## 我们的压力和应对理论视角下的治疗

如果一个人接受这样一个前提，即压力和应对是不适应功能的重要特征，并且治疗与减少压力水平和改善应对有关，那么我们的概念化可能会提供一个有用的视角来看待治疗。下面我们仔细考察我们的元理论对交互和过程的强调以及我们对认知评价和应对的实质性关注，对于治疗的意义。此外，我们还留意治疗动力的经典问题。

### 交互和过程 354

对弗洛伊德取向的不满，很大程度上与它过分强调心灵内部过程和性格问题以及它未能给予环境足够的关注有关。当事情出错时，心理动力主义者的倾向是假定个体的弱点、无能或早期的创伤是罪魁祸首，正如我们所说，这通常只是故事的一部分，而不是全部。心理动力学的视角总是反映出帮助人们适应世界而不是做一些改变来满足他们的需求的保守价值。同样，行为治疗师对产生干扰反应的环境刺激的关注，过分强调了外部条件，而低估了导致人与环境之间产生不和谐的个体特征。

正如我们在第九章所讨论的，**交互模型**表明压力既不在环境中，也不在人身上，而是它们相互作用的产物。人们不是环境需求的被动接受者，他们或多或少地主动选择和塑造自己生活的环境。例如，在选择工作环境时，年轻人评估自己的能力和兴趣，以及可获得的机会。这些年轻人也会选择符合他们的自我概念的爱情关系和社会环境。因此，他们的社会和工作环境在某种程度上是给定的，但在其他方面，他们是根据个人价值观、偏好、能力等来选择的。通过这种选择以及诸如评价等认知过程，一个人和环境变量的组合出现了，正如伤害、威胁和挑战的心理压力状态所示。

转化为治疗任务，这意味着我们不能只关注个体的问题，这是治疗中最普遍的偏差，还必须考虑个体所在环境的特征以及它们是如何被选择的。可能的情况下，聚焦于改变这些环境的治疗与旨在改变个体的治疗一样合适。在心理治疗的讨论中，韦默（Weimer，1980）提出："如果想让治疗有效，它必须构成一个程序，能够利用抽象的规则，即来访者的思想，并改变他们的活动方向，以便使来访者更好地协调其与环境结果之间的关系。"（p. 383）这种"来访者与环境之间的协调"清楚地说明了交互的关键主题。

韦默还讨论了人在其中发挥作用的社会组织如何包含许多关于人类行 355
为的法规和禁令，这些法规和禁令在生活中产生了重要的应激源。这一观点很好地融合了我们在第八章讨论的我们自己对个人和社会系统之间关系的关注，特别是对功能良好的个体所必须处理的社会需求、限制和资源的关注。韦默继续以治疗为导向而评论道：

> ……现在应该很明显，社会和文化现象，代表了将人与其他动物分开的那些因素，不能被忽视，也不能被简化为受到意识控制和改变的外在因素。即使将来访者的问题纳入治疗的范围里，它们也不可避免是社会性的而非个体性的，因此，它们也适合于一个复杂系统，而这个系统是起源于人类行动而非人类意图。到目前为止，我们几乎没有做任何事情来研究人类与环境协调的社会和文化性质……（p. 91）

在**脆弱性**的概念中（参见第二章），我们可以发现交互视角的清晰具体的表现，这是一个人与环境的共同作用。一个人容易在会唤起对其有强烈承诺的价值观和目标的环境条件下受到压力，并且容易受到伤害或威胁，特别是在可能对自己前景产生负面信念的情况下。

以这种方式定义的脆弱性是一个交互变量，因为它在所有环境条件下没有意义，仅在与相关的个人因素功能上互动的情况下才有关。虽说有些人比其他人更加脆弱，因为许多条件都会让他们受到伤害或威胁，但脆弱性绝不仅仅是人或环境变量的结果。

上述讨论还将我们引向**过程**的元理论视角，因为交互和过程在某些方面是相互交织的。正如我们所说，过程指的是遭遇的两个性质：（1）心理应激反应和应对（包括思想、感受和行动）是情境性的，也就是说，它们从一种类型的遭遇到另一种类型的遭遇会发生变化；（2）心理压力和应对随着遭遇的展开而改变。因此，当我们在上面提到，即使是脆弱的个体也不会在所有条件下都受到威胁，而只会在某些种类的条件下受到威胁，或者，相对来说不那么脆弱的个体在某些条件下仍然会体验到威胁时，我们
356 谈论的是过程和交互。同样，在压力性遭遇的过程中，伴随着它的情绪模式，愤怒可能会让位于恐惧或解脱，或者掌控感或安全感可能会让位于威胁。

过程意识在治疗中之所以特别重要是因为它与对个体生活中出现的错误以及必须检查的遭遇和应对过程的类型的评估相关。治疗必须围绕来访者的特定脆弱性和应对不当以及有力量的领域进行。临床方法的一个巨大优势是，它可以仔细地研究单个人，通常是纵向的，以重构当人们在诸如婚姻关系，与工作中碰到的人之间的麻烦，产生恐惧、愤怒或无助，以及产生积极感受和安全感和自我价值感的情境背景下，已经发生的和正在发

生的事情。因为治疗师在不同的情境下研究个体的功能和感受，他们不太可能把一次痛苦的经历错误地归因于个体的整个适应模式。第十章讨论的我们自己的自模研究风格，也是为了做同样的事情。

从广义上看，脆弱性同时是个体内和个体间的概念（参照 Epstein，1983b）。当将焦点放在个体内的心理压力模式上时，它是个体**内**的概念，这意味着要了解哪种情境产生压力，哪种情境不产生压力。当将个体与他人进行比较时，它就是个体间的。然而，当人们面临巨大的环境压力时进行比较是没有成效的，因为在那些情境里大多数人会承受压力。当将一个人的脆弱模式与他人的相比时，脆弱性的概念就实现了特殊的效用，而且我们可以说，这个人会对压力产生反应，即使是在别人不会有反应的情境中。

### 认知评价、情绪和应对

本书中提出的理论观点最初是试图通过分析人们如何评价遭遇对他们健康的重要性来理解心理压力（Lazarus，1966）。它也成为一种**情绪**理论，这涉及更广泛的主题，因为像心理压力一样，情绪是人们如何解读他们最珍视的价值观和承诺的瞬息万变的命运的产物。

这种特别适用于治疗的思考情绪的方式有一种含义。如果情绪是我们 357
如何评价所发生事情的产物，那么通过关注一个人的情绪及其变化，我们还可以了解这个人最重要的价值观、目标和承诺，以及他认为这些会如何演变。因此，套用弗洛伊德的话，即梦是通往无意识的捷径，情绪可以说是理解一个人最重要的议程以及他认为这些议程在日常生活中实现得有多好的捷径。说到底，治疗总是以个体的情绪生活为中心，因此不仅要有一个改变的理论，而且要有一个情绪的理论作为治疗的基础。

一般来说，人们不会为单一或偶发的压力事件寻求帮助，即使在那些情况下一个事件可能会造成痛苦和功能受损。促使人们寻求治疗的因素是经常出现压倒性或破坏性的压力，这种压力发生在一个对个体至关重要的领域。尽管压力理论通常侧重于单一的压力性遭遇，正如在治疗过程中，当一个来访者讲述一个特定的事件时，也会这样做，但会让来访者寻求治疗的麻烦通常代表了一种普遍的、扩展的生活模式，而不是一个偶然事件。

认知评价和应对是多方面的过程，它们可能以许多不同的方式出错（参见第七章）。来访者可能倾向于在不适当的情况下评价威胁，从而体验到适得其反的情绪并从事不适当的应对活动，或者在适当的情况下无法评价威胁。在这些情况下，缺陷集中在初级评价及其决定因素上。这个问题也可能存在于次级评价中，比如来访者不现实地评价他的应对方式。例如，对于许多问题集中在应对上的来访者来说，无法放弃以问题为中心的应对，或在诸如与问题保持距离或寻求足够的情绪支持这类以情绪为中心的应对上无效。

一个人不能在不确定问题所在的情况下，即使只是临时的，制定治疗策略或正确指导治疗。即使在严格的行为疗法中，这一原则也是成立的。例如，在沃尔普（Wolpe，1978）的系统脱敏程序中，治疗师必须首先了解对于患者来说什么是令人恐惧的，什么不是，以便创造一个从无威胁到极度威胁的刺激层次。一个人的思想、情绪和行动不是可以通过安慰的话
358 语轻易改变的非实体，它们与他生活中的一切有着有机的联系。即使是强调使用应对自我陈述的治疗师也认识到这一原则。例如，梅钦鲍姆和卡梅伦（Meichenbaum & Cameron，1983）写道：

> ……重要的是要理解，它们［认知的自我陈述］不是作为流行语被提供的，也不是作为口头上的缓和剂而被无意识地重复。鼓励使用一个往往会导致死记硬背的重复和无情绪的喋喋不休的公式或心理陈述，与作为压力免疫训练对象的问题解决思维之间是存在差异的。过于笼统的公式化思维往往被证明是无效的。(p. 141)

理解来访者，以及他的评价和应对过程及其决定因素这一任务不能在没有风险的治疗中被丢弃。同样，信息本身不足以调节压力。埃夫里尔（Averill，1979）讨论了有关这一问题的研究，确定了几种信息，包括有关遭遇中潜在伤害的信息、即将经历或正在经历的生理或情绪反应、可能需要的公开或工具性行为以及可能的认知应对或以情绪为中心的应对。埃夫里尔关注这些信息在干预和实际压力调节中的应用。我们特别感兴趣的是以下评论：

> ……恐惧症患者可能很清楚地意识到，他害怕的对象（例如，小蜘蛛或空地）不会造成任何伤害，但他仍然害怕；知道吸烟对健康有害，并且发自内心想戒烟的人，可能仍会继续吸入这些致癌物；而抑郁的人可能知道事情并没有**那么**糟糕，但仍然感到悲伤和无助。在这些情况下，仅仅提供进一步的信息可能没有什么价值。对于抑郁、成瘾或恐惧的个体来说，更好地“了解”是不够的，他还必须“变得”更好；而变得更好可能需要认知结构的发展，在这种结构中，所需的态度和行为成为个体自我世界和客体世界的一部分。(p. 384)

认识到认知疗法的切入点因人而异，这在韦斯勒（Wessler，1982a，b）的认知评价治疗体系中是显而易见的，这个治疗体系与埃利斯（Ellis，1962）的理性情绪疗法密切相关。韦斯勒提出了任何认知-情绪-行为事件中的八个步骤，其中的每一个都可以是干预的目标：（1）刺激，内部或外部的，如别人的行为、恐惧的对象，或情绪；（2）个体对所要处理事物的选择，有时反映了知觉防御的操作；（3）刺激的感知和象征性表征；（4）非评价性解释，可能涉及对将要发生的事情、归因和其他冷认知的预测和期望；（5）对更充分加工后的信息的评估性解释（评价），实际上，可能是热认知；（6）对加工后的信息的情绪反应；（7）行为反应，例如接近、回避或攻击行为（区别于可能被决策过程抑制或控制的行为倾向）；（8）对患者行为的反应和强化结果的认知反馈。 359

在不挑剔这些步骤的严格线性性质的情况下（如冷认知之后是热认知），这种分析是有用的，因为它认识到人们可以干预任何步骤来改变过程。韦斯勒（1982a）对公开演讲焦虑进行了分析，以说明该模型的使用。从认知评价治疗的角度来看，关键问题不是演讲（步骤 1）或个体知道演讲将在预定时间进行（步骤 2 和 3）。最有可能的情况是，他会预期表现不佳或听众反响不好（步骤 4），因此预期结果将被评价为非常消极（步骤 5）。然而，这一评价产生的焦虑（步骤 6）可以通过拖延（步骤 7）来减轻，拖延会带来一些即时的缓解（步骤 8），但从演讲目标的角度来看，这是一种适得其反的（神经质的）选择。CAT（认知评价疗法）的重点是第 4 步和第 5 步，即帮助个体对表现、听众反响或两者进行更有利的评价，并以更积极的方式重新评价结果。

贝克（Beck，in press-a，-b）似乎也采取了一种循序渐进的方法来鼓励来访者的变化，他是从运用他的错误认知过程原则来理解特定的个案开始的。鼓励来访者检查与行为相反的内在因素，如思想、冲动和感受；然后鼓励来访者更客观地检查正在发生的事情，几乎像一个公正的观察者一样，通过扩展来访者判断事件、自己和他人的参照系来获得观点，并改变不适当的认知方式，这种认知方式是以前的压力性遭遇的特征，从而迫使关系发生改变。这些步骤旨在提供心理动力治疗师传统上所称的领悟，并 360
通过让来访者在遇到麻烦时表现出领悟来修通问题行为。认知行为治疗师，如贝克，使用**认知重构**的术语，而不是精神分析中从过去为导向的领悟概念，他们专注于现在发生的事情，同时强调行为的变化，目的是改变人-环境关系的破坏性模式。

初级评价过程、次级评价、情绪和应对经常交织在一起，难以分离。

然而，可以说，在评估或诊断认知-情感-应对系统的变量如何在来访者的问题和痛苦经历中发挥作用方面，存在着实用性。来访者强烈情绪的出现为我们提供了重要线索去了解正在发生什么。当这些线索表明行动与遭遇的利害关系或来访者的资源相抵触时，或当感受与行为脱节时，我们必须审视认知评价和应对过程与它们的个人和情境原因的混合，以了解正在发生的事情，并设计一个合适的系统干预项目。压力、情绪和应对的认知理论所提供的是一组前因变量和过程，以及有关它们相互作用的一些原则。治疗师和来访者可以从中提取关键的理解和行为解药。

动机问题

心理学思想向认知转变迫使一度是心理学理论中心主题的动机退居二线。关于动机在治疗中的作用，现在几乎没有人关注。以前的报告认为，患者最重要的决定，即寻求专业帮助，是先于治疗的，这一观点仍然有意义。长期以来，人们一直认为，只有愿意接受改变的斗争的人才能开始接受治疗并与之共处。从这个角度来看，承诺，从一个深思熟虑的决定的意义上说，是因为认识到事情正在恶化，这种治疗可能会有所帮助。治疗师试图产生并维持动机。精神分析师把移情关系、痛苦减少（通过宣泄或发泄），以及患者通过遵循治疗方案来改善病情的希望，作为治疗的激励特征。

361 对于相对较小的问题（小不是从健康后果的角度，而是从人们通常如何感知的角度来看的），如吸烟，人们会有一种清楚的印象，即自我发起（即自我激励）的戒烟在统计上比正式治疗中的戒烟更常见（参见 Pechacek & Danaher，1979）。对决定戒烟负有一定外部责任的人可能需要一种具有社会支持的治疗方案来维持这场斗争；这些人的预后可能比那些清楚地看到成功戒烟很大程度上取决于他们自己的承诺水平的人要差。然而到目前为止，"认知革命"已经过去了，在佩查塞克和丹纳赫对成功戒烟的分析中，他们从来没有提到动机或承诺（类似的模式另见 Prochaska & DiClemente，1983）。相反，他们得出的许多关于成功戒烟的结论表明，对戒烟的反馈，即积极的变化、自我效能的增加、治疗的可信度，以及新技能的获取，有助于个体维持困难的自我控制任务。

从这个角度来看，佩查克和丹纳赫基于认知得出的结论，即成功戒烟是在"治疗通过绩效成就、间接学习和/或说服性沟通等方式快速提高戒烟者自我效能感"（p. 411）的情况下产生的，对于我们，至少对于许多来访者来说是错误的。自我效能感的大幅提高实际上会削弱承诺，因为会使他们对其维持最初成功的能力产生一种错误的安全感（例如，“我可以不抽一包烟而只抽一两口烟”）。

治疗师不能仅仅依靠来访者对治疗的承诺。在治疗过程中，最初的承诺往往会在治疗中逐渐衰退。每个阶段对于来访者来说关键的是**决定**在治疗环境中做治疗师要求的事情，并进一步决定在该环境之外使用所学到的。正是动机使他做出了这些决定。

## 压力管理还是一对一治疗

压力管理项目的问题在于，与大多数一对一临床治疗相比，它们不是针对个体的特定动态而定制的，通常是为一般人创造的。没有人试图找出那些让个体陷入困境的特定脆弱性和应对缺陷（例如，参见 Turk，So- 362
bel，Follick，& Youkilis，1980）。这些项目对于那些因潜藏于表面之下的冲突或个人因素而产生麻烦的人们来说将是无效的，因为它们没有触及根本性的困难。

要理解这种批评，我们只需要考虑一个有据可查的原则，即特定的取向只对某些人有效。人们会对自己所尝试的程序进行自我选择，有时是在经过多次尝试和错误之后。帮助人们管理压力的干预研究和一般性的人格研究的任务之一，是确定中介结果的人格特征。（相关综述参见 Cohen & Lazarus，1979，1983。）

布里克曼和他的同事（Brickman et al.，1982）试图弥合社会心理学家和临床心理学家处理如何帮助人们应对的问题之间的差距，他们描述了四种不同的帮助模型，这四种模型基于问题产生之责任和问题解决之责任的归属。**道德模型**认为，人们对问题产生和解决方案寻找二者皆负有责任；**补偿模型**认为，人们不为自己的负责问题，但要负责问题解决；**医学模型**认为，人们既不负责自己的问题，也不负责问题解决；**教化模型**认为，人们不负责问题解决但要对自己的问题负责。这些模型由照看者和接受帮助的人共同持有。

布里克曼等继续说明责任归属的特定模式会影响给予和接受帮助的方式。例如，作者假设：

> ……人们对问题解决负责的模型（补偿模型和道德模型）比他们不负责问题解决的模型（医学模型和教化模型）更有可能提高人们的能力。不让人们对他们的问题负责也可能是有益的，尽管这方面的证据不太清楚。(p. 375)

这篇论文有趣且具有启发性；它也是交互性的，因为它考虑了来访者和治疗师的假设之间的匹配，并考虑了这些假设的认知行为后果。如果来访者的模型与治疗师的模型不那么匹配，那么一般的压力管理项目将失
363 败，直到二者的基本假设都得到澄清。当然，同样的原则也适用于一对一的治疗。此外，布里克曼等提出一些重要的问题：某些模型在整体上更好，还是因不同的来访者而异？如果照看者使用某些模型而不是其他模型，他们是否更容易失去动机？组织结构和职业角色社会化在模型选择中有什么作用？

随着针对大部分人口的压力管理和社会技能培训项目的激增，出现了一些不稳定的迹象。蒂姆尼克（Timnick，1982）将这类项目比作几代人以前的查尔斯·阿特拉斯动力塑身项目（Charles Atlas Dynamic Testion Body-building Program），该项目使用了一个称为“97磅[①]重的弱者”（97-pound weaking）的广告，他在上了课程并获得了一个超级身体后，可以勇敢地面对一个恶霸。蒂姆尼克回顾了一些社会技能培训项目，并提出了一个严重的问题，即他们是否完成了他们所声称的全部或部分工作。她认为，许多都是琐碎的，只不过是“花言巧语的模仿”（p. 49），其基本假设是只有一种正确的、成功的或可接受的与他人互动的方式：

> 社会技能培训项目和课程的激增可能会使社会变得更加文明，在这个社会中有更多的人真正联系在一起。这也可能导致一个机器人的世界——闪烁着微笑，彼此祝愿美好的一天。现在说还为时过早。但是，不管这项运动是好是坏，它都在发展。没有人确切知道现在有多少心理学家在教授社会技能或者做这方面的研究，但美国心理学会估计可能有几千人。毫无疑问，更多人很快就会加入他们。（p. 49）

### 信息提供和技能培训

当应对失败是由于缺乏简单的知识、技能或经验时，小组项目可能很有用；然后将治疗任务适当地定义为填补这些缺口。一个很好的例子是耶茨（Yates，1976）的一本书，名为《应对：女性独自生存手册》，书中鼓励经历过分居、离婚或丧偶寡居的女性，或是单身一人、对生活管理感到不足的女性，去相信她们有能力处理事情。该手册提供了有关单亲家庭中的金钱、信用、旅行、汽车问题和孩子的有用信息和建议，以及有关更广
364 泛问题如性和孤独的信息。同样，自信训练通常被视为提供了认同和维护

---

① 1磅约合0.45千克。——译者注

个人权利辩护所需的技能。

在应对的问题解决技能中，似乎出现了更为复杂的取向。例如，德苏里拉和内祖（D'Zurilla & Nezu，1982）开发了一种基于社会学习理论，旨在提高社交能力的“社交问题解决”模式。作者们考虑了五种与阶段相关的一般技能：（1）问题导向或一个问题解决集；（2）问题定义和构想；（3）备选方案的生成，包括策略层面的解决方案和具体的一步一步的方法；（4）决策；（5）解决方案的实施和验证。莱德和迈兹（Ladd & Mize，1983）提供了另一个版本的儿童社会技能培训。这种类型的模型对于更详细、更深入地研究解决问题所涉及的内容，或者用我们的语言来说是以问题为中心的应对方式，具有一定的价值。但是，我们所缺乏的是对情绪因素的关注，这些情绪因素可能是适应不良的基础，并损害理性的问题解决过程，以及当遭遇涉及热认知而不是冷认知时对所产生的痛苦情绪的调节。因此，“社交问题解决”似乎更倾向于冷实验室环境，而不是让人们接受治疗的令人不安的、高度情绪化的经历。

旨在提供信息和技能培训的干预取向也可以通过对痛苦而令人苦恼的医疗程序的准备程序的研究加以说明。这些项目是基于一个隐含的假设，即成功的准备只需要增加对即将发生的事情的了解。这类干预的研究从贾尼斯（Janis，1958）对即将手术的患者的早期工作中获得了动力（另见 Janis，1967），并在安德森和马苏尔（Anderson & Masur，1983）、肯德尔等（Kendall et al.，1979）、科恩和拉扎勒斯（Cohen & Lazarus，1979，1983）的行为医学的背景下进行了讨论。关于这种干预有很多的研究。利文撒尔和他的同事（相关综述参见 Leventhal & Nerenz，1983）现在的一系列经典实验提供了一个特别有代表性的例子。

例如，在一项研究中，利文撒尔等（Leventhal，Brown，Shacham，& Engquist，1979）比较了被给予三种预备信息的被试在冷压试验期间报告的痛苦程度。这项研究有趣的是，作者们关注的是信息影响评价的机制。365
本研究的被试被给予了三种预备信息：**感觉信息**，它为个体提供了一套客观的刺激特征，即在应激源影响期间可能经历的触觉、温觉和视觉变化；**唤起信息**，包括对情绪行为的描述和唤起的客观和主观迹象，如心跳、手出汗、紧张等；描述实验过程的**程序性信息**。另外还有**强度信息**，即高疼痛或无疼痛的警告。被试分为三组：感觉组、唤起组和程序信息组。还有最后一组作为对照组。这些组又被细分为高疼痛和无疼痛警告组，因此总共有 6 种情况，3 种有疼痛警告，3 种没有疼痛警告。痛苦的评分用六分钟时间内，被试把手浸在冷压器中的时间长度来计算。在疼痛警告情况下，感觉信息与程序和唤起信息相比显著减少了最终判断期间（浸泡的最后四分钟）的痛苦，而唤起信息对减轻痛苦没有实质性影响。当没有疼痛的警告时，感觉信息组的疼痛感下降更为明显。总的来说，这些结果支持了过去的发现（相关综述可参见 Leventhal & Nerenz，1983），这些发现表明感觉信息在接触有害应激源时能够减少痛苦。

作者认为，不同类型的预备信息改变了对有害刺激信息的加工方式，从而改变了被试对应激源的体验。感觉信息导致对刺激产生**客观**、非情感的体验，而疼痛警告的信息导致对刺激产生**情绪**体验。利文撒尔和他的同事假设客观信息是根据寒冷、麻木、发麻等特定的感觉，以及情绪痛苦反应习惯化进行编码或分类的。与此同时，情绪化加工的信息，如疼痛程度的信息，被编码或整合到情绪图式或疼痛记忆中（Leventhal & Everhart，1979），刺激和编码会继续激发痛苦。

利文撒尔等（1979）提出了一个有趣的替代假设，即痛苦反应减少与其说是信息编码方式的一个函数，不如说是回避的一个函数。他们进行了两个后续实验，得出结论：情绪痛苦减少的机制是促进习惯化过程的刺激
366 的客观或信息特征的模式的形成。他们指出了其他提供类似证据的研究。例如，摩根和波洛克（Morgan & Pollock，1977）研究了世界级的赛跑运动员。他们发现，顶尖的赛跑运动员在跑步时会认真检测腿部和肌肉的感觉，而出色但不顶尖的运动员则会分散对这些感觉的注意，他们将这些感觉视为威胁信号，或者一个预期壁垒或到达耐力极限的迹象。“因此，监控本身并不是跑步者控制痛苦的关键因素，关键是信号的模式化。”（p. 710）同样，他们注意到，在医院环境中，如果存在使疼痛和情绪图式化可能性变高的威胁情况，通过把监测策略（感觉信息）和治疗将有帮助的保证结合起来，就可以减少痛苦（如 Johnson & Leventhal，1974）。

对信息作用的大多数自然研究主要关注健康环境中信息和结果之间的关系。正如我们前面指出的，大多数这样的研究与干预有关。在回顾了大量此类研究之后，科恩和拉扎勒斯（1979）确定了四种常用信息：

> （1）关于疾病性质或开始特定治疗的医学原因的信息；（2）详细描述将要实施的医疗程序的信息；（3）关于预期的特殊感觉或副作用的信息；（4）关于个体在适应即将到来的威胁时可以使用的应对策略的信息。（p. 247）

这些研究的结果尚不清楚。通常，任何信息都是在支持、鼓励、关注和通常隐含挑战的背景下提供的。因此，很难确定信息性或支持性因素是

否在帮助患者调整方面更重要。此外，这些研究关注的是信息对结果的影响，没有解决关于各种类型的信息如何对评价产生不同影响的问题，也不涉及这种影响发生的机制。

当考察信息影响压力性评价机制的实验是在自然环境中进行的时候，有必要仔细区分不同类型的信息，就像利文撒尔等研究中所做的，以及如科恩和拉扎勒斯（1979）所指出的，将信息内容和提供支持和鼓励的情境分开。 367

对于那些有责任告知他人所有迫在眉睫的危险的人，总是会出现这样一个问题：如何描绘危险才能促进有效的准备并最小化威胁带来的破坏性或阻碍？总的来说，创造一个更具挑战性而不是威胁性的氛围似乎是有利的。创造这种氛围或评价的方式因环境而异，也因群体而异。然而，来自医疗环境、自然灾害甚至是教育环境的逸事报告说明，一种策略似乎相对普遍，即侧重于成功的可能性而非失败的可能性。

这种策略的效果在特沃斯基和卡尼曼（Tversky & Kahneman，1981）的一系列实验研究中是明显的，他们能够在假设的决策问题中，通过将问题归结为收益或损失，大幅逆转偏好。下面的问题说明了这种效果。选择每个选项的受访者的百分比标识在括号中。

> 问题 1：假设美国将要爆发一种非同寻常的亚洲疾病，预计将导致 600 人死亡。已经提出了两个对抗这种疾病的备选方案。假设对项目后果的准确科学估计如下：
>
> 如果采用方案 A，200 人将获救。[72%]
>
> 如果采用方案 B，1/3 的概率 600 人都将获救，2/3 的概率任何人不会获救。[28%]
>
> 您喜欢这两个项目中的哪一个？（p. 453）

给第二组受访者的背景故事相同，备选方案描述如下：

> 如果采用方案 C，400 人将死亡。[22%]
>
> 如果采用方案 D，1/3 的概率没有人会死，2/3 的概率 600 人会死。[78%]（p. 453）

特沃斯基和卡尼曼证明了在许多情况下这些偏好的逆转。效果看起来很好。成功与失败只代表了信息可以变化的几个维度中的一个。正如我们在本节开头所指出的，信息也可以根据其特殊性而变化，并且可以根据其对感觉、唤起或程序的强调而变化（参照 Leventhal et al.，1979）。 368

最后，有一些证据表明一个个体因素，即防御风格，与信息类型相互作用影响医疗环境中的结果。戈尔茨坦（Goldstein，1973）报告的一系列研究表明，通常不回避信息的人如果收到具体信息，恢复效果会更好；如果收到一般信息，恢复效果会更差。与此同时，“回避者”在处理一般信息时比处理具体信息时做得更好。压抑-敏感化与信息之间的交互作用也得到了考察。有迹象表明，应为敏感者广泛地准备医疗程序，而压抑者应单独应对（Shipley et al.，1978，1979）。不过，科恩和拉扎勒斯（1973）发现没有交互作用。

### 当信息和技能培训失败时

目前对那些面临严重疾病和丧失的人提供的主要帮助形式是以问题为中心的，主要是直接教授如何管理化疗的副作用，吞下胃管，或在乙状结肠镜检查期间放松。这些干预是有价值的，但它们往往忽略了其他类型的存在痛苦，这些痛苦是人们困境的一部分，这些人的疾病对他们的生活质量和幸福感有深刻的影响。在以问题为中心的干预中，缺乏对这种痛苦的关注，社会和专业人士倾向于淡化消极情绪，鼓励积极的想法和情感，这使问题更加严重。拉扎勒斯（in press-b）将这称为痛苦的琐碎化。这就好像灾难中的受害者被告知他们没有权利对他们的困境感到难过，那些对痛苦做出反应的人被描绘为无法充分应对。从某种意义上说，这些人不仅是疾病的受害者，而且是那些想助人的人的判断的受害者。

此外，由于长期存在的个人困难，包括冲突、隐藏的因素和早年产生的恐惧，技能培训也可能失败，这些困难被后来的生活方式，或者对自身不足的普遍信念所强化和维持。事实上，这些复杂因素的存在可能阻碍了必要的社会和应对技能的学习。干预的负担随后从简单的培训或教育转移到一个更传统的治疗目标上，这个目标被定义为各种各样的去条件化和再
369 学习，改变错误应对下的无用信念，和/或获得新的理解和应对模式。

通常情况下，最初是一个简单的培训或教育项目，然后作为对个人动力的探索出现，目的是获得并利用对哪里出了问题的理解。麦克弗尔和特温泰曼（McFall & Twentyman，1973）的一项研究强调了这点，即在自信培训中，来访者需要学习的不仅仅是说正确的事情来证明自己。来访者通常学习表现得更加自信，但不会传达任何真正的自信感；人们可以透过他们的言行，看到他们内心的不自信。

因此，我们必须警惕这样一个假设，即当应对在即使可能采取措施改善有问题的人与环境之关系的情况下也失败时，我们所要做的就是教授必要的技能。有时，最初导致应对能力不足的极端障碍现在也会阻碍应对技

能的培训。这就是当问题被冲突包围时，动力治疗师一直怀疑向来访者提供建议的价值的原因之一；这些情况下的建议可能被采纳，但很可能只是表面上的依从（参照 Kelman，1961）。

许多培训项目，只要有人遇到麻烦，就有很多版本被人们所熟知，这些培训项目显得深思熟虑、明智，甚至富有洞察力，并且呼吁当前有关人类状况的任何理论构想，在特定的时间内受到广泛的尊重。认知行为治疗师喜欢引用古希腊斯多葛学派的爱比克泰德，正如我们在第二章提到的，他写道："困扰人类的不是事物，而是他们对于事物的看法。"斯多葛学派提供的解决生活压力和痛苦的方法是放弃所有的荣誉、奖励和物质财产，这些都会产生情绪上的依恋，无论是正面的还是负面的，都会造成人类的痛苦，要学会以冷静和超然的方式生活。

在"健全的思想寓于健康的身体"和"身体是灵魂的圣殿"的学说中发现了这些古老处方的更多现代版本，并预示了一些项目，来敦促人们进行锻炼和执行饮食计划，并避免饮酒、吸毒和吸烟。通常的假设是，如果一个人身体感觉良好，那么生活和工作的压力就会减少。冥想，另一个古老的主题，现在通常可以粗略地理解为放松训练，往往是在项目中教授，其目标是降低紧张，从而控制压力。

另一个策略是，当我们面对压力性遭遇时，对我们的想法和行为进行培 370
训（如 Bramson，1981；Burns，1980）。因为它建立在认知行为治疗推理之上，是最具野心和最复杂的取向，值得特别关注。布拉姆松为那些在应付麻烦者时遇到困难的人提供程序化建议，这是工作环境中常见的应激源。他提出了以下一般步骤：评估情境；避免（不切实际地）希望这些人会改变或简单地离开；让自己和问题行为保持距离，以便理解它，甚至同情它；制定一个能够改变无效互动模式的应对策略；实施计划，首先练习如何与朋友一起行动或扮演角色，然后选择适当的时间面对冲突；监控所做的事情，以评估为什么它可能不起作用，并最终评估回避此人的可能性。

布拉姆松还列出了行为模式特别难以处理的七种人：优柔寡断者、持有敌意-攻击性者、消极主义者、无所不知者、抱怨者、反应迟钝者和过分妥协者。对于优柔寡断者，建议的策略是帮助他们表达他们的担忧或冲突，为他们提供支持，并限制提供给他们的替代方案；对于持有敌对-攻击性者，建议是不用打架的方式去对抗他们，并期望会感受到愤怒，但不让它失控；对于无所不知者的建议是做出事实性的陈述，而不是武断的陈述，甚至接受下属角色来完成需要做的事情。

伯恩斯（Burns，1980）的《感觉良好》一书中的思想体系是建立在贝克（Beck，1976）对抑郁症的研究的基础上的，它从一个简单的理论分析开始，接着运用鼓舞人心的训诫来建立自尊。它提供了自我陈述，以便在各种会引起愤怒或抑郁的情绪遭遇中进行练习；它还提供了对错误前提的分析，这些错误前提指导人们的思想和行为，例如对被认可、被爱、完美以及贬低一个人的工作或表现上瘾。基本的努力是用理性的前提来代替那些会引起情绪痛苦的错误前提。

一些项目结合了上述几种策略。例如，通过积极的自我陈述和新的行为来处理心理应激源和应对缺陷，同时指导人们通过锻炼和饮食进行系统
371 的放松、冥想和/或健身。史密斯（Smith & Ascough，in press）所提供的称为认知情感压力管理训练的项目，说明了这种兼收并蓄的取向。它从认知行为的角度开始针对压力展开小组讲座或讨论，建议合理的饮食和锻炼，并提供冥想和放松的训练。一个目的是使参与者对压力诱导的信念和自我陈述敏感，并用积极的信念取代它们，从而在某种程度上遵循梅钦鲍姆（Meichenbaum，1977）和其他人所描述的思路。在每一次会谈中，鼓励参与者谈论事情的进展情况，以及他们如何在放松和压力控制中进行管理。鼓励他们记录自己的进步，这是许多项目中使用的一个程序。随着项目的进行，参与者开始对回避压力性冲突的倾向变得敏感，并被鼓励通过适当控制的冲突来尝试对焦虑、愤怒或恐惧进行脱敏，在这种冲突中，试用先前被回避的行为。很有可能，这样一个项目最具建设性的特点之一就是让参与者对生活中的应激源和面对压力时所做的适得其反的事情保持敏感。然而，要取得成功，这一过程必须不局限于对获得新运作方式保持敏感，这种新的运作方式可以在需要时使用，并持续一段时间。

这些团体项目构成了一个运动，它远离为普通人设计的干预，走向更个性化的干预。一种团体治疗情境允许参与者谈论正在发生的事情，听取包括领导者在内的其他人的反应，并将这些技术应用到他们的个人问题上。一些项目涉及那些有共同压力来源的人，例如诺瓦科（Novaco，1979）为警察控制愤怒而进行的压力免疫培训，这些项目甚至进一步走向了个体化的方法。

对布拉姆松（1981）和伯恩斯（1980）等的一般化正式项目的分析令人印象深刻，我们毫不怀疑，如果按照提议来实施这些项目，它们可能会有用。诺曼·文森特·皮尔对积极思维的力量或斯多葛学派对脱离激情的坚定信念，也为解决生活问题提供了有意义但可能有限的解决方案。不幸的是，那些从这些准则中获益最多的人通常因为其他的因素和弱点而被排除在这些准则之外。

我们也毫不怀疑，身体锻炼、放松和冥想会对人产生有利的影响（如 Benson，1976；Blumenthal，Williams，Needels，& Wallace，1982；Bos- 372
well & Murray，1979；Carrington，1977；Davidson，Goleman，& Schwartz，1976；DeGood & Redgate，1982；Goldman，Domitor，& Murray，1979；Goleman & Schwartz，1976；Lyles，Burish，Korzely，& Oldham，1982；Sinyor，Schwartz，Peronnet，Brisson，& Seraganian，1983）。这是一个合理的前提，即通过良好的身体感觉来帮助我们应对困难，而良好的身体感觉是通过锻炼、饮食和其他良好的健康习惯而获得的。同样，能够放松和从麻烦中转移注意，为日常生活提供了潜在的优势。与此同时，海德和博尔科韦茨（Heide & Borkovec，1983）已经表明，对于某些来访者来说，放松程序可以增加而不是减少焦虑，这再次指出了普遍存在的个体差异。然而，压力管理的底线是，这些项目必须激发新的方法来评价产生痛苦的条件，并以更有效的方式来应对这些情况。原则上，任何能启动这类过程的东西都是有帮助的，但只有在改变所必需的认知和行为活动发生时，它才会成功。

### 对压力管理项目的展望

对于一般化的、正式的压力管理项目及其不那么普遍的准团体治疗方案，现在得出任何结论还为时过早。目前最令人不安的是，它们的倡导者倾向于夸大他们所能提供的帮助，并且缺乏对后果评估的关注。当前的兴趣和需求氛围以及开发新项目的热情似乎不利于进行适当的评估。对需求具有广泛共识这一事实掩盖了这些项目是否会为富有灵感的取向和过去时代的生活哲学增添更多内容。心理学家们早就知道，由于普遍存在的安慰剂效应，对人们的结果进行个人验证是出了名的不可靠；如果人们相信某种东西会有所帮助，他们通常会发现它是有帮助的，至少在一段时间内是这样。由于必须考虑多种因素，例如呈现问题的类型、人的类型、治疗师的类型和治疗师的取向，评估一对一的治疗是很困难的。任何声称找到了治疗人类痛苦的灵丹妙药的人，无论是用压力管理的语言还是作为一种生活哲学来施展，都没有认识到这种尝试的漫长历史，也没有考虑到个体差 373
异和处于困境的人的实际生活情况。

罗斯凯斯（Roskies，1983）对四本关于压力管理的主要书籍的综述令人满意但却有些讽刺地解答了我们在上面描述的一些疑问。罗斯凯斯写道：

> 近年来，我们对疾病成因的传统理解被一个强有力的新概念，即压力所改变。应激源于20世纪50年代的一个实验室术语，如今已成为解释当今世界许多困扰我们的问题的一个简略表达方式，被用来解

> 释各种各样的情况，如咬指甲、吸烟、杀人、自杀、癌症和心脏病。从人类学的角度来看，压力在现代社会的作用与过去的鬼魂和恶灵相同，使我们理解各种各样的不幸和疾病，否则这些不幸和疾病可能只是随机的机会游戏……
>
> 在不寻求治愈或控制疾病的情况下，接受疾病的新病因将是非美国式的。因此，最近自助手册的行列中加入了专门教我们如何管理压力的书籍，这并不奇怪。在一系列“DIY”（自己动手）增加性快感、塑造美丽身体、释放隐藏的心理和情感能力的指南中，一种新手册是专门用来控制棘手的压力的。这里所讨论的压力管理指南都是在过去一年左右发行的，尽管销售宣传语从死亡威胁到最大程度的幸福承诺各不相同，但都是以个人可以通过使用新的、改进的应对策略来防止或减少压力的潜在危害为前提的。
>
> 不幸的是，这些压力管理指南有另一个重要特征：根据《当代心理学》（*Contemporary Psychology*）评估自助书籍的标准来判断……所有这些都存在严重的不足。关于压力为什么以及如何有害的解释过于简单，往往不准确。自我诊断的技术是模糊的、不恰当的，在某些情况下甚至可能对那些应该寻求其他类型帮助的人有害。所提议的“治疗”有效性被夸大，而且这种宣扬主要是靠逸事和不相干的统计数据来支持。最后，尽管所有这些手册都清楚地标记为“DIY”治疗方案，但没有一本是以这种形式进行检验的。(p. 542)

我们自己的偏向是，压力管理项目代表着一种当前的潮流，很可能会被新的潮流和思维方式所取代。永远不可能有一个简单的程序来产生可以推动人朝着更好的精神面貌、社会和工作功能，以及躯体健康的方向前进
374 的认知、行为和情绪过程。然而，我们所说的一切都不可能说服专业工作者和时尚主义者停止寻找对所有人或大多数人都有效的干预程序，或通过一种或另一种程序停止咒骂。运气好的话，对于人类适应过程中发生的错误和正确的事情，我们会学到一些重要和有用的东西。

## 总结

在这一章，我们运用我们的理论构想来探究一对一治疗和压力管理项目。一对一的治疗取向可大致分为以下几种：生物学或生理学取向；动力取向，起源于弗洛伊德的精神分析；行为取向，强调某种形式的条件作用或去条件化过程；认知行为取向，强调认知过程及其在塑造情绪和行为中

的作用。认知行为的理论构想，如埃利斯（Ellis，1962，1975）、贝克（Beck，1976）、戈德弗里德（Goldfried，1980）和梅钦鲍姆（Meichenbaum，1977；Meichenbaum & Jaremko，1983）的表述，似乎与我们的压力和应对认知理论高度一致。

治疗可以以四种过度简化的方式带来变化：感受可以塑造思想和行动；行动可以塑造思想和感受；思想可以塑造感受和行动。感受、思想和行动是相互依存的：如果思想改变了，感受和行动也可能改变。同样，如果行动改变，思想和感受也会改变。因此，哪个策略最有效是一个经验问题，并且在所有可能的情况下，多重策略增加了产生必要变化以实现更好功能的可能性。然而，不管怎样，要想有治疗上的改变，在认知评价和应对上就必须有改变。

将我们的理论取向应用于干预意味着必须以交互的方式看待一个给定的适应问题；它必须被看作人与其环境之间相互作用的产物。例如，脆弱性并不仅仅只涉及一个人，而是在与相关的人的因素相互作用的特定环境中产生的。干预还必须以过程为导向；个体已经发生和正在发生的事情必须通过不同事件或不同情境进行研究。

情绪揭示了一个人最重要的议程及其认为他在这些议程上进展如何，
它们可以帮助确定是什么导致了机能失常或痛苦。个体可能倾向于不恰当 375
地评价威胁或在适当的时候不评价威胁，或者该缺陷可能主要与应对有关。治疗的切入点（感受、思想、行动）和治疗目标（评价、应对）因人而异。患者是否接受治疗并继续治疗取决于其动机。

与一对一治疗不同的是，压力管理项目通常是为普通人创设的。尽管这些项目可能会有所帮助，但对于那些因个人冲突或个人因素而导致问题的人来说，它们的有效性是有限的，因为这些项目并没有解决这些问题。以问题为中心的压力管理项目也不适合那些因现实中与他们的问题相关的存在担忧而遭受痛苦的人。例如，向面临艰难的医疗程序的人提供信息，并不能帮助他们消除他们对疾病影响健康的担忧。一些团体项目提供更个性化的干预，并试图解决个人问题。为了有效，任何压力管理项目都必须激励人们评价情境，并/或以新的方式应对他们的需求。在获得可靠的评估研究之前，很难知道哪些压力管理项目（如果有的话）能够成功实现这些目标。

有效地处理与压力有关的人类痛苦和机能失常的任务仍然是继续研究和思考压力、评价和应对的主要动机之一。

# 参考文献


Abramson, L., Garber, G., & Seligman, M. E. P. (1980). Learned helplessness in humans: An attributional analysis. In J. Garber & M. E. P. Seligman (Eds.), *Human helplessness: Theory and applications*. New York: Academic Press.

Abramson, L. Y., Seligman, M. E. P., & Teasdale, J. P. (1978). Learned helplessness in humans: Critique and reformulation. *Journal of Abnormal Psychology, 87*, 49–74.

Ader, R. (1980). Psychosomatic and psychoimmunological research. Presidential Address. *Psychosomatic Medicine, 42*, 307–321.

Ader, R. (1981). Animal models in the study of brain, behavior and bodily disease. In H. Weiner, M. A. Hofer, & A. J. Stunkard (Eds.), *Brain, behavior, and bodily disease*. New York: Raven.

Adler, A. (1930). Individual psychology. In C. Murchison (Ed.), *Psychologies of 1930*. Worcester, MA: Clark University Press.

Ainsworth, M., Salter, D., & Wittig, B. A. (1967). Attachment and exploratory behavior of one-year-olds in a strange situation. In B. M. Foss (Ed.), *Determinants of infant behavior* (Vol. 4). London: Wiley.

Ainsworth, M., & Wittig, B. A. (1970). Attachment and exploratory behavior of one-year-olds in a strange situation. *Child Development, 41*, 49–67.

Albee, G. W. (1980). A competency model must replace the defect model. In L. A. Bond & J. C. Rosen (Eds.), *Competency and coping during adulthood*. Hanover, NH: University Press of New England.

Albee, G. W., & Joffe, J. M. (Eds.). (1977). *Primary prevention of psychopathology. Vol. 1: The issues*. Hanover, NH: University Press of New England.

Aldrich, C. K., & Mendkoff, E. (1963). Relocation of the aged and disabled: A mortality study. In B. L. Neugarten (Ed.), *Middle age and aging: A reader in social psychology*. Chicago: University of Chicago Press.

Aldwin, C., Folkman, S., Schaefer, C., Coyne, J. C., & Lazarus, R. S. (1980, September). *Ways of coping: A process measure*. Paper presented at meetings of American Psychological Association, Montreal.

Alexander, B. K., & Hadaway, P. F. (1982). Opiate addiction: An adaptive orientation. *Psychological Bulletin, 92,* 367–381.

Alexander, F. (1950). *Psychosomatic medicine.* New York: Norton.

Alexander, F., French, T., & Pollack, G. H. (1968). *Psychosomatic medicine.* Chicago: University of Chicago Press.

Allen, B. P., & Potkay, C. R. (1981). On the arbitrary distinction between states and traits. *Journal of Personality and Social Psychology, 41,* 916–928.

Allport, F. H. (1955). *Theories of perception and the concept of structure.* New York: Wiley.

Allport, G. W. (1962). The general and the unique in psychological science. *Journal of Personality, 30,* 405–422.

Altman, I. (1976). Environmental psychology and social psychology. *Personality and Social Psychology Bulletin, 2,* 96–113.

Altman, I., & Wohlwill, J. G. (Eds.). (1977). *Human behavior and environment: Advances in theory and research.* New York: Plenum.

Anchor, K. N., Beck, S. E., Sieveking, N., & Adkins, J. (1982). A history of clinical biofeedback. *American Journal of Clinical Biofeedback, 5,* 3–16.

Anderson, C. R. (1977). Locus of control, coping behaviors, and performance in a stress setting: A longitudinal study. *Journal of Applied Psychology, 62,* 446–451.

Anderson, K. O., & Masur, F. T., III. (1983). Psychological preparation for invasive medical and dental procedures. *Journal of Behavioral Medicine, 6,* 1–40.

Anderson, M. P. (1980). Imaginal processes: Therapeutic applications and theoretical models. In M. J. Mahoney (Ed.), *Psychotherapy process: Current issues and future directions.* New York: Plenum.

Andrasik, F., & Holroyd, K. A. (1980). A test of specific and nonspecific effects in the biofeedback treatment of tension headache. *Journal of Consulting and Clinical Psychology, 48,* 575–586.

Andreasen, N. J. C., Noyes, R., Jr., & Hartford, C. E. (1972). Factors influencing adjustment of burn patients during hospitalization. *Psychosomatic Medicine, 34,* 517–525.

Andrew, J. M. (1970). Recovery from surgery with and without preparatory instruction for three coping styles. *Journal of Personality and Social Psychology, 151,* 223–226.

Andrews, G., Tennant, C., Hewson, D., & Schonell, M. (1978). The relation of social factors to physical and psychiatric illness. *American Journal of Epidemilogy, 108,* 27–35.

Aneshensel, C. S., & Huba, G. J. (1983). Depression, alcohol use, and smoking over one year: A four-wave longitudinal causal model. *Journal of Abnormal Psychology, 92,* 134–150.

Aneshensel, C. S., & Stone, J. D. (1982). Stress and depression. *Archives of General Psychiatry, 3,* 1392–1396.

Ansbacher, H. L., & Ansbacher, R. R. (Eds). (1956). *The individual psychology of Alfred Adler.* New York: Basic Books.

Antonovsky, A. (1972). Breakdown: A needed fourth step in the conceptual armamentarium of modern medicine. *Social Science and Medicine, 6,* 537–544.

Antonovsky, A. (1979). *Health, Stress and coping*. San Francisco: Jossey-Bass.

Appley, M. H., & Trumbull, R. (1967). *Psychological stress: Issues in research. New York: Appleton-Century-Crofts.*

Archer, R. P. (1979). Relationships between locus of control, trait anxiety, and state anxiety: An interactionist perspective. *Journal of Personality, 47,* 305–316.

Aries, P. (1962). *Centuries of childhood: A social history of family life.* (trans. from the French by R. Baldich.). New York: Vintage.

Arnheim, R. (1958). Emotion and feeling in psychology and art. *Confinia Psychiatrica, 1,* 69–88.

Arnold, M. B. (1960). *Emotion and Personality* (2 vols.). New York: Colombia University Press.

Arnold, M. B. (Ed.). (1970). *Feelings and emotion.* New York: Academic Press.

Asch, S. E. (1952). *Social psychology.* Englewood Cliffs, NJ: Prentice-Hall.

Atkinson, J. W. (1964). *An introduction to motivation.* Princeton, NJ: Van Nostrand.

Atkinson, J. W., & Birch, D. (1978). *Introduction to motivation* (2nd ed.). New York: Van Nostrand.

Auerbach, S. M. (1973). Trait-state anxiety and adjustment to surgery. *Journal of Consulting and Clinical Psychology, 40,* 264–271.

Austin, S. H. (1975). Coping and psychological stress in pregnancy, labor and delivery with "natural childbirth" and "medicated patients." *Dissertation Abstracts International, 35*(11), 5631-B.

Averill, J. R. (1968). Grief: Its nature and significance. *Psychological Bulletin, 70,* 721–748.

Averill, J. R. (1973). Personal control over aversive stimuli and its relationship to stress. *Psychological Bulletin, 80,* 286–303.

Averill, J. R. (1974). An analysis of psychophysiological symbolism and its influence on theories of emotion. *Journal for the Theory of Social Behavior, 4,* 147–190.

Averill, J. R. (1975). A semantic atlas of emotional concepts. *JSAS Catalogue of Selected Documents in Psychology, 5,* 330 (Ms. No. 421).

Averill, J. R. (1979). A selective review of cognitive and behavioral factors involved in the regulation of stress. In R. A. Depue (Ed.), *The psychobiology of the depressive disorders: Implications for the effects of stress.* New York: Academic Press.

Averill, J. R. (1982). *Anger and aggression: An essay on emotion.* New York: Springer-Verlag.

Averill, J. R., O'Brien, L., & DeWitt, G. W. (1977). The influence of response effectiveness on the preference for warning and on psychophysiological stress reactions. *Journal of Personality, 45,* 395–418.

Averill, J. R., Olbrich, E., & Lazarus, R. S. (1972). Personality correlates of differential responsiveness to direct and vicarious threat. *Journal of Personality and Social Psychology, 21*, 25–29.

Averill, J. R., & Opton, E. M., Jr. (1968). Psychophysiological assessment: Rationale and problems. In P. McReynolds (Ed.), *Advances in psychological assessment* (Vol. 1). Palo Alto, CA: Science and Behavior Books.

Badia, P., & Culbertson, S. (1970). Behavioral effects of signalled vs. unsignalled shock during escape training in the rat. *Journal of Comparative and Physiological Psychology, 72*(216).

Badia, P., Culbertson, S., & Harsh, J. (1973). Choice of longer or stronger signalled shock over shorter or weaker unsignalled shock. *Journal of Experimental Animal Behavior, 19*(25).

Badia, P., Harsh, J., & Abbott, B. (1979). Choosing between predictable and unpredictable shock conditions: Data and theory. *Psychological Bulletin, 86*, 1107–1131.

Badia, P., McBane, B., Suter, S., & Lewis, P. (1966). Preference behavior in an immediate versus variably delayed shock situation with and without warning signal. *Journal of Experimental Psychology, 72*, 847–852.

Badia, P., Suter, S., & Lewis, P. (1967). Preference for warned shock: Information and/or preparation, *Psychological Reports*, 1967, 20, 271–274.

Bakan, D. (1968). *Disease, pain and sacrifice: Toward a psychology of suffering*. Chicago: University of Chicago Press.

Baker, G. W., & Chapman, D. W. (Eds.). (1962). *Man and society in disaster*. New York: Basic Books.

Bandura, A. (1969). *Principles of behavior modification*. New York: Holt, Rinehart & Winston.

Bandura, A. (1971). Psychotherapy based upon modeling principles. In A. Bergin & S. Garfield (Eds.), *Handbook of psychotherapy and behavior change*. (New York: Wiley.

Bandura, A. (1977a). Self-efficacy: Toward a unifying theory of behavioral change. *Psychological Review, 84*, 191–215.

Bandura, A. (1977b). *Social learning theory*. Englewood Cliffs, NJ: Prentice-Hall.

Bandura, A. (1978). The self-system in reciprocal determinism. *American Psychologist, 33*, 344–358.

Bandura, A. (1981). Self-referent thought: A developmental analysis of self-efficacy. In J. H. Flavell & L. D. Ross (Eds.), *Cognitive social development: Frontiers and possible futures*. New York: Cambridge University Press.

Bandura, A. (1982). Self-efficacy mechanism in human agency. *American Psychologist, 37*, 122–147.

Bandura, A., & Adams, N. E. (1977). Analysis of self-efficacy theory of behavioral change. *Cognitive Therapy and Research, 1*, 287–310.

Bandura, A., Adams, N. E., & Byer, J. (1977). Cognitive processes mediating behavioral change. *Journal of Personality and Social Psychology, 35*, 125–139.

Bandura, A., Adams, N. E., Hardy, A. B., & Howells, G. N. (1980). Tests of the generality of self-efficacy theory. *Cognitive Therapy and Research, 4,* 39–66.

Bandura, A., Ross, D., & Ross, S. A. (1963). A comparative test of the status envy, social power, and the secondary reinforcement theories of indentification learning. *Journal of Abnormal and Social Psychology, 67,* 527–534.

Barber, T. X., & Coules, J. (1959). Electrical skin conductance and galvanic skin response during hypnosis. *International Journal of Experimental Hypnosis, 7,* 79–92.

Barefoot, J. C., Dahlstrom, W. G., & Williams, R. B. (1983). Hostility, CHD incidence, and total mortality: A 25-year follow-up study of 255 physicians. *Psychosomatic Medicine, 45,* 59–63.

Barker, R. G., Dembo, T., & Lewin, K. (1941). Frustration and regression: A study of young children. *University of Iowa Studies in Child Welfare, 18*(1).

Barnes, J. A. (1972). *Social networks.* New York: Addison-Wesley Reprints.

Barrabee, P., Barrabee, E. L., & Finesinger, J. E. (1955). A normative social adjustment scale. *American Journal of Psychiatry, 112,* 252–259.

Basowitz, H., Persky, H., Korchin, S. J., & Grinker, R. R. (1955). *Anxiety and stress.* New York: McGraw-Hill.

Bateson, G., Jackson, D. D., Haley, J., & Weakland, J. (1956). Toward a theory of schizophrenia. *Behavioral Science, 1,* 251–264.

Baum, A., Singer, J. E., & Baum, C. S. (1981). Stress and the environment. *Journal of Social Issues, 37,* 4–35.

Baumrind, D. (1975). Early socialization and the discipline controversy. In *University programs modular studies.* Morristown, NJ: General Learning Press.

Baumrind, D. (1978). A dialectic materialist's perspective on knowing social reality. *New Directions for Child Development, 2,* 61–82.

Bayer, L. M., Whissel-Buechy, D., & Honzik, M. P. (1980). Adolescent health and personality. *Journal of Adolescent Health Care, 1,* 101–107.

Bean, G., Cooper, S., Alpert, R., & Kipnis, D. (1980). Coping mechanisms of cancer patients: A study of 33 patients receiving chemotherapy. *Cancer Journal for Clinicians, 30,* 257–259.

Beck, A. T. (1967). *Depression: Clinical, experimental and theoretical aspects.* New York: Harper & Row.

Beck, A. T. (1971). Cognition, affect, and psychopathology. *Archives of General Psychiatry, 24,* 495–500.

Beck, A. T. (1976). *Cognitive therapy and the emotional disorders.* New York: International Universities Press.

Beck, A. T. (in press–a). Cognitive approaches to stress. In C. Lehrer & R. L. Woolfolk (Eds.), *Clinical guide to stress management.* New York: Guilford.

Beck, A. T. (in press–b). Cognitive therapy of depression: New perspectives. In P. Clayton (Ed.), *Depression.* New York: Raven.

Beisser, A. R. (1979). Denial and affirmation in illness and health. *American Journal of Psychiatry, 136,* 1026–1030.

Bell, D. (1962). *The end of ideology.* New York: Pantheon.

Belloc, N. G. (1973). Relationship of health practices and mortality. *Preventive Medicine, 2,* 67–81.

Belloc, N. B., & Breslow, L. (1972). Relationship of physical health status and health practices. *Preventive Medicine, 1,* 409–421.

Belloc, N. B., Breslow, N., & Hochstim, J. (1971). Measurement of physical health in a general population survey. *American Journal of Epidemiology, 93,* 328–336.

Bem, D. J. (1970). *Beliefs, attitudes and human affairs.* Belmont, CA: Brooks/Cole.

Bem, D. J. (1972). Self-perception theory. In L. Berkowitz (Ed.), *Advances in experimental social psychology* (Vol. 6). New York: Academic Press.

Bem, D. J., & Funder, D. C. (1978). Predicting more of the people more of the time: Assessing the personality of situations. *Psychological Review, 85,* 485–509.

Benesh, M., & Weiner, B. (1982). On emotion and motivation: From the notebooks of Fritz Heider. *American Psychologist, 37,* 887–895.

Benner, P. (1982). *A phenomenological study of mid-career men: Relationships between work meaning, work involvement, and stress and coping at work.* Unpublished doctoral dissertation, University of California, Berkeley.

Benner, P., Roskies, E., & Lazarus, R. S. (1980). Stress and coping under extreme conditions. In J. E. Dimsdale (Ed.), *Survivors victims, and perpetrators: Essays on the Nazi Holocaust.* Washington, DC: Hemisphere.

Bennett, D. H., & Holmes, D. S. (1975). Influence of denial (situational redefinition) and projection on anxiety associated with threat to self-esteem. *Journal of Personality and Social Psychology, 32,* 915–921.

Benson, H. (1976). *The relaxation response.* New York: Avon.

Berger, P. L., & Luckmann, T. (1966). *The social construction of reality.* New York: Doubleday.

Bergin, A. E., & Strupp, H. H. (1972). *Changing frontiers in the science of psychotherapy.* Chicago: Aldine-Atherton.

Bergman, L. R., & Magnusson, D. (1979). Overachievement and catecholamine excretion in an achievement-demanding situation. *Psychosomatic Medicine, 41,* 181–188.

Berkman, L., & Syme, S. L. (1979). Social networks, host resistance, and mortality: A nine-year follow-up study of Alameda County residents. *American Journal of Epidemiology, 109,* 186–204.

Berlyne, D. E. (1960). *Conflict, arousal and curiosity.* New York: McGraw-Hill.

Bettelheim, B. (1960). *The informed heart.* New York: The Free Press.

Bibring, E. (1953). The mechanism of depression. In P. Greenacre (Ed.), *Affective disorders.* New York: International Universities Press.

Biderman, A. D., & Zimmer, H. (Eds.). (1961). *The manipulation of human behavior.* New York: Wiley.

Billing, E., Lindell, B., Sederholm, M., & Theorell, T. (1980). Denial, anxiety and depression following myocardial infarction. *Psychosomatics, 21,* 639–645.

Billings, A. G., & Moos, R. H. (1982). Stressful life events and symptoms: A longitudinal model. *Health Psychology, 1,* 99–118.

Blau, Z. S. (1973). *Old age in a changing society.* New York: Franklin Watts.

Block, J. (1957). Studies in the phenomenology of emotions. *Journal of Abnormal and Social Psychology, 54,* 358–363.

Block, J. (1982). Assimilation, accommodation, and the dynamics of personality development. *Child Development, 53,* 281–295.

Block, J. H., & Block, J. (1980). The role of ego-control and ego-resiliency in the organization of behavior. In W. A. Collins (Ed.), *Development of Cognition, affect, and social relations. The Minnesota Symposia on Child Psychology* (Vol. 13). Hillsdale, NJ: Erlbaum.

Bloom, J. R. (1978, October). *Social support, coping and adjustment to mastectomy.* Paper presented at the International Congress on Cancer, Buenos Aires, Argentina.

Bloom, L. J., Houston, B. K., Holmes, D. S., & Burish, T. G. (1977). The effectiveness of attentional diversion and situational redefinition for reducing stress due to a nonambiguous threat. *Journal of Research in Personality, 11,* 83–94.

Blumberg, S. R.; & Hokanson, J. E. (1983). The effects of another person's response style on interpersonal behavior in depression. *Journal of Abnormal Psychology, 92,* 196–209.

Blumenthal, J. A., Williams, R. S., Needels, T. L., & Wallace, A. G. (1982). Psychological changes accompany aerobic exercize in healthy middle-aged adults. *Psychosomatic Medicine, 44,* 529–536.

Bolles, R. C. (1974). Cognition and motivation: Some historical trends. In B. Weiner (Ed.), *Cognitive views of human motivation.* New York: Academic Press.

Bond, L. A., & Rosen, J. C. (Eds.). (1980). *Competence and coping during adulthood.* Hanover, NH: University Press of New England.

Boswell, P. C., & Murray, E. J. (1979). Effects of meditation on psychological and physiological measures of anxiety. *Journal of Consulting and Clinical Psychology, 47,* 606–607.

Bourne, P. G. (Ed.). (1969). *The psychology and physiology of stress: With reference to special studies of the Vietnam war.* New York: Academic Press.

Bourque, L. B., & Back, K. W. (1977). Life graphs and life events. *Journal of Gerontology, 32,* 669–674.

Bowers, K. (1973). Situationism in psychology: An analysis and critique. *Psychological Review, 80,* 307–336.

Bowlby, J. (1961). Processes of mourning. *International Journal of Psychoanalysis, 42,* 317–340.

Bowlby, J. (1969). *Attachment and loss: Attachment* (Vol. 1). New York: Basic Books.

Bowlby, J. (1973). *Attachment and loss* (Vols. 1 & 2). New York: Basic Books.

Bowlby, J. (1980). *Attachment and loss: Loss, sadness and depression* (Vol. 3). New York: Basic Books.

Bradburn, N. (1969). *The structure of well-being*. Chicago: Aldine.

Bramson, R. M. (1981). *Coping with difficult people*. New York: Doubleday.

Braucht, G. N. (1979). Interactional analysis of suicidal behavior. *Journal of Consulting and Clinical Psychology, 47*, 653–669.

Brehm, J. W. (1966). *A theory of psychological reactance*. New York: Academic Press.

Breznitz, S. (1967). Incubation of threat: Duration of anticipation and false alarm as determinants of the fear reaction to an unavoidable frightening event. *Journal of Experimental Research in Personality, 2*, 173–179.

Breznitz, S. (1971). A study of worrying. *British Journal of Social and Clinical Psychology, 10*, 271–279.

Breznitz, S. (1976). False alarms: Their effects on fear and adjustment. In I. G. Sarason & C. D. Spielberger (Eds.), *Stress and anxiety* (Vol. 3). New York: Halsted.

Breznitz, S. (1983a). The seven kinds of denial. In S. Breznitz (Ed.), *The denial of stress*. New York: International Universities Press.

Breznitz, S. (Ed.). (1983b). *The denial of stress*. New York: International Universities Press.

Brickman, P., Rabinowitz, V. C., Karuza, J., Jr., Coates, D., Cohen, E., & Kidder, L. (1982). Models of helping and coping. *American Psychologist, 37*, 368–384.

Brim, O. G., Jr., & Ryff, C. D. (1980). On the properties of life events. In P. B. Baltes & O. G. Brim (Eds.), *Life-span development and behavior* (Vol. 3). New York: Academic Press.

Broverman, D. M. (1962). Normative and ipsative measurement in psychology. *Psychological Review, 4*, 295–305.

Brown, G. W., Bhrolchain, M. N., & Harris, T. (1975). Social class and psychiatric disturbance among women in an urban population. *Sociology, 9*, 225–254.

Brown, G. W., & Harris, T. (1978). *Social origins of depression: A study of psychiatric disorder in women*. New York: The Free Press.

Brown, J., & Farber, I. E. (1951). Emotions conceptualized as intervening variables—with suggestions toward a theory of frustration. *Psychological Bulletin, 48*, 465–495.

Bryant, F. B., & Veroff, J. (1982). The structure of psychological well-being: A sociohistorical analysis. *Journal of Personality and Social Psychology, 43*, 653–673.

Buchwald, A. M., Coyne, J. C., & Cole, C. S. (1978). A critical evaluation of the learned helplessness model of depression. *Journal of Abnormal Psychology, 87*, 180–193.

Bulman, R. J., & Wortman, C. B. (1977). Attributions of blame and coping in the "Real World": Severe accident victims react to their lot. *Journal of Personality and Social Psychology, 35*, 351–363.

Burke, R. J., & Weir, T. (1979). Patterns in husbands' and wives' coping behavior. *Psychological Reports, 44*, 951–956.

Burns, D. D. (1980). *Feeling good*. New York: William Morrow.

Byrne, D. (1964). Repression-sensitization as a dimension of personality. In B. A. Maher (Ed.), *Progress in experimental personality research* (Vol. 1). New York: Academic Press.

Caine, L. D. (1964). Life course and social structure. In R. E. L. Faris (Ed.), *Handbook of modern sociology*. Chicago: Rand McNally.

Campbell, A. (1976). Subjective measures of well-being. *American Psychologist, 31*, 117–124.

Campbell, A., Converse, P. E., & Rodgers, W. L. (1976). *The quality of American life*. New York: Russell Sage Foundation.

Cannon, W. B. (1932). *The wisdom of the body*. New York: Norton (2nd ed., 1939).

Caplan, G. (1974). *Support systems and community mental health*. New York: Behavioral Publications.

Caplan, R. (1979). Patient, provider, and organization: Hypothesized determinants of adherence. In S. J. Cohen (Ed.). *New directions in patient compliance*. Lexington, MA: Heath.

Caplan, R. D. (1983). Person-environment fit: Past, present, and future. In C. L. Cooper (Ed.), *Stress research*. New York: Wiley.

Caplan, R. D., Cobb, S., & French, J. R. P., Jr. (1975). Relationships of cessation of smoking with job stress, personality, and social support. *Journal of Applied Psychology, 60*, 211–219.

Caplan, R. D., Cobb, S., & French, J. R. P., Jr. (1979). White collar work load and cortisol: Disruption of a circadian rhythm by job stress? *Journal of Psychosomatic Research, 23*, 181–192.

Carlson, J. G. (1982). Some concepts of perceived control and their relationship to bodily self-control. *Biofeedback and self-regulation, 7*, 341–375.

Carrington, P. (1977). *Freedom in meditation*. Garden City, NY: Anchor/Doubleday.

Cason, H. (1930). Common annoyances: A psychological study of every-day aversions and irritations. *Psychological Monographs, 40* (Whole No. 182).

Cassel, J. (1976). The contribution of the social environment to host resistance. *American Journal of Epidemiology, 104*, 107–123.

Catalano, R., & Dooley, D. (1983). Health effects of economic instability: A test of economic stress hypothesis. *Journal of Health and Social Behavior, 24*, 46–60.

Cautela, J. R. (1971). Covert extinction. *Behavior Therapy, 2*, 192–200.

Child, I. L., & Waterhouse, I. K. (1953). Frustration and the quality of performance: II. A theoretical statement. *Psychological Review, 60*, 127–139.

Clark, J. G. (1979). Cults. *Journal of the American Medical Association, 242*(3), 279–281.

Cobb, S. (1976). Social support as a moderator of life stress. *Psychosomatic Medicine, 38*, 300–314.

Cobb, S., & Rose, R. M. (1973). Hypertension, peptic ulcer, and diabetes in air traffic controllers. *Journal of the American Medical Association, 224,* 489–492.

Coddington, R. D. (1972). The significance of life events as etiologic factors in the diseases of children: I. A survey of professional workers. *Journal of Psychosomatic Research, 16,* 7–18.

Coelho, G. V., Hamburg, D. A., & Adams, J. E. (Eds.). (1974). *Coping and adaptation.* New York: Basic Books.

Cofer, C. N., & Appley, M. H. (1964). *Motivation: Theory and research.* New York: Wiley.

Cohen, E. A. (1953). *Human behavior in the concentration camp.* New York: Norton.

Cohen, F., Lazarus, R. S., Moos, R. H., Robins, L. N., Rose, R. M., & Rutter, M. (1982). Panel report on psychosocial assets and modifiers of stress. In G. R. Elliot & C. Eisdorfer (Eds.), *Stress and human health.* New York: Springer.

Cohen, F., & Lazarus, R. S. (1973). Active coping processes, coping dispositions, and recovery from surgery. *Psychosomatic Medicine, 35,* 375–389.

Cohen, F., & Lazarus, R. S. (1979). Coping with the stresses of illness. In G. C. Stone, F. Cohen, & N. E. Adler (Eds.), *Health psychology: A handbook.* San Francisco: Jossey-Bass.

Cohen, F., & Lazarus, R. S. (1983). Coping and adaptation and health and illness. In D. Mechanic (Ed.), *Handbook of health, health care, and the health professions.* New York: The Free Press.

Conte, H. R., Weiner, M. B., & Plutchik, R. (1982). Measuring death anxiety: Conceptual, psychometric, and factor-analytic aspects. *Journal of Personality and Social Psychology, 43,* 775–785.

Conway, F., & Siegelman, J. (1978). *Snapping.* New York: Lippincott.

Coover, G. D., Ursin, H., & Levine, S. (1973). Plasma-corticosterone levels during active-avoidance learning in rats. *Journal of Comparative and Physiological Psychology, 82*(170).

Costa, P. T., & McCrea, R. R. (1980). Somatic complaints in males as a function of age and neuroticism: A longitudinal analysis. *Journal of Behavioral Medicine, 3,* 245–258.

Costello, C. G. (1978). A critical review of Seligman's laboratory experiments on learned helplessness and depression in humans. *Journal of Abnormal Psychology, 87,* 21–31.

Cowan, E. L. (1980). The Primary Mental Health Project: Yesterday, today, and tomorrow. *Journal of Special Education, 14,* 133–154.

Cowan, P. A. (1982). The relationship between emotional and cognitive development. In D. Cicchetti & P. Hesse (Eds.), *Emotional development.* San Francisco: Jossey-Bass.

Coyne, J. C. (1976). Toward an interactional description of depression. *Psychiatry, 39,* 28–40.

Coyne, J. C. (1982). A critique of cognitions as causal entities with particular reference to depression. *Cognitive Therapy and Research, 6,* 3–13.
Coyne, J. C., Aldwin, C., & Lazarus, R. S. (1981). Depression and coping in stressful episodes. *Journal of Abnormal Psychology, 90,* 439–447.
Coyne, J. C., & Gotlib, I. H. (1983). The role of cognition in depression: A critical appraisal. *Psychological Bulletin, 94,* 472–505.
Crandall, V. C., Katkovsky, W., & Crandall, V. J. (1965). Children's beliefs in their control of reinforcement in intellectual academic achievement. *Child Development, 36,* 91–109.
Cronbach, L. J. (1957). The two disciplines of scientific psychology. *American Psychologist, 12,* 671–684.
Croog, S. (1970). The family as a source of stress. In S. Levine & N. A. Scotch (Eds.). *Social Stress.* Chicago: Aldine.
Crowne, D., & Marlowe, D. (1964). *The approval motive.* New York: Wiley.
Cutrona, C. E. (1983). Causal attributions and perinatal depression. *Journal of Abnormal Psychology, 92,* 161–172.
Daley, E. M., Polivy, J., & Lancee, W. J. (1983). A conical model for the taxonomy of emotional experience. *Journal of Personality and Social Psychology, 45,* 443–457.
Dansak, D. A., & Cordes, R. S. (1978–1979). Cancer: denial or suppression. *International Journal of Psychiatry in Medicine, 9,* 257–262.
Darwin, C. (1872). *The expression of the emotions in man and animals.* New York: Appleton.
Davidson, R. J., & Fox, N. A. (1982). Asymmetrical brain activity discriminates between positive and negative affective stimuli in human infants. *Science, 218,* 1235–1237.
Davidson, R. J., Goleman, D. J., & Schwartz, G. E. (1976). Attentional and affective concomitants of meditation: A cross-sectional study. *Journal of Abnormal Psychology, 85,* 235–238.
Davitz, J. R. (1969). *The language of emotion.* New York: Academic Press.
Day, H. D., Marshall, D., Hamilton, B., & Christy, J. (1983). Some cautionary notes regarding the use of aggregated scores as a measure of behavioral stability. *Journal of Research in Personality, 17,* 97–109.
Dean, A., & Lin, N. (1977). The stress-buffering role of social support. *Journal of Nervous and Mental Disease, 169,* 403–417.
Deane, G. E. (1969). Cardiac activity during experimentally induced anxiety. *Psychophysiology, 6,* 17–30.
deCharmes, R. (1968). *Personal causation: The internal affective determinants of behavior.* New York: Academic Press.
DeGood, D. E., & Redgate, E. S. (1982). Interrelationship of plasma cortisol and other activation indices during EMG biofeedback training. *Journal of Behavioral Medicine, 5,* 213–223.
Delgado, R. (1977). Religious totalism: Gentle and ungentle persuasion under the first amendment. *Southern California Law Review, 51*(1).
Delong, D. R. (1970). *Individual differences in patterns of anxiety arousal, stress-*

*relevant information and recovery from surgery*. Unpublished doctoral dissertation, University of California, Los Angeles.

DeLongis, A., Coyne, J. C., Dakof, G., Folkman, S., & Lazarus, R. S. (1982). Relationship of daily hassles, uplifts, and major life events to health status. *Health Psychology, 1*, 119–136.

Dember, W. N. (1974). Motivation and the cognitive revolution. *American Psychologist, 29*, 161–168.

Depue, R. A., Monroe, S. M., & Shachman, S. L. (1979). The psychology of human disease: Implications for conceptualizing the depressive disorders. In R. A. Depue (Ed.), *The psychobiology of the depressive disorders: Implications for the effects of stress*. New York: Academic Press.

Derogatis, L. R., Abeloff, M. D., & Melisaratos, N. (1979). Psychological coping mechanisms and survival time in metastatic breast cancer. *Journal of the American Medical Association, 242*, 1504–1508.

Dewe, P., Guest, D., & Williams, R. (1978, September). *Methods of coping with work-related stress*. Paper presented at Conference of Ergonomics society on Psychophysiological Response to Occupational Stress, University of Nottingham.

Dewey, J., & Bentley, A. F. (1949). *Knowing and the known*. Boston: Beacon.

Diamond, E. L. (1982). The role of anger and hostility in essential hypertension and coronary heart disease. *Psychological Bulletin, 92*, 410–433.

Diener, E. (in press). Subjective well-being. *Psychological Bulletin*.

Diggory, J. C., & Rothman, D. Z. (1961). Values destroyed by death. *Journal of Abnormal and Social Psychology, 63*, 205–209.

Dill, D., Feld, E., Martin, J., Beukema, S., & Belle, D. (1980). The impact of the environment on the coping efforts of low-income mothers. *Family Relations, 29*(4), 503–509.

DiMatteo, M. R., & Hays, R. (1981). Social support in the face of serious illness. In B. H. Gottlieb (Ed.), *Social networks and social support in community mental health*. Beverly Hills, CA: Sage.

Dimsdale, J. E. (1974). The coping behavior of Nazi concentration camp survivors. *American Journal of Psychiatry, 131*, 792–797.

Dimsdale, J. E. (Ed.). (1980). *Survivors, victims, and perpetrators: Essays on the Nazi Holocaust*. Washington, DC: Hemisphere.

Dion, K. L., & Earn, B. M. (1975). The phenomenology of being a target of prejudice. *Journal of Personality and Social Psychology, 32*, 944–950.

Ditto, W. B. (1982). Daily activities of college students and the construct validity of the Jenkins Activity Survey. *Psychosomatic Medicine, 44*, 537–543.

Dobson, K. S., & Neufeld, R. W. J. (1979). Stress-related appraisals: A regression analysis. *Canadian Journal of Behavioral Science, 11*, 274–285.

Dobson, K. S., & Shaw, B. F. (1981). The effects of self-correction on cognitive distortions in depression. *Cognitive Therapy and Research, 5*, 391–403.

Doerfler, L. A., & Richards, C. S. (1981). Self-initiated attempts to cope with depression. *Cognitive Therapy and Research, 5*, 367–371.

Dohrenwend, B. S., & Dohrenwend, B. P. (Eds.). (1974). *Stressful life events: Their nature and effects*. New York: Wiley.

Dohrenwend, B. S., & Dohrenwend, B. P. (1978). Some issues in research on stressful life events. *Journal of Nervous and Mental Disease, 166*, 7–15.

Donald, C. A., & Ware, J. E., Jr. (1982). The quantification of social contacts and resources. Rand Health Insurance Experiment Series, R-2937-HHS, Santa Monica, CA: Rand Corporation.

Dollard, J., & Miller, N. E. (1950). *Personality and psychotherapy*. New York: McGraw-Hill.

Dooley, D., & Catalano, R. (1980). Economic changes as a cause of behavioral disorder. *Psychological Bulletin, 87*, 450–468.

Dooley, D., Catalano, R., Jackson, R., & Brownell, A. (1981). Economic life, and symptom changes in a nonmetropolitan community. *Journal of Health and Social Behavior*, 22, 144–154.

Dubos, R. (1959). *Mirage of health: Utopias, progress, and biological change*. New York: Harper & Row (Perennial Library).

Duffy, E. (1962). *Activation and behavior*. New York: Wiley.

Dunkel-Schetter, C., & Wortman, C. B. (1981). Dilemmas of social support: Parallels between victimization and aging. In S. Kiesler & J. N. Morgan (Eds.), *Aging: Social change*. New York: Academic Press.

Dunkel-Schetter, C., & Wortman, C. B. (1982). The interpersonal dynamics of cancer: Problems in social relationships and their impact on the patient. In H. S. Friedman & M. R. DiMatteo (Eds.), *Interpersonal issues in health care*. New York: Academic Press.

Durkheim, E. (1893). *De la division du travail social*. Paris: F. Alcan. (cited in Kanungo, 1979).

Dweck, C. S., & Wortman, C. B. (1982). Learned helplessness, anxiety, and achievement motivations. In H. W. Krohne & L. Laux (Eds.), *Achievement, stress, and anxiety*. Washington, DC: Hemisphere.

D'Zurilla, T. J., & Nezu, A. (1982). Social problem solving in adults. In P. C. Kendall (Ed.), *Advances in cognitive-behavioral research and therapy* (Vol. 1). New York: Academic Press.

Easterbrook, J. A. (1959). The effect of emotion on cue utilization and the organization of behavior. *Psychological Review, 66*, 183–201.

Edwards, C. (1979). *Crazy for God*. Englewood Cliffs, NH: Prentice-Hall.

Eitinger, L. (1964). *Concentration camp survivors in Norway and Israel*. London: Allen & Unwin.

Ekehammar, B. (1974). Interactionism in personality from a historical perspective. *Psychological Bulletin, 81*, 1026–1048.

Ekman, P. (1972). Universals and cultural differences in facial expressions of emotion. In J. K. Cole (Ed.), *Nebraska Symposium on Motivation*. Lincoln: University of Nebraska Press.

Ekman, P., & Friesen, W. (1975). *Unmasking the face*. Englewood Cliffs, NJ: Prentice-Hall.

Ekman, P., Levenson, R. W., & Friesen, W. V. (1983). Autonomic nervous system activity distinguishes among emotions. *Science, 221*, 1208–1210.

Ekman, P., & Scherer, K. (Eds.) (in press). *Approaches to emotion*. Hillsdale, NJ: Erlbaum.

Elder, G. H., Jr. (1974). *Children of the Great Depression*. Chicago: University of Chicago Press.

Elder, G. H., Jr. (1980). History and the life course. In D. Bertaux (Ed.), *Biography and society*. New York: Sage.

Elliott, G. R., & Eisdorfer, C. (1982). *Stress and human health*. New York: Springer.

Elliott, R. (1966). Effects of uncertainty about the nature and advent of a noxious stimulus (shock) upon heart rate. *Journal of Personality and Social Psychology, 3*, 353–356.

Ellis, A. (1962). *Reason and emotion in psychotherapy*. New York: Lyle Stuart.

Ellis, A., (1975). *How to live with a "neurotic" at home and at work*. New York: Crowne.

Ellis, A., & Grieger, R. (Eds.). (1977). *Handbook of rational-emotive therapy*. New York: Springer.

Endler, N. S., & Magnusson, D. (Eds.). (1976). *Interactional Psychology and personality*. New York: Wiley.

Engel, B. T. (1960). Stimulus-response and individual response specificity. *Archives of General Psychiatry, 2*, 305–313.

Engel, B. T., & Bickford, A. F. (1961). Response specificity. *Archives of General Psychiatry, 3*, 478–489.

Engel, G. L. (1968). A life setting conducive to illness: The giving up–given up complex. *Bulletin of the Menninger Clinic, 32*, 355–365.

Engel, G. L. (1974). Memorial lecture: The psychosomatic approach to individual susceptibility to disease. *Gastroenterology, 67*, 1085–1093.

Engel, G. L. (1977). The need for a new medical model: A challenge for biomedicine. *Science, 196*, 129–136.

Epstein, S. (1962). The measurement of drive and conflict in humans: Theory and experiment. In M. R. Jones (Ed.), *Nebraska Symposium on Motivation*. Lincoln: University of Nebraska Press.

Epstein, S. (1976). Anxiety, arousal and the self-concept. In I. G. Sarason & C. D. Spielberger (Eds.), *Stress and anxiety* (Vol. 3). Washington, D.C.: Hemisphere.

Epstein, S. (1977). Traits are alive and well. In D. Magnusson & N. W. Endler (Eds.), *Personality at the crossroads*. Hillsdale, NJ: Erlbaum.

Epstein, S. (1979). The stability of behavior: I. On predicting most of the people much of the time. *Journal of Personality and Social Psychology, 37*, 1097–1126.

Epstein, S. (1980). The stability of behavior: II. Implications for psychological research. *American Psychologist, 35, 790–806*.

Epstein, S. (1983a). A research paradigm for the study of personality and emotions. In M. M. Page (Ed.), *Personality: Current theory and research. Nebraska Symposium on Motivation, 1982*. Lincoln: University of Nebraska Press.

Epstein, S. (1983b). Natural healing processes of the mind: Graded stress inoculation as an inherent coping mechanism. In D. Meichenbaum & M. E. Jaremko (Eds.), *Stress reduction and prevention*. New York: Plenum.

Epstein, S. (in press). Aggregation and beyond: Some basic issues on the prediction of behavior. *Journal of Personality*.

Epstein, S., & Clarke, S. (1970). Heart rate and skin conductance during experimentally induced anxiety: The effects of anticipated intensity of noxious stimulation and experience. *Journal of Experimental Psychology, 84*, 105–112.

Epstein, S., & Roupenian, A. (1970). Heart rate and skin conductance during experimentally induced anxiety: The effect of uncertainty about receiving a noxious stimulus. *Journal of Personality and Social Psychology, 16*, 20–28.

Erdelyi, M. H. (1974). A new look at the new look: Perceptual defence and vigilance. *Psychological Review, 81*, 1–25.

Erdmann, G., & Janke, W. (1978). Interactions between physiological and cognitive determinants of emotions: Experimental studies on Schachter's theory of emotions. *Biological Psychology, 6*, 61–74.

Eriksen, C. W. (1962a). *Behavior and awareness: A symposium of research and interpretation*. Durham, NC: Duke University Press.

Eriksen, C. W. (1962b). Figments, fantasies, and follies: A search for the subconscious mind. In C. W. Erikson (Ed.), *Behavior and awarness: A symposium of research and interpretation*. Durham, NC: Duke University Press.

Erikson, E. H. (1963). *Childhood and society* (2nd ed.). New York: Norton.

Ernster, V. L., Sachs, S. T., Selvin, S., & Petrakis, N. L. (1979). Cancer incidence by marital status: U.S. Third National Cancer Survey. *Journal of the National Cancer Institute, 63*, 567–585.

Estes, R. J., & Wilensky, H. L. (1978). Life cycle squeeze and the morale curve. *Social Problems, 25*, 277–292.

Farberow, N. L. (1980). Indirect self-destructive behavior in diabetics and Buerger's Disease patients. In N. L. Farberow (Ed.), *The many faces of suicide: Indirect self-destructive behavior*. New York: McGraw-Hill.

Feather, N. T. (1975). *Values in education and society*. New York: The Free Press.

Fenichel, O. (1945). *The psychoanalytic theory of neurosis*. New York: Norton.

Ferster, C. B. (1973). A functional analysis of depression. *American Psychologist, 28*, 857–870.

Festinger, L., & Carlsmith, J. M. (1959). Cognitive consequences of forced compliance. *Journal of Abnormal and Social Psychology, 58*, 203–210.

Fiore, N. (1979). Fighting cancer: One patient's perspective. *New England Journal of Medicine, 300*, 284–289.

Fischer, C. (1982, January). The friendship cure-all. *Psychology Today*, pp. 74–78.

Fish, T. A. (1983). *The relationships among cognitive appraisals and performance in a naturalistic, public speaking situation*. Unpublished dissertation, University of Calgary, Alberta, Canada.

Fiske, D. W., & Maddi, S. R. (1961). Conceptual framework. In D. W. Fiske & S. R. Maddi (Eds.), *Functions of varied experience*. Homewood, IL: Dorsey.

Folkins, C. H. (1970). Temporal factors and the cognitive mediators of stress reaction. *Journal of Personality and Social Psychology, 14*, 173–184.

Folkins, C. H., Lawson, K. D., Opton, E. M., Jr., & Lazarus, R. S. (1968). Desensitization and the experimental reduction of threat. *Journal of Abnormal Psychology, 73*, 100–113.

Folkman, S. (1984). Personal control and stress and coping processes: A theoretical analysis. *Journal of Personality and Social Psychology, 46*, pp. 839–852.

Folkman, S., Aldwin, C., & Lazarus, R. S. (1981, August). *The relationship between locus of control, cognitive appraisal and coping*. Paper presented at meetings of the American Psychological Association, Los Angeles.

Folkman, S., & Lazarus, R. S. (1980). An analysis of coping in a middle-aged community sample. *Journal of Health and Social Behavior, 21*, 219–239.

Folkman, S., & Lazarus, R. S. (in press). If it changes it must be a process: A study of emotion and coping during three stages of a college examination. *Journal of Personality and Social Psychology*.

Folkman, S., Schaefer, C., & Lazarus, R. S. (1979). Cognitive processes as mediators of stress and coping. In V. Hamilton & D. M. Warburton (Eds.), *Human stress and cognition: An information-processing approach*. London: Wiley.

Fontana, A. F., Hughes, L. A., Marcus, J. L., & Dowds, B. N. (1979). Subjective evaluation of life events. *Journal of Consulting and Clinical Psychology, 47*, 906–911.

Frankenhaeuser, M. (1975). Experimental approaches to the study of catecholamines and emotion. In L. Levi (Ed.), *Emotions: Their parameters and measurement*. New York: Raven.

Frankenhaeuser, M. (1976). The role of peripheral catecholamines in adaptation to understimulation. In G. Serban (Ed.), *Psychopathology of human adaptation*. New York: Plenum.

Frankenhaeuser, M. (1979). Psychoneuroendocrine approaches to the study of emotion as related to stress and coping. In H. E. Howe & R. A. Dienstbier (Eds.), *Nebraska Symposium on Motivation, 1978*. Lincoln: University of Nebraska Press.

Frankenhaeuser, M. (1980). Psychobiological aspects of life stress. In S. Levine & H. Ursin (Eds.), *Coping and health*. New York: Plenum.

Frankenhaeuser, M. (1981). Coping with stress and work. *International Journal of Health Services, 2*, 491–510.

Frankenhaeuser, M. (1982). Challenge-control interaction as reflected in sympathetic-adrenal and pituitary-adrenal activity: Comparison between the sexes. *Scandinavian Journal of Psychology*, (Suppl. 1), 158–164.

Frankenhaeuser, M. (1983). The sympathetic-adrenal and pituitary-adrenal response to challenge: Comparison between the sexes. In T. M. Dembroski, T. H. Schmidt, & G. Blümchen (Eds.), *Biobehavioral bases of coronary heart disease*. New York: Karger.

Frankenhaeuser, M., Von Wright, M. R., Collins, A., Von Wright, J., Sedvall, G., & Swahn, C. G. (1978). Sex differences in psychoendocrine reactions to examination stress. *Psychosomatic Medicine, 40*, 334–343.

Frankl, V. (1959). *Man's search for meaning*. Boston: Beacon.

Franks, C. M., & Wilson, G. T. (Eds.) (1973–). *Annual Review of Behavior Therapy Theory and Practice*. New York: Brunner/Mazel.

French, J. R. P., Jr., Rodgers, W., & Cobb, S. (1974). Adjustment and person–environment fit. In G. V. Coelho, D. A. Hamburg, & J. E. Adams (Eds.), *Coping and adaptation*. New York: Basic Books.

Frenkel-Brunswik, E. (1949). Intolerance of ambiguity as an emotional and perceptual personality variable. *Journal of Personality, 18*, 108–143.

Freud, A., & Burlingham, D. (1943). *War and children*. New York: Medical War Books.

Freud, S. (1920). *A general introduction to psychoanalysis*. New York: Boni & Liveright.

Freud, S. (1953). *Three essays on sexuality. Standard edition* (Vol. 8). London: Hogarth (first German edition, 1905).

Freud, S. (1955). *Beyond the pleasure principle. Standard edition* (Vol. 18). London: Hogarth (first German edition, 1920).

Freud, S. (1957). *Civilization and its discontents* (Joan Riviere, Trans.). London: Hogarth. (first German edition, 1930).

Friedman, M., & Rosenman, R. H. (1974). *Type A behavior and your heart*. New York: Knopf.

Friedman, S. B., Chodoff, P., Mason, J. W., & Hamburg, D. A. (1963). Behavioral observations on parents anticipating the death of a child. *Pediatrics, 32*, 610–625.

Friedman, S. B., Mason, J. W., & Hamburg, D. A. (1963). Urinary 17-hydroxycorticosteroid levels in parents of children with neoplastic diseases: A study of chronic psychological stress. *Psychosomatic Medicine, 25*, 364–376.

*Friends can be good medicine* (1981). California Department of Mental Health. San Francisco: Pacificon Productions.

Frijda, N. H. *The emotions*. Manuscript being prepared for publication by Cambridge University Press.

Fritz, C. E., & Mathewson, J. H. (1957). Convergence behavior in disasters: A problem in social control. Washington, DC: National Academy of Sciences, National Research Council, Disaster Study No. 9.

Fromm, E. (1955). *The sane society*. New York: Rinehart.

Fuller, R. (1982). The story as the engram: Is it fundamental to thinking? *Journal of Mind and Behavior, 3*, 127–142.

Funder, D. C. (1982). On assessing social psychological theories through the study of individual differences: Template matching and forced compliance. *Journal of Personality and Social Psychology, 43,* 100–110.

Funkenstein, D. H., King, S. H., & Drolette, M. E. (1957). *Mastery of stress.* Cambridge, MA: Harvard University Press.

Gaines, L. L., Smith, B. D., & Skolnick, B. E. (1977). Psychological differentiation, event uncertainty, and heart rate. *Journal of Human Stress, 3,* 11–25.

Galbrecht, C. R., Dykman, R. A., Reese, W. G., & Suzuki, T. (1965). Intrasession adaptation and intersession extinction of the components of the orienting response. *Journal of Experimental Psychology, 70,* 585–597.

Gans, H. (1967). *Levittowners.* New York: Pantheon.

Garber, J., & Hollon, S. D. (1980). Universal versus personal helplessness in depression: Belief in uncontrollability or incompetence? *Journal of Abnormal Psychology, 89,* 56–66.

Garber, J., Miller, S. M., & Abramson, L. Y. (1980). On the distinction between anxiety and depression: Perceived control, certainty, and the probability of goal attainment. In J. Garber & M. E. P. Seligman (Eds.), *Human helplessness: Theory and applications.* New York: Academic Press.

Garber, J., & Seligman, M. E. P. (1980). *Human helplessness: Theory and applications.* New York: Academic Press.

Gardell, B. (1976). Technology, alienation and mental health. Summary of a social and psychological research programme on technology and the worker. *Acta Sociologica, 19,* 83–94.

Gardner, R. W. (1962). Cognitive controls of attention and inhibition: A study of individual consistencies. *British Journal of Psychology, 53,* 381–388.

Gardner, R. W., Holzman, P. S., Klein, G. S., Linton, H. B., & Spence, D. P. (1959). Cognitive control: A study of individual consistencies in cognitive behavior. *Psychological Issues, 1*(4).

Garmezy, N. (1976). Vulnerable and invulnerable children: Theory, research, and intervention. *JSAS Catalogue of Selected Documents in Psychology, 6,* 96, Ms. No. 1337.

Gastorf, J. W., Suls, J., & Sanders, G. S. (1980). Type A coronary-prone behavior pattern and social facilitation. *Journal of Personality and Social Psychology, 38,* 773–780.

Gastorf, J. W., & Teevan, R. C. (1980). Type A coronary-prone behavior and fear of failure. *Motivation and Emotion, 4,* 71–76.

Geen, R. G., Stonner, D., & Kelley, D. R. (1974). Aggression anxiety and cognitive appraisal of aggresion-threat stimuli. *Journal of Personality and Social Psychology, 29,* 196–200.

George, A. L. (1974). Adaptation to stress in political decision making: The individual, small group, and organizational contexts. In G. V. Coelho, D. A. Hamburg, & J. E. Adams (Eds.), *Coping and adaptation.* New York: Basic Books.

George, J. M., Scott, D. S., Turner, S. P., & Gregg, J. M. (1980). The effects of psychological factors on physical trauma on recovery from oral surgery. *Journal of Behavioral Medicine, 3,* 291–310.

Gerth, H. H., & Mills, C. W. (1946). *From Max Weber: Essays in sociology.* New York: Oxford University Press.

Gerth, H. H., & Mills, C. W. (1953). *Character and the social structure.* New York: Harcourt, Brace.

Gibbons, F. X., & Wright, R. A. (1981). Motivational biases in causal attributions of arousal. *Journal of Personality and Social Psychology, 40,* 588–600.

Gilmore, T. M. (1978). Locus of control as a mediator of adaptive behavior in children and adolescents. *Canadian Psychological Review, 19,* 1–26.

Glass, D. C. (1977a). *Behavior patterns, stress and coronary disease.* Hillsdale, NJ: Erlbaum.

Glass, D. C. (1977b). Stress, behavior patterns, and coronary disease. *American Scientist, 65,* 177–187.

Glass, D. C., Krakoff, L. R., Contrada, R., Hilton, W. F., Kehoe, K., Manucci, E. G., Collins, C., Snow, G., & Elting, E. (1980). Effect of harassment and competition upon cardiovascular and plasma catecholamine responses in Type A and Type B individuals. *Psychophysiology, 17,* 453–463.

Gleser, G. C., & Ihilevich, D. (1969). An objective instrument for measuring defense mechanisms. *Journal of Consulting and Clinical Psychology, 33,* 51–60.

Goffman, E. (1971). *Relations in public.* New York: Basic Books.

Goffman, E. (1974). *Frame analysis.* New York: Harper & Row.

Goldberg, E. G., & Comstock, G. W. (1980). Epidemiology of life events: Frequency in general populations. *American Journal of Epidemiology, 111,* 736–752.

Goldfried, M. R. (1979). Anxiety reduction through cognitive-behavioral intervention. In P. C. Kendall & S. D. Hollon (Eds.), *Cognitive-behavioral interventions: Theory, research, and procedures.* New York: Academic Press.

Goldfried, M. R. (1980). Psychotherapy as coping skills training. In M. J. Mahoney (ed.), *Psychotherapy process: Current issues and future directions.* New York: Plenum.

Goldfried, M. R. (1982a). A behavior therapist looks at rapprochement. In M. R. Goldfried (Ed.), *Converging trends in the practice of psychotherapy.* New York: Springer.

Goldfried, M. (1982b). On the history of therapeutic integration. *Behavior Therapy, 13,* 572–593.

Goldfried, M. R., & Davison, G. C. (1976). *Clinical behavior therapy.* New York: Holt, Rinehart & Winston.

Goldfried, M. R., & Goldfried, A. P. (1975). Cognitive change methods. In F. H. Kanfer & A. P. Goldstein (Eds.), *Helping people change.* New York: Pergamon.

Goldman, B. L., Domitor, P. J., & Murray, E. J. (1979). Effects of Zen meditation on anxiety reduction and perceptual functioning. *Journal of Consulting and Clinical Psychology, 47,* 531–536.

Goleman, D. J., & Schwartz, G. E. (1976). Meditation as an intervention in stress reactivity. *Journal of Consulting and Clinical Psychology, 44,* 456–466.

Goldschmidt, W. (1974). Ethology, ecology, and ethological realities. In G. V. Coelho, D. A. Hamburg, & J. E. Adams (Eds.), *Coping and adaptation.* New York: Basic Books.

Goldstein, A. M. (1980). The "uncooperative" patient: Self-destructive behavior in hemodialysis patients. In N. L. Farberow (Ed.), *The many faces of suicide: Indirect self-destructive behavior.* New York: McGraw-Hill.

Goldstein, M. J. (1959). The relationship between coping and avoiding behavior and response to fear-arousing propaganda. *Journal of Abnormal and Social Psychology, 58,* 247–252.

Goldstein, M. J. (1973). Individual differences in response to stress. *American Journal of Community Psychology, 1,* 113–137.

Gong-Guy, E., & Hammen, C. L. (1980). Causal perception of stressful events in depressed and nondepressed outpatients. *Journal of Abnormal Psychology, 89,* 662–669.

Gordon, S. L. (1981). The sociology of sentiments and emotion. In M. Rosenberg & R. H. Turner (Eds.), *Social psychology: Sociological perspectives.* New York: Basic Books.

Gore, S. (1978). The effect of social support in moderating the health consequences of unemployment. *Journal of Health and Social Behavior, 19,* 157–165.

Gortmaker, S. L., Eckenrode, J., & Gore, S. (1982). Stress and the utilization of health services: A time series and cross-sectional analysis. *Journal of Health and Social Behavior, 23,* 25–38.

Gorzynski, J. G., Holland, J., Katz, J. L., Weiner, H., Zumoff, B., Fukushima, D., & Levin, J. (1980). Stability of ego defenses and endocrine responses in women prior to breast biopsy and ten years later. *Psychosomatic Medicine, 42,* 323–328.

Gosney, D. (1977, February). Inside the camp: Mental anguish. *Redwood City Tribune,* pp. 1ff.

Gotlib, I. H., & Asarnow, R. F. (1979). Interpersonal and impersonal problem-solving skills in mildly and clinically depressed university students. *Journal of Consulting and Clinical Psychology, 47,* 86–95.

Gotlib, I. H., & Robinson, L. A. (1982). Responses to depressed individuals: Discrepancies between self-report and observer-rated behavior. *Journal of Abnormal Psychology, 91,* 231–240.

Gove, W. R. (1973). Sex, marital status and mortality. *American Journal of Sociology, 79,* 45–67.

Grinker, R. R., & Spiegel, J. P. (1945). *Men under stress.* New York: McGraw-Hill.

Gross, E. (1970). Work, organization, and stress. In S. Levine & N. A. Scotch (Eds.), *Social Stress.* Chicago: Aldine.

Gross, N. A., Mason, W. S., & McEachern, A. W. (1958). *Explorations in role analysis*. New York: Wiley.

Grosser, G. H., Wechsler, H., & Greenblatt, M. (Eds.) (1964). *The threat of impending disaster*. Cambridge, MA: The MIT Press.

Gruenberg, E. (1977). The failure of success. *Milbank Memorial Fund Quarterly, 55*(1), 3–24.

Gurin, G., & Gurin, P. (1970). Expectancy theory in the study of poverty. *Journal of Social Issues, 26*, 83–104.

Gurland, B. J., Yorkston, N. J., Stone, H. R., & Frank, J. D. (1974). *Structured and scaled interview to assess maladjustment*. New York: Springer.

Gutmann, D. L. (1974). The country of old men: Cross-cultural studies in the psychology of later life. In R. L. Levine (Ed.), *Culture and personality: Contemporary readings*. Chicago: Aldine.

Haan, N. (1969). A tripartite model of ego functioning: Values and clinical research applications. *Journal of Nervous and Mental Disease, 148*, 14–30.

Haan, N. (1977). *Coping and defending: Processes of self–environment organization*. New York: Academic Press.

Hackett, T. P., & Cassem, N. H. (1974). Development of a quantitative rating scale to assess denial. *Journal of Psychosomatic Research, 18*, 93–100.

Hackett, T. P., & Cassem, N. H. (1975). Psychological management of the myocardia infarction patient. *Journal of Human Stress, 1*, 25–38.

Hackett, T. P., Cassem, N. H., & Wishnie, H. A. (1968). The coronary-care unit: An appraisal of its psychologic hazards. *New England Journal of Medicine, 279*, 1365–1370.

Hacket, T. P., & Weisman, A. D. (1964). Reactions to the imminence of death. In G. H. Grosser, H. Wechsler, & M. Greenblatt (Eds.), *The threat of impending disaster*. Cambridge, MA: The MIT Press.

Haggard, E. A. (1943). Experimental studies in affective processes: Some effects of cognitive structure and active participation on certain autonomic reactions during experimentally induced stress. *Journal of Experimental Psychology, 33*, 257–284.

Hamburg, D. A., & Adams, J. E. (1967). A perspective on coping behavior: Seeking and utilizing information in major transitions. *Archives of General Psychiatry, 17*, 277–284.

Hamburg, D. A., Hamburg, B., & deGoza, S. (1953). Adaptive problems and mechanisms in severely burned patients. *Psychiatry, 16*, 1–20.

Hamilton, V. (1975). Socialization anxiety and information processing: A capacity model of anxiety-induced performance deficits. In I. G. Sarason & C. D. Spielberger (Eds.), *Stress and anxiety (Vol. 2). Washington, DC: Hemisphere.*

Hammen, C. L., & Cochran, S. D. (1981). Cognitive correlates of life stress and depression in college students. *Journal of Abnormal Psychology, 90*, 23–27.

Hammen, C., & deMayo, R. (1982). Cognitive correlates of teacher stress and depressive symptoms: Implications for attributional models of depression. *Journal of Abnormal Psychology, 91*, 96–101.

Hammen, C. L., Krantz, S., & Cochran, S. (1981). Relationships between depression and causal attributions about stressful life events. *Cognitive Therapy and Research, 5,* 351–358.

Hansell, S. (1982). Student, parent, and school effects on the stress of college applications. *Journal of Health and Social Behavior, 23,* 38–51.

Harburg, E., Blakelock, E. H., & Roeper, P. J. (1979). Resentful and reflective coping with arbitrary authority and blood pressure: Detroit. *Psychosomatic Medicine, 41,* 189–202.

Harlow, H. F. (1953). Mice, monkeys, men and motives. *Psychological Review, 60,* 23–32.

Harris, J. D. (1943). Habituatory response decrement in the intact organism. *Psychological Bulletin, 40,* 385–422.

Hartke, R. J., & Kunce, J. T. (1982). Multidimensionality of health-related locus-of-control scale items. *Journal of Consulting and Clinical Psychology, 50,* 594–595.

Hartshorne, H., & May, M. A. (1928). *Studies in the nature of character: Studies in deceit* (Vol. 1). New York: Macmillan.

Hartshorne, H., May, M. A., & Maller, J. B. (1929). *Studies in the nature of character: Studies in service and self-control* (Vol. 2). New York: Macmillan.

Hartshorne, H., May, M. A., Maller, J. B., & Shuttleworh, F. K. (1930). *Studies in the nature of character: Studies in the organization of character* (Vol. 3). New York: Macmillan.

Haugeland, J. (1978). The nature and plausibility of cognitivism. *The Behavioral and Brain Sciences, 2,* 215–260.

Hay, D. & Oken, S. (1972). The psychological stresses of intensive care unit nursing. *Psychosomatic Medicine, 34,* 109–118.

Haynes, S. G., Feinleib, M., & Kannel, W. B. (1980). The relationship of psychosocial factors to coronary heart disease in the Framingham Study: III. Eight-year incidence of coronary heart disease. *American Journal of Epidemiology,* 1980, *3,* 37–58.

Hebb, D. O., (1946). On the nature of fear. *Psychological Review, 53,* 259–276.

Heckhausen, H. (1977). Achievement motivation and its constructs: A cognitive model. *Motivation and Emotion, 1,* 283–329.

Heckhausen, H. (1982). Task-irrelevant cognitions during an exam: Incidence and éffects. In H. W. Krohne & L. Laux (Eds.), *Achievement, stress, and anxiety.* Washington, DC: Hemisphere.

Heide, F. J., & Borkovec, T. D. (1983). Relaxation-induced anxiety: Paradoxical anxiety enhancement due to relaxation training. *Journal of Consulting and Clinical Psychology, 51,* 171–182.

Heider, F. (1958). *The psychology of interpersonal relations.* New York: Wiley.

Heimler, E. (1963). Children of Auschwitz. In G. Mikes (Ed.), *Prison.* London: Routledge & Kegan Paul.

Heinicke, C., & Westheimer, J. (1965). *Brief separations.* New York: International Universities Press.

Helson, H. (1959). Adaptation level theory. In S. Koch (Ed.), *Psychology: A study of a science* (Vol. 1). New York: McGraw-Hill.

Henderson, S. K., Byrne, D. G., Duncan-Jones, P., Adcock, S., Scott, R., & Steele, G. P. (1978). Social bounds in the epidemiology of neurosis: A preliminary communication. *British Journal of Psychiatry, 132*, 463–466.

Hendrick, I. (1943). The discussion of the "Instinct to Master." *Psychoanalytic Quarterly, 12*, 561–565.

Henle, M. (1962). On the relation between logic and thinking. *Psychological Review, 69*, 366–378.

Henle, M. (1971). Of the Scholler of nature. *Social Research, 38*, 93–107.

Hennessy, J. W., & Levine, S. (1979). Stress, arousal, and the pituitary-adrenal system: A psychoendocrine hypothesis. In J. Sprague & A. Epstein (Eds.), *Progress in psychobiology and physiological psychology*. New York: Academic Press.

Herd, J. A. (1977, October). *Cardiovascular correlates of psychological stress*. Paper presented at conference on The Crisis in Stress Research: A Critical Reappraisal of the Role of Stress in Hypertension, Gastrointestinal Illness, Female Reproductive Dysfunction. Boston University School of Medicine, Department of Psychosomatic Medicine.

Hetherington, E. M., Cox, M., & Cox, R. (1978, May). *Family interaction and the social, emotional, and cognitive development of children following divorce*. Paper presented at the Johnson Conference on the Family, Washington, DC.

Hilgard, E. R. (1949). Human motives and the concept of the self. *American Psychologist, 4*, 374–382.

Hinkle, L. E., Jr. (1973). The concept of "stress" in the biological and social sciences. *Science, Medicine & Man, 1*, 31–48.

Hinkle, L. E., Jr. (1974). The effects of exposure to culture change, social change and changes in interpersonal relationships to health. In B. S. Dohrenwend & B. P. Dohrenwend (Eds.), *Stressful life events: Their nature and effects*. New York: Wiley.

Hinkle, L. E., Jr. (1977). The concept of "stress" in the biological and social sciences. In Z. J. Lipowski, D. R. Lipsitt, & P. C. Whybrow (Eds.), *Psychosomatic medicine: Current trends and clinical implications*. New York: Oxford University Press.

Hitchcock, L. S. (1982). *Improving recovery from surgery: The interaction of preoperative interventions, coping processes, and personality variables*. Unpublished doctoral dissertation, University of California, Berkeley.

Hochschild, A. R. (1979). Emotion work, feeling rules and social structure. *American Journal of Sociology, 85*, 551–575.

Hochschild, A. R. (1983). *The managed heart*. Berkeley, CA: The University of California Press.

Hofer, M. A., Wolff, E. T., Friedman, S. B., & Mason, J. W. (1972). A psychoendocrine study of berevement, Parts I and II. *Psychosomatic Medicine, 34*, 481–504.

Hogan, R. A. (1967). Preliminary report of the extinction of learned fears via short-term implosive therapy. *Journal of Abnormal Psychology, 72,* 106–109.

Hollon, S. D., & Beck, A. T. (1979). Cognitive therapy of depression. In P. C. Kendall & S. D. Hollon (Eds.), *Cognitive behavioral interventions: Theory, research and procedures.* New York: Academic Press.

Hollon, S. D., & Garber, J. (1980). A cognitive-expectancy theory of therapy for helplessness and depression. In J. Garber & M. E. P. Seligman (Eds.), *Human helplessness.* New York: Academic Press.

Holmes, D. S., & Houston, B. K. (1974). Effectiveness of situational redefinition and affective isolation in coping with stress. *Journal of Personality and Social Psychology, 29,* 212–218.

Holmes, T. H., & Masuda, M. (1974). *Life changes and illness susceptibility.* In B. S. Dohrenwend & B. P. Dohrenwend (Eds.), *Stressful life events: Their nature and effects.* New York: Wiley.

Holmes, T. H., & Rahe, R. H. (1967). The social readjustment rating scale. *Journal of Psychosomatic Research, 11,* 213–218.

Holroyd, K. A. (1979). Stress, coping, and the treatment of stress-related illness. In J. R. McNamara (Ed.), *Behavioral approaches to medicine: Application and analysis.* New York: Plenum.

Holroyd, K. A., & Andrasik, F. (1982). Do the effects of cognitive therapy endure? A two year follow-up of tension headache sufferers treated with cognitive therapy or biofeedback. *Cognitive Therapy and Research, 6,* 325–33.

Holroyd, K. A., & Lazarus, R. S. (1982). Stress, coping, and somatic adaptation. In L. Goldberger & S. Breznitz (Eds.), *Handbook of stress: Theoretical and clinical aspects.* New York: The Free Press.

Holt, R. R. (1962). Individuality and generalization in the psychology of personality. *Journal of Personality, 30,* 377–404.

Horner, M. S. (1972). Toward an understanding of achievement-related conflicts in women. *Journal of Social Issues, 28,* 157–175.

Horowitz, M. J. (1974). Stress response syndromes. *Archives of General Psychiatry, 31,* 768–781.

Horowitz, M. J. (1976). *Stress response syndromes.* New York: Jason Aronson.

Horowitz, M. J. (1982). Psychological processes induced by illness, injury, and loss. In T. Millon, C. Green, & R. Meagher (Eds.), *Handbook of clinical health psychology.* New York: Plenum.

Horowitz, M. J., Hulley, S., Alvarez, W., Reynolds, A. M., Benfari, R., Blair, S., Borhani, N., & Simon, N. (1979). Life events, risk factors, and coronary disease. *Psychosomatics, 20,* 586–592.

Horowitz, M. J., Wilner, N., & Alvarez, W. (1979). Impact of event scales: A measure of subjective stress. *Psychosomatic Medicine, 41,* 209–218.

Hough, R. L., Fairbank, D. T., & Garcia, A. M. (1976). Problems in the ratio measurement of life stress. *Journal of Health and Social Behavior, 17,* 70–82.

House, J. S. (1979). Occupational stress and coronary heart disease: A review and theoretical integration. *Journal of Health and Social Behavior, 15,* 12–27.

House, J. S. (1981). Social structure and personality. In M. Rosenberg & R. H. Turner (Eds.), *Social psychology: Sociological perspectives.* New York: Basic Books.

House, J. S., McMichael, A. J., Wells, J. A., Kaplan, B. H., & Landerman, L. R. (1979). Occupational stress and health among factor workers. *Journal of Health and Social Behavior,* 20, 139–160.

Houston, B. K. (1972). Control over stress, locus of control, and response to stress. *Journal of Personality and Social Psychology, 21,* 249–255.

Hull, C. L. (1937). Mind, mechanism, and adaptive behavior. *Psychological Review, 44,* 1–32.

Hull, C. L. (1943). *Principles of behavior.* New York: Appleton-Century-Crofts.

Hultsch, D. F., & Plemons, J. K. (1979). Life events and life-span development. In P. Baltes & O. G. Brim (Eds.), *Life-span development and behavior* (Vol. 2). New York: Academic Press.

Hunter, E. J. (1979, May). *Combat casualities who remain at home.* Paper presented at Western Regional Conference of the Inter University Seminar, "Technology in Combat." Naval Postgraduate School, Monterey, CA.

Hupka, R. B. (1981). Cultural determinants of jealousy. *Alternative Lifestyles, 4,* 310–356.

Huxley, A. (1965). Human potentialities. In R. E. Parson (Ed.), *Science and human affairs.* Palo Alto, CA: Science and Behavior Books.

Ilfeld, F. W. (1980). Coping styles of Chicago adults: Description. *Journal of Human Stress,* June, 2–10.

Isen, A. M. (1970). Success, failure, attention, and reaction to others: The warm glow of success. *Journal of Personality and Social Psychology, 15,* 294–301.

Isen, A. M., & Levin, P. F. (1972). Effect of feeling good on helping: Cookies and kindness. *Journal of Personality and Social Psychology, 21,* 384–388.

Isen, A. M., Shalker, T. E., Clark, M., & Karp, L. (1978). Affect, accessibility of material in memory and behavior: A cognitive loop? *Journal of Personality and Social Psychology, 36*(1), 1–12.

Isen, A. M., Wehner, G. M., Livsey, W. J., & Jennings, J. R. (1965). Affect, awareness, and performance. In S. S. Tomkins & C. E. Izard (Eds.), *Affect, cognition and personality.* New York: Springer.

Izard, C. E. (1975). Patterns of emotion and emotion communication in hostility and aggression. In P. Pliner, L. Kramer, & T. Alloway (Eds.), *Nonverbal communication of aggression.* New York: Plenum.

Izard, C. E. (In press). The primacy of emotions in human development and in emotion-cognition relationships. In C. E. Izard, J. Kagan, & R. B. Zajonc (Eds.), *Emotions, cognition, and behavior.* New York: Cambridge University Press.

Izard, C. E., Kagan, J., & Zajonc. R. (Eds.). (in press). *Emotions, cognition and behavior*. New York: Cambridge University Press.

Jahoda, M. (1981). Work, employment, and unemployment: Values, theories and approaches in social research. *American Psychologist, 36*, 84–191.

James, W. H., Woodruff, A. B., & Werner, W. (1965). Effect of internal and external control upon changes in smoking behavior. *Journal of Consulting Psychology, 29*, 184–186.

Janis, I. L. (1951). *Air war and emotional stress*. New York: McGraw-Hill.

Janis, I. L. (1958). *Psychological Stress: Psychoanalytic and behavioral studies of surgical patients*. New York: Wiley.

Janis, I. L. (1967). Effects of fear arousal on attitude change: Recent Developments in theory and experimental research. In L. Berkowitz (Ed.), *Advances in Experimental Social Psychology*. New York: Academic Press.

Janis, I. L. (1972). *Victims of groupthink*. Boston: Houghton-Mifflin.

Janis, I. L. (1974). Vigilance and decision-making in personal crises. In G. V. Coelho, D. A. Hamburg, & J. E. Adams (Eds.), *Coping and adaptation*. New York: Basic Books.

Janis, I. L., & Mann, L. (1977). *Decision making*. New York: The Free Press.

Janoff-Bulman, R., & Brickman, P. (1982). Expectations and what people learn from failure. In N. T. Feather (Ed.), *Expectancy, incentive and action*. Hillsdale, NJ: Erlbaum.

Janoff-Bulman, R., & Marshall, G. (1982). Mortality, well-being, and control: A study of a population of institutionalized aged. *Personality and Social Psychology Bulletin, 8*, 691–698.

Jemmott, J. B., III, & Locke, S. E. (1984). Psychosocial factors, immunologic mediation, and human susceptibility to infectious diseases: How much do we know? *Psychological Bulletin, 95*, 78–108.

Jenkins, C. D., Zyzanski, S. J., Ryan, T. J., Flessas, A., & Tannenbaum, S. I. (1977). Social insecurity and coronary-prone Type A responses as identifiers of severe atherosclerosis. *Journal of Consulting and Clinical Psychology, 45*, 1060–1067.

Jennings, J. R., & Choi, S. (1981). Type A components and psychophysiological responses to an attention-demanding performance task. *Psychosomatic Medicine, 43*, 475–487.

Jessor, R. (1981). *The perceived environment in psychological theory and research.* In D. Magnusson (Ed.), *Toward a psychology of situations: An interactional perspective*. Hillsdale, NJ: Erlbaum.

Joffe, P. E., & Naditch, M. P. (1977). Paper and pencil measures of coping and defense processes. In N. Haan (Ed.), *Coping and defending: Processes of self–environment organization*. New York: Academic Press.

Johnson, J., & Leventhal, H. (1974). Effects of accurate expectations and behavioral instructions on reactions during a noxious medical examination. *Journal of Personality and Social Psychology, 29*, 710–718.

Johnson, J. E. (1973). Effects of accurate expectations about sensations on the sensory and distress components of pain. *Journal of Personality and Social Psychology, 27,* 261–275.

Johnson, J. H., & Sarason, I. G. (1979a). Moderator variables in life stress research. In I. G. Sarason & C. D. Spielberger (Eds.), *Stress and anxiety* (Vol. 6). Washington, DC: Hemisphere.

Johnson, J. H., & Sarason, I. G. (1979b). Recent developments in research on life stress. In V. Hamilton & D. M. Warburton (Eds.), *Human stress and cognition: An information processing approach.* London: Wiley.

Jung, C. G. (1933). *Modern man in search of a soul.* New York: Harcourt, Brace & World.

Jung, C. G. (1953). *Collected works. Vol. 7: Two essays on analytical psychology.* New York: Pantheon.

Kahn, J. P., Kornfeld, D. S., Blood, D. K., Lynn, R. B., Heller, S. S., & Frank, K. A. (1982). Type A behavior and the thallium stress test. *Psychosomatic Medicine, 44,* 431–436.

Kahn, J. P., Kornfeld, D. S., Frank, K. A., Heller, S. S., & Hoar, P. F. (1980). Type A behavior and blood pressure during coronary artery bypass surgery. *Psychosomatic Medicine, 42,* 407–413.

Kahn, R. L., Wolfe, D. M., Quinn, R. P., Snoek, J. D., & Rosenthal, R. A. (1964). *Organizational stress: Studies in role conflict and ambiguity.* New York: Wiley.

Kahneman, D., & Tversky, A. (1971). Subjective probability: A judgment of representativeness. *Cognitive Psychology, 3,* 430–454.

Kahneman, D., & Tversky, A. (1973). On the psychology of prediction. *Psychological Review, 80,* 237–251.

Kanner, A. D., Coyne, J. C., Schaefer, C., & Lazarus, R. S. (1981). Comparisons of two modes of stress measurement: Daily hassles and uplifts versus major life events. *Journal of Behavioral Medicine, 4,* 1–39.

Kanter, R. M. (1977). *Work and family in the United States: A critical review and agenda for research and policy.* New York: Russell Sage Foundation.

Kanungo, R. N. (1979). The concepts of alienation and involvement revisited. *Psychological Bulletin, 86,* 119–138.

Kaplan, B. H., Cassel, J. C., & Gore, S. (1977). Social support and health. *Medical Care, 15*(5), 47–58.

Kaplan, H. B. (1976). Antecedents of negative self-attitudes: Membership group devaluation and defensiveness. *Social Psychiatry, 11,* 15–25.

Kaplan, H. B. (1980). *Deviant behavior in defense of self.* New York: Academic Press.

Kardiner, A., Linton, R., Dubois, C., & West, J. (1945). *The psychological frontiers of society.* New York: Colombia University Press.

Kasl, S. V. (1978). In C. L. Cooper & R. Payne (Eds.), *Stress at work.* New York: Wiley.

Kasl, S. V., & Cobb, S. (1970). Blood pressure changes in men undergoing job loss: A preliminary report. *Psychosomatic Medicine,* 32, 19–38.

Kasl, S. V., Evans, A. S., & Niederman, J. C. (1979). Psychosocial risk factors in the development of infectious mononucleosis. *Psychosomatic Medicine, 41,* 445–466.

Katz, J. J., Weiner, H., Gallagher, T. G., & Hellman, L. (1970). Stress, distress, and ego defenses. *Archives of General Psychiatry, 23,* 131–142.

Kazdin, A. E. (1975). Covert modeling, imagery assessment, and assertive behavior. *Journal of Consulting and Clinical Psychology, 43,* 716–724.

Kelly, G. A. (1955). *The psychology of personal constructs* (Vol. 1). New York: Norton.

Kelman, H. C. (1961). Processes of opinion change. *Public Opinion Quarterly, 25,* 57–58.

Kemper, T. D. (1978). *A social interaction theory of emotions.* New York: Wiley.

Kemper, T. D. (1981). Social constructionist and positivist approaches to the sociology of emotions. *American Journal of Sociology, 87,* 337–362.

Kendall, P. C., & Hollon, S. D. (Eds.) (1979). *Cognitive behavioral interventions: Theory, research, and procedures.* New York: Academic Press.

Kendall, P. C., Williams, L., Pechacek, T. F., Graham, L. E., Shisslak, C., & Herzoff, N. (1979). Cognitive-behavioral and patient education interventions in cardiac catheterization procedures: The Palo Alto Medical Psychology Project. *Journal of Consulting and Clinical Psychology, 47,* 49–58.

Kent, M. W., & Rolf, J. E. (Eds.). (1979). *Primary prevention of psychopathology. Vol. 3: Social competence in children.* Hanover, NH: University Press of New England.

King, G. A., & Sorrentino, R. M. (1983). Psychological dimensions of goal-oriented interpersonal situations. *Journal of Personality and Social Psychology, 44,* 140–162.

Kinsman, R. A., Dirks, J. F., Jones, N. F., & Dahlem, N. W. (1980). Anxiety reduction in asthma: Four catches to general application. *Psychosomatic Medicine, 42,* 397–405.

Klass, E. T. (1981). A cognitive analysis of guilt over assertion. *Cognitive Therapy and Research, 5,* 283–297.

Klausner, S. Z. (Ed.) (1968). *Why man takes chances: Studies in stress seeking.* New York: Doubleday.

Klausner, S. Z. (1971). *On man and his environment.* San Francisco: Jossey-Bass.

Klein, D. C., & Seligman, M. E. P. (1976). Reversal of performance deficits and perceptual deficits in learned helplessness and depression. *Journal of Abnormal Psychology, 85,* 11–26.

Klein, G. S. (1958). Cognitive control and motivation. In G. Lindzey (Ed.), *Assessment of human motives.* New York: Holt, Rinehart & Winston.

Klinger, E. (1971). *The structure and functions of fantasy.* New York: Wiley.

Klinger, E. (1975). Consequences of commitment to and disengagement from incentives. *Psychological Review, 82,* 1–25.

Klinger, E. (1977). *Meaning and void.* Minneapolis: University of Minnesota Press.

Klos, D. S., & Singer, J. L. (1981). Determinants of the adolescent's ongoing thought following simulated parental confrontations. *Journal of Personality and Social Psychology, 41*, 975–987.

Kluckhohn, F. R. (1968). Variations in the basic values of family systems. In N. W. Bell & E. F. Vogel (Eds.), *A modern introduction to the family* (rev. ed.). New York: The Free Press.

Knapp, R. K., Kause, R. H., & Perkins, C. C., Jr. (1959). Immediate vs. delayed shock in T-maze performance. *Journal of Experimental Psychology, 58, 357–362.*

Knight, R. B., Atkins, A., Eagle, C. J., Evans, N., Finkelstein, J. W., Fukushima, D., Katz, J., & Weiner, H. (1979). Psychological stress, ego defenses, and cortisol productions in children hospitalized for elective surgery. *Psychosomatic Medicine, 41*, 40–49.

Kobasa, S. C. (1979). Stressful life events, personality, and health: An inquiry into hardiness. *Journal of Personality and Social Psychology, 37*, 1–11.

Kobasa, S. C., Maddi, S. R., & Courington, S. (1981). Personality and constitution as mediators in the stress-illness relationship. *Journal of Health and Social Behavior, 22*, 368–378.

Kobasa, S. C., Maddi, S. R., & Kahn, S. (1982). Hardiness and health: A prospective study. *Journal of Personality and Social Psychology*, 42, 168–177.

Kobasa, S. C., & Puccetti, M. C. (1983). Personality and social resources in stress resistance. *Journal of Personality and Social Psychology*, 45, 839–850.

Koenig, R. (1973). Dying versus well-being. *Omega, 4*, 181–194.

Kohn, M. L. (1969). *Class and conformity*. Homewood, IL: Dorsey.

Kohn, M. L. (1976). Social class and parental values: Another confirmation of the relationship. *American Sociological Review, 41*, 538–545.

Kohn, M. L., & Schooler, C. (1973). Occupational experience and psychological functioning: An assessment of reciprocal effects. *American Sociological Review, 38*, 97–118.

Kohn, M. L., & Schooler, C. (1978). The reciprocal effects of the substantive complexity of work and intellectual flexibility: A longitudinal assessment. *American Journal of Sociology, 84*, 24–52.

Koocher, G. P., O'Malley, J. E., Gogan, J. L., & Foster, D. J. (1980). Psychological adjustment among pediatric cancer survivors. *Journal of Child Psychology and Psychiatry, 21*, 163–173.

Korchin, S. J. (1964). Anxiety and cognition. In C. Scheerer (Ed.), *Cognition: Theory, research, promise*. New York: Harper & Row.

Koriat, A., Melkman, R., Averill, J. R., & Lazarus, R. S. (1972). The self-control of emotional reactions to a stressful film. *Journal of Personality, 40*, 601–619.

Krantz, D. S., Arabian, J. M., Davia, J. E., & Parker, J. S. (1982). Type A behavior and coronary artery bypass surgery: Intraoperative blood pressure and perioperative complications. *Psychosomatic Medicine, 44*, 273–284.

Krantz, D. S., & Schulz, R. (1980). A model of life crisis, control, and health outcomes: Cardiac rehabilitation and relocation of the elderly. In A. Baum & J. E. Singer (Eds.), *Advances in environmental psychology* (Vol. 2). Hillsdale, NJ: Erlbaum.

Krantz, S. E. (1983). Cognitive appraisals and problem-directed coping: A prospective study of stress. *Journal of Personality and Social Psychology, 44*, 638–643.

Kreitler, H., & Kreitler, S. (1976). *Cognitive orientation and behavior*. New York: Springer.

Krohne, H. W., & Laux, L. (Eds.) (1982). *Achievement, stress, and anxiety*. New York: Hemisphere.

Krohne, H. W., & Rogner, J. (1982). Repression-sensitization as a central construct in coping research. In H. W. Krohne & L. Laux (Eds.), *Achievement, stress, and anxiety*. Washington, DC: Hemisphere.

Kübler-Ross, E. (1969). *On death and dying*. New York: Macmillan.

Lacey, J. I. (1967). Somatic response patterning and stress: Some revisions of activation theory in psychological stress. In M. H. Apley and R. Trumbul (Eds.), *Psychological Stress*. New York: Appleton-Century-Crofts.

Ladd, G. W., & Mize, J. (1983). A cognitive-social learning model of social-skill training. *Psychological Review, 90*, 127–157.

Langer, E. J. (1975). The illusion of control. *Journal of Personality and Social Psychology, 32*, 311–328.

Langer, E. J., & Rodin, J. (1976). The effects of choice and enhanced personal responsibility for the aged: A field experiment in an institutional setting. *Journal of Personality and Social Psychology, 34*, 191–198.

LaRocco, J. M., House, J. S., & French, J. R. P., Jr. (1980). Social support, occupational stress, and health, *Journal of Health and Social Behavior, 21*, 202–218.

Lau, R. R. (1982). Origins of health locus of control beliefs. *Journal of Personality and Social Psychology, 42*, 322–334.

Lau, R. R., & Ware, J. F., Jr. (1982). Refinements in the measurement of health-specific locus-of-control beliefs. *Medical Care, 29*, 1147–1158.

Lawler, K. A., Allen, M. T., Critcher, E. C., & Standard, B. A. (1981). The relationship of physiological responses to the coronary-prone behavior pattern in children. *Journal of Behavioral Medicine, 4*, 203–216.

Lawton, M. P. (1977). The impact of the environment on aging and behavior. In J. E. Birren & K. W. Schaie (Eds.), *Handbook of the psychology of aging*. New York: Van Nostrand Reinhold.

Lawton, M. P. (1980). *Environment and aging*. Monterey, CA: Brooks/Cole.

Lazarus, A. A. (1971). *Behavior therapy and beyond*. New York: McGraw-Hill.

Lazarus, A. A. (1981). *The practice of multimodal therapy*. New York: McGraw-Hill.

Lazarus, R. S. (1961). A substitute-defensive conception of apperceptive fantasy. In J. Kagan & G. Lessor (Eds.), *Contemporary issues in apperceptive methods*. Springfield, IL: Thomas.

Lazarus, R. S. (1966). *Psychological stress and the coping process*. New York: McGraw-Hill.

Lazarus, R. S. (1968). Emotions and adaptation: Conceptual and empirical relations. In W. J. Arnold (Ed.), *Nebraska symposium on motivation*. Lincoln: University of Nebraska Press.

Lazarus, R. S. (1975a). A cognitively oriented psychologist looks at biofeedback. *American Psychologist, 30*, 553–561.

Lazarus, R. S. (1975b). The self-regulation of emotion. In L. Levi (Ed.), *Emotions: Their parameters and measurement*. New York: Raven.

Lazarus, R. S. (1976). Discussion. In G. Serban (Ed.), *Psychopathology of human adaptation*. New York: Plenum.

Lazarus, R. S. (1980). Cognitive behavior therapy as psychodynamics revisited. In J. Mahoney (Ed.), *Psychotherapy process: Current issues and future directions*. New York: Plenum.

Lazarus, R. S. (1982). Thoughts on the relations between emotion and cognition. *American Psychologist, 37*, 1019–1024.

Lazarus, R. S. (1984). On the primacy of cognition. *American Psychologist, 39*, 124–129.

Lazarus, R. S. (in press-a). Puzzles in the study of daily hassles. *Journal of Behavioral Medicine*.

Lazarus, R. S. (in press–b). The trivialization of distress. In J. C. Rosen & L. J. Solomon (Eds.), *Preventing health risk behaviors and promoting coping with illness. Vol. 8. Vermont Conference on the Primary Prevention of Psychopathology*. Hanover, NH: University Press of New England.

Lazarus, R. S., & Alfert, E. (1964). The short-circuiting of threat. *Journal of Abnormal and Social Psychology, 69*, 195–205.

Lazarus, R. S., & Averill, J. R. (1972). Emotion and cognition: With special reference to anxiety. In C. D. Spielberger (Ed.), *Anxiety: Current trends in theory and research* (Vol. 2). New York: Academic Press.

Lazarus, R. S., Averill, J. R., & Opton, E. M., Jr. (1970). Toward a cognitive theory of emotions. In M. Arnold (Ed.), *Feelings and emotions*. New York: Academic Press.

Lazarus, R. S., Averill, J. R., & Opton, E. M., Jr. (1974). The psychology of coping: Issues of research and assessment. In G. V. Coelho, D. A. Hamburg, & J. E. Adams (Eds.), *Coping and adaptation*. New York: Basic Books.

Lazarus, R. S., & Cohen, J. B. (1977). Environmental stress. In I. Altman and J. F. Wohlwill (Eds.), *Human behavior and the environment: Current theory and research*. New York: Plenum.

Lazarus, R. S., Coyne, J. C., & Folkman, S. (1982). Cognition, emotion, and motivation: The doctoring of Humpty-Dumpty. In R. W. J. Neufeld (Ed.), *Psychological stress and psychopathology*. New York: McGraw-Hill.

Lazarus, R. S., Deese, J., & Osler, S. F. (1952). The effects of psychological stress upon performance. *Psychological Bulletin, 49*, 293–317.

Lazarus, R. S., & DeLongis, A. (1983). Psychological stress and coping in aging. *American Psychologist, 38*, 245–254.

Lazarus, R. S., & Erikson, C. W. (1952). Effects of failure stress upon skilled performance. *Journal of Experimental Psychology, 43,* 100–105.

Lazarus, R. S., Eriksen, C. W., & Fonda, C. P. (1951). Personality dynamics and auditory perceptual recognition. *Journal of Personality, 19,* 471–482.

Lazarus, R. S., & Folkman, S. (1984). Coping and adaptation. In W. D. Gentry (Ed.), *The handbook of behavioral medicine.* New York: Guilford, 282–325.

Lazarus, R. S., Kanner, A. D., & Folkman, S. (1980). Emotions: A cognitive-phenomenological analysis. In R. Plutchik & H. Kellerman (Eds.), *Theories of Emotion. Vol. 1. Emotion: Theory, Research, and Experience.* New York: Academic Press.

Lazarus, R. S., & Launier, R. (1978). Stress-related transactions between person and environment. In L.A. Pervin & M. Lewis (Eds.), *Perspectives in interactional psychology.* New York: Plenum.

Lazarus, R. S., Opton, E. M., Jr., Nomikos, M. S., & Rankin, N. O. (1965). The principle of short-circuiting of threat: Further evidence. *Journal of Personality,* 1965, *33,* 622–635.

Lazarus, R. S., Speisman, J. C., Mordkof, A. M., & Davison, L. A. (1962). A laboratory study of psychological stress produced by a motion picture film. *Psychological Monographs, 76* (34, Whole No. 553).

Lefcourt, H. M. (1973). The function of the illusions of control and freedom. *American Psychologist, 28,* 417–425.

Lefcourt, H. M. (1976). *Locus of control: Current trends in theory and research.* New York: Halstead.

Lefcourt, H. M. (1981). *Research with the locus of control construct. Vol. 1: Assessment methods.* New York: Academic Press.

Lefcourt, H. M., Miller, R. S., Ware, E. E., & Schenk, D. (1981). Locus of control as a modifier of the relationship between stressors and moods. *Journal of Personality and Social Psychology, 41,* 357–369.

Lehrman, D. S. (1964). The reproductive behavior of ring doves. *Scientific American, 211,* 48–54.

Lei, H., & Skinner, H. A. (1980). A psychometric study of life events and social readjustment. *Journal of Psychosomatic Research, 24,* 57–65.

Lennon, M. D. (1982). The psychological consequences of menopause: The importance of timing of a life stage event. *Journal of Health and Social Behavior, 23,* 353–366.

Levenson, R. W., Sher, K. J., Grossman, L. M., Newman, J., & Newlin, D. B. (1980). Alcohol and stress response dampening: Pharmacological effects, expectancy, and tension reduction. *Journal of Abnormal Psychology, 89,* 528–538.

Leventhal, H. (1980). Toward a comprehensive theory of emotion. In L. Berkowitz (Ed.), *Advances in experimental social psychology.* New York: Academic Press.

Leventhal, H., Brown, D., Shacham, S., & Engquist, G. (1979). Effect of preparatory information about sensations, threat of pain and attention on cold pressor distress. *Journal of Personality and Social Psychology, 37,* 688–714.

Leventhal, H., & Everhart, D. (1979). Emotion, pain, and physical illness. In C. Izard (Ed.), *Emotions and psychopathology.* New York: Plenum.

Leventhal, H., & Nerenz, D. R. (1983). A model for stress research with some implications for the control of stress disorders. In D. Meichenbaum & M. Jaremko (Eds.), *Stress prevention and management: A cognitive behavioral approach.* New York: Plenum.

Levi, L. (1980). *Preventing work stress.* New York: Addison-Wesley.

Levine, M., & Spivack, G. (1964). *The Rorschach index of repressive style.* Springfield, IL: Charles C. Thomas.

Levine, J., & Zigler, E. (1975). Denial and self-image in stroke, lung cancer, and heart disease victims. *Journal of Consulting and Clinical Psychology, 43,* 751–757.

Levine, S., Goldman, L., & Coover, G. D. (1972). Expectancy and the pituitry-adrenal system. *Physiology, emotion, and psychosomatic illness.* CIBA symposium.

Levine, S., & Scotch, N. A. (1970). *Social stress.* Chicago: Aldine.

Levine, S., Weinberg, J., & Ursin, H. (1978). Definition of the coping process and statement of the problem. In H. Ursin, E. Baade, & S. Levine (Eds.), *Psychobiology of stress: A study of coping men.* New York: Academic Press.

Levinger, G. (1966). Sources of marital dissatisfaction among applicants for divorce. *American Journal of Orthopsychiatry, 36,* 803–807.

Levinson, D. J., Darrow, C. N., Klein, E. B., Levinson, M. H., & McKee, B. (1978). *The seasons of a man's life.* New York: Knopf.

Levinson, H. (1973). *The great jackass fallacy.* Boston: Harvard University Division of Research, Graduate School of Business Administration.

Levis, D. J., & Carrera, R. N. (1967). Effects of ten hours of implosive therapy in the treatment of outpatients: A preliminary report. *Journal of Abnormal Psychology, 72,* 504–508.

Levy, D. M. (1943). *Maternal over-protection.* New York: Colombia University Press.

Levy, D. M. (1955). Oppositional syndromes and oppositional behavior. In P. H. Hoch & I. Zubin (Eds.), *Psychopathology of childhood.* New York: Grune & Stratton.

Levy, D. M. (1966). *Maternal overprotection* (2nd ed.). New York: Norton.

Lewin, K. A. (1935). *A dynamic theory of personality* (Trans., K. E. Zener & D. K. Adams). New York: McGraw-Hill.

Lewin, K. A. (1936). *Principles of topological psychology* (Trans., F. Heider & G. Heider). New York: McGraw-Hill.

Lewinsohn, P. M. (1973). Clinical and theoretical aspects of depression. In K. S. Calhoun, H. E. Adams, & K. M. Mitchell (Eds.), *Innovative treatment methods in psychotherapy.* New York: Wiley.

Lewinsohn, P. M. (1975). The behavioral study and treatment of depression. In M. Herson, R. Eisler, & P. Miller (Eds.), *Progress in behavior modification*. New York: Academic Press.

Lewinsohn, P. M., Mischel, W., Chaplin, W., & Barton, R. (1980). Social competence and depression: The role of illusory self-perceptions. *Journal of Abnormal Psychology, 89*, 203–212.

Lewinsohn, P. M., & Talkington, J. (1979). Studies of the measurement of unpleasant events and relations with depression. *Applied Psychological Measurement, 3*, 83–101.

Lewis, M., Sullivan, M. W., & Michalson, L. (in press). The cognitive-emotional fugue. In C. E. Izard, J. Kagan, & R. Zajonc (Eds.), *Emotions, cognition and behavior*. New York: Cambridge University Press.

Lidell, H. S. (1964). The role of vigilance in the development of animal neurosis. In P. H. Hoch & J. Zubin (Eds.), *Anxiety*. New York: Hafner.

Lidz, T., Cornelison, A. R., Fleck, S., & Terry, D. (1957). The intrafamilial environment of schizophrenic patients: II. Marital schism and marital skew. *American Journal of Psychiatry, 114*, 241–248.

Lieberman, M. A. (1975). Adaptive processes in late life. In N. Datan & L. H. Ginsberg (Ed.), *Life-span development psychology*. New York: Academic Press.

Lieberman, D. A. (1979). Behaviorism and the mind: A (limited) call for a return to introspection. *American Psychologist, 34*, 319–333.

Lieberman, M. A., & Tobin, S. S. (1983). *The experience of old age: Stress, coping, and survival*. New York: Basic Books.

Liem, R., & Liem, J. (1978). Social class and mental illness reconsidered: The role of economic stress and social support. *Journal of Health and Social Behavior, 19*, 139–156.

Lin, R., Simeone, R. S., Ensel, W. M., & Kuo, W. (1979). Social support, stressful life events and illness: A model and empirical test. *Journal of Health and Social Behavior, 20*, 108–119.

Lindemann, E. (1944). Symptomatology and management of acute grief. *American Journal of Psychiatry, 101*, 141–148.

Linden, W., & Feurstein, M. (1981). Essential hypertension and social coping behavior. *Journal of Human Stress, 7*, 28–34.

Lindsley, D. B. (1951). Emotion. In S. S. Stevens (Ed.), *Handbook of experimental psychology*. New York: Wiley.

Linsenmeier, J. A. W., & Brickman, P. (1980). *Expectations, performance, and satisfaction*. Unpublished manuscript, University of Illinois, Evanston.

Lipowski, Z. J. (1970–1971). Physical illness, the individual and the coping process. *International Journal of Psychiatry in Medicine, 1*, 91–102.

Lipowski, Z. J. (1977). Psychosomatic medicine in the seventies: An overview. *American Journal of Psychiatry, 134*, 233–244.

Locke, D., & Pennington, D. (1982). Reasons and other causes: Their role in attribution processes. *Journal of Personality and Social Psychology, 42*, 212–223.

Locke, E., Bryan, J., & Kendall, L. (1968). Goals and intentions as mediators of the effects of monetary incentives on behavior. *Journal of Applied Psychology, 52,* 104–121.

Loevinger, J. (1976). *Ego development*. San Francisco: Jossey-Bass.

Long, J. M., Lynch, J. J., Machiran, N. M., Thomas, S. A., & Malinow, K. L. (1982). The effect of status of blood pressure during verbal communication. *Journal of Behavioral Medicine, 5,* 165–172.

Lorr, M., Daston, P., & Smith, I. R. (1967). An analysis of mood states. *Educational and Psychological Measurement, 27,* 89–96.

Lovallo, W. R., & Pishkin, V. (1980). Performance of Type A (coronary prone) men during and after exposure to uncontrollable noise and task failure. *Journal of Personality and Social Psychology, 38,* 963–961.

Lowenthal, M. F. (1977). Toward a sociopsychological theory of change in adulthood and old age. In J. E. Birren & K. W. Schaie (Eds.), *Handbook of the psychology of aging*. New York: Van Nostrand Reinhold.

Lowenthal, M. F., Thurnher, M., & Chiriboga, D. (1975). *Four stages of life*. San Francisco: Jossey-Bass.

Lucas, R. A. (1969). *Men in crisis*. New York: Basic Books.

Lumsden, D. P. (1981). Is the concept of "stress" of any use, anymore? In D. Randall (Ed.), *Contributions to primary prevention in mental health: Working papers*. Toronto: Toronto National Office of the Canadian Mental Health Association.

Lundberg, U. (1982). Type A behavior and its relation to personality variables in Swedish male and female university students. *Scandinavian Journal of Psychology, 21,* 133–138.

Lyles, J. N., Burish, T. G., Korzely, M. G., & Oldham, R. K. (1982). Efficacy of relaxation training and guided imagery in reducing the aversiveness of cancer chemotherapy. *Journal of Consulting and Clinical Psychology, 50,* 509–524.

Lyons, T. F. (1971). Role clarity, need for clarity, classification, tension, and withdrawal. *Organizational Behavior and Human Performance, 6,* 99–110. (cited in Kasl, 1978)

MacDonald, A. P. (1970). Internal-external locus of control and the practice of birth control. *Psychological Reports, 27,* 206.

Macoby, M. (1976). *The gamesman*. New York: Simon & Schuster.

MacPhillamy, D. J., & Lewinson, P. M. (1982). The pleasant events schedule: Studies on reliability, validity, and scale intercorrelation. *Journal of Consulting and Clinical Psychology, 50,* 363–380.

Mages, N. L., & Mendelsohn, G. A. (1979). Effects of cancer on patients' lives: A personological approach. In G. C. Stone, F. Cohen, & N. E. Adler (Eds.), *Health psychology: A handbook*. San Francisco: Jossey-Bass.

Magnusson, D., & Endler, N. S. (Eds.) (1977). *Personality at the crossroads*. Hillsdale, NJ: Erlbaum.

Mahl, G. F. (1949). Anxiety, HCL secretion, and peptic ulcer etiology. *Psychosomatic Medicine, 11,* 30–44.

Mahl, G. F. (1952). Relationship between acute and chronic fear and the gastric acidity and blood sugar levels in *Macca mulatta* monkeys. *Psychosomatic Medicine, 14*, 182–210.

Mahl, G. F. (1953). Physiological changes during chronic fear. *Annals of the New York Academy of Sciences, 56*, 240–249.

Mahoney, M. J. (Ed.). (1980). *Psychotherapy process: Current issues and future directions*. New York: Plenum.

Mahoney, M. J., & Arnkoff, D. B. (1978). Cognitive and self-control therapies. In S. L. Garfield & A. E. Bergin (Eds.), *Handbook of psychotherapy and behavior change: An empirical analysis*. New York: Wiley.

Main, M. (1977). Analysis of a peculiar form of reunion behavior seen in some day-care children: Its history and sequelae in children who are home-reared. In R. Webb (Ed.), *Social development in childhood: Daycare programs and research*. Baltimore: Johns Hopkins University Press.

Main, M., & Weston, D. R. (1982). Avoidance of the attachment figures in infancy: Description and interpretations. In C. M. Parkes & J. Stevenson-Hinde (Eds.), *Place of attachment in human behavior*. New York: Basic Books.

Malmo, R. B. (1959). Activation: A neuropsychological dimension. *Psychological Review, 66*, 367–386.

Manderscheid, R. W., Silbergeld, S., & Dager, E. Z. (1975). Alienation: A response to stress. *Journal of Cybernetics, 5*, 91–105.

Mandler, G. (1975), *Mind and emotion*. New York: Wiley.

Manuel, F. (1965). Toward a psychological history of utopias. *Daedalus, 94*, 293–322.

Marceil, J. C. (1977). Implicit dimensions of idiography and nomothesis: A reformulation. *American Psychologist, 32*, 1046–1055.

Marx, K. *Capital*. New York: Modern Library.

Marmor, J., & Woods, S. (Eds.). (1980). *The interface between psychodynamic and behavioral therapies*. New York: Plenum.

Marshall, G. D., & Zimbardo, P. G. (1979). Affective consequences of inadequately explained physiological arousal. *Journal of Personality and Social Psychology, 37*, 970–985.

Maslach, C. (1979). Negative emotional biasing of unexplained arousal. *Journal of Personality and Social Psychology, 37*, 953–969.

Maslow, A. H. (1964). Synergy in the society and the individual. *Journal of Individual Psychology, 20*, 153–164.

Mason, J. W. (1971). A re-evaluation of the concept of "non-specificity" in stress theory. *Journal of Psychiatric Research, 8*, 323–333.

Mason, J. W. (1974). Specificity in the organization of neuroendocrine response profiles. In P. Seeman & G. Brown (Eds.), *Frontiers in neurology and neuroscience research*. Toronto: University of Toronto.

Mason, J. W. (1975a). Emotion as reflected in patterns of endocrine integration. In L. Levi (Ed.), *Emotions: Their parameters and measurement*. New York: Raven.

Mason, J. W. (1975b). A historical view of the stress field: Part I. *Journal of Human Stress, 1*, 6–12.

Mason, J. W. (1975c). A historical view of the stress field: Part II. *Journal of Human Stress, 1*, 22–36.

Mason, J. W., Maher, J. T., Hartley, L. H. Mougey, E., Perlow, M. J., & Jones, L. G. (1976). Selectivity of corticosteroid and catecholamine response to various natural stimuli. In G. Serban (Ed.), *Psychopathology of human adaptation*. New York: Plenum.

Masserman, J. H. (1943). *Behavior and neurosis*. Chicago: University of Chicago Press.

Matthews, K. A. (1982). Psychological perspectives on the Type A behavior pattern. *Psychological Bulletin, 91*, 293–323.

Matthews, K. A., & Siegel, J. M. (1983). Type A behaviors by children, social comparison, and standards for self-evaluation, *Developmental Psychology, 19*, 135–140.

May, R. (1950). *The meaning of anxiety*. New York: Ronald Press.

May, R. (1958). Contributions of existential psychotherapy. In R. May, E. Angel, & H. F. Ellenberger (Eds.), *Existence: A new dimension in psychiatry and psychology*. New York: Basic Books.

McClelland, D. C. (1951). *Personality*. New York: Sloane.

McClelland, D. C., Atkinson, J. W., Clark, R. A., & Lowell, E. L. (1953). *The achievement motive*. New York: Appleton-Century-Crofts.

McClosky, H., & Schaar, J. H. (1965). Psychological dimensions of anomie. *American Sociological Review, 30*, 14–40. *Psychosomatic Medicine, 11*, 30–44.

McCrae, R. R. (1982). Age differences in the use of coping mechanisms. *Journal of Gerontology, 37*, 454–560.

McCrae, R. R. (1984). Situational determinants of coping responses: Loss, threat, and challenge. *Journal of Personality and Social Psychology, 46*, 919–928.

McCranie, E. W., Simpson, M. E., & Stevens, J. S. (1981). Type A behavior, field dependence, and serum lipids. *Psychosomatic Medicine, 43*, 107–116.

McDowell, I., & Praught, E. (1982). On the measurement of happiness: An examination of the Bradburn scale in the Canada Health Survey. *American Journal of Epidemiology, 116*, 949–958.

McFall, R. M. (1982). A review and reformulation of the concept of social skills. *Behavioral Assessment, 4*, 1–33.

McFall, R. M., & Twentyman, C. T. (1973). Four experiments on the relative contribution of rehearsal, modeling and coaching to assertion training. *Journal of Abnormal Psychology, 81*, 199–218.

McGrath, J. E. (1970). *Social and psychological factors in stress*. New York: Holt, Rinehart & Winston.

McLean, P. (1976). Depression as a specific response to stress. In I. G. Sarason & C. D. Spielberger (Eds.), *Stress and anxiety* (Vol. 3). Washington, DC: Hemisphere.

Mead, M. (1970). *Culture and commitment: A study of the generation gap*. Garden City, NY: Natural History Press/Doubleday.
Mechanic, D. (1962). *Students under stress: A study in the social psychology of adaptation*. New York: The Free Press. Reprinted in 1978 by the University of Wisconsin Press.
Mechanic, D. (1966a). *Medical sociology: A selective view*. New York: The Free Press.
Mechanic, D. (1966b). Response factors in illness: The study of illness behavior. *Social Psychiatry, 1*, 11–20.
Mechanic, D. (1974). Social structure and personal adaptation: Some neglected dimensions. In G. V. Coelho, D. A. Hamburg, & J. E. Adams (Eds.), *Coping and adaptation*. New York: Basic Books.
Mechanic, D. (1978). *Medical sociology* (2nd ed.). New York: The Free Press.
Meichenbaum, D. (1975). A self-instructional approach to stress management: A proposal for stress inoculation training. In C. D. Spielberger & I. G. Sarason (Eds.), *Stress and anxiety* (Vol. 2). New York: Wiley.
Meichenbaum, D. (1977). *Cognitive-behavior modification: An integrative approach*. New York: Plenum.
Meichenbaum, D., & Cameron, R. (1983). Stress inoculation training: Toward a general paradigm for training coping skills. In D. Meichenbaum & M. E. Jaremko (Eds.), *Stress reduction and prevention*. New York: Plenum.
Meichenbaum, D., & Jaremko, M. E. (Eds.). (1983). *Stress reduction and prevention*. New York: Plenum.
Meichenbaum, D., & Novaco, R. (1978). Stress inoculation: A preventative approach. In C. D. Spielberger & I. G. Sarason (Eds.), *Stress and anxiety* (Vol. 5). New York: Halstead.
Melges, F. T., & Bowlby, J. (1969). Types of hopelessness in psychopathological process. *Archives of General Psychiatry, 20*, 690–699.
Meltzer, J., & Hochstim, J. (1970). Reliability and vitality of survey data on physical health. *Public Health Reports, 85*, 1075–1086.
Mendelsohn, G. A. (1979). The psychological consequences of cancer: A study of adaptation to somatic illness. *Cahiers d'Anthropologie, 2*, 53–92.
Menninger, K. (1954). Regulatory devices of the ego under major stress. *International Journal of Psychoanalysis, 35*, 412–420.
Menninger, K. (1963). *The vital balance: The life process in mental health and illness*. New York: Viking.
Merton, R. K. (1957). *Social structure*. Glencoe, IL: The Free Press.
Messer, S. B., & Winokur, M. (1980). Some limits to the integration of psychoanalytic and behavior therapy. *American Psychologist, 35*, 818–827.
Miller, I. W., III, Klee, S. H., & Norman, W. H. (1982). Depressed and nondepressed inpatients' cognitions of hypothetical events, experimental tasks, and stressful life events. *Journal of Abnormal Psychology, 91*, 94–97.
Miller, J. G. (1953). *The development of experimental stress-sensitive tests for*

*predicting performance in military tasks*. PRB Tech. Report 1079. Washington, DC: Psychological Research Associates.

Miller, N. E. (1948). Studies of fear as an acquirable drive: I. Fear as motivation and fear-reduction as reinforcement in learning of new responses. *Jounal of Experimental Psychology, 38*, 89–101.

Miller, N. E. (1959). Liberalization of basic S-R concepts: Extensions to conflict behavior, motivation and social learning. In S. Koch (Ed.), *Psychology: A study of a science* (Study 1, Vol. 2). New York: McGraw-Hill.

Miller, N. E. (1969). Learning of visceral and glandular responses. *Science, 163*, 434–445.

Miller, N. E. (1978). Biofeedback and visceral learning. *Annual Review of Psychology, 29*, 373–404.

Miller, N. E. (1980). A perspective on the effects of stress and coping on disease and health. In S. Levine & H. Ursin (Eds.), *Coping and health* (NATO Conference Series III: Human Factors). New York: Plenum.

Miller, N. E., & Dworkin, B. R. (1977). Effects of learning on visceral functions. *New England Journal of Medicine, 296*, 1274–1278.

Miller, S. M. (1980). When is a little information a dangerous thing? Coping with stressful events by monitoring vs. blunting. In S. Levine & H. Ursin (Eds.), *Coping and health*. New York: Plenum.

Miller, W. R., & Seligman, M. E. P. (1975). Depression and learned helplessness in man. *Journal of Abnormal Psychology, 84*, 228–238.

Mills, R. T., & Krantz, D. S. (1979). Information, choice, and reactions to stress: A field experiment in a blood bank with laboratory analogue. *Journal of Personality and Social Psychology, 37*, 608–620.

Mirsky, I. A. (1964). Discussion in the Timberline conference on psychophysiologic aspects of cardiovascular disease. *Psychosomatic Medicine, 26*, (Part II), 533–534.

Mischel, W. (1973). Toward a cogntive social learning reconceptuatlization of personality. *Psychological Review, 80*, 252–283.

Mitchell, J. C. (Ed.). (1969). *Social networks in urban situations*. Manchester, England: Manchester University Press.

Mlott, S. R., & Mlott, Y. D. (1975). Dogmatism and locus of control in individuals who smoke, stopped smoking, and never smoked. *Journal of Community Psychology, 3*, 53–57.

Monat, A. (1976). Temporal uncertainty, anticipation time, and cognitive coping under threat. *Journal of Human Stress, 2*, 32–43.

Monat, A., Averill, J. R., & Lazarus, R. S. (1972). Anticipatory stress and coping reactions under various conditions of uncertainty. *Journal of Personality and Social Psychology, 24*, 237–253.

Monat, A., & Lazarus, R. S. (1977). *Stress and coping: An anthology*. New York: Colombia University Press.

Monson, T. C., Hesley, J. W., & Chernick, L. (1982). Specifying when personality traits can and cannot predict behavior: An alternative to abandoning the attempt to predict single-act criteria. *Journal of Personality and Social Psychology, 43*, 385–399.

Moos, R. H. (1973). Conceptualizations of human environments. *American Psychologist, 28*, 652–665.

Moos, R. H. (1974). Psychological techniques in the assessment of adaptive behavior. In G. V. Coelho, D. A. Hamburg, & J. E. Adams (Eds.), *Coping and adaptation*. New York: Basic Books.

Moos, R. H. (1975). Assessment and impact of social climate. In P. McReynolds (Ed.), *Advances in psychological assessment* (Vol. 3). San Francisco: Jossey-Bass.

Moos, R. H. (Ed.) (1977). *Coping with physical illness*. New York: Plenum.

Moos, R. H., & Tsu, V. D. (1977). The crisis of physical illness: An overview. In R. H. Moos (Ed.), *Coping with physical illness*. New York: Plenum.

Moreno, J. L. (1947). *The theatre of spontaneity: An introduction to psychodrama*. New York: Beacon House.

Morgan, W. P., & Pollock, M. L. (1977). Psychological characterization of the elite distance runner. *Annals of the New York Academy of Sciences, 301*, 382–403.

Moskowitz, D. S. (1982). Coherence and cross-situational generality in personality: A new analysis of old problems. *Journal of Personality and Social Psychology, 43*, 754–768.

Moss, G. E. (1973). *Illness, immunity, and social interaction: The dynamics of biosocial resonation*. New York: Wiley.

Mueller, D. P., Edwards, D. W., & Yarvis, R. M. (1977). Stressful life events and psychiatric symptomatology: Change or undesirability? *Journal of Health and Social Behavior, 18*, 307–317.

Murawski, B. J., Penman, D., & Schmitt, M. (1978, October). Social support in health and illness: The concept and its measurement. *Cancer Nursing*, 365–371.

Murphy, G. (1966). *Personality*. New York: Basic Books.

Murphy, L. B., & associates (1962). *The widening world of childhood: Paths toward mastery*. New York: Basic Books.

Murphy, L. B. (1974). Coping, vulnerability and resilience in childhood. In G. V. Coelho, D. A. Hamburg, & J. E. Adams (Eds.), *Coping and adaptation*. New York: Basic Books.

Murphy, L. B., & Moriarty, A. E. (1976). *Vulnerability, coping, and growth: From infancy to adolescence*. New Haven: Yale University Press.

Murray, H. A. (1938). *Explorations in personality*. New York: Oxford University Press.

Nasby, W., & Yando, R. (1982). Selective encoding and retrieval of affectively valent information: Two cognitive consequences of children's mood states. *Journal of Personality and Social Psychology, 43*, 1244–1253.

Natelson, B. H., Krasnegor, N., & Holaday, J. W. (1976). Relations between behavioral arousal and plasma cortisol levels in monkeys performing repeated free-operant avoidance sessions. *Journal of Comparative and Physiological Psychology, 90,* 958–969.

Needham, R. (1975). Polythetic classification: Convergence and consequences. *Man, 10,* 349–369.

Neisser, U. (1967). *Cognitive psychology.* New York: Appleton-Century-Crofts.

Neufeld, R. W. J. (1975). Effect of cognitive appraisal on *d'* and response bias to experimental stress. *Journal of Personality and Social Psychology, 31,* 735–743.

Neufeld, R. W. J. (1976). Evidence of stress as a function of experimentally altered appraisal of stimulus aversiveness and coping adequacy. *Journal of Personality and Social Psychology, 33,* 632–646.

Neugarten, B. L. (1968a). Adult personality: Toward a psychology of the life cycle. In B. L. Neugarten (Ed.), *Middle age and aging: A reader in social psychology.* Chicago: University of Chicago Press.

Neugarten, B. L. (1968b). *Middle age and aging: A reader in social psychology.* Chicago: University of Chicago Press.

Neugarten, B. L. (1970). Dynamics of transition of middle age to old age: Adaptation and the life cycle. *Journal of Geriatric Psychiatry, 4,* 71–87.

Neugarten, B. L. (1977). Personality and aging. In J. L. Birren & K. W. Schaie (Eds.), *Handbook of the psychology of aging.* New York: Van Nostrand Reinhold.

Neugarten, B. L. (1979). Time, age, and the life cycle. *American Journal of Psychiatry, 136,* 887–894.

Neugarten, B. L., Moore, J. W., & Lowe, J. C. (1968). Age norms, age constraints, and adult socialization. *American Journal of Sociology, 70,* 710–717.

*New York Times,* Feb. 1, 1981, p. 22EY.

Newcomb, T. M. (1943). *Personality and social change.* New York: Dryden.

Newell, A., & Simon, H. A. (1961). Computer simulation of human thinking. *Science, 34,* 2011–2016.

Nicholls, J. G., Licht, B. G., & Pearl, R. A. (1982). Some dangers of using personality questionnaires to study personality. *Psychological Bulletin, 92,* 572–580.

Nielsen, S. L., & Sarason, I. G. (1981). Emotion, personality, and selective attention. *Journal of Personality and Social Psychology, 41,* 945–960.

Nisbett, R., & Ross, L. (1980). *Human interference: Strategies and shortcomings of social judgment.* Englewood Cliffs, NJ: Prentice-Hall.

Nomikos, M. S., Opton, E. M., Jr., Averill, J. R., & Lazarus, R. S. (1968). Surprise versus suspense in the production of stress reaction. *Journal of Personality and Social Psychology, 8,* 204–208.

Norton, J. G. (1982). *Introduction to medical psychology.* New York: The Free Press.

Novaco, R. W. (1976). The treatment of anger through cognitive and relaxational controls. *Journal of Consulting and Clinical Psychology, 44,* 681.

Novaco, R. W. (1977a). Stress inoculation: A cognitive therapy for anger and its application to a case of depression. *Journal of Consulting and Clinical Psychology, 45,* 600–608.

Novaco, R. W. (1977b). A stress inoculation approach to anger management in the training of law enforcement officers. *American Journal of Community Psychology, 5,* 327–346.

Novaco, R. W. (1979). The cognitive regulation of anger and stress. In P. C. Kendall & S. D. Hollon (Eds.), *Cognitive-behavioral interventions: Theory, research, and procedures.* New York: Academic Press.

Nowlis, V. (1965). Research with the Mood Adjective Checklist. In S. S. Tomkins & C. E. Izard (Eds.), *Affect, cognition and personality.* New York: Springer.

Nuckolls, K. B., Cassel, J., & Kaplan, B. H. (1972). Psychological assets, life crisis, and the prognosis of pregnancy. *American Journal of Epidemiology, 95,* 431–441.

Nygård, R. (1981). Toward an interactional psychology: Models from achievement motivation research. *Journal of Personality, 49,* 363–387.

Nygård, R. (1982). Achievement motives and individual differences in situational specificity. *Journal of Personality and Social Psychology, 43,* 319–327.

Obrist, P. A. (1981). *Cardiovascular psychophysiology: A perspective.* New York: Plenum.

Opler, M. K. (Ed.) (1959). *Culture and mental health.* New York: Macmillan.

Opton, E. M., Jr., & Lazarus, R. S. (1967). Personality determinants of psychophysiological response to stress: A theoretical analysis and an experiment. *Journal of Personality and Social Psychology, 6,* 291–303.

Orbach, C. E., & Bieber, I. (1957). Depressive and paranoid reactions. *AMA Archives of Neurological Psychiatry, 78,* 301–311.

Ortmeyer, C. F. (1974). Variations in mortality, morbidity, and health care by marital status. In C. L. Erhardt & J. E. Berlin (Eds.), *Mortality and morbidity in the United States.* Cambridge, MA: Harvard University Press.

Ortony, A., & Clore, G. L. (1981). Disentangling the affective lexicon. In *Proceedings of the Third Annual Conference of the Cognitive Science Society,* Berkeley, CA.

Osgood, C. E. (1966). Dimensionality of the semantic space for communication via facial expressions. *Scandinavian Journal of Psychology, 7,* 1–30.

Overmeier, J. B., Patterson, J., & Wielkiewicz, R. M. (1980). Environmental contingencies as sources of stress in animals. In S. Levine & H. Ursin (Eds.), *Coping and health.* NATO Conference Series III: Human Factors. New York: Plenum.

Overmeier, J. B., & Seligman, M. E. P. (1967). Effects of inescapable shock upon subsequent escape and avoidance responding. *Journal of Comparative and Physiological Psychology, 63,* 28.

Paloutzian, R. F. (1981). Purpose in life and value changes following conversion. *Journal of Personality and Social Psychology, 41,* 1153–1160.

Panksepp, J. (1982). Toward a general psychobiological theory of emotions. With commentaries. *The Behavioral and Brain Sciences, 5*, 407–467.

Parker, S. D., Brewer, M. B., & Spencer, J. R. (1980). Natural disaster, perceived control, and attributions to fate. *Personality and Social Psychology Bulletin, 6*, 454–459.

Parkes, C. M. (1972). *Bereavement*. New York: International Universities Press.

Parkes, C. M. (1973). Separation anxiety: An aspect of the search for a lost subject. In R. S. Weiss (Ed.), *Loneliness: The experience of emotional and social isolation*. Cambridge, MA: The MIT Press.

Parsons, T., & Bales, R. F. (1955). *Family, socialization, and interaction processes*. Glencoe, IL: The Free Press.

Pastore, N. (1949). *The nature-nurture controversy*. New York: King's Crown.

Paulhus, D. (1983). Sphere-specific measures of perceived control. *Journal of Personality and Social Psychology, 44*, 1253–1265.

Paulhus, D., & Christie, R. (1981). Spheres of control: An interactionist approach to assessment of perceived control. In H. M. Lefcourt (Ed.), *Research with the locus of control construct* (Vol. 1). New York: Academic Press.

Pearlin, L. I. (1975a). Sex roles and depression. In N. Datan & L. H. Ginsberg (Eds.), ·*Life-span developmental psychology: Normative life crises*. New York: Academic Press.

Pearlin, L. I. (1975b). Status inequality and stress in marriage. *American Sociological Review, 40*, 344–357.

Pearlin, L. I. (1980a). The life cycle and life strains. In H. M. Blalock (Ed.), *Sociological theory and research: A critical approach*. New York: The Free Press.

Pearlin, L. I. (1980b). Life strains and psychological distress among adults. In N. J. Smelser & E. H. Erikson (Eds.), *Themes of work and love in adulthood*. Cambridge, MA: Harvard University Press.

Pearlin, L. I., & Johnson, J. S. (1977). Marital status, life-strains and depression. *American Sociological Review, 42*, 704–715.

Pearlin, L. I., & Kohn, M. L. (1966). Social class, occupation, and parental values: A cross-national study. *American Sociological Review, 31*, 466–479.

Pearlin, L. I., & Lieberman, M. A. (1979). Social sources of emotional distress. In J. Simmons (Ed.), *Research in community and mental health*. Greenwich, CT: JAI Press.

Pearlin, L. I., Menaghan, E. G., Lieberman, M. A., & Mullan, J. T. (1981). The stress process. *Journal of Health and Social Behavior, 22*, 337–356.

Pearlin, L. I., & Schooler, C. (1978). The structure of coping. *Journal of Health and Social Behavior, 19*, 2–21.

Pechacek, T. F., & Danaher, B. G. (1979). How and why people quit smoking: A cognitive-behavioral analysis. In P. C. Kendall & S. D. Hollon (Eds.), *Cognitive-behavioral interventions: Theory, research and procedures*. New York: Academic Press.

Peele, S. (1981). Reductionism in the psychology of the eighties. *American Psychologist, 36,* 807–818.

Peele, S. (1983). *The science of experience: A direction for psychology*. Lexington, MA: Heath.

Pennebaker, J. W., & Lightner, J. M. (1980). Competition of internal and external information in an exercise setting. *Journal of Personality and Social Psychology, 39,* 165–174.

Perkins, C. C., Jr. (1968). An analysis of the concept of reinforcement. *Psychological Review, 76*(155).

Perri, M. G., & Richards, C. S. (1977). An investigation of naturally occurring episodes of self-controlled behaviors. *Journal of Counseling Psychology, 24,* 178–183.

Pervin, L. A., & Lewis, M. (Eds.). (1978). *Perspectives in interactional psychology*. New York: Plenum.

Peterson, C., Schwartz, S. M., & Seligman, M. E. P. (1981). Self-blame and depressive symptoms. *Journal of Personality and Social Psychology, 41,* 253–259.

Pfeiffer, E. (1977). Psychopathology and social pathology. In J. E. Birren & K. W. Schaie (Eds.), *Handbook of the psychology of aging*. New York: Van Nostrand Reinhold.

Phillips, D. C., & Orton, R. (1983). The new causal principle of cognitive learning theory: Perspectives on Bandura's "reciprocal determinism." *Psychological Review, 90,* 158–165.

Phillips, L. (1968). *Human adaptation and its failures*. New York: Academic Press.

Piaget, J. (1952). *The origins of intelligence in children*. New York: Interactional Universities Press.

Pittner, M. S., & Houston, B. K. (1980). Response to stress, cognitive coping strategies and the Type A behavior pattern. *Journal of Personality and Social Psychology, 39,* 145–157.

Pittner, M. S., Houston, B. K., & Spiridigliozzi, G. (1983). Control over stress, Type A behavior pattern, and response to stress. *Journal of Personality and Social Psychology, 44,* 627–637.

Platt, S. (1981). Social adjustment as a criterion of treatment success: Just what are we measuring? *Psychiatry, 44,* 95–112.

Platt, S., Weyman, A., Hirsch, S., & Hewett, S. (1980). The social behavior assessment schedule (SBAS): Rationale, contents, scoring and reliability of a new interview schedule. *Social Psychiatry, 15,* 43–55.

Plaut, S. M., & Friedman, S. B. (1981). Psychosocial factors in infectious disease. In R. Ader (Ed.), *Psychoneuroimmunology*. New York: Academic Press.

Plutchik, R. (1980). *Emotion: A psychoevolutionary synthesis*. New York: Harper & Row.

Plutchik, R., & Ax, A. F. (1967). A critique of determinants of emotional state by Schachter and Singer (1962). *Psychophysiology, 4,* 79–82.

Polanyi, M. (1966). *The tacit dimension*. Garden City, NY: Anchor.
Pollard, I., Basset, J. R., & Cairnscross, K. D. (1976). Plasma glucocorticoid elevation and ultrastructural changes in the adenohypnosis of the male rat following prolonged exposure to stress. *Neuroendocrinology, 21*, 312–330.
Post, H. (1976, May 31). The making of a moon man. *Harper's Weekly*, pp. 1ff.
Proshansky, H. M., Ittleson, W. H., & Rivlin, L. G. (1970). *Environmental psychology: Man and his physical setting*. New York: Holt, Rinehart & Winston.
Prochaska, J. O., & DiClemente, C. C. (1983). Stages and processes of self-change of smoking: Toward an integrative model of change. *Journal of Consulting and Clinical Psychology, 51*, 390–395.
Rabkin, J. G., & Struening, E. L. (1976). Life events, stress, and illness. *Science, 194*, 1013–1020.
Radloff, F., & Helmreich, R. (1968). *Groups under stress: Psychological research in SEALAB II*. New York: Appleton-Century-Crofts.
Rakover, S. S., & Levita, Z. (1973). Heart rate acceleration as a function of anticipation time for task performance and reward. *Journal of Personality and Social Psychology, 28*, 39–43.
Rank, O. (1952). *The trauma of birth*. New York: Bruner.
Redfield, J., & Stone, A. (1979). Individual viewpoints of stressful life events. *Journal of Consulting Psychology, 47*, 147–154.
Reich, C. A. (1970). *The greening of America*. New York: Random House.
Reisman, D. (1950). *The lonely crowd*. New York: Doubleday.
Remington, M., & Tyrer, P. (1979). The social functioning schedule: A brief semi-structured interview. *Social Psychiatry, 14*, 151–157.
Renne, K. S. (1974). Measurement of social health in a general population survey. *Social Science Research, 3*, 25–44.
Review Panel on Coronary-prone Behavior and Coronary Heart Disease. (1981). *Coronary-prone behavior and coronary heart disease: critical review*. Circulation 63, No. 6. Stephen M. Weiss, M. D., Chief, Behavioral Medicine Branch, Federal Bldg., Rm. 604, National Institute of Heart, Lung, and Blood Institute, National Institutes of Health, Bethesda, MD 20205.
Rhodewalt, F., & Davison, J., Jr. (1983). Reactance and the coronary-prone behavior pattern: The role of self-attribution in responses to reduced behavioral freedom. *Journal of Personality and Social Psychology, 44*, 220–228.
Rice, B. (1976, January). Honor thy father. *Psychology Today*, pp, 36–47.
Riley, M. W. (in press). Age strata in social systems. In R. H. Binstock & E. Shanas (Eds.), *Handbook on aging and the social sciences*. New York: Van Nostrand Reinhold.
Rissler, A. (1977). Stress reactions at work and after work during a period of quantitative overload. *Ergonomics, 20*(13).

Robertson, J., & Bowlby, J. (1952). Responses of young children to separation from their mothers. *Courrier du Centre International de l'Enfance, 2,* 132–142.

Rochlin, G. (1965). *Griefs and discontents: The forces of change.* Boston: Little, Brown.

Rodin, J., & Langer, E. J. (1977). Long-term effects of a control-relevant intervention with the institutionalized aged. *Journal of Personality and Social Psychology, 35,* 897–902.

Rogers, J. (1977). *You can stop: A smokEnder approach to quitting smoking and sticking to it.* New York: Simon & Schuster.

Rokeach, M. (1968). *Beliefs, attitudes, and values.* San Francisco: Jossey-Bass.

Rose, R. M. (1980). Endocrine responses to stressful psychological events. *Psychiatric Clinics of North America, 3, 1–15.*

Rose, R. M., Jenkins, C. D., & Hurst, M. W. (1978). *Air traffic controller health change study.* Report prepared for Federal Avaiation Administration.

Rosenbaum, M. (1980a). Individual differences in self-control behaviors and tolerance of painful stimulation. *Journal of Abnormal Psychology, 89,* 581–590.

Rosenbaum, M. (1980b). A schedule for assessing self-control behaviors: Preliminary findings. *Behavior Therapy, 11,* 109–112.

Rosenbaum, M. (in press). Learned resourcefulness as a behavioral repertoire for the self-regulation of internal events: Issues and speculations. In M. Rosenbaum, C. M. Franks, & Y. Jaffe (Eds.), *Perspectives on behavior therapy in the eighties.* New York: Springer.

Rosenbaum, M., & Merbaum, M. (in press). Self-control of anxiety and depression: An evaluative review of treatments. *Clinical Behavior Therapy Review.*

Rosenberg, M. J. (1969). The conditions and consequences of evaluating apprehension. In R. Rosenthal & R. W. Rosnow (Eds.), *Artifacts in behavioral research.* New York: Academic Press.

Rosenhan, D. L., Underwood, B., & Moore, B. (1974). Affect moderates self-gratification and altruism. *Journal of Personality and Social Psychology, 30,* 546–552.

Rosenzweig, S. (1944). An outline of frustration theory. In J. McV. Hunt (Ed.), *Personality and the behavior disorders.* New York: Ronald Press.

Rosenstiel, A., & Roth, S. (1981). Relationship between cognitive activity and adjustment in four spinal-cord-injured individuals: A longitudinal investigation. *Journal of Human Stress,* March, 35–43.

Roskies, E. (1972). *Abnormality and normality: The mothering of thalidomide children.* Ithaca: Cornell University Press.

Roskies, E. (1983). Stress management: Averting the evil eye. *Contemporary Psychology, 28,* 542–544.

Rosow, I. (1963). Adjustment of the normal aged: Concept and measurement. In R. Williams, C. Tibbitts, & W. Donahue (Eds.), *Processes of Aging* (Vol. 2). New York: Atherton.

Rosow, I. (1967). *Social integration of the aged.* New York: The Free Press.
Rosow, I., & Breslau, N. (1966). A Guttman Health Scale for the aged. *Journal of Gerontology, 21,* 556–559.
Ross, C. E., & Mirowsky, J., II (1979). A comparison of life-event-weighting schemes: Change, undesirability, and effect-proportional indices. *Journal of Health and Social Behavior, 20,* 166–177.
Rothbaum, F., Weisz, J. R., & Snyder, S. S. (1982). Changing the world and changing the self: A two-process model of perceived control. *Journal of Personality and Social Psychology, 42,* 5–37.
Rothbaum, F., Wolfer, J., & Visintainer, M. (1979). Coping behavior and locus of control in children. *Journal of Personality, 47,* 118–135.
Rotter, J. B. (1954). *Social learning and clinical psychology.* Englewood Cliffs, NJ: Prentice-Hall.
Rotter, J. B. (1966). Generalized expectancies for internal versus external control of reinforcement. *Psychological Monographs: General and Applied, 80* (Whole No. 609).
Rotter, J. B. (1975). Some problems and misconceptions related to the construct of internal versus external control of reinforcement. *Journal of Consulting and Clinical Psychology, 43,* 56–67.
Rubenstein, R. L. (1966). *After Auschwitz.* Indianapolis: Bobbs-Merrill.
Rundall, T. G., & Evashwick, C. (1982). Social networks and health-seeking among the elderly. *Research on Aging, 4,* 205–226.
Rundall, T. G., & Wheeler, J. R. C. (1979). The effect of income on use of preventive care: An evaluation of alternative explanations. *Journal of Health and Social Behavior, 20,* 397–406.
Russell, B. (1968). *The conquest of happiness.* New York: Grosset & Dunlap.
Russell, D. (1982). The causal dimension scale: A measure of how individuals perceived causes. *Journal of Personality and Social Psychology, 42,* 1137–1145.
Russell, J. A. (1980). A circumplex model of affect. *Journal of Personality and Social Psychology, 39,* 1161–1178.
Russell, J. A., & Mehrabian, A. (1977). Evidence for a three-factor theory of emotions. *Journal of Research in Personality, 11,* 273–294.
Sackheim, H. A. (in press). Self-deception, self-esteem, and depression: The adaptive value of lying to oneself. In J. Masling (ed.), *Empirical studies of psychoanalytic theory.* Hillsdale, NJ: Erlbaum.
*San Francisco Chronicle,* Dec. 12, 1979, p. 16.
Sapira, J. D., Scheib, E. T., Moriarty, R., & Shapiro, A. P. (1971). Differences in perception between hypertensive and normotensive populations. *Psychosomatic Medicine, 33,* 239–250.
Sarason, I. G. (1960). Empirical findings and theoretical problems in the use of anxiety scales. *Psychological Bulletin, 57,* 403–415.
Sarason, I. G. (1972). Experimental approaches to test anxiety: Attention and the uses of information. In C. D. Spielberger (Ed.), *Anxiety: Current trends in theory and research* (Vol. 2). New York: Academic Press.
Sarason, I. G. (1975). Test anxiety, attention, and the general problem of

anxiety. In C. D. Spielberger & I. G. Sarason (Eds.), *Stress and anxiety* (Vol. 1). Washington, DC: Hemisphere.

Sarason, I. G., Johnson, J. H., & Siegel, J. M. (1978). Assessing the impact of life changes: Development of the Life Experiences Survey. *Journal of Consulting and Clinical Psychology, 46*, 932–946.

Sarason, I. G., Levine, H. M., Basham, R. B., & Sarason, B. R. (1983). Assessing social support: The social support questionnaire. *Journal of Personality and Social Psychology, 44*, 127–139.

Sarason, I. G., & Spielberger, C. D.; and Spielberger, C. D., & Sarason, I. G. (Eds.) (1975). *Stress and anxiety* (Vols. 1– ). New York: Wiley. (ongoing series)

Sarason, S. B. (1977). *Work, aging, and social change*. New York: The Free Press.

Sarason, S. B., Mandler, G., & Craighill, P. C. (1952). The effect of differential instructions on anxiety and learning. *Journal of Abnormal and Social Psychology, 47*, 561—565.

Sarbin, T. R. (1981). On self-deception. *Annals of the New York Academy of Science, 364*, 220–235.

Sarbin, T. R. (1982). Contextualism: A world view for modern psychology. In V. L. Allen & K. E. Scheibe (Eds.), *The social context of conduct: Psychological writings of Theodore Sarbin*. New York: Praeger.

Schachter, S. (1951). Deviation, rejection, and communication. *Journal of Abnormal and Social Psychology, 46*, 190–207.

Schachter, S. (1966). The interaction of cognitive and physiological determinants of emotional state. In C. D. Spielberger (Ed.), *Anxiety and behavior*. New York: Academic Press.

Schachter, S. (1970). The assumption of identity and peripheralist-centralist controversies in motivation and emotion. In M. B. Arnold (Ed.), *Feelings and emotion*. New York: Academic Press.

Schacter, S., & Singer, J. E. (1962). Cognitive, social and physiological determinants of emotional state. *Psychological Review, 69*, 379–399.

Schaefer, C., Coyne, J. C., & Lazarus, R. S. (1982). The health-related functions of social support. *Journal of Behavioral Medicine, 4*, 381–406.

Schank, R., & Abelson, R. (1977). *Scripts, plans, goals and understanding*. New York: Wiley.

Scheidt, R. J. (1976, April). *Situational factors in the assessment of adult competence*. Paper presented at Western Psychological Association meetings, Los Angeles.

Schein, E. H. (1980). *Organizational psychology* (3rd ed.). Englewood Cliffs, NJ: Prentice-Hall.

Scherer, K. R. (1982). Emotion as a process: Function, origin and regulation. *Social Science Information, 21*, 555–570.

Scherer, K. R. (in press). On the nature and function of emotion: A component process approach. In K. R. Scherer & P. Ekman (Eds.), *Approaches to emotion*. Hillsdale, NJ: Erlbaum.

Scherwitz, L., McKelvain, R., Laman, C., Patterson, J., Duttons, L., Yusim,

S., Lester, J., Kraft, I., Rochelle D., & Leachmen, R. (1983). Type A behavior, self-involvement, and coronary atherosclerosis. *Psychosomatic Medicine, 45,* 47–57.

Schlegel, R. P., Wellwood, J. K., Copps, B. E., Gruchow, W. H., & Sharratt, M. T. (1980). The relationship between perceived challenge and daily symptom reporting in Type A vs. Type B postinfarct subjects. *Journal of Behavioral Medicine, 3,* 191–204.

Schlenker, B. R., & Leary, M. R. (1982). Social anxiety and self-presentation: A conceptualization and model. *Psychological Bulletin, 92,* 641–669.

Schlosberg, H. (1954). Three dimensions of emotion. *Psychological Review, 61,* 81–88.

Schmale, A. H., Jr. (1972). Giving up as a final common pathway to changes in health. *Advances in Psychosomatic Medicine, 8,* 20–40.

Schmale, A. H., Jr. & Iker, H. P. (1966). The affect of hopelessness and the development of cancer. *Psychosomatic Medicine, 28,* 714–721.

Schmidt, D. E., & Keating, J. P. (1979). Human crowding and personal control: An integration of the research. *Psychological Bulletin, 86,* 680–700.

Schoenberg, B., Carr, A. C., Kutscher, A. H., Peretz, D., & Goldberg, I. (Eds.). (1974). *Anticipatory grief.* New York: Columbia University Press.

Schoenberg, B., Carr, A. C., Peretz, D., & Kutscher, A. H. (Eds.). (1970). *Loss and grief: Psychological management in medical practice.* New York: Columbia University Press.

Schoenberg, B., Gerger, I., Wiener, A., Kutscher, A. H., Peretz, D., & Carr, A. C. (Eds.). (1975). *Bereavement: Its psychosocial aspects.* New York: Columbia University Press.

Schönpflug, W. (1983). Coping efficiency and situational demands. In G. R. J. Hockey (Ed.), *Stress and fatigue in human performance.* New York: Wiley.

Schönpflug, W. (in press). Goal directed behavior as a source of stress: Psychological origins and consequences of inefficiency. In M. Frese & J. Sabini (Eds.), *Goal directed behavior: The concept of action.* Hillsdale, NJ: Erlbaum.

Schutz, W. C. (1967). *The FIRO Scales manual.* Palo Alto, CA: Consulting Psychologists Press.

Schwartz, G. E. (1973). Biofeedback as therapy: Some theoretical and practical issues. *American Psychologist, 30,* 553–561.

Schwartz, G. E. (1982). Testing the biophysical model: The ultimate challenge facing behavioral medicine? *Journal of Consulting and Clinical Psychology, 50,* 1040–1053.

Schwartz, R. S. (1975). Medical intelligence. Current concepts: Another look at immunologic surveillance. *New England Journal of Medicine, 293,* 181–184.

Schwartz, S. (1970). Moral decision making and behavior. In J. Macauley & L. Berkowitz (Eds.), *Altruism and helping behavior.* New York: Academic Press.

Seeman, M. (1959). On the meaning of alienation. *American Sociological Review, 24*, 783–791.

Seeman, M. (1971). The urban alienations: Some dubious theses from Marx to Marcuse. *Journal of Personality and Social Psychology, 19*, 135–143.

Seidenberg, R. (1973). *Corporate wives: Corporate casualties?* New York: AMACOM.

Seligman, M. E. P. (1968). Chronic fear produced by unpredictable electric shock. *Journal of Comparative and Physiological Psychology, 66*(402).

Seligman, M. E. P. (1974). Depression and learned helplessness. In R. J. Friedman & M. M. Katz (Eds.), *The psychology of depression: Contemporary theory and research*. Washington: Winston-Wiley.

Seligman, M. E. P. (1975). *Helplessness*. San Francisco: W. H. Freeman.

Seligman, M. E. P., & Maier, S. F. (1967). Failure to escape traumatic shock. *Journal of Experimental Psychology, 74*, 1–9.

Seligman, M. E. P., Maier, S. F., & Solomon, R. L. (1971). Unpredictable and uncontrollable aversive events. In F. R. Brush (Ed.), *Aversive conditioning and learning*. New York: Academic Press.

Selye, H. (1950). *The physiology and pathology of exposure to stress*. Montreal: Acta.

Selye, H. (1951–1956). *Annual report of stress*. Montreal: Acta.

Selye, H. (1956). *The stress of life*. New York: McGraw-Hill.

Selye, H. (1974). *Stress without distress*. Philadelphia: Lippincott.

Selye, H. (1976). *The stress of life* (rev. ed.). New York: McGraw-Hill.

Selye, H. (1979a). Forward. In B. Gorman, *Attitude therapy for stress disorders*. Calgary: Detselig Enterprises.

Selye, H. (1979b). *The stress of life* (rev. ed.). New York: Van Nostrand Reinhold.

Selye, H. (Ed.). (1980). *Selye's guide to stress research* (Vol. 1). New York: Van Nostrand Reinhold.

Shaffer, G. W., & Lazarus, R. S. (1952). *Fundamental concepts in clinical psychology*. New York: McGraw-Hill.

Shannon, C. E., & Weaver, W. (Eds.). (1962). *The mathematical theory of communication*. Urbana: University of Illinois Press.

Shannon, I. L., & Isbell, G. M. (1963). *Stress in denial patients: Effect of local anesthetic procedures*. Technical Report No. SAM-TDR-63-29, USAF School of Aerospace Medicine, Brooks Air Force Base, Texas.

Shapiro, D. (1965). *Neurotic styles*. New York: Basic Books.

Shapiro, D., Tursky, B., & Schwartz, G. E. (1970). Differentiation of heart rate and blood pressure in man by operant conditioning. *Psychosomatic Medicine, 32*, 417–423.

Shatan, C. F. (1974). Through the membrane of reality: "Impacted grief" and perceptual dissonance in Vietnam combat veterans. *Psychiatric Opinion, 11*(6), 6–15.

Sheehy, G. (1976). *Passages: Predictable crises of adult life*. New York: Dutton.

Shekelle, R. B., Gale, M., Ostfeld, A. M., & Ogelsby, P. (1983). Hostility, risk of coronary heart disease, and mortality. *Psychsomatic Medicine, 45,* 109–114.

Sher, K. L., & Levenson, R. W. (1982). Risk of alcoholism and individual differences in the stress-reponse-dampening effect of alcohol. *Journal of Abnormal Psychology, 91,* 350–367.

Sherif, M. (1935). A study of some social factors in perception. *Archives of Psychology, 27,* (Whole No. 187).

Shervin, H., & Dickman, S. (1980). The psychological unconscious: A necessary assumption for all psychological theory? *American Psychologist, 35,* 421–434.

Shinn, M., Rosario, M. Mørch, H., Chestnut, D. E. Coping with job stress and burnout in the human services. *Journal of Personality and Social Psychology,* 1984, *46,* 864–876.

Shipley, R. H., Butt, J. H., & Horwitz, E. A. (1979). Preparation to reexperience a stressful medical examination: Effect of repetitious videotape exposure and coping style. *Journal of Consulting and Clinical Psychology, 47,* 485–492.

Shipley, R. H., Butt, J. H., Horwitz, B., & Farbry, J. E. (1978). Preparation for a stressful medical procedure: Effect of amount of stimulus preexposure and coping style. *Journal of Consulting and Clinical Psychology, 46,* 499–507.

Shontz, F. C. (1975). *The psychological aspects of physical illness and disability.* New York: Macmillan.

Shontz, F. C. (1976). Single-organism designs. In P. M. Bentler, D. J. Lettieri, & G. A. Austin, *Research issues 13: Data analysis strategies and designs for substance abuse research.* U.S. Dept. of Health, Education and Welfare, Public Health Service, Alcohol, Drug Abuse and Mental Health Administration, National Institute on Drug Abuse.

Shrauger, J. S., & Osberg, T. M. (1981). The relative accuracy of self-predictions and judgments by others in psychological assessment. *Psychoiogical Bulletin, 90,* 322–351.

Sidle, A., Moos, R. H., Adams, J., & Cady, P. (1969). Development of a coping scale. *Archives of General Psychiatry, 20,* 225–232.

Silver, R. L., & Wortman, C. B. (1980a). Coping with undesirable life events. In J. Garber & M. E. P. Seligman (Eds.), *Human helplessness: Theory and applications.* New York: Academic Press.

Silver, R. L., & Wortman, C. B. (1980b, September). *Expectations of control and coping with permanent paralysis.* Paper presented at Symposium on Issues of Control in Health, American Psychological Association meetings, Montreal.

Singer, J. L. (1974). *Imagery and daydream methods in psychotherapy and behavior modification.* New York: Academic Press.

Singer, J. L., & Opler, M. K. (1956). Contrasting patterns of fantasy and motility in Irish and Italian schizophrenics. *Journal of Abnormal Psychology, 53,* 42–47.

Sinyor, D., Schwartz, S. G., Perronet, F., Brisson, G., & Seraganian, P. (1983). Aerobic fitness level and reactivity to psychosocial stress: Physiological, biochemical, and subjective measures. *Psychosomatic Medicine, 45*, 205–217.

Skinner, B. F. (1938). *The behavior of organisms*. New York: Appleton.

Skinner, B. F. (1953). *Science and human behavior*. New York: Macmillan.

Skinner, H. A., & Lei, H. (1980). Differential weights in life change research: Useful or irrelevant? *Psychomatic Medicine, 42*, 367–370.

Slife, B. D., & Rychlak, J. F. (1982). Role of affective assessment in modeling aggressive behavior. *Journal of Personality and Social Psychology, 43*, 861–868.

Smelser, N. J. (1963). *Theory of collective behavior*. New York: The Free Press.

Smith, R. E., & Ascough, J. C. (in press). Induced affect in stress management training. In S. Burchfield (Ed.), *Stress, psychological and physiological interactions*. Washington, DC: Hemisphere.

Sokolov, E. N. (1963). *Perception and the conditioned reflex*. Oxford: Pergamon.

Sollod, R. N., & Wachtel, P. L. (1980). A structural and transactional approach to cognition in clinical problems. In M. J. Mahoney (Ed.), *Psychotherapy process: Current issues and future directions*. New York: Plenum.

Snyder, M. L. (1982). A helpful theory. (Review of Garber and Seligman, 1980). *Contemporary Psychology, 27*, 11–12.

Speisman, J. C., Lazarus, R. S., Mordkoff, A. M., & Davison, L. A. (1964). Experimental analysis of a film used as a threatening stimulus. *Journal of Consulting Psychology, 28*, 23–33.

Spence, J. T., & Spence, K. W. (1966). The motivational components of manifest anxiety: Drive and drive stimuli. In C. D. Spielberger (Ed.), *Anxiety and behavior*. New York: Academic Press, 1966.

Spence, K. W. (1956). *Behavior theory and conditioning*. New Haven: Yale University Press.

Sperry, R. (1982). Some effects of disconnecting the cerebral hemispheres. *Science, 217*, 1223–1226.

Speilberger, C. D. (Ed.). (1966). *Anxiety and behavior*. New York: Academic Press.

Spielberger, C. D. (Ed.) (1972). *Anxiety: Current trends in theory and research* (Vols. 1 and 2). New York: Academic Press.

Spinetta, J. J., & Maloney, L. J. (1978). The child with cancer: Pattern of communication and denial. *Journal of Consulting and Clinical Psychology, 46*, 1540–1541.

Stahl, S. M., Grim, C. E., Donald, S., & Neikirk, H. J. (1975). A model for the social sciences and medicine: The case for hypertension. *Social Science and Medicine, 9*, 31–38.

Stampfl, T. (1970). "Implosive therapy." In D. Lewis (Ed.), *Learning approaches to therapeutic behavior change*. Chicago: Aldine

Staudenmeyer, H., Kinsman, R. A., Dirks, J. F., Spector, S. L., & Wangaard, C. (1979). Medical outcome in asthmatic patients: Effects of airways hyperactivity and symptom-focused anxiety. *Psychosomatic Medicine, 41,* 109–118.

Steffy, R. A., Meichenbaum, D., & Best, J. A. (1970). Aversive and cognitive factors in the modification of smoking behavior. *Behaviour Research and Therapy, 8,* 115–125.

Stendler, C. G. (1950). Sixty years of child training practices. *Journal of Pediatrics, 36,* 122–134.

Stern, M. J., Pascale, L., & McLoone, J. B. (1976). Psychosocial adaptation following an acute myocardial infarction. *Journal of Chronic Diseases, 29,* 513–526.

Stewart, A. J. (1982). The course of individual adaptation to life changes. *Journal of Personality and Social Psychology, 42,* 1100–1113.

Stewart, A. J., Sokol, M., Healy, J. M., Jr., Chester, N. L., & Weinstock-Savoy, D. (1982). Adaptation to life changes in children and adults: Cross-sectional studies. *Journal of Personality and Social Psychology, 43,* 1270–1281.

Stokols, D. (Ed.). (1977). *Perspectives on environment and behavior: Theory, research and applications.* New York: Plenum.

Stone, G. C., Cohen, F., & Adler, N. E. (Eds.). (1979). *Health psychology: A handbook.* San Francisco: Jossey-Bass.

Stone, A. A., & Neale, J. M. (1984). New Measure of daily coping: Development and preliminary results. *Journal of Personality and Social Psychology,* 1984, *46,* 892–906.

Strack, S., & Coyne, J. C. (1983). Social conformation of dysphoria: Shared and private reactions to depression. *Journal of Personality and Social Psychology, 44,* 798–806.

Straits, B., & Sechrest, L. (1963). Further support of some findings about the characteristics of smokers and nonsmokers. *Journal of Consulting Psychology, 27,* 282.

Strickland, B. R. (1978). Internal-external expectancies and health-related behaviors. *Journal of Consulting and Clinical Psychology, 46,* 1192–1211.

Suls, J. (Ed.). (1983). *Psychological perspectives on the self* (Vol. 1). Hillsdale, NJ: Erlbaum.

Suls, J. (1982). Social support, interpersonal relations, and health: Benefits and liabilities. In G. Sanders & J. Suls (Eds.), *Social psychology of health and illness.* Hillsdale, NJ: Erlbaum.

Surwit, R. S., Feinglos, M. N., & Scovern, A. W. (1983). Diabetes and behavior. *American Psychologist, 38,* 255–262.

Sweeney, P. D., Shaeffer, D., & Golin, S. (1982). Attributions about self and others in depression. *Journal of Personality and Social Psychology Bulletin, 8,* 37–42.

Syme, S. L. (in press). Sociocultural factors and disease etiology. In W. D. Gentry (Ed.), *Handbook of behavioral medicine.* New York: Guilford.

Syme, S. L., & Berkman, L. F. (1976). Social class, susceptibility, and sickness. *American Journal of Epidemiology, 104,* 1–8.

Tausig, M. (1982). Measuring life events. *Journal of Health and Social Behavior, 23*, 52–64.

Taylor, J. A. (1953). A personality scale of manifest anxiety. *Journal of Abnormal and Social Psychology, 48*, 285–290.

Taylor, S. E. (1983). Adjustment to threatening events: A theory of cognitive adaptation. *American Psychologist, 38*, 1161–1173.

Thayer, R. E. (1978). Toward a psychological theory of multidimensional activation (arousal). *Motivation and Emotion, 2*, 1–34.

Thoits, P. A. (1982). Conceptual, methodological, and theoretical problems in studying social support as a buffer against life stress. *Journal of Health and Social Behavior, 23*, 145–159.

Thoits, P. A. (1983). Dimensions of life events as influences upon the genesis of psychological distress and associated conditions: An evaluation and synthesis of the literature. In H. B. Kaplan (Ed.), *Psychosocial stress: Trends in theory and research*. New York: Academic Press.

Thomae, H. (1976). Patterns of aging: Findings from the Bonn Longitudinal Study of Aging. In K. F. Riegel & H. Thomae (Eds.), *Contributions to human development* (Vol. 3). Basel, Switzerland: Karger.

Thomas, L. (1983). *The youngest science: Notes of a medicine-watcher*. New York: Viking.

Thompson, S. C. (1981). Will it hurt less if I can control it? A complex answer to a simple question. *Psychological Bulletin, 90*, 89–101.

Timnick, L. (1982, August). Now you can learn to be likeable, confident, socially successful for only the cost of your present education. *Psychology Today*.

Tinbergen, N. (1951). *The study of instincts*. London: Oxford University Press.

Tobin, S., & Lieberman, M. (1976). *Last home for the aged*. San Francisco: Jossey-Bass.

Toffler, A. (1970). *Future shock*. New York: Random House.

Tomkins, S. S. (1962). *Affect, imagery, consciousness. Vol. 1: The positive affects*. New York: Springer.

Tomkins, S. S. (1963). Simulation of personality: The interrelationships between affect, memory, thinking, perception and action. In S. S. Tomkins and S. Messick (Eds.), *Computer simulation of personality. New York: Wiley.*

Tomkins, S. S. (1981). The quest for primary motives: Biography and autobiography of an idea. *Journal of Personality and Social Psychology, 41*, 306–329.

Tomkins, S. S. (1982). Affect theory. In P. Ekman (Ed.), *Emotion in the human face* (2nd ed.). Cambridge, England: Cambridge University Press.

Tuchman, B. W. (1978). *A distant mirror: The calamitous 14th century*. New York: Knopf.

Turk, D. C., Sobel, H. J., Follick, M. J., & Youkilis, H. D. (1980). A sequential criterion analysis for assessing coping with chronic illness. *Journal of Human Stress*, June 35–40.

Turner, B. F., Tobin, S., & Lieberman, M. A. (1972). Personality traits as predictors of institutional adaptation among the aged. *Journal of Gerontology, 27*, 61–68.

Turner, R. J. (1981). Social support as a contingency in psychological well-being. *Journal of Health and Social Behavior, 22*, 357–367.

Tursky, B., & Sternbach, R. A. (1967). Further psychological correlates of ethnic differences in responses to shock. *Psychophysiology, 4*, 67–74.

Tversky, A., & Kahneman, D. (1971). Belief in the law of small numbers. *Psychological Bulletin, 76*, 105–110.

Tversky, A., & Kahneman, D. (1973). Availability: A heuristic for judging frequency and probability. *Cognitive Psychology, 5*, 207–232.

Tversky, A., & Kahneman, D. (1974). Judgment under uncertainty: Heuristics and biases. *Science, 185*, 1124–1131.

Tversky, A., & Kahneman, D. (1981). The framing of decisions and the psychology of choice. *Science, 211*, 453–458.

Tyler, F. B., & Pargamet, K. I. (unpublished ms.). The behavioral attributes of psychosocial competence.

Ursin, H. (1980). Personality, activation and somatic health. In S. Levine & H. Ursin (Eds.), *Coping and health* (NATO Conference Series III: Human factors). New York: Plenum.

Vaillant, G. E. (1977). *Adaptation to life*. Boston: Little, Brown.

Van Egeren, L. F., Fabrega, H., Jr., & Thornton, D. W. (1983). Electrocardiographic effects of social stress on coronary-prone (Type A) individuals. *Psychosomatic Medicine, 45*, 195–203.

Van Harrison, R. (1978). Person–environment fit and job stress. In C. L. Cooper & R. Payne (Eds.), *Stress at work*. New York: Wiley.

Vernon, M. D. (1962). *The psychology of perception*. Middlesex, England: Penguin.

Veroff, J. B. (1981). The dynamics of help-seeking in men and women: A national survey study. *Psychiatry, 44*(3), 189–200.

Vickers, R. R., & Hervig, L. K. (1981). Comparison of three psychological defense mechanism questionnaires. *Journal of Personality Assessment, 45*, 630–638.

Vickers, R. R., Hervig, L. K., Rahe, R. H., & Rosenman, R. H. (1981). Type A behavior pattern and coping and defense. *Psychosomatic Medicine, 43*, 381–396.

Vinokur, A., & Selzer, M. (1975). Desirable versus undesirable events: Their relationships to stress and mental distress. *Journal of Personality and Social Psychology, 32*, 329–337.

Visotsky, H. M., Hamburg, D. A., Goss, M. E., & Lebovits, B. Z. (1961). Coping behavior under extreme stress. *Archives of General Psychiatry, 5*, 423–448.

Vogel, W., Raymond, S., & Lazarus, R. S. (1959). Intrinsic motivation and psychological stress. *Journal of Abnormal and Social Psychology, 58*, 225–233.

von Greyerz, W. (1962). *Psychology of survival*. Amsterdam: Elsevier.

Vroom, V. H. (1964). *Work and motivation*. New York: Wiley.

Wachtel, P. (1977). *Psychoanalysis and behavior therapy: Toward an integration*. New York: Basic Books.

Wachtel, P. L. (1980). Investigation and its discontents: Some constraints on progress in psychological research. *American Psychologist, 35*, 399–408.

Wallace, A. F. C. (1956). *Human behavior in extreme situations: A survey of the literature and suggestions for further reseach*. Washington, DC: National Academy of Sciences (National Research Council, Disaster Study No. 1).

Wallerstein, J. S. (1977). Responses of the preschool child to divorce: Those who cope. In M. F. McMillan & S. Henao (Eds.), *Child psychiatry: Treatment and research*. New York: Brunner/Mazel.

Wallerstein, J. S., & Kelly, J. B. (1980). *Surviving the breakup: How children and parents cope with divorce*. New York: Basic Books.

Wallston, K. A., Maides, S., & Wallston, B. S. (1976). Health-related information seeking as a function of health related locus of control and health value. *Journal of Research in Personality, 10*, 215–222.

Wallston, B. S., Wallston, K. A., Kaplan, G. D., & Maides, S. A. (1976). Development and validation of the health locus of control (HLC) scale. *Journal of Consulting and Clinical Psychology, 44*, 580–585.

Ware, J. E., Jr., Brook, R. H., & Davies-Avery, A., (1980). *Conceptualization and measurement of health for adults in the health insurance study. Vol. 1: Analysis of relationships among health status measures*. Santa Monica, CA: The Rand Corporation.

Watson, D., Clark, L. A., & Tellegen, A. (in press). Cross-cultural convergence in the structure of mood: A Japanese replication and a comparison with U.S. findings. *Journal of Personality and Social Psychology*.

Watzlawick, P. (1976). *How real is real?* New York: Random House.

Watzlawick, P., & Coyne, J. C. (1980). Depression following stroke: Brief, problem-focused family treatment. *Family Process, 19*, 13–18.

Weakland, J. H., Fisch, R., Watzlawick, P., & Bodin, A. M. (1974). Brief therapy: Focused problem resolution. *Family Process, 19*, 13–18.

Weimer, W. B. (1980). Psychotherapy and philosophy of science. In M. J. Mahoney (Ed.), *Psychotherapy process: Current issues and future directions*. New York: Plenum.

Weinberg, J., & Levine, S. (1980). Psychobiology of coping in animals: The effects of predictability. In S. Levine & H. Ursin (Eds.), *Coping and health* (NATO Conference Series III: Human factors). New York: Plenum.

Weinberger, D. A., Schwartz, G. E., & Davidson, R. J. (1979). Low-anxious, high-anxious, and repressive coping styles: Psychometric patterns and behavioral and physiological responses to stress. *Journal of Abnormal Psychology, 88*, 369–380.

Weiner, B. (Ed.). (1974). *Cognitive views of human emotion*. New York: Academic Press.

Weiner, B. (1980). A cognitive (attribution)-emotion-action model of motivated behavior: An analysis of judgments of help-giving. *Journal of Personality and Social Psychology, 39,* 186–200.

Weiner, B. (1981). The emotional consequences of causal ascriptions. In M. S. Clark & S. T. Fiske (Eds.), *17th Annual Carnegie Mellon Symposium.* Hillsdale, NJ: Erlbaum.

Weiner, B., & Graham, S. (in press). An attributional approach to emotional development. In C. Izard, J. Kagan, & R. Zajonc (Eds.), *Emotion, cognition and behavior.* Cambridge, MA: Harvard University Press.

Weiner, B., Graham, S., & Chandler, C. (1982). Pity, anger, and guilt: An attributional analysis. *Personality and Social Psychology Bulletin, 8,* 226–232.

Weiner, B., Russell, D., & Lerman, D. (1978). Affective consequences of causal ascriptions. In J. H. Harvey, W. Ickes, & R. F. Kidd (Eds.), *New directions in attribution research* (Vol. 2). Hillsdale, NJ: Erlbaum.

Weiner, B., Russell, D., & Lerman, D. (1979). The cognition-emotion process in achievement-related contexts. *Journal of Personality and Social Psychology, 37,* 1211–1220.

Weiner, H. (1977). *Psychobiology and human disease.* New York: Elsevier.

Weiner, H., Singer, M. T., & Reiser, M. F. (1962). Cardiovascular responses and their psychological correlates: I. A study in healthy young adults and patients with peptic ulcer and hypertension. *Psychosomatic Medicine, 24,* 477–498.

Weiner, N. (1960). The brain and the machine. In S. Hook (Ed.), *Dimensions of mind: A symposium.* New York: New York University Press.

Weisman, A. D. (1956). A study of the psychodynamics of duodenal ulcer exacerbations with special reference to treatment and the problem of specificity. *Psychosomatic Medicine, 18,* 2–42.

Weisman, A. D. (1972). *On dying and denying: A psychiatric study of terminality.* New York: Behavioral Publications.

Weisman, A. D. (1976). Early diagnosis of the vulnerability in cancer patients. *The American Journal of the Medical Sciences, 271,* 187–196.

Weisman, A. D., & Worden, J. W. (1975). Psychosocial analysis of cancer deaths. *Omega: Journal of Death and Dying, 6,* 61–75.

Weisman, A. D., & Worden, J. W. (1976–1977). The existential plight in cancer: Significance of the first 100 days. *International Journal of Psychiatry in Medicine, 7,* 1–15.

Weiss, D. S., Wilner, N., & Horowitz, M. J. (in press). The stress response rating scale: A clinicians' measure. *British Journal of Psychology.*

Weiss, J. H. (1977). The current state of the concept of a psychosomatic disorder. In Z. J. Lipowski, D. R. Lipsitt, & P. C. Whybrow (Eds.), *Psychosomatic medicine: Current trends and clinical applications.* New York: Oxford University Press.

Weiss, J. M. (1971). Effects of coping behavior with and without a feedback signal on stress pathology on rats. *Journal of Comparative and Physiological Psychology, 77*(22).

Weiss, J. M. (1971). Effects of coping behavior with and without a feedback signal on stress pathology on rats. *Journal of Comparative and Physiological Psychology, 77*(22).

Weiss, J. M., Glazer, H. I., & Pohorecky, L. A. (1976). Coping behavior and neurochemical changes in rats: An alternative explanation for the original "learned helplessness" experiments. In G. Serban & A. King (Eds.), *Animal models in human psychobiology*. New York: Plenum.

Weiss, R. S. (1974). The provisions of social relationships. In Z. Rubin (Ed.), *Doing unto others*. Englewood Cliffs, NJ: Prentice-Hall.

Weiss, S. M., Herd, J. A., & Fox, B. H. (1981). *Perspectives on behavioral medicine*. New York: Academic Press.

Weissman, M. S., & Paykel, E. S. (1974). *The depressed human: A study of social relationships*. Chicago: University of Chicago Press.

Wellard, J. (1965). *The great Sahara*. New York: Dutton.

Welsh, G. S. (1956). Factor dimensions A and R. In G. S. Welsh & W. G. Dahlstrom (Eds.), *Basic reading on the MMPI in psychology and medicine*. Minneapolis: University of Minnesota Press.

Wessler, R. L. (1982a, November). *Alternative concepts of rational-emotive therapy and their integration with the cognitive-behavior therapies*. Paper presented at 13th Annual Conference of the Psychological Society of Ireland, Sligo.

Wessler, R. L. (1982b). Varieties of cognitions in the cognitively oriented psychotherapies. *Rational Living, 17*, 3–10.

Wheaton, J. L. (1959). Fact and fancy in sensory deprivation studies. *School of Aviation Medicine Reports*, Brooks Air Force Base, Texas, No. 5-59, 60.

White, R. W. (1959). Motivation reconsidered: The concept of competence. *Psychological Review, 66*, 297–333.

White, R. W. (1960). Competence and the psychosexual stages of development. In M. R. Jones (Ed.), *Nebraska Symposium on Motivation*. Lincoln: University of Nebraska Press.

White, R. W. (1974). Strategies of adaptation: An attempt at systematic description. In G. V. Coelho, D. A. Hamburg, & J. E. Adams (Eds.), *Coping and adaptation*. New York: Basic Books.

Whiting, J. W. M, & Child, I. L. (1953). *Child training and personality*. New Haven: Yale University Press.

Whyte, W. H., Jr. (1956). *The organization man*. New York: Doubleday.

Willems, E. P. (1969). Planning a rationale for naturalistic research. In E. P. Willems & H. L. Raush (Eds.), *Naturalistic viewpoints in psychological research*. New York: Holt, Rinehart & Winston.

Williams, A. F. (1972). Personality characteristics associated with preventive dental health practices. *Journal of American College of Dentists, 39*, 225–234.

Williams, B. W., Jr., Haney, T. L., Lee, K. L., Yi-Hong Kong, Y., Blumenthal, J. A., & Whalen, R. E. (1980). Type A behavior, hostility, and coronary atherosclerosis. *Psychosomatic Medicine, 42*, 539–549.

Williams, R. G. A. (1981a). Logical analysis as a qualitative method. I: Themes in old age and chronic illness. *Sociology of Health and Illness, 3,* 141–164.

Williams, R. G. A. (1981b). Logical analysis as a qualitative method. II: Conflict of ideas and the topic of illness. *Sociology of Health and Illness, 3,* 165–187.

Wilson, W. (1967). Correlates of avowed happiness. *Psychological Bulletin,* 67, 294–306.

Wine, J. (1971). Test anxiety and direction of attention. *Psychological Bulletin, 76,* 92–104.

Wingard, D. L. (1980). *The sex differential in mortality rates: Biological and social factors.* Unpublished doctoral dissertation, University of California, Berkeley.

Withey, S. B. (1962). Reactions to uncertain threat. In G. W. Baker & D. W. Chapman (Eds.), *Man and society in disaster.* New York: Basic Books.

Witkin, H. A., Dyk, R. B., Faterson, H. F., Goodenough, D. R., & Karp, S. A. (1962). *Psychological differentiation.* New York: Wiley.

Witkin, H. A., Goodenough, D. R., & Oltman, P. K. (1979). Psychological differentiation: Current status. *Journal of Personality and Social Psychology, 37,* 1127–1145.

Wolff, H. G. (1953). *Stress and disease.* Springfield, IL: Thomas.

Wolff, C. T., Friedman, S. B., Hofer, M. A., & Mason, J. W. (1964). Relationship between psychological defenses and mean urinary 17-hydroxycorticosteroid excretion rates, Parts I and II. *Psychosomatic Medicine, 26,* 576–609.

Wolpe, J. (1958). *Psychotherapy by reciprocal inhibition.* Stanford, CA: Stanford University Press.

Wolpe, J. (1978). Cognition and causation in human behavior and its therapy. *American Psychologist, 33,* 437–446.

Wolpe, J. (1979). The experimental model and treatment of neurotic depression. *Behavior Research and Therapy, 17,* 555–565.

Wolpe, J., & Lazarus, A. A. (1966). *Behavior therapy techniques.* Oxford: Pergamon.

Wong, T. P., & Reker, G. T. (1982, November). *Coping strategies and well-being in Caucasian and Chinese elderly.* Paper presented at 11th Annual Meeting of the Canadian Association on Gerontology, Winnipeg, Manitoba.

Wortman, C. B. (1976). Causal attributions and personal control. In J. H. Harvey, W. J. Ickes, & R. F. Kidd (Eds.), *New directions in attribution research:* I. Hillsdale, NJ: Erlbaum.

Wortman, C. B., Abbey, A., Holland, A. E., Silver, R. L., & Janoff-Bulman, R. (1980). Transitions from the laboratory to the field: Problems and progress. In L. Brickman (Ed.), *Applied social psychology. I.* Beverly Hills, CA: Sage.

Wortman, C. B., & Brehm, J. W. (1975). Responses to uncontrollable outcomes: An integration of reactance theory and the learned helplessness model. In L. Berkowitz (Ed.), *Advances in experimental social psychology* (Vol. 8). New York: Academic Press.

Wortman, C. B., & Dintzer, L. (1978). Is an attributional analysis of the learned helplessness phenomenon viable? A critique of the Abramson-Seligman-Teasdale reformulation. *Journal of Abnormal Psychology, 87,* 75–90.

Wortman, C. B., & Dunkel-Schetter, C. (1979). Interpersonal relationships and cancer: A theoretical analysis. *Journal of Social Issues, 35,* 120–155.

Wright, J., & Mischel, W. (1982). Influence of affect on cognitive social learning person variables. *Journal of Personality and Social Psychology, 43,* 901–914.

Wright, R. K., Wright, B. A., & Dembo, T. (1948). Studies of adjustment to visible injuries: Evaluation of curiosity by the injured. *Journal of Abnormal and Social Psychology, 43,* 13–28.

Wrubel, J., Benner, P., & Lazarus, R. S. (1981). Social competence from the perspective of stress and coping. In J. Wine & M. Syme (Eds.), *Social competence.* New York: Guilford.

Wundt, W. (1907). *Outlines of psychology.* Leipzig: Wilhelm Englemann.

Yanagida, E. H., Streltzer, J., & Siemsen, A. (1981). Denial in dialysis patients: Relationship to compliance and other variables. *Psychosomatic Medicine, 43,* 271–280.

Yankelovich, D. (1981, April), Searching for self-fulfillment in a world turned upside down. *Psychology Today, 15,* 151–175.

Yarnold, P. R., & Grim, L. G. (1982). Time urgency among coronary-prone individuals. *Journal of Abnormal Psychology, 91,* 175–177.

Yates, M. (1976). *Coping: A survival manual for women alone.* Englewood Cliffs, NJ: Prentice-Hall.

Yerkes, R. M., & Dodson, J. D. (1908). The relation of strength of stimulus to rapidity of habit-formation. *Journal of Comparative Neurology and Psychology, 18,* 459–482.

Young, A. (1980). The discourse on stress and the reproduction of conventional knowledge. *Social Sciences and Medicine, 148,* 133–146.

Zajonc, R. B. (1980). Feeling and thinking: Preferences need no inferences. *American Psychologist, 35,* 151–175.

Zajonc, R. B. (1984). On the primacy of emotion. *American Psychologist, 39,* 117–123.

Zautra, A., & Goodhart, D. (1979). Quality of life indicators: A review of the literature. *Community Mental Health Review, 4,* 1–10.

Zborowsky, M. (1969). *People in pain.* San Francisco: Jossey-Bass.

Zeaman, D., & Smith, R. W. (1965). Human Cardiac conditioning. In W. F. Prokasy (Ed.), *Classical conditioning: A symposium.* New York: Appleton-Century-Crofts.

Zedeck, S. (1971). Problems with the use of "moderator" variables. *Psychological Bulletin, 76,* 295–310.

Zigler, E., & Trickett, P. K. (1978). IQ, social competence, and evaluation of early childhood intervention programs. *American Psychologist, 33,* 789–798.

Zilberg, N. J., Weiss, D. S., & Horowitz, M. J. (1982). Impact of event scale: A cross-validation study and some empirical evidence supporting a conceptual model of stress response syndromes. *Journal of Consulting and Clinical Psychology, 50,* 407–414.

Zimney, G. H., & Keinstra, R. A. (1967). Orienting and defensive responses to electric shock. *Psychophysiology, 3,* 351–362.

Zubin, J., & Spring, B. (1977). Vulnerability: A new view of schizophrenia. *Journal of Abnormal Psychology, 86,* 103–126.

Zuckerman, M. (1979). Sensation seeking and risk taking. In C. Izard (Ed.), *Emotions in personality and psychopathology.* New York: Plenum.

Zuroff, D. C. (1980). Learned helplessness in humans: An analysis of learning processes and the roles of individual and situational differences. *Journal of Personality and Social Psychology, 39,* 130–146.

Zuroff, D. C. (1981). Depression and attribution: Some new data and a review of old data. *Cognitive Therapy and Research, 5,* 273–281.

# 索　引

说明：索引中的页码为英文原书页码，见于正文侧边。

# 西方心理学大师经典译丛

| | | |
|---|---|---|
| 001 | 自卑与超越 | ［奥］阿尔弗雷德·阿德勒 |
| 002 | 我们时代的神经症人格 | ［美］卡伦·霍妮 |
| 003 | 动机与人格（第三版） | ［美］亚伯拉罕·马斯洛 |
| 004 | 当事人中心治疗：实践、运用和理论 | ［美］卡尔·罗杰斯等 |
| 005 | 人的自我寻求 | ［美］罗洛·梅 |
| 006 | 社会学习理论 | ［美］阿尔伯特·班杜拉 |
| 007 | 精神病学的人际关系理论 | ［美］哈里·沙利文 |
| 008 | 追求意义的意志 | ［奥］维克多·弗兰克尔 |
| 009 | 心理物理学纲要 | ［德］古斯塔夫·费希纳 |
| 010 | 教育心理学简编 | ［美］爱德华·桑代克 |
| 011 | 寻找灵魂的现代人 | ［瑞士］卡尔·荣格 |
| 012 | 理解人性 | ［奥］阿尔弗雷德·阿德勒 |
| 013 | 动力心理学 | ［美］罗伯特·伍德沃斯 |
| 014 | 性学三论与爱情心理学 | ［奥］西格蒙德·弗洛伊德 |
| 015 | 人类的遗产："文明社会"的演化与未来 | ［美］利昂·费斯汀格 |
| 016 | 挫折与攻击 | ［美］约翰·多拉德等 |
| 017 | 实现自我：神经症与人的成长 | ［美］卡伦·霍妮 |
| **018** | **压力：评价与应对** | **［美］理查德·拉扎勒斯等** |

* * * *

The original English language work:
**Stress, Appraisal, and Coping 1e** 9780826141910 by Richard S. Lazarus, Susan Folkman
has been published by:
**Springer Publishing Company**
New York, NY, USA

**图书在版编目（CIP）数据**

压力：评价与应对 /（美）理查德·拉扎勒斯（Richard S. Lazarus），（美）苏珊·福尔克曼（Susan Folkman）著；曲晓艳译．--北京：中国人民大学出版社，2020.1
（西方心理学大师经典译丛）
书名原文：Stress，Appraisal，and Coping
ISBN 978-7-300-27774-5

Ⅰ.①压… Ⅱ.①理… ②苏… ③曲… Ⅲ.①心理压力—研究 Ⅳ.①C912.62

中国版本图书馆 CIP 数据核字（2019）第 297419 号

西方心理学大师经典译丛
主编　郭本禹
**压力：评价与应对**
［美］理查德·拉扎勒斯　苏珊·福尔克曼　著
Yali：Pingjia yu Yingdui
曲晓艳　译

| | | | |
|---|---|---|---|
| **出版发行** | 中国人民大学出版社 | | |
| **社　　址** | 北京中关村大街 31 号 | **邮政编码** | 100080 |
| **电　　话** | 010－62511242（总编室） | | 010－62511770（质管部） |
| | 010－82501766（邮购部） | | 010－62514148（门市部） |
| | 010－62515195（发行公司） | | 010－62515275（盗版举报） |
| **网　　址** | http：//www. crup. com. cn | | |
| **经　　销** | 新华书店 | | |
| **印　　刷** | 北京东君印刷有限公司 | | |
| **规　　格** | 155 mm×230 mm　16 开本 | **版　　次** | 2020 年 1 月第 1 版 |
| **印　　张** | 24 插页 3 | **印　　次** | 2020 年 12 月第 2 次印刷 |
| **字　　数** | 408 000 | **定　　价** | 85.00 元 |